⊙《第四十一》(曹靖华译)

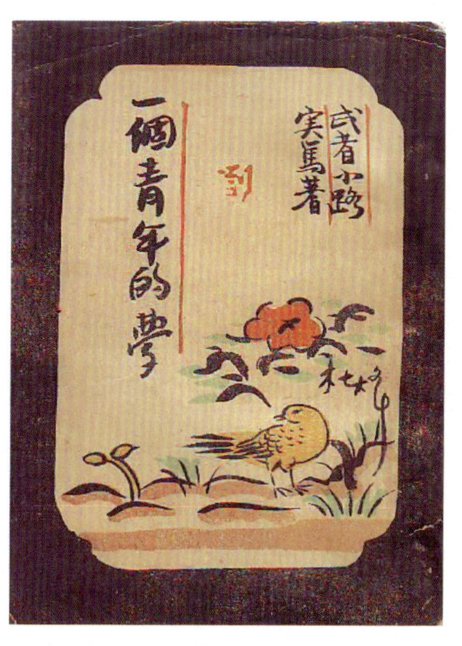

⊙《一个青年的梦》(鲁迅译)

⊙《争自由的波浪》(董秋芳译)

⊙《烟袋》(曹靖华译)

⊙《故乡》(许钦文著)

⊙《心的探险》(长虹著)

⊙《君山》(韦丛芜著)

⊙《建塔者及其它》(台静农著)

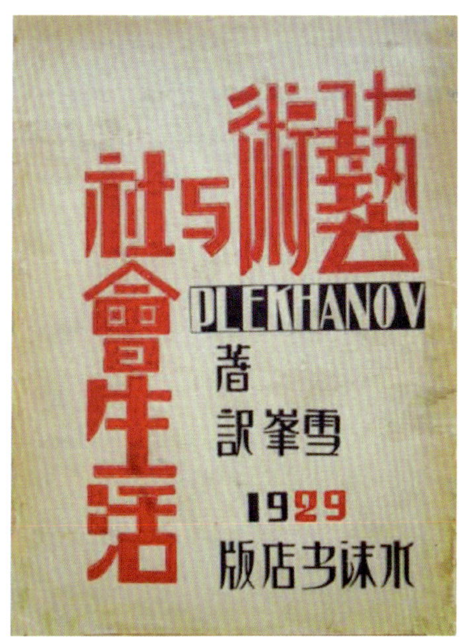

⊙《艺术与社会生活》(雪峰译)

⊙《文艺与批评》(鲁迅译)

⊙《浮士德与城》(柔石译)

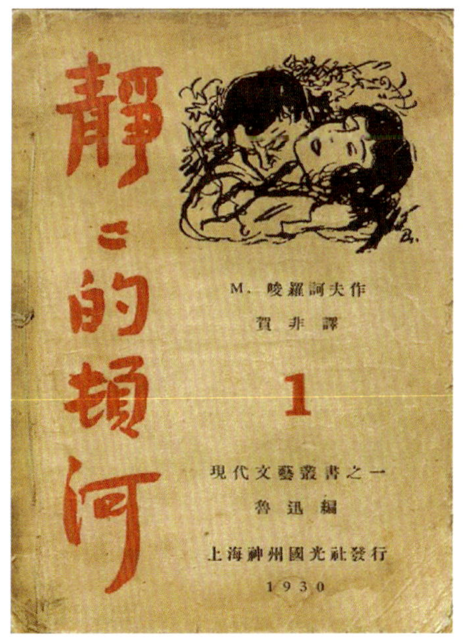

⊙《静静的顿河》(贺非译)

⊙《不走正路的安得伦》(曹靖华译)

⊙《坏孩子和别的小说八篇》(鲁迅译)

⊙《丰收》(叶紫著)

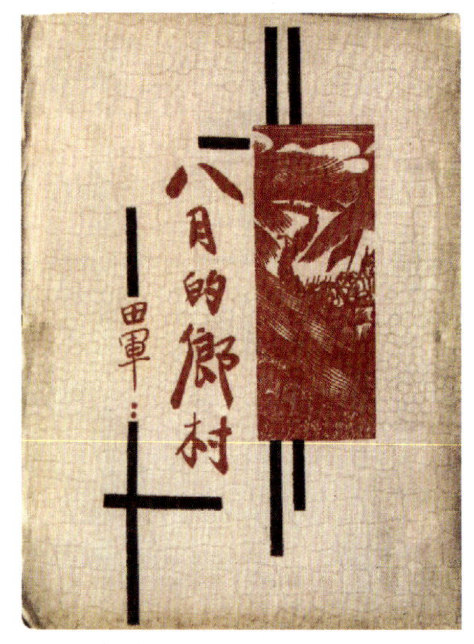

⊙《八月的乡村》(田军著)

鲁迅与现代文学丛书

1925—1936

张泽贤 著

上海遠東出版社

图书在版编目(CIP)数据

鲁迅与现代文学丛书 1925—1936/张泽贤著. —上海：上海远东出版社，2016

ISBN 978-7-5476-1172-2

Ⅰ. ①鲁…　Ⅱ. ①张…　Ⅲ. ①鲁迅(1881—1936)-人物评论②中国文学-现代文学-文学研究-1925—1936　Ⅳ. ①K825.6②I206.6

中国版本图书馆 CIP 数据核字(2016)第 202864 号

策　　划　黄政一
责任编辑　徐婧华
封面设计　李　廉

鲁迅与现代文学丛书 1925—1936
张泽贤 著

出　版　上海遠東出版社
(200235　中国上海市钦州南路 81 号)
发　行　上海人民出版社发行中心
印　刷　上海信老印刷厂
开　本　710×1000　1/16
印　张　33
插　页　3
字　数　538,000
版　次　2016 年 10 月第 1 版
印　次　2020 年 1 月第 2 次印刷
ISBN 978-7-5476-1172-2/G·758
定　价　98.00 元

自序

每当鲁迅逝世纪念日来临之际，我都会想起鲁迅先生曾在《中流》杂志第二期发表的《死》中提及的七条遗嘱。当年读过刊登此文的《夜记》（文化生活出版社 1937 年 4 月初版）后，甚至还能一字不漏地背出来。可是时过境迁，如今大多已经遗忘，只对其中的二、三、四条稍有印象："赶快收殓，埋掉，拉倒"，"不要做任何关于纪念的事情"，"忘记我，管自己生活"。

看来，鲁迅先生留给后人的遗嘱并没有百分之百地"兑现"：第二条的"收殓，埋掉"是做到了，而且轰轰烈烈，如今还能看到不少留存这段历史的书籍，比如吴中杰的《鲁迅的抬棺人》等；至于"拉倒"，那是为了加强前两者"撒手和终止"的语气，也可看作是鲁迅的一种习惯口语，他曾在《华盖集续编·马上支日记》中说道："现在这书既然借不到，只好拉倒了。"便是如此。第三条"不要做任何关于纪念的事情"，那就不是鲁迅先生能说了算的，因为他毕竟是个"巨人"，对他的评价很直接："鲁迅是中国文化革命的主将，他不但是伟大的文学家，而且是伟大的思想家和伟大的革命家。"因此，"关于纪念的事情"在鲁迅逝世后哪怕不时地有人跳出来反对和诋毁，也从未停止过。因为世上有不少事情是不以人的意志为转移的，哪怕没有什么纪念程序和形式，在人心的某一个角落也还会竖起庄严的纪念祭幡，并会永远飘荡在心灵的涟漪之上……至于第四条"忘记我，管自己生活"，那往往越是叫后人"忘记我"，却越会让后人永远记住，这也是不以鲁迅意志为转移的。至于"管自己生活"，那肯定是"真理"，你不想"管"也得"管"，而且一直"管"到改革开放，"管"到有那么一天所有的人都过上小康生活。然而，鲁迅仍然是鲁迅，还是一个值得后人敬仰和纪念的巨人！

如今，我还会来到上海虹口公园去和这位巨人"低喁"，去瞻仰已经"收殓，埋掉”许久的鲁迅的墓和纪念鲁迅的纪念馆，虽然我在不断地“管”自己生活，但我永远也不会忘记他——这便是曾经记下的鲁迅先生的七条遗嘱的“时间效应”。

今年，是鲁迅逝世八十周年的纪念日，这个“时间效应”在我身上的反应，便是这本酝酿已久的《鲁迅与现代文学丛书 1925—1936》。

纵观中国现代文学作家，最受青睐的无疑是鲁迅，原因很简单：伟大。他在生前出版的著作版本，无论是单行本还是选集、全集，数量庞大，在身后五十年的版权期限内仍大量重版重印，至今还在不断印刷发行。这种情形在现代文学作家中是绝无仅有的！然而，却很少有人系统地去梳理、研究和介绍他所主编、编辑或参与出版的现代文学丛书，其实这也是鲁迅研究（从文学丛书的角度）中不可或缺的一个重要环节。我曾在拙著《巴金与现代文学丛书 1935—1949》的《自序》中说过这样一句话：“这可以说是对一个既有丰厚著作版本铺垫，又有广阔丛书扩展的作家的一次全面认识。”此话是对巴金说的，对鲁迅而言，著作版本的丰厚是不容争辩的事实，而且是“铺天盖地”，然而他所编辑的现代文学丛书的数量却相当少，我在这本书中主要介绍七种：“未名丛刊”“乌合丛书”“未名新集”“科学的艺术论丛书”“现代文艺丛书”“文艺连丛”和“奴隶丛书”。数量虽少，但分量厚重。他的几部震撼文坛的创作和翻译的名著几乎都囊括其中，如《呐喊》《彷徨》《野草》和《朝花夕拾》，又如《苦闷的象征》《出了象牙之塔》和《工人绥惠略夫》。而在这些文学丛书中，尤以“科学的艺术论丛书”为罕见，甚至有不少初涉中国现代文学丛书者还不知这是鲁迅参与编辑的。想当年，我在上海文庙旧书市场中寻觅民国时期出版的现代文学版本时，这套丛书的单行本经常可见，然而固有的思维定势——搜寻鲁迅的文学名著，使我与这套丛书失之交臂。二十年之后，当自己的脚一步跨进“中国现代文学丛书”的大门时，已经很难再见到这些版本实物了。谈及此事，无非想说明，初涉足者对现代文学丛书以及其中的单行本，大多持“漠不关心”的心态。收藏者不关心，势必研究者也就寥若晨星。如今很少有人涉足中国现代文学丛书，这大概也是重要原因之一。

本书介绍的鲁迅主编、编辑或参与出版的现代文学丛书共七种，这七种丛书所包含的版本数量也不多，不超过六十种。在这近六十种中，除鲁迅本人的著译外，还涉及现代作家二十三人。浸润其间久了，也便使我感受到了一个相当有趣的现象，那就是“人物场”。所谓“人物场”，说通俗些就是“朋友圈”，即在某一时段或时期，某些人在某种理念支配下聚在一起。对文人而言，他们的活动就是办社出刊，成果就是刊物和书籍。但“人物场”的结局，最终往往是四分五裂、各奔东西……就连鲁迅先生自己也未跳出这个“规律”。1924年10月间，由于《晨报》代理总编辑刘勉己擅自抽去鲁迅的《我的失恋》一诗，《晨报副刊》编辑孙伏园愤而辞职，之后也便有了《语丝》周刊。周刊名称是由几人任意取一书，任意翻页用手指点，点到的字便是名称而来的。于是进入“语丝时期”，在其周围聚集的有鲁迅、钱玄同、江绍原、王品青、章衣萍、孙伏园、李小峰、顾颉刚、林语堂、周作人等十六人。由于政治态度和观点各异，到后来“至多便只剩了五六人，但同时也在不意中显了一种特色，是：任意而谈，无所顾忌，要催促新的产生，对于有害于新的旧物，则竭力加以排出”(《三闲集·我和〈语丝〉的始终》)。可以说，这是鲁迅先生“人物场”的初萌，也是鲁迅编辑现代文学丛书的酝酿阶段。进而是“莽原时期”，主要撰稿者由两部分文学青年组成：一部分是以后组成“未名社”的韦素园、曹靖华、李霁野、台静农等；另一部分是“狂飙社”的成员高长虹、向培良、尚钺等。此“莽原社”，在当时未有正式立社的形式。鲁迅说过：“那‘莽原’二字，是一个八岁的孩子写的，名目也并无意义，与《语丝》相同，可是又仿佛近于‘旷野’.”(《两地书》(一五))可以说，“莽原时期”是现代文学丛书作者的“储备期”，之后的未名社以及“未名丛刊”“未名新集”和“乌合丛书”，便是“莽原”的派生。但最后两股人马“不欢而散”的结果大体相同，“催化剂”无非是财务亏空和观点相左造成的，但散的方式不同，有“心平气和”的，也有“剑拔弩张”的，无论哪种方式，都给现代文学史留下了“地动山摇”的震撼。“朝花社”，则存乎于鲁迅与柔石等编辑出版介绍西洋版画和黑白画“艺苑朝华”时期。之后神州国光社出版的“现代文艺丛书”中有柔石译的《浮士德与城》等，其出典就在于此。“奴隶社”成立，也便有了叶紫、萧军和萧红的“奴隶丛书”；至于松江戴望舒、杜衡和冯雪峰等的“文学工场”，因与鲁迅联手，也便有了“科学的艺术论丛书”……凡此种种，都证明了“人物场”是凝聚各种人物“力”的场所。当“力”发出正能量时，则蒸蒸日上；当“力”出现负能量时，则分崩离析。这无疑成了一种不以人的意志为转移的规律。

这种规律，也便构成了鲁迅所主编、编辑或参与出版的现代文学丛书的“色彩”。一套丛书往往与先前谋划的书目不同，“人物场”的作用当然是其中之一种因素，而“人物场”所受的“文网”大环境的制约，则是左右现代文学丛书存亡的关键。最为典型的例子是神州国光社出版的“现代文艺丛书”，一家以出版碑帖字画为主业的机构，居然也“凑热闹”出版现代文学丛书，而且还想与鲁迅携手，可是一旦风声鹤唳，连忙缩头而毁约，致使这套原本至少要出十种的文学丛书，被拦腰截断，只剩下四种。其余六种之后虽有个别版本以另外面目出现，但留下的依然是无尽的遗憾。

本书绍介的鲁迅主编、编辑或参与出版的七套丛书中，几乎无一种在其封面、扉页和版权页上印有“鲁迅主编”的字样。“鲁迅编”的字样只在“未名丛刊乌合丛书”的广告以及柔石译《浮士德与城》的封面上见到过。之所以如此安排，那是鲁迅“避免伤亡”的一种斗争策略，比如他同意参与编辑“科学的艺术论丛书”之前，就一再声明不署主编之名。这样做的好处，是使其他参与丛书的作者得到了保护，著作能够比较安全地出版。反之，如明目张胆地署以主编之名，也许这七套丛书根本无法正常出版，近六十种的版本也可能被“消灭”，或只能留存极少一部分。从这个意义讲，鲁迅主编的文学丛书能够保存这么多，已经是天大的幸运了！

让鲁迅在天之灵永远能够感受到这种幸运！

是为自序。

2016年4月3日于浦东犬圈斋

目录

未名丛刊

乌合丛书

未名新集

科学的艺术论丛书

现代文艺丛书

文艺连丛

奴隶丛书

附录一

附录二

附录三

附录四

附录五

未名丛刊

小引

在鲁迅先生编辑的现代文学丛书中，“未名丛刊”应该说是早期的几种之一。

关于未名社成立的经过，见到过不少“版本”，有全面讲述的，也有个人回忆式的，更有日记片言只语的，如从总体来审视，也许能窥探出它的全貌。

鲁迅曾在《忆韦素园君》中说：“那时我正在编印两种小丛书，一种是‘乌合丛书’，专收创作，一种是‘未名丛刊’，专收翻译，都由北新书局出版。出版者和读者的不喜欢翻译书，那时和现在也并不两样，所以‘未名丛刊’是特别冷落的。恰巧，素园他们愿意绍介外国文学到中国来，便和李小峰商量，要将‘未名丛刊’移出，由几个同人自办。小峰一口答应了，于是这一种丛书便和北新书局脱离。稿子是我们自己的，另筹了一笔印费，就算开始。因这丛书的名目，连社名也就叫了‘未名’——但并非‘没有名目’的意思，是‘还没有名目’的意思，恰如孩子的‘还未成丁’似的。”(《且介亭杂文》)

李霁野的回忆：“一九二五年夏季的一天晚上，素园、青君和我在鲁迅先生那里谈天，他说起日本丸善书店，起始规模很小，全是几个大学生慢慢经营起来的。以后又谈起我们译稿的出版困难。慢慢我们觉得自己来尝试着出版一点期刊和书籍，也不是十分困难的事情，于是就开始计划起来了。我们当晚也就决定了先筹起能出四次半月刊和一本书籍的资本，估计约需六百元。我们三人和丛芜、靖华，决定各筹五十，其余的由他负责。我们只说定了卖前书，印后稿，这样继续下去，既没有什么章程，也没立什么名目，只在以后对外必得有名，这才以出的丛书来名社。”(《回忆鲁迅先生》)

另一种说法是：1923 年，李霁野翻译了俄国作家安德列夫的四幕剧《往星中》，后经韦素园用俄文原版校改，交鲁迅提意见。鲁迅对译稿较满意，认为“只是有几处要改一改”。从此，李霁野成了鲁迅家的常客，李的同乡韦素园、台静农、韦丛芜也都成了鲁迅的朋友。1925 年，鲁迅建议李霁野等试办一个出版社只印自己的译作，稿子由他审阅。而且，准备先印他的一本译作，等收回一些钱再印其他书。另一方面再想法筹钱。于是这些青年请求山西同乡、时任太原绥公署高参的台林逸帮助，台很快寄来二百元，鲁迅也筹到四百元，曹靖华也寄来五十元。至于出版社的名称，鲁迅认为：《往星中》是“未名”青年的“未名”之作，那就办一个“未名社”吧。成立未名社便是由李霁野的第一本译作而起的。

未名社的成员有：鲁迅、李霁野、韦素园、台静农、韦丛芜和曹靖华。未名社除印制《未名》半月刊和鲁迅的四部译作外，还印制了二十多部译著和作品。未名社是 1925 年 8 月成立于北京的，是个以翻译为主的文学团体，一直被称作“一个实地劳作，不尚叫嚣的小团体”。它注重于翻译介绍外国文学，特别是俄国文学、东欧文学。曾先后出版过《莽原》半月刊、《未名》半月刊、“未名丛刊”和“未名新集”等。鲁迅对此有过一个评价：“未名社的同人，实在并没有什么雄心和大志，但是，愿意切切实实的，点点滴滴的做下去的意志，却是大家一致的。”

在未名社创办初期，所出版的书中鲁迅的、托洛茨基的、陀斯妥夫斯基的受到关注且有市场。未名社一些青年作家的著述也受到读者的认可，从而铸就了未名社同人的成果。《未名》半月刊的撰稿者，也逐渐扩大，其中有周作人、徐祖正、戴望舒、高长虹、董秋芳、向培良、常惠、冯雪峰、许钦文、于赓虞、魏金枝等。未名社欣欣向荣之时，令鲁迅十分兴奋与宽慰。王冶秋曾亲眼见过鲁迅在未名社出版部抚摸新书时的表情，如“见了自己婴孩似的喜悦”。1927 年之后，未名社成员与鲁迅的关系逐渐疏远，却与周作人有了较多接触。当未名社因经济原因难以为继时，韦丛芜曾向周作人求救，李霁野也在这时开始与周作人有了交往。1928 年 2 月，特罗茨基著，韦素园、李霁野合译的《文学与革命》出版，李霁野、韦素园、台静农却因此皆被关进牢房。当被释放时，只感到“在黑暗中找一个

⊙ 刊在“未名丛刊”版本中的书目广告

生存的缝隙原来要有生命的代价”。1929 年，韦素园因积劳成疾患上肺病，到西山养病。韦病重后，未名社实际已瘫痪。而直接导致解体的是韦素园的弟弟韦丛芜，他不断地向未名社借款。到 1931 年，社里已亏空，欠了鲁迅三千余元，曹靖华一千余元，李霁野八百余元。由此李霁野与韦丛芜的矛盾扩大。后来李到天津河北女子师范学院教书，实际上脱离了未名社。最终，未名社解体。两年后，韦素园病逝，鲁迅哀叹道："一九三二年八月一日晨五时半，素园终于病殁在北平同仁医院里了，一切计画，一切希望，也同归于尽。"未名社从此消失，它所留下的作品，至今已是新文学版本中的"珍品"。

未名社出版的文学丛书，除"未名丛刊"外还有"未名新集"，后者将另文介绍。

到目前为止，从各种书目资料所得的"未名丛刊"书目共三十三种，其中《近代英国文学史》全部四册，标示"26—29"，英国作者葛斯著，韦丛芜译，当时标明"即出"，其实并未出版。这种情况还有一些，因此书目虽有三十三种，但实际出版并留存至今的"未名丛刊"版本大概只在二十二种左右。

这套丛刊虽都标明编号，且大多较为准确，但也有一些，特别是到了后期出版的丛刊编号就有点"乱"，乱在重复，这就让人怀疑这些编号的可靠性。以笔者推测，前期编号较为准确，后期并不准确，甚至只能对整套丛刊的编号当作"数字的序列"而已。

这套丛刊的书目可从各种资料中综合罗列，书目前编号仅供参考。书目后括号内所标明的"即出""待印"等皆为当时实际情况，有些并未出版。括号内直接标明发行者，如上海北新书局或未名社出版部。

1. 《苦闷的象征》([日]厨川白村著，鲁迅译，北新书局 1924 年 12 月)
2. 《苏俄文艺论战》(多人集，北新书局 1925 年 8 月)
3. 《出了象牙之塔》([日]厨川白村著，鲁迅译，未名社出版部 1925 年 12 月)
4. 《往星中》([俄]安特列夫著，李霁野译，未名社出版部 1926 年 5 月)
5. 《穷人》([俄]陀斯妥夫斯基著，韦丛芜译，未名社出版部 1926 年 6 月)
6. 《十二个》([俄]勃洛克著，胡敩译，北新书局 1926 年 8 月)
7. 《外套》([俄]果戈理著，韦素园译，未名社出版部 1926 年 9 月)
8. 《白茶》(苏俄独幕剧，多人集，曹靖华译，未名社出版部 1927 年 4 月)

9.《争自由的波浪》(威廉哈佛译本,高尔基等著,董秋芳译,北新书局 1927 年 4 月)
10.《工人绥惠略夫》([俄]阿尔志跋绥夫著,鲁迅译,北新书局 1927 年 6 月)
11.《一个青年的梦》([日]武者小路著,鲁迅译,北新书局 1927 年 6 月)
12.《小约翰》([荷]蔼覃著,鲁迅译,未名社出版部 1928 年 1 月)
13.《文学与革命》([苏]特罗茨基著,韦素园、李霁野译,未名社出版部 1928 年 2 月)
14.《黑假面人》([俄]安特列夫著,李霁野译,未名社出版部 1928 年 3 月)
15.《格列佛游记》(第一卷,[英]斯伟夫特著,韦丛芜译,未名社出版部 1928 年 9 月)
16.《格列佛游记》(第二卷,[英]斯伟夫特著,韦丛芜译,未名社出版部 1929 年 1 月)
17.《格列佛游记》(第三卷,韦丛芜译,未能出版)
18.《格列佛游记》(第四卷,韦丛芜译,未能出版)
19.《烟袋》([苏]爱伦堡著,曹靖华译,未名社出版部 1928 年 12 月)
20.《黄花集》([俄]诗歌小品散文多人集,韦素园译,未名社出版部 1929 年 2 月)
21.《不幸的一群》([俄]波兰美国小说多人集,李霁野译,未名社出版部 1929 年 4 月)
22.《第四十一》([苏]拉甫列涅夫著,曹靖华译,未名社出版部 1929 年 6 月)
23.《蠢货》([俄]屠格涅夫、契诃夫独幕喜剧,曹靖华译,未名社出版部 1929 年 8 月)
24.《罪与罚》(上集,[俄]陀斯妥夫斯基著,韦丛芜译,未名社出版部 1930 年 6 月)
25.《罪与罚》(下集,[俄]陀斯妥夫斯基著,韦丛芜译,未名社出版部 1931 年 8 月)
26—29.《近代英国文学史》(全,[英]葛斯著,韦丛芜译,即出)
26.《渥兹渥斯时代的英国文学》([英]葛斯著,韦丛芜译,即出)

27.《拜仑时代的英国文学》([英]葛斯著,韦丛芜译,未名社出版部 1930 年 4 月)
28.《初期维多利亚时代的英国文学》([英]葛斯著,韦丛芜译,即出)
29.《谭尼孙时代的英国文学》([英]葛斯著,韦丛芜译,即出。附《近三十年的英国文学》,[美]爱斯庚著,韦丛芜译,即出)
30.《被侮辱与被损害的(上)》([俄]陀斯妥夫斯基著,韦素园、李霁野译,韦因病未译完,由李霁野译成,商务印书馆 1931 年 4 月)
31.《被侮辱与被损害的(下)》([俄]陀斯妥夫斯基著,韦素园、李霁野译,商务印书馆 1931 年 4 月)
32.《文学中的性表现》([英]加尔佛唐著,李霁野译,在印)
33.《艺术概论》([俄]符理怯著,韦因病,未译成)

当时作者译名与现时稍有不同,本书中"陀斯妥夫斯基"即同今译"陀斯妥耶夫斯基"。恕后不赘述。

关于介绍"未名丛刊"的文字,笔者见到过两种,均出自鲁迅先生之手。第一种是在《往星中》,另一种见于《出了象牙之塔》等处,文字表述稍有不同,但值得留存。

第一种

未名丛刊是什么,要怎样?

所谓"未名丛刊"者,并非无名丛书之意,乃是还未想定名目,然而这就作为名字,不再去苦想它了。

这也并非学者们精选的宝书,凡国民都非看不可。只要是有稿子,有印费,便即付印,想使萧条的读者,作者,译者,大家稍微感到一点热闹。内容自然是很庞杂的,因为希图在这庞杂中略见一致,所以又一括为相近的形式,而名之曰"未名丛刊"。

大志向是丝毫也没有。所愿的:无非(1)在自己,是希望那印成的从速卖完,可以收回钱来再印第二种;(2)对于读者,是希望看了之后,不至于以为太受欺骗了。

以上是一九二四年十二月间的话。

现在将这分为两部分了:这里专收译本;还有集印创作的,叫作"乌合丛书”。

第二种除上述文字及文首添的“未名丛刊是什么，要怎样”的话以外，之后还增加了几段文字：

创作，谁都知道可尊，但还有人只能翻译，或者偏爱翻译，而且深信有些翻译竟胜于有些创作，所以仍是悍然翻译，而印在这“未名丛刊”中。

亲自试过的，会知道翻译有时比创作还麻烦，即此小工作，也不敢自说一定下得去；然而译者总尽自己的力和心，如果终于下不去了，那大概是无能之故，并非敢于骗版税。

版税现在还不能养活一个著作者，而况是收在“未名丛刊”中。因为这书的纸墨装订是好的，印的本数是少的，而定价是不贵的。

但为难的是缺本钱：所希望的只在爱护本刊者以现钱直接来购买，那么，“未名丛刊”就续出不尽了，我们就感谢不尽了。

两种文字的主体部分皆从“所谓‘未名丛刊’”者，至“以上是一九二四年十二月间的话”止，第一种比第二种简练。第一种文后，收有“乌合丛书”十种书目广告，均有广告词。

值得一提的是，第一种文后的几句话虽大同小异，但还有另一种表述：

现在将这分为两部分了。“未名丛刊”专收译本；另外又分立了一种单印不阔气的作者的创作的，叫作“乌合丛书”。

这些刊登在丛书版本上的广告词，对于了解版本有着很直接的关系。除了这种好处外，还可以把它当作“小品”来读。因此笔者一直着意去搜寻，只要见到一种便收一种，积多了也便很有意思。从这些意义讲，把它们留存下来实在是很有必要。

未名社在李霁野离去后，社务基本停滞，财务也出现亏损。鲁迅先生也于1931年5月1日在致韦丛芜的信中声明退出未名社。而此时，韦丛芜正与开明书店联系，准备将未名社全部盘给开明。1931年6月13日，鲁迅在致曹靖华的信中提及此事："未名社竟弄得烟消云散，可叹。上月丛芜来此，谓社事无人管理，将委托开明书店（这是一个刻薄的书店）代理，劝我也遵奉该店规则。我答以我无遵守该店规则之必要，同人既不自管，我可以即刻退出的。"之后，未名社的纸型和存书全部卖给了开明书店。鲁迅因已退出未名社，故他的译作纸型都自行处理，未名社所欠版税等款项，也由开明书店划给。

鲁迅对于未名社和"未名丛刊"始终耿耿于怀，他在《忆韦素园君》中说："事实不为轻薄阴险小儿留情，曾几何年，他们就都已烟消火灭，然而未名社的译作，在文苑里却至今没有枯死的。"

开明书店接盘未名社及"未名丛刊"后，曾出版过"未名社丛书"，改丛刊为丛书，且增一"社"字。这丛书的书目，笔者曾在《关于鲁迅及其著作》中发现。现在看来，开明版"未名社丛书"能够见到的完整书目共十六种。因为它与"未名丛刊"（也有"未名新集"）有着前后之关联，且版本书影的样式与前期北新书局和未名社出版部除版权页不同外，其余极为相似，容易混淆，故在此按原样留存，以供收藏者比照（前九种为"未名丛刊"，后七种为"未名新集"）：

《穷人》（陀斯妥夫斯基著，韦丛芜译，六角五分）

《罪与罚》（陀斯妥夫斯基著，韦丛芜译，二元五角）

《外套》（果戈理著，韦漱园译，三角）

《往星中》（安特列夫著，李霁野译，四角五分）

《黑假面人》（安特列夫著，李霁野译，三角五分）

《蠢货》（俄国独幕剧集，曹靖华译，六角）

《白茶》（苏俄独幕剧集，曹靖华译，五角）

《不幸的一群》（世界短篇小说集，李霁野译，七角）

《黄花集》（北欧散文诗歌集，韦素园译，五角五分）

《地之子》（短篇创作集，台静农著，七角）

《建塔者》（短篇创作集，台静农著，六角五分）

《影》（短篇创作集，李霁野著，四角五分）

《君山》（诗集，韦丛芜著，四角）

《冰块》（诗集，韦丛芜著，三角五分）

《关于鲁迅及其著作》（台静农编，四角）

《近代文艺批评断片》（李霁野辑译，四角五分）

《苦闷的象征》

“未名丛刊”，毛边本。日本厨川白村著，鲁迅译，北新书局1935年10月十二版，1924年12月新潮社初版，10年间居然印了11版。笔者记得从北新书局1926年10月第三版印到第八版时，已印20 000册。第十二版印数不多，印3 000册。发行人是李小峰的哥哥李志云。版权页上贴有“鲁迅”白文版权印花一枚。第十二版后，香港今代图书公司还出过一版。

此书三版的版权页上印鲁迅写的《未名丛刊是什么，要怎样》的文字，读者可参见书前的《小引》。在此版权页上还印有一些版权事项：“书名《苦闷的象征》全一册，实价银五角，北新书局印，有版权”。而在扉页除印书名外，还印有版权事项：“未名丛刊之一，日本厨川白村著，鲁迅译，1926年10月三版，3 001—4 500本”。把版权事项分别置于各处，这正是“未名丛刊”版权页的一个特色，版权事项虽齐全，但毕竟分散而不易寻找。特别是失去其中某一页，也便无法弄清楚此书的所有版权情况。这也可说是此丛刊的一大缺陷。

后来，笔者还见到过此书第十一版（1934年）的版权页，无框，内印：“不许翻印　苦闷的象征　实价五角半　上海七浦路二八八号　北新书局发行”。

此书初版时间，实为1925年3月。据专家考证，从

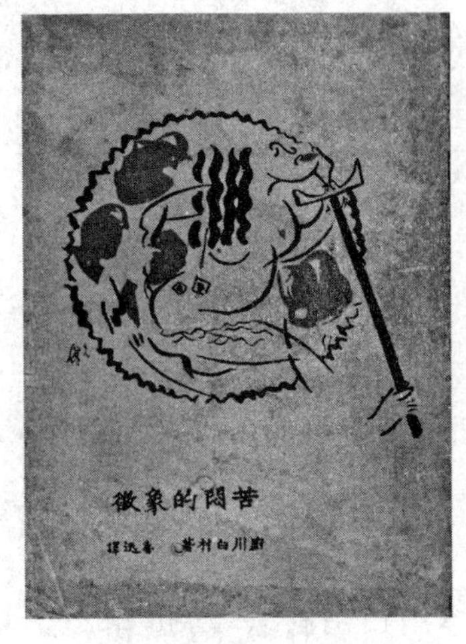

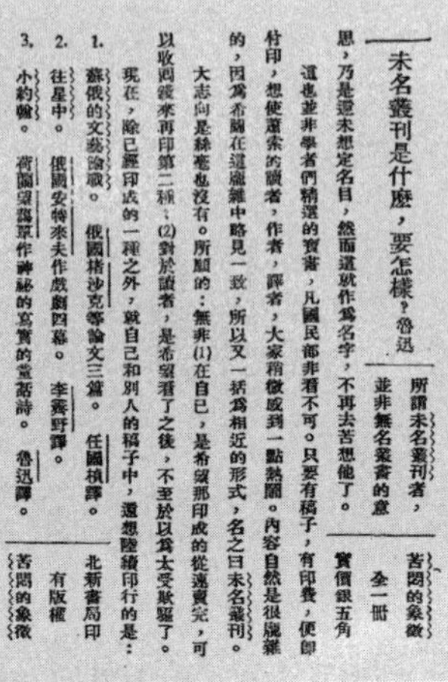

未名叢刊是什麼，要怎樣？魯迅

所謂未名叢刊者，並非無名叢書的意思，乃是還未想定名目，然而這就作爲名字，不再去苦想他了。

這也並非學者們精選的寶書，凡國民都非看不可。只要有稿子，有印費，便即付印，想使蕭索的讀者，作者，譯者，大家稍微感到一點熱鬧。內容自然是很龐雜的，因爲希圖在這龐雜中略見一致，所以又一括爲相近的形式，名之曰未名叢刊。

大志向是絲毫也沒有。所願的：無非(1)在自己，是希望那印成的從速賣完，可以收回資本再印第二種；(2)對於讀者，是希望看了之後，不至於以爲太受欺騙了。

現在，除已經印成的一種之外，就自己和別人的稿子中，還想陸續印行的是：

1. 蘇俄的文藝論戰。 俄國褚沙克等論文三篇。 任國楨譯。
2. 往星中。 俄國安特來夫作戲劇四幕。 李霽野譯。
3. 小約翰。 荷蘭望藹覃作神祕的寫實的童話詩。 魯迅譯。

苦悶的象徵 全一冊 實價銀五角

北新書局印 有版權 苦悶的象徵

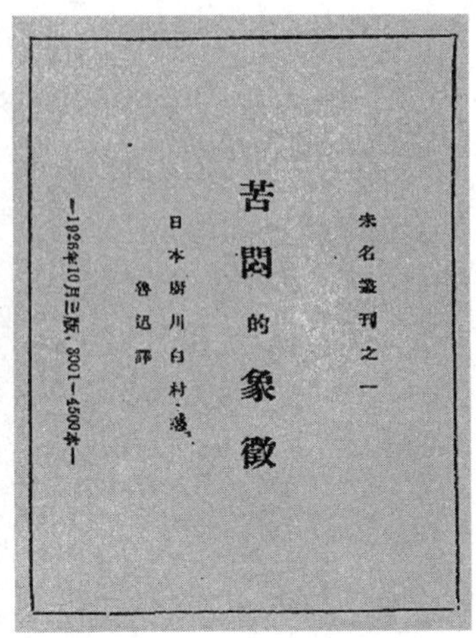

未名叢刊之一

苦悶的象徵

日本廚川白村著

魯迅譯

—1926年10月三版，3001—4500本—

⊙《苦闷的象征》封面、版权页、扉页以及插图二幅、作者像一幅

收到样书的时间，以及鲁迅所撰出书广告（刊登在《京报》副刊）的内容，可进一步确定实际的出版时间：“这是一部文艺论，共分四章，现经我用照例的拙涩的文章译出。印成一本，内有插画五幅。实价五角，初出之两星期内（3 月 7 日至 21 日）特价三角五分，但在此期内，暂不批发。北大新潮社代售。鲁迅。”出书广告中往往有些不为人注意的信息，可以填补版本信息的缺漏。

此书版权页与其他版本不同，印有一篇文章：《未名丛刊是什么，要怎样》，署名“鲁迅”，其中还介绍了“陆续印行的”三种版本：《苏俄的文艺论战》《往星中》和《小约翰》。把书名（《苦闷的象征》）、价格（实价银五角）和出版机构（北新书局)都印在版权页很不起眼的左右下方。

鲁迅译的《苦闷的象征》出版后，商务印书馆出过丰子恺译的同名译本。当时鲁迅立即把它买来，逐一对照，最终发现丰译在文法处理及语句运用上，还有些很难表达出原意。鲁迅看后，这才安心于自己的译作，并且还曾说过：“现在我所译的也已经付印，中国就有两种全译本了。”

书前有厨川白村的照片一幅并签名，还有鲁迅在1924年11月22日夜写于北京的《引言》，其中说道：

> 这《苦闷的象征》也是殁后才印行的遗稿，虽然还非定本，而大体却已完具了。第一分《创作论》是本源，第二分《鉴赏论》其实即是论批评，和后两分都不过从《创作论》引申出来的必然的系论。至于主旨，也极分明，用作者自己的话来说，就是“生命力受了压抑而生的苦闷懊恼乃是文艺的根柢，而其表现法乃是广义的象征主义”。但是“所谓象征主义者，决非单是前世纪末法兰西诗坛的一派所曾经标榜的主义，凡有一切文艺，古往今来，是无不在这样的意义上，用着象征主义的表现法的”……

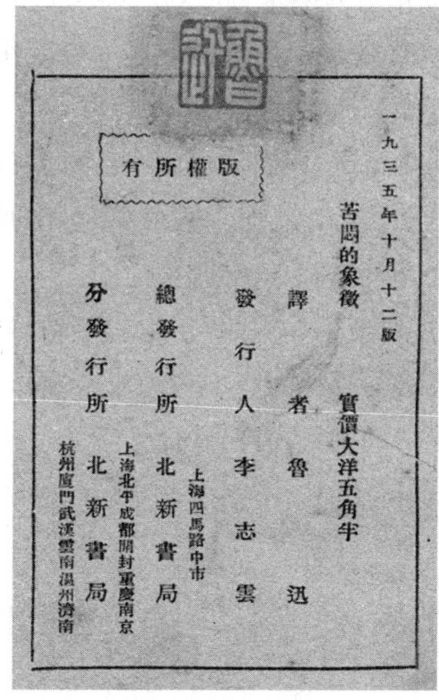

版權所有

一九三五年十月十二版

苦悶的象徵　實價大洋五角半

譯者　魯迅

發行人　李志雲　上海四馬路中市

總發行所　北新書局　上海北平成都開封重慶南京

分發行所　北新書局　杭州廈門武漢雲南溫州濟南

⊙ 北新书局1935年版《苦闷的象征》封面和版权页

在这里我还应该声谢朋友们的非常的帮助，尤其是许季黻君之于英文；常维钧君之于法文，他从原文译出一篇《项链》给我附在卷后，以便读者的参见；陶璿卿君又特地为作一幅图画，使这书被了凄艳的新装。

全书分四部分：《创作论》《鉴赏论》《关于文艺的根本问题的考察》《文艺的起源》。书中附有插图四幅，分别是：《穆那里沙》（蒙娜利莎）、《波特来尔自画像》（吸食印度大麻之际）、《雪莱石像》和《摩伯桑画像》。莫泊桑（摩伯桑）画像是附在《项链》中的。

在此书第三篇《关于文艺的根本问题的考察》中，有一篇是《短篇项链》。在《后记》之后还附有一篇由常惠译、摩泊桑著的《项链》。《后记》由山本修二所作，其中讲道："《苦闷的象征》是先生的不朽的大作的未定稿的一部分。本书的后半，是未经发表的部分居多。"

此书的封面由陶元庆作画，这是他为鲁迅绘制的最早的一幅封面，由许钦文转交鲁迅。画面画了一把钢叉，叉着一个少女的舌头，象征"人间苦"。初版封面为淡红单色，鲁迅按画家原来的设计，并请陶重新略作修改，再版时改为三色套印，从第四版起，改为四色套印。而本文所介绍的第十二版，仅印黑红两色。画家"元庆"的署名，从再版起由封面右侧改印至左侧。版本的一些细微变化，凭空是无论如何也想像不出的，唯有亲历经手，仔细揣摩，才能方得真相。

此书与鲁迅的《彷徨》早年在书摊上同时见过，无人问津。以后每周日去，两书仍躺在那里懒洋洋"晒太阳"。最后还是动了心：要把一些书品较好的复本收进，随着时间推移，价值虽无法与初版相比，但仍具保值与升值空间。

之后笔者从其他书面资料上，还见到过北新书局 1935 年版《苦闷的象征》的书影，因未见版本实物，故不清楚内容等是否与以往的版本相同或有差异。

在"未名丛刊"的版本中经常能见到此书的书目广告，在此留存：

苦闷的象征　实价五角

日本厨川白村作文艺论四篇，鲁迅译。插图四幅，作者照像一幅。陶元庆画封面。再版。

《苏俄的文艺论战》

“未名丛刊”，任国桢译，北新书局（北京东皇城根二十五号）发行，毛边本，扉页印：“未名丛刊之一　苏俄的文艺论战　附蒲力汗诺夫与艺术问题　任国桢译　一九二五年八月印成，一至千五百本”。版权页印：“未名丛刊·2，苏俄的文艺论战　一本，实价三角半”，“北京东皇城根二十五号北新书局发行”。此书版权页格式，与其他丛刊版本大体相同，除印丛刊名、书名、价格、出版机构外，还介绍了“未名丛刊”书目：《苦闷的象征》《往星中》《穷人》和《十二个》。同时还介绍“乌合丛书”四种：《呐喊》《飘渺的梦及其他》《故乡》和《心的探险》。此书1927年3月再版，也印1 500册，可惜未见。

封面书名《苏俄的文艺论战》，衬底字母和中文书名是《PLEKANOV的文艺问题》，书名黑字，衬有字母及叶子形美术字组成的书名，相当别致。

作者任国桢（1898—1931），原名鸿锡，字子卿，又作子清，辽宁安东人。他是鲁迅最早接触的中国共产党党员之一。任国桢是1924年就入党的早期党员。他于1918年入北京大学俄文系学习。1920年开始选修鲁迅讲授的《中国小说史略》，成为鲁迅的一名学生，并就此建立起师生情谊。

任国桢曾把当时苏联文艺界开展的一场大论战中的

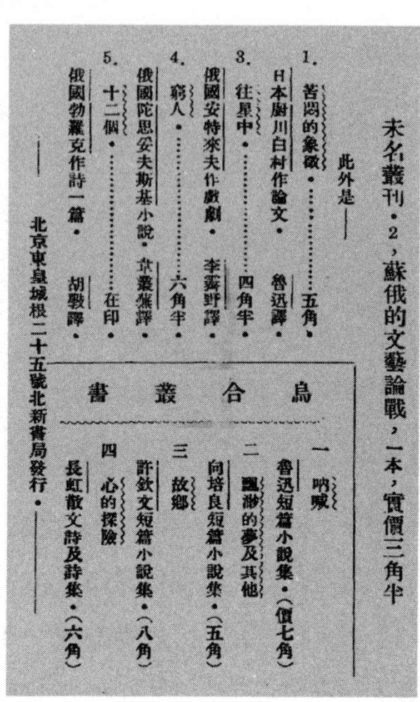

未名叢刊・2，蘇俄的文藝論戰，一本，實價三角半

此外是——

1. 苦悶的象徵・……五角。日本廚川白村作論文・魯迅譯・
3. 往星中・……四角半・俄國安特來夫作戲劇・李霽野譯・
4. 窮人・……六角半・俄國陀思妥夫斯基小說・韋叢蕪譯・
5. 十二個・……在印・俄國勃羅克作詩一篇・胡斅譯・

——北京東皇城根二十五號北新書局發行・——

烏合叢書

一 吶喊 魯迅短篇小說集・（價七角）
二 飄渺的夢及其他 向培良短篇小說集・（五角）
三 故鄉 許欽文短篇小說集・（八角）
四 心的探險 長虹散文詩及詩集・（六角）

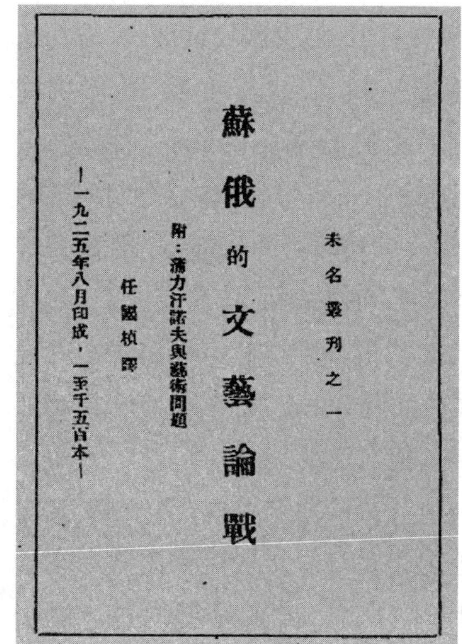

未名叢刊之一

蘇俄的文藝論戰

附：蒲力汗諾夫與藝術問題

任國楨譯

—一九二五年八月印成・一至千五百本—

⊙《苏俄的文艺论战》封面、版权页和扉页

有关论文，择代表性的译出，并辑录成书。此书很受鲁迅重视，不仅认真校订书稿，还帮助联系出版、发行等具体事宜，且为该书写了《前记》。任国桢于 1926 年春被捕，第二年初经保释出狱，其间曾设法给鲁迅寄过一封信。1931 年到山西太原工作，因叛徒出卖又被捕，最后就义于太原市小东门外。

书前有鲁迅 1925 年 4 月 12 日之夜写的《前记》，最后写道：

> 不独文艺，中国至今于苏俄的新文化都不了然，但间或有人欣幸他资本制度的复活。任国桢君独能就俄国的杂志中选译文论三篇，使我们借此稍稍知道他们文坛上论辩的大概，实在是最为有益的事，——至少是对于留心世界文艺的

人们。

之后还有译者写于 1924 年 10 月 9 日的《小引》,其中介绍了俄国的各种文艺流派。

全书收文四篇:《文学与艺术》(褚沙克)、《文学与艺术》(阿卫巴赫等)、《认识生活的艺术与今代》(瓦浪司基)和《蒲力汗诺夫与艺术问题》(瓦勒夫松)。

这一时期未名社出版的书籍是否都是毛边本,笔者心中没有数。但估计由于自称"毛边党"的鲁迅的推崇,这一时期确实是毛边本出版的鼎盛期。

在"未名丛刊"的版本中经常能见到此书的书目广告,在此留存:

苏俄的文艺论战　实价三角半

楮沙克等的论文四篇,任国桢辑译。可以看见新俄国文坛的论辩的一斑。附录一篇,是用经济学说于文艺上的。再版。

《出了象牙之塔》

“未名丛刊”，日本厨川白村著，鲁迅译，毛边本，新潮社 1925 年 12 月初版，印 3 000 册，实价七角。北京东城沙滩、新闻路第五号未名社刊物经售处发行。版权页除刊登《未名社是什么，要怎样》的文字，被称作“以上是一九二四年十二月间的话”，之后又加了一段话，谈及“现在将这分为两部分”，“未名丛刊”收译本，“乌合丛书”收创作。两段文字之后是“已印成和未印成的书目”六种：《苦闷的象征》《苏俄的文艺论战》《往星中》《穷人》《小约翰》和《十二个》。在前两种下方印“二种北新书局发行”；后四种下方印“以上四种现正在校印本社刊物经售处发行”。版权页繁复，显得有点杂乱。

此书前后见到封面与正文内容相同的版本不下七八种。除 1925 年初版外，还有 1927 年 9 月再版，印数为“3 001至 4 000 册”。版权页未印介绍“未名丛刊”的文字，除印一些版权事项外，还印有“未名丛刊”第一种至第二十种书目(除第三种《出了象牙之塔》)：《苦闷的象征》《苏俄的文艺论战》《往星中》《穷人》《十二个》《外套》《白茶》《争自由的波浪》《工人绥惠略夫》《一个青年的梦》《小约翰》《文学与革命》《黄花集》《格里佛游记》《黑假面人》《烟袋》《罪与罚》《蠢货》和《掇英集》。其中不少还印有“即出”“在印”和“待印”字样，最后一种《掇英集》并未出。

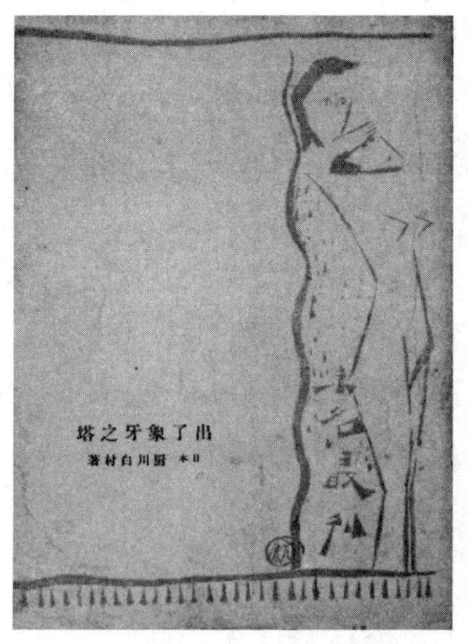

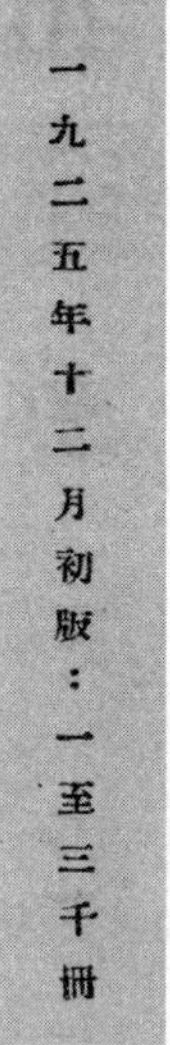

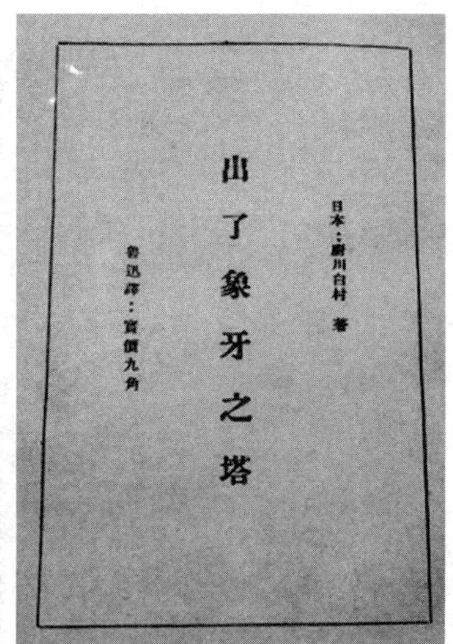

再版书末还印有“未名新集”书目两种：《君山》和《朝华夕拾》，以及《关于鲁迅及其著作》和《坟》的广告词。

《出了象牙之塔》笔者还见过新潮社1928年10月三版，印“4 001至6 000册”；1929年4月四版，印“6 001至7 500册”；1930年1月五版，印“7 501至9 500册”。之后是北平北新书局1931年8月的初版，至1937年5月五版，只知初版印2 000册。其中大多版本盖有“北新书局”朱文印并贴有鲁迅的版权印花。初见时一晃而过，未留下什么印象，之后借助于其他资料重新补记了一些版权信息。

⊙《出了象牙之塔》封面、扉页和插图一幅

此书封面由陶元庆作画，橘黄色，绘一裸女倚树而望，树身有麻点，刻“未名丛书”四字，书名和作者名铅字印，无译者署名。之后北新书局出版时，封面始加“鲁迅译　北新书局印行”或“鲁迅译　北新书局发行”。初版封面图案印得偏上，下端留着空白。1927年9月25日鲁迅致信李霁野说：“《象牙之塔》的封面，上一次太印在中间，下面应该不留空白。这回如来得及，望改正。”再版时，按鲁迅的意见作了修改。如果见不到初版和再版，也便无法进行比较。笔者曾见过初版，但未同时见到再版，也便不知道它们之间的差异和变化。以上这段文字，还是从研究者的论述文字中获取的，属于比较准确的第二手资料。

书前有作者 1920 年 6 月写于京都冈崎书楼的《题卷端》，这像是日本人对“序言”的一种说法。在《题卷端》中说到了关于“象牙之塔”的意义和出典：

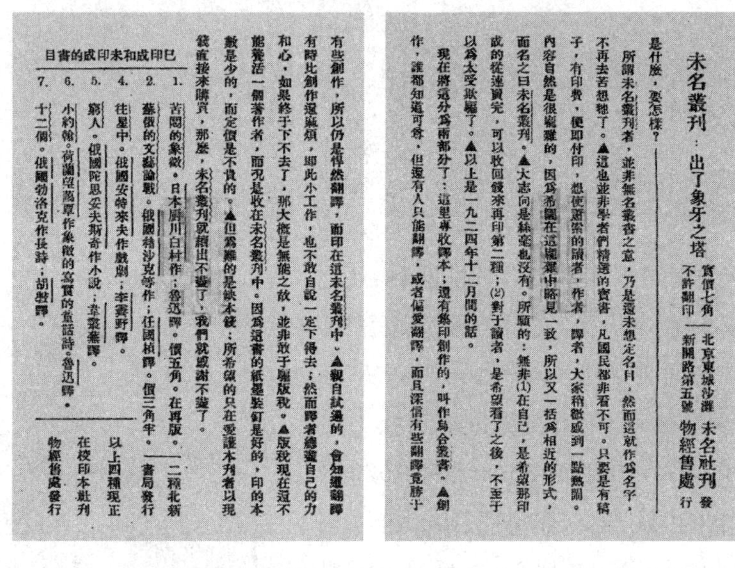

未名叢刊：出了象牙之塔　實價七角　不許翻印　北京東城沙灘新開路第五號未名社刊物經售處發行

是什麼，要怎樣？

所謂未名叢刊者，並非無名叢書之意，乃是還未想定名目，然而這就作爲名字，不再去苦想牠了。▲這也並非學者們精選的寶書，凡國民都非看不可。只要是有稿子，有印費，便即付印，想使蕭索的讀者，作者，譯者，大家稍微感到一點熱鬧。內容自然是很龐雜的，因爲希圖在這龐雜中略見一致，所以又一括爲相近的形式，而名之曰未名叢刊。▲大志向是絲毫也沒有。所願的：無非(1)在自己，是希望那印成的從速賣完，可以收回錢來再印第二種；(2)對于讀者，是希望看了之後，不至于以爲太受欺騙了。▲以上是一九二四年十二月間的話。

現在將這分爲兩部分了：這里專收譯本；還有集印創作的，叫作烏合叢書。▲創作，誰都知道可尊，但還有人只能翻譯，或者偏愛翻譯，而且深信有些翻譯竟勝于有些創作，所以仍是悍然翻譯，而印在這未名叢刊中。▲親自試過的，會知道翻譯有時比創作還麻煩，即此小工作，也不敢自說一定下得去；然而譯者總盡自己的力和心，如果終于下不去了，那大概是無能之故，並非敢于騙版稅。▲版稅現在還不能養活一個著作者，而况是收在未名叢刊中。因爲這書的紙墨裝釘是好的，印的本數是少的，而定價是不貴的。▲但爲難的是缺本錢；所希望的只在愛護本刊者以現錢直接來購買，那麼，未名叢刊就續出不盡了，我們就感謝不盡了。

已印成和未印成的書目

1. 苦悶的象徵。日本廚川白村作；魯迅譯。價五角。在再版。
2. 蘇俄的文藝論戰。俄國褚沙克等作；任國楨譯。價三角半。

二種北新書局發行

4. 往星中。俄國安特來夫作戲劇；李霽野譯。
5. 窮人。俄國陀思妥夫斯奇作小說；韋叢蕪譯。
6. 小約翰。荷蘭望藹覃作象徵的寫實的童話詩。魯迅譯。
7. 十二個。俄國勃洛克作長詩；胡斅譯。

以上四種現正在校印本社刊物經售處發行

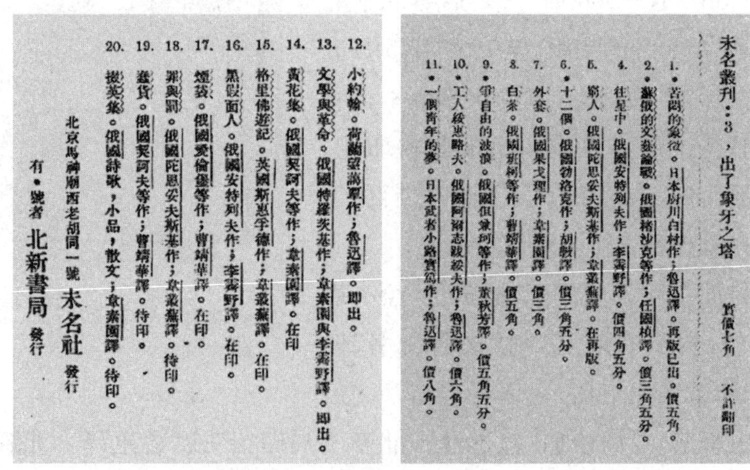

未名叢刊：3，出了象牙之塔　實價七角　不許翻印

1. •苦悶的象徵。日本廚川白村作；魯迅譯。再版已出。價五角。
2. •蘇俄的文藝論戰。俄國褚沙克等作；任國楨譯。價三角五分。
4. 往星中。俄國安特列夫作；李霽野譯。價四角五分。
5. 窮人。俄國陀思妥夫斯基作；韋叢蕪譯。在再版。
6. •十二個。俄國勃洛克作；胡斅譯。價三角五分。
7. 外套。俄國果戈理作；韋素園譯。價三角。
8. 白茶。俄國班珂等作；曹靖華譯。價五角。
9. •爭自由的波浪。俄國但兼珂等作；董秋芳譯。價五角五分。
10. •工人綏惠略夫。俄國阿爾志跋綏夫作；魯迅譯。價六角。
11. •一個青年的夢。日本武者小路實篤作；魯迅譯。價八角。
12. 小約翰。荷蘭望藹覃作；魯迅譯。即出。
13. 文學與革命。俄國特羅茨基作；韋素園與李霽野譯。即出。
14. 黃花集。俄國契訶夫等作；韋素園譯。在印
15. 格里佛遊記。英國斯惠夫德作；韋叢蕪譯。在印。
16. 黑假面人。俄國安特列夫作；李霽野譯。在印。
17. 煙袋。俄國愛倫堡等作；曹靖華譯。在印。
18. 罪與罰。俄國陀思妥夫斯基作；韋叢蕪譯。待印。
19. 蠢貨。俄國契訶夫等作；曹靖華譯。待印。
20. 擬英集。俄國詩歌，小品，散文；韋素園譯。待印。

北京馬神廟西老胡同一號　未名社　發行

有•號者　北新書局　發行

⊙《出了象牙之塔》版权页

关于“象牙之塔”这句话的意义和出典，就从我的旧作《近代文学十讲》里，引用左方这一节，以代说明罢——

“在罗曼文学的一面，也有可以说是艺术至上主义的倾向。就是说，一切艺术，都为了艺术自己而独立地存在，决不与别问题相关；对于世间辛苦的现在的生活，是应该全取超然高蹈的态度的。置这丑秽悲惨的俗世于不顾，独隐处于清高而悦乐的‘艺术之宫’——诗人迭仪生所歌咏那样的 the Palace of Art 或圣蒲孚评维尼时所用的‘象牙之塔’(tour d'ivoire)里，即所谓‘为艺术的艺术’(art for art's sake)，便是那主张之一端。但是，现今则时势急变，成了物质文明旺盛的生存竞争剧烈的安乐窝。在人心中，即使一时一刻，也没有离开实人生而悠游的余裕了。人们愈加痛切地感到了现实生活的压迫。人生当面的问题，行住起卧，常往来于脑里，而烦恼其心。于是文艺也就不能独是始终说着悠然自得的话，势必至与现在生存的问题生出密接的关系来。连那迫于眼前焦眉之急而使人们共恼的初会上宗教上道德上的问题，也即用于文艺上，实生活和艺术，竟至于接近到这样了。”

全书收文八篇：《出了象牙之塔》《观照享乐的生活》《从灵向肉和从肉向灵》《描写劳动问题的文学》《为艺术的漫画》《现代文学之主潮》《从艺术到社会改造》和《论英语之研究》。最后是鲁迅写于 1925 年 12 月 3 日之夜的《后记》，十页，开头说道：

我将厨川白村氏的《苦闷的象征》译成印出，迄今恰已一年；他的略历，已说在那书的引言里，现在也别无要说的事。我那时又从《出了象牙之塔》里陆续地选译他的论文，登在几种期刊上，现又集合起来，就是这一本。但其中有几篇是新译的；有几篇不关宏旨，如《游戏论》《十九世纪文学之主潮》等，因为前者和《苦闷的象征》中的一节相关，后一篇是发表过的，所以就都加入。惟原书在《描写劳动问题的文学》之后还有一篇短文，是回答早稻田文学社的询问的，题曰《文学者和政治家》。大意是说文学和政治都是根据于民众的深邃严肃的内底生活的活动，所以文学者总该踏在实生活的地盘上，为政者总该深解文艺，和文学者接近。我以为这诚然也有理，但和中国现在的政客官僚们讲论此事，却是对牛弹琴；至于两方面的接近，在北京却

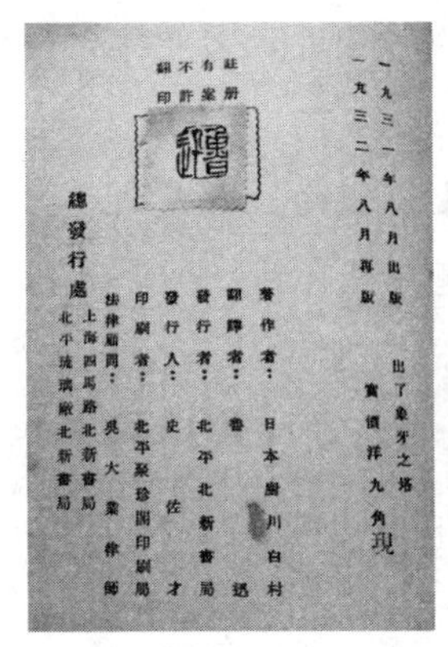
一九三一年八月出版
一九三二年八月再版
出了象牙之塔
實價洋九角
註册有案
不許翻印
著作者：日本廚川白村
翻譯者：魯迅
發行者：北平北新書局
發行人：史佐才
印刷者：北平聚珍閣印刷局
法律顧問：吳大業律師
總發行處
上海四馬路北新書局
北平琉璃廠北新書局

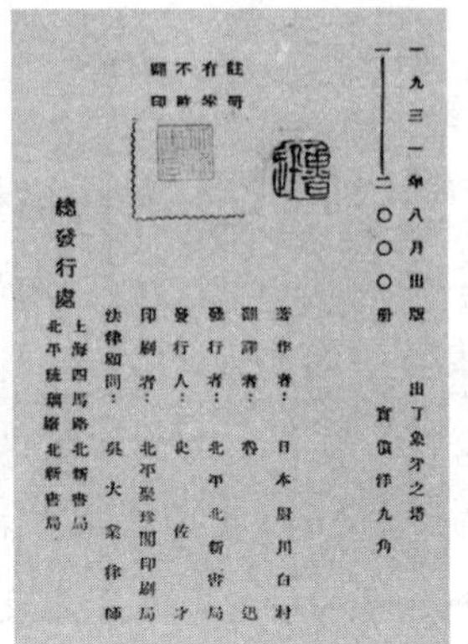
一九三一年八月出版
一——二〇〇〇册
出了象牙之塔
實價洋九角
註册有案
不許翻印
著作者：日本廚川白村
翻譯者：魯迅
發行者：北平北新書局
發行人：史佐才
印刷者：北平聚珍閣印刷局
法律顧問：吳大業律師
總發行處
上海四馬路北新書局
北平琉璃廠北新書局

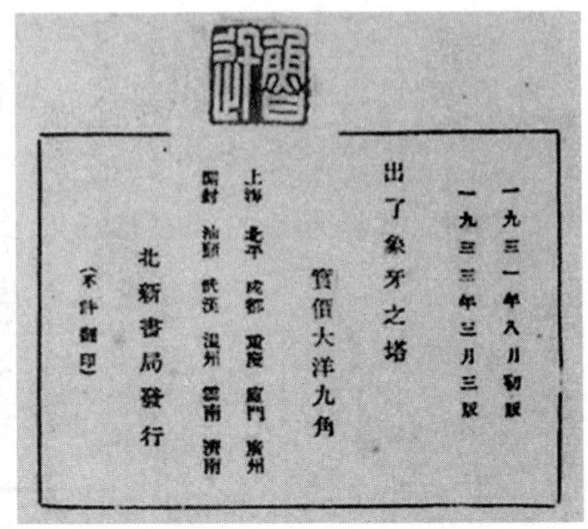
一九三一年八月初版
一九三三年三月三版
出了象牙之塔
實價大洋九角
上海 北平 成都 重慶 廈門 廣州
開封 汕頭 武漢 溫州 雲南 濟南
北新書局發行
（不許翻印）

⊙《出了象牙之塔》 1931 年 8 月初版、1932 年 8 月再版以及 1933 年 3 月三版的版权页

> 时常有，几多丑态和恶行，都在这新而黑暗的阴影中开演，不过还想不出作者所说似的好招牌，——我们的文士们的思想也特别俭啬。因为自己的偏颇的憎恶之故，便不再来译添了，所以全书中独缺那一篇。好在这原是给少年少女们看的，每篇又不一定相钩连，缺一点也无碍。

鲁迅的译作都是直译，虽与原作的本意较为接近，但读起来确实相当费力，再加上鲁迅自有的文风，就更不易读懂了。笔者在大学时读《苦闷的象征》和《出了象牙之塔》时都有这种感觉，并不喜欢。但鲁迅先生自有说法："竭力想保存原书的口吻"。看来，不管是直译还是意译，让人在愉悦的情况下读通读懂，那才是翻译的本意。虽对待翻译是"萝卜白菜各有所好"，但这大概应是起码之意了。

初版问世后，鲁迅于 1926 年 1 月 26 日给厨川白村纪念会、山本修二、许钦文和徐诗荃寄书。但在初版中错字不少，鲁迅曾"寄台静农信并译稿两篇，校正《出了象牙之塔》一本"，供再版使用。

1931 年 8 月，北平北新书局重印初版时，虽仍用原封面，但"未名丛刊"四字已与封面上的树身麻点图案同列，难以辨认。除此之外，还有一些其他细微处的变化。1960 年 8 月，香港今代图书公司出版了 30 开报纸本。从 1925 年 12 月至 1930 年 1 月，新潮社前后出了五版，印数达 9 500 册；北新书局的初版出了 2 000 册，之后出到五版，印数已经不知。

唐弢先生曾写过一篇书话《出了象牙之塔》，可作为此文的参考文字，其中说道：

《出了象牙之塔》初由未名社出版，后归北新，陶元庆作封面，绘裸女倚树而望，作枯黄色，树身有麻点，刻“未名丛刊”四字，归北新后，此四字乃经剜凿，与麻点同列，一齐化作树皮矣。未名原版封面无译者姓名，重印后始加“鲁迅译　北新书局发行”等字，初再版书脊“北新书局发行”之上，并有“北平”两字，三版后方删去。至于内容，自始至终，固未有丝毫更动也。

在“未名丛刊”的版本中经常能见到此书的书目广告，有两种文本，在此留存：

出了象牙之塔　实价七角

○ 日本厨川白村作关于文艺的论文及演说十二篇，思想透辟，措辞明快，而又内容丰富，饶有趣味，是一部极能启发青年神智的书。鲁迅译。插图四幅，又作者照像一幅。陶元庆画封面。

○ 日本厨川白村著　鲁迅译　陶元庆画面　这是厨川白村泛论文学，艺术，思想，批评社会，文明的论文集。著者说：“我是也以斯提芬生将自己的文集题作《贻少年少女》一样的心情，将这小著问世的。”全书约二百六十面，插画五幅。实价七角。

《往星中》

“未名丛刊”，在扉页处印有“未名丛刊之一”，俄国安特列夫著，李霁野译，未名社出版部 1926 年 5 月初版，印

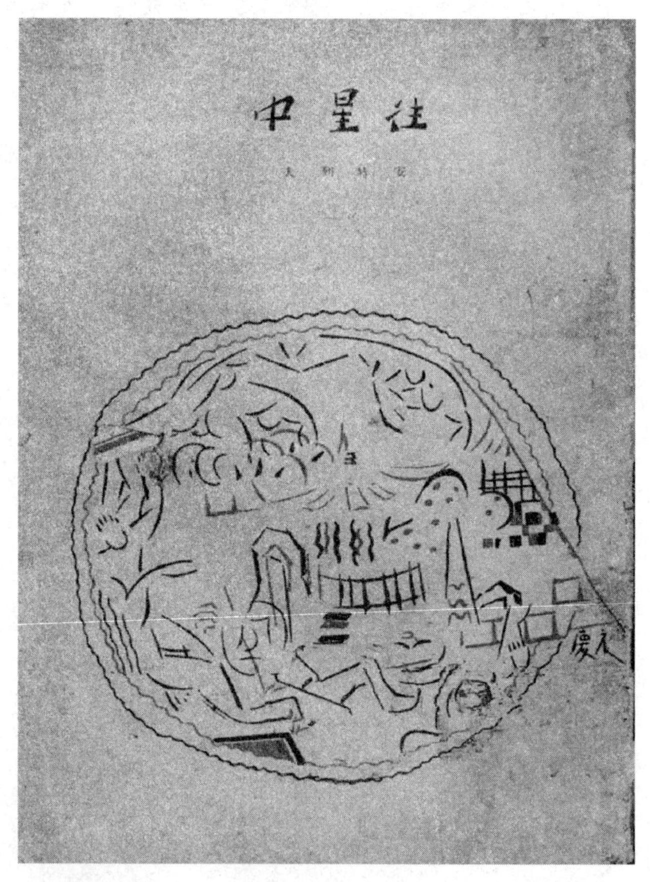

⊙《往星中》封面

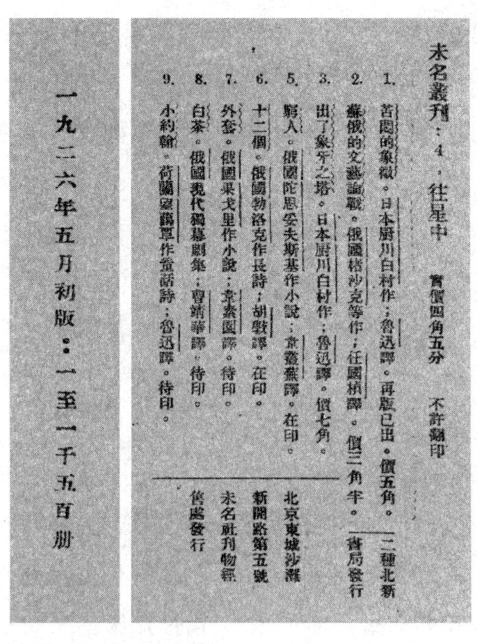
未名叢刊：4，往星中　實價四角五分　不許翻印

1. 苦悶的象徵。日本廚川白村作；魯迅譯。再版已出。價五角。
2. 蘇俄的文藝論戰。俄國褚沙克等作；任國楨譯。價三角半。

二種北新書局發行

3. 出了象牙之塔。日本廚川白村作；魯迅譯。價七角。
5. 窮人。俄國陀思妥夫斯基作小說；韋叢蕪譯。在印。
6. 十二個。俄國勃洛克作長詩；胡斅譯。在印。
7. 外套。俄國果戈里作小說；韋素園譯。待印。
8. 白茶。俄國現代獨幕劇集；曹靖華譯。待印。
9. 小約翰。荷蘭望藹覃作童話詩；魯迅譯。待印。

北京東城沙灘新開路第五號未名社刊物經售處發行

一九二六年五月初版：一至一千五百册

⊙《往星中》版权页

⊙《往星中》作者肖像

1 500 册，实价四角五分。版权事项分为两页刊登，其中一页印：“未名丛刊：4　往星中　实价四角五分　不许翻印”。另列丛书九种，除第四种《往星中》还有八种：《苦闷的象征》《苏俄的文艺论战》《出了象牙之塔》《穷人》《十二个》《外套》《白茶》和《小约翰》。并标明前两种由北新书局发行，后七种由未名社刊物经售处发行。

全书 125 页，书前有安特列夫肖像。

另有韦素园写于 1926 年 4 月 25 日的《序》，七页，其中说道：

> 《往星中》是安特列夫的第一篇戏剧，是一九〇五年革命后的作品。这剧似乎就是表现这两种相矛盾的真理，和两种不同的人生态度的。……以后安特列夫又作了不少戏剧，重要的有《撒瓦》《人的一生》《饿王》《黑假面人》《安那思玛》等。

此书是李霁野走上文坛的第一本书。1923 年，李翻译了俄国作家安德列夫的四幕剧《往星中》，后经韦素园用俄文原版校改，交鲁迅提意见。鲁迅对译稿比较满意，认为“只是有几处要改一改”。从此，李霁野成了鲁迅家的常客，李的同乡韦素园、台静农、韦丛芜也都成了鲁迅的朋友。有关李霁野等与鲁迅的关系，以及创办“未名社”等情况，读者可参见书前的《小引》，此处不赘言。

在“未名丛刊”的版本中经常能见到此书的书目广告，有两种文本，在此留存：

往星中　实价四角半

〇 俄国安特列夫作，李霁野译。是反映一个时代的名剧，表现一九〇五年俄国革命失败后社会上矛盾和混乱的心绪的。韦素园序，陶元庆画封面。

〇 俄国安特列夫著　李霁野译　韦漱园序　陶元庆画面　这是安特列夫的反映一个时代的名剧，表现一九〇五年革命失败后充满绝望与革命，坚巨与怀疑的精神的俄国社会中矛盾和混乱的心绪，作者追寻人生的意义之深刻与对于人生的态度亦可于此书中见出。卷首有作者的肖像。实价四角五分。

《穷人》

"未名丛刊"，俄国陀斯妥夫斯基著，韦丛芜译，未名社出版部1926年6月初版，印1 500册，1928年8月再版，印1 000册，两个版次仅印2 500册。此书为再版本，每册实价六角五分。版权页另一页印"未名丛刊：5　穷人　实价六角五分　不许翻印"，并印有除《穷人》外其他十种版本：《苦闷的象征》《苏俄的文艺论战》《出了象牙之塔》《往星中》《十二个》《外套》《白茶》《争自由的波浪》《工人绥惠略夫》和《一个青年的梦》。

全书259页，书前有鲁迅写的《小引》，其中说道：

> 《穷人》是作于千八百四十五年，到第二年发表的；是第一部，也是使他即刻成为大家作品；……而作者其时只有二十四岁，却尤是惊人的事。天才的心诚然是博大的。
>
> 中国知道陀斯妥夫斯基将近十年了，他的姓已经听得耳熟，但作品的译本却少见。这也无怪，虽是他的短篇，也没有很简短，便于急就的。这回丛芜才将他的最初的作品，绍介到中国来，我觉得似乎很弥补了些缺憾。这是用 Constance Garnett 的英译本为主，参考了 Morden Library 的英译本译出的，歧异之处，便由我比较了原白光的日文译本以定从违，

又经素园用原文加以校定。在陀斯妥夫斯基全集十二巨册中，这虽然不过是一小部分，但在我们这样只有微力的人，却很用去许多工作了。

另有 Thomas Seltzer 写的《英文本引言》，其中说道：

在他晚年著作中最著名的有《白痴》(1868)和《魔鬼》。他的最后，最长而学术最高的长篇小说是《卡拉玛沙夫兄弟》，在 1880 年出版。

此书实为一位老者与一个少女的通信，被称之为“一束穷人的情书”。此书未出版前，陀氏的朋友把此书带给著名的批评家别林斯基看，别氏看完后连声喊道：“带他到我这里来!”陀氏就此一举成名。

韦丛芜，生于 1905 年，安徽省霍邱县人。1923 年 6 月去北京，与三兄韦素园同住北大第一院大楼对面的沙滩五号公寓内，并进北京崇实中学高中二年级读书。1925 年结识鲁迅，常去北大旁听鲁迅讲授的中国小说史。同年秋天考入燕京大学，与曹靖华、韦素园、台静农、李霁野等在鲁迅的倡导下，创办“未名社”，同时主编《燕大月刊》，创办《莽原》半月刊，从事办刊、创作、翻译及未名社的经营等工作。韦丛芜从 1924 年 19 岁时开始翻译陀斯妥夫斯基的作品，一直坚持到

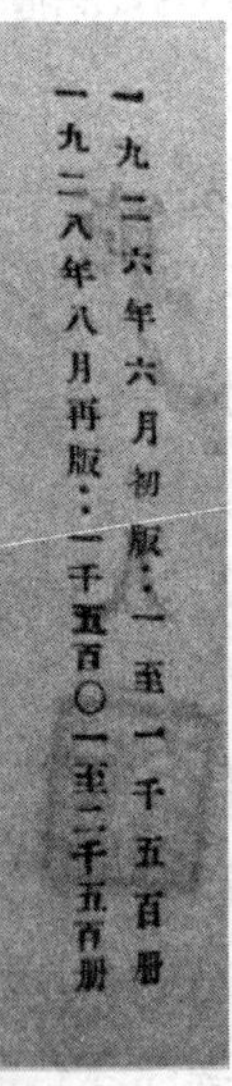

一九二六年六月初版：一——一千五百冊
一九二八年八月再版：一千五百〇一——二千五百冊

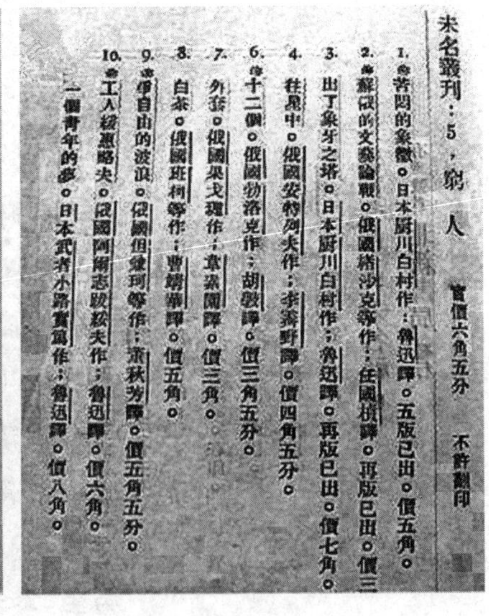

未名叢刊：5，窮人　實價六角五分　不許翻印

1. 苦悶的象徵。日本厨川白村作；魯迅譯。五版已出。價五角。
2. 蘇俄的文藝論戰。俄國褚沙克等作；任國楨譯。再版已出。價三
3. 出了象牙之塔。日本厨川白村作；魯迅譯。再版已出。價七角。
4. 往星中。俄國安特列夫作；李霽野譯。價四角五分。
6. 十二個。俄國勃洛克作；胡斅譯。價三角五分。
7. 外套。俄國果戈理作；韋素園譯。價三角。
8. 白茶。俄國班柯等作；曹靖華譯。價五角。
9. 爭自由的波浪。俄國但兼珂等作；董秋芳譯。價五角五分。
10. 工人綏惠略夫。俄國阿爾志跋綏夫作；魯迅譯。價六角。
一個青年的夢。日本武者小路實篤作；魯迅譯。價八角。

⊙《穷人》封面、版权页

垂暮之年，独自译完陀斯妥夫斯基全部二十四部小说，时间长达五十余年，字数多达近三百万字。这在陀氏作品翻译史中极为罕见。

韦氏的译作，如今尚能见到的旧版本有九种：《穷人》（长篇小说，陀斯妥夫斯基著，未名社出版部 1926 年版），《格列佛游记》（卷一，长篇小说，英国斯微夫特著，未名社出版部 1928 年版），《张的梦》（短篇小说集，俄国蒲宁著，北新书局 1929 年版），《回忆陀斯妥夫斯基》（俄国陀斯妥夫斯基夫人著，现代书局 1930 年版），《英国文学：拜伦时代》（文学史，英国葛斯著，未名社 1930 年版），《罪与罚》（长篇小说，俄国陀斯妥夫斯基著，未名社出版部 1930 年版），《睡美人》（儿童故事集，法国贝罗著，北新书局 1940 年版），《穷人及其他》（长篇小说，俄国陀斯妥夫斯基著，正中书局 1947 年版），《死人之家》（长篇小说，俄国陀斯妥夫斯基著，正中书局 1947 年版）。除了译作，韦氏还有两种创作，均收在“未名新集”之中：《君山》（诗集，未名社出版部 1927 年版）和《冰块》（诗集，未名社出版部 1929 年版）。

在“未名丛刊”的版本中经常能见到此书的书目广告，有两种文本，在此留存：

穷人

○ 实价六角半　俄国陀斯妥夫斯基作，韦丛芜译。这是作者的第一部，也是即刻使他成为大家的书简体小说，人生的困苦和悦乐，崇高和卑下，以及留恋和决绝，都从一个少女和老人的通信中写出。译者对比了数种译本，并由韦素园用原文校定，这才印行，其正确可想。鲁迅序。前有作者画像一幅，并用其手书及法人跋乐顿画像作封面。

○ 俄国陀斯妥夫斯基著　韦丛芜译　鲁迅序　这是作者的第一部，也是即刻使他成为大家的书简体小说，人生的困苦和悦乐，崇高和卑下，以及留恋和决绝，都从一个少女和老人的通信中写出。译者对比了数种译本，并由韦漱园用原文校定，这才印行，其正确可想。并用其手书及法人跋东赖画像作封面。实价六角五分。

《十二个》

"未名丛刊"，长诗集，胡敩译，俄国亚历山大·勃洛克著，V·玛修丁作图，北新书局(北京东城翠花胡同十二号)发行，1926年8月初版，毛边本，印1 500册，每册实价三角五分。封面和版权页印"未名丛刊之一"。

书前有勃洛克的画像。长诗前还有托罗兹基写的《亚历山大·勃洛克小传》，长达十七页。书内还有V·玛修丁多幅插图。封面画有人头，持枪兵士的影子，书名三字不规则地斜印，较为别致。

《后记》是鲁迅先生1926年7月21日写于北京。此文在不少集子中有介绍，故只留存与版本有关的信息：

勃洛克名亚历山大，早就有一篇很简单的自叙传——

"一八八〇年生在彼得堡。先学于古典中学，毕业后进了彼得堡大学的言语科。一九〇四年才作《美的女人之歌》这抒情诗，一九〇七年又出抒情诗两本，曰《意外的欢喜》，曰《雪的假面》。抒情悲剧《小游览所的主人》《广场的王》《求知之女》，不过才脱稿。现在担当着梭罗忒亚卢拿的批评栏，也和别的几种新闻杂志关系着。"

此后，他的著作还很多：《报复》《文集》《黄金时代》《从心中涌出》《夕照是烧尽了》《水已经睡着》《运命之歌》。当革命时，将最强烈的刺戟给与俄国诗坛的，是《十二个》。他死时是四十二岁，在一九二一年。

《十二个》于是便成了十月革命的重要作品，还要永久地流传。

篇末出现的耶稣基督，仿佛可有两种的解释：一是他也赞同，一是还须靠他得救。但无论如何，总还以后解为近是。故十月革命中的这大作品《十二个》，也还不是革命的诗。然而也不是空洞的。

前面的《勃洛克论》是我译添的，是《文学与革命》(Literatura & Revolutzia)的第三章，从茂森唯士氏的日本文译本重译；韦素园君又给对校原文，增改了许多。

书面和卷中的四张画，是玛修丁(V. Masiutin)所作的。他是版画的名家。这几幅画，即曾被称为艺术底版画的典型；原本是木刻。卷头的勃洛克的画像，也不凡，但是从《新俄罗斯文学的曙光期》转载的，不知道是谁作。

此书是革命时代最重要的作品之一，但还不是革命的诗。鲁迅在《后记》中还有一段关于"现代都会诗人"的话：

从一九〇四年发表了最初的象征诗集《美的女人之歌》起，勃洛克便被称为现代都会诗人的第一人了。他之为都会诗人的特色，是在用空想，即诗底幻想的眼，照见都会中的日常生活，将那朦胧的印象，加以象征化。将精气吹入所描写的事象里，使它苏生；也就是在庸俗的生活，尘嚣的市街中，发现诗歌的要素。所以勃洛克所擅长者，是在取卑俗，热闹，杂沓的材料，造成一篇神秘底写实的诗歌。

中国没有这样的都会诗人。我们有馆阁诗人，山林诗人，花月诗人……

书末，另有鲁迅编的"未名丛刊"与"乌合丛书"的出版广告，且有鲁迅写的介绍丛刊与丛书的广告词，读者可参见书前的《小引》。

之后是一份《鲁迅的杂感及纂辑》书目：《热风》《华盖集》《中国小说史略》《小说旧闻钞》和《唐宋传奇集》。另有台静农编《关于鲁迅及其著作》(其中所收关于人和著作的文字凡二十余篇，插画四幅，实价四角，北京东城沙滩新开路五

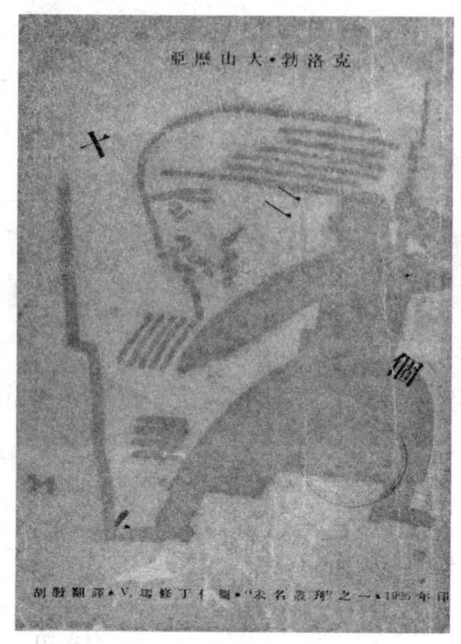

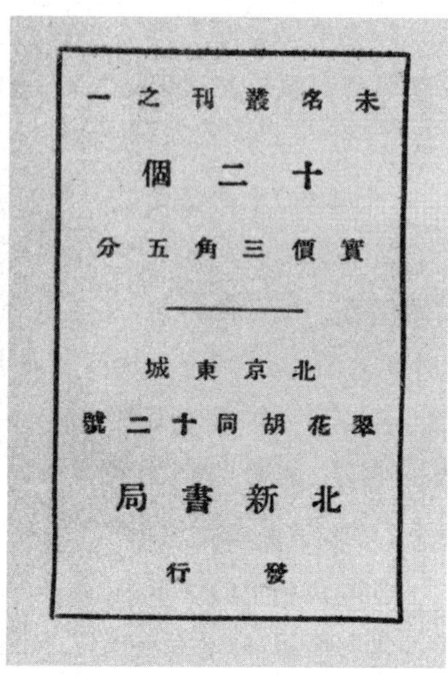
未名叢刊之一

十二個

實價三角五分

北京東城
翠花胡同十二號
北新書局
發行

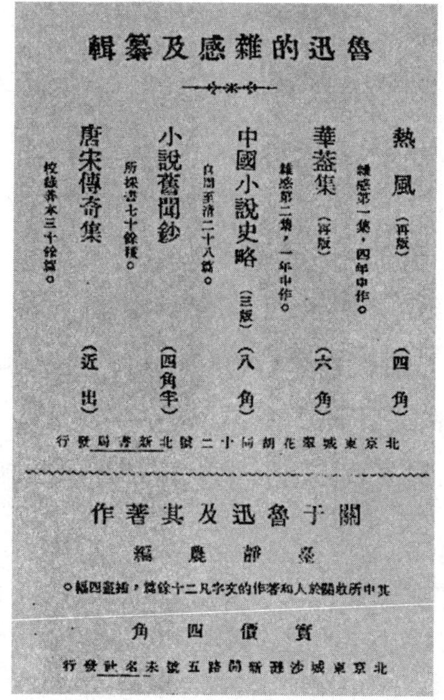
魯迅的雜感及纂輯

熱風（再版） 雜感第一集，四年中作。 （四角）
華蓋集（再版） 雜感第二集，一年中作。 （六角）
中國小說史略（三版） 自周至清二十八篇。 （八角）
小說舊聞鈔 所採書七十餘種。 （四角半）
唐宋傳奇集 校錄善本三十餘篇。 （近出）

北京東城翠花胡同十二號北新書局發行

關于魯迅及其著作
臺靜農編
其中所收關於人和著作的文字凡二十餘篇，插畫四幅。
實價四角
北京東城沙灘新開路五號未名社發行

⊙《十二个》封面及版权页等

号未名社发行）。

此书由胡氏从原文译出，先由伊发尔将该诗意义加以校勘，再交鲁迅和韦素园酌改文字。

与之同名的版本，笔者还见到过勃洛克著、戈宝权译、时代出版社 1948 年的初版。

在“未名丛刊”的版本中经常能见到此书的书目广告，在此留存：

十二个　校印中

俄国勃洛克作长诗，胡斁译。作者原是有名的都会诗人，这一篇写革命时代的变化和动摇，尤称一生杰作。译自原文，又屡经校正，和重译的颇有不同。前有托罗兹基的《勃洛克论》一篇；鲁迅作后记，加以解释。又有缩印的俄国插画名家玛修丁木刻四幅；卷头有作者的画像。

《外套》

"未名丛刊",俄国果戈理著,韦素园译,未名出版部1926年9月初版,版权页分为两处,一处印"一九二六年九月初版:一至一千五百册"。另一处印:"未名丛刊:7,外套　实价三角　不许翻印"。并还印有除第七种之外的其他版本八种:《苦闷的象征》《苏俄的文艺论战》《出了象牙之塔》《往星中》《穷人》《十二个》《白茶》和《小约翰》。在书目第一、二和六种的书名上方印有"*"符号,注明"北新书局发行",未标符号者为未名社发行。在书目下方还印有《关于鲁迅及其著作》(台静农编,实价四角)的广告。

在扉页印有"未名丛刊之一"以及"韦漱园译　司徒乔作书面"。"韦漱园"即韦素园,那是因韦素园为表示对北京女师大反动校长林素园的厌恨而改名"漱园"的。书面由司徒乔所作,他的风格相当鲜明,这使笔者记起1926年司氏在北京中央公园水榭举办的七十幅早期作品个人画展,其中被鲁迅用"高价"买进的《五个警察一个〇》和《馒头店门前》两幅作品,风格与之相同。

司徒乔,生于1902年,原名司徒乔兴,广东开平人。鲁迅曾赞扬他是"不管功课,不寻导师,以他自己的毅力,终日在画古庙、土山、破屋、穷人、乞丐……",是位"抱有明丽之心的作者"。鲁迅编辑的文艺刊物《莽原》,就是司

一九二六年九月初版：一至一千五百册

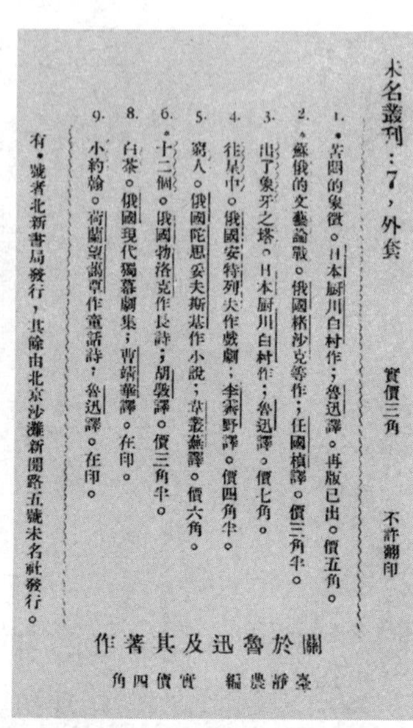

未名叢刊：7，外套

實價三角

不許翻印

1. 苦悶的象徵。日本廚川白村作；魯迅譯。再版已出。價五角。
2. 蘇俄的文藝論戰。俄國格沙克等作；任國楨譯。價三角半。
3. 出了象牙之塔。日本廚川白村作；魯迅譯。價七角。
4. 往星中。俄國安特列夫作戲劇；李霽野譯。價四角半。
5. 窮人。俄國陀思妥夫斯基作小說；韋叢蕪譯。價六角。
6. 十二個。俄國勃洛克作長詩；胡斅譯。價三角半。
8. 白茶。俄國現代獨幕劇集；曹靖華譯。在印。
9. 小約翰。荷蘭望藹覃作童話詩；魯迅譯。在印。

有·號者北新書局發行，其餘由北京沙灘新開路五號未名社發行。

關於魯迅及其著作

臺靜農編　實價四角

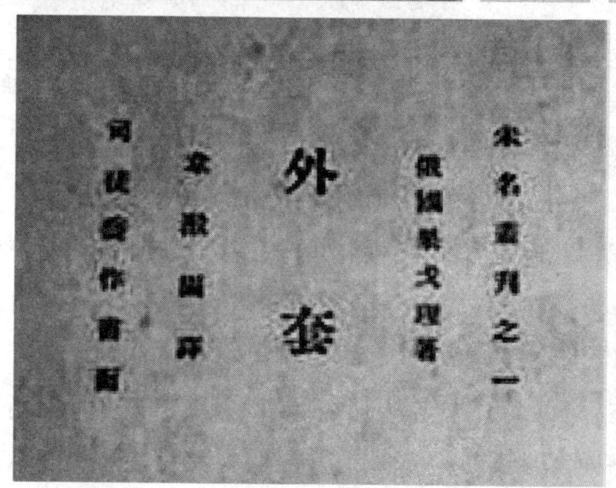

未名叢刊之一

俄國果戈理著

外套

韋素園譯

司徒喬作書面

⊙《外套》封面、版权页、作者像等

氏画的封面和插图。1936 年，鲁迅逝世，司徒乔以万分沉痛的心情，用竹笔蘸墨汁，画下了鲁迅生命最后瞬间的面容，并为葬礼画了巨幅鲁迅遗像。

全书 78 页，书前有韦素园 1926 年 7 月 7 日写于北京的《序》，其中说道：

我现在译出的这篇《外套》，其价值正也如我上文所说。不过在他短篇作品之中，这一篇在心理方面描写得要算更复杂，更紧凑，更有力些，其读后给人印象也更深刻。……果氏写成《外套》，已在生活的晚期，人物自然更显得凄凄，沈重些。……本书承者野和 Polevov 先生许多帮助，这是应该感谢的。

韦素园，1902 年生，安徽人。其父韦美堂。韦素园兄弟 5 人，他排行老三，原名韦崇文(乳名文魁)。大哥韦崇华(凤章)，二哥韦崇义(少堂)，四弟韦崇武(丛芜)，五弟韦崇斌，还有一个妹妹韦崇贤。1925 年春，韦素园经李霁野介绍去拜访鲁迅，经鲁迅推荐，担任北京《民报》副刊编辑。同年夏，在鲁迅倡导下与李霁野、台静农、韦丛芜、曹靖华组成“未名社”，韦的小屋也便成了社址“破寨”。次年创办《莽原》半月刊，韦素园任责任编辑。他不但看稿、编稿，自己还译完了果戈理的《外套》。

1932 年 8 月 1 日韦素园逝世于北平同仁医院，葬于北平西山碧云寺下万山公墓。鲁迅曾在给台静农的信中说：“素园逝去，实足哀伤，有志者入泉，无为者住世，岂佳事乎。”而且手书碑文：“呜呼，宏才远志，厄于短年。文苑失英，明者永悼。”并且著文《忆韦素园君》，给予了高度评价。

李霁野在《忆素园》中说道：他不像“一般孩子似的爱嬉笑，总是沉默的时候居多，穿着黑色的背心，身体微微的弯曲，在别人谈笑时，他总爱咬着指甲，静坐在一角向上凝视。然而在他沉着开口说话时，大家注意力都集中在他身上，听他用缓慢但却洪亮的声音，发出考虑过的意见。这常常是热烈争论的终结”。

在“未名丛刊”的版本中经常能见到此书的书目广告，有两种文本，在此留存：

外套

○ 校印中　俄国果戈理作，韦素园译。这是一篇极有名的讽刺小说，然而诙谐中藏着隐痛，冷语里仍见同情；惜别种译本每有删去之处，今从原文译出，最为完全。卷头有详细的序文及作者画像。

○ 俄国果戈理著　韦漱园译　司徒乔画面　这是果戈理的短篇代表作品，也是他的一篇极为有名的讽刺小说，诙谐中藏有隐痛，冷语里仍见同情，凡留心世界文学的都知道。陀斯妥夫斯基说一切俄国的小说，都发源于果戈理的故事外套，其在本国影响，可想而知。别国译本每有删略，今从原文译出，最为完全。首有作者论述以及肖像。实价三角。

《白茶》

“未名丛刊”，苏俄独幕剧集，班珂等著，曹靖华译，司徒乔画封面，北京未名社编，扉页印：“未名丛刊之一

⊙《白茶》封面

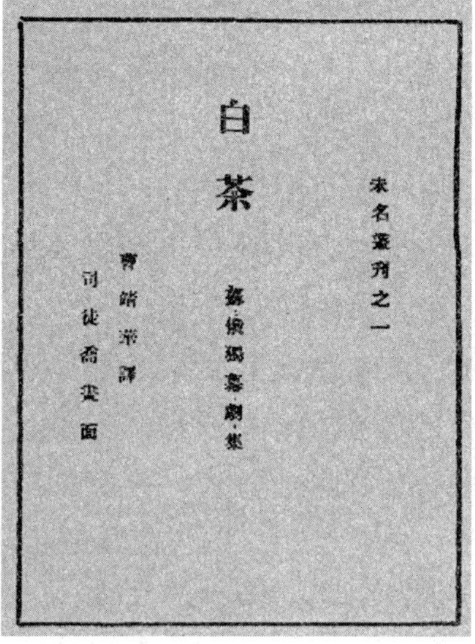
未名叢刊之一
白茶
蘇俄獨幕劇集
曹靖華譯
司徒喬畫面

一九二七年四月初版：一至一千五百册。
一九二九年一月再版：一千五百零一至三千册。

⊙《白茶》内封

⊙“未名社出版部”印章

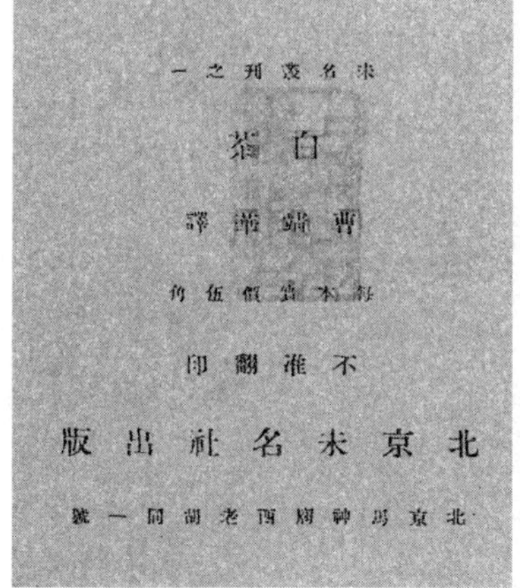
未名叢刊之一
白茶
曹靖華譯
每本實價伍角
不准翻印
北京未名社出版
北京馬神廟西老胡同一號

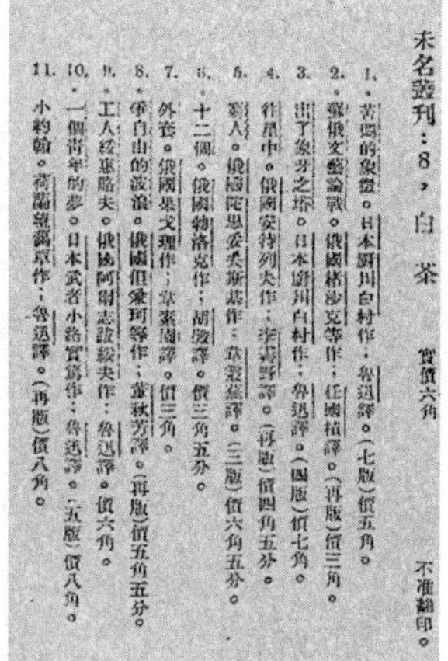
未名叢刊：8，白茶　實價六角　不准翻印。

1. *苦悶的象徵。日本廚川白村作；魯迅譯。（七版）價五角。
2. *蘇俄文藝論戰。俄國褚沙克等作；任國楨譯。（再版）價三角。
3. 出了象牙之塔。日本廚川白村作；魯迅譯。（四版）價七角。
4. 往星中。俄國安特列夫作；李霽野譯。（再版）價四角五分。
5. 窮人。俄國陀思妥夫斯基作；韋叢蕪譯。（三版）價六角五分。
6. *十二個。俄國勃洛克作；胡斅譯。價三角五分。
7. 外套。俄國果戈理作；韋素園譯。價三角。
8. *爭自由的波浪。俄國但兼珂等作；董秋芳譯。（再版）價五角五分。
9. *工人綏惠略夫。俄國阿爾志跋綏夫作；魯迅譯。價六角。
10. *一個青年的夢。日本武者小路實篤作；魯迅譯。（五版）價八角。
11. 小約翰。荷蘭望藹覃作；魯迅譯。（再版）價八角。

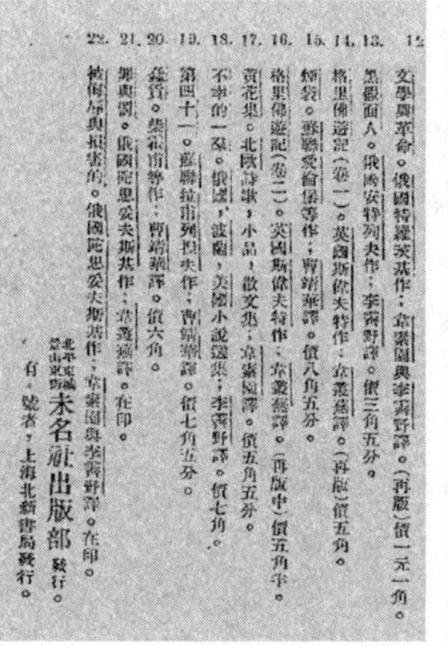
12. 文學與革命。俄國特羅茨基作；韋素園與李霽野譯。（再版）價一元一角。
13. 黑假面人。俄國安特列夫作；李霽野譯。價三角五分。
14. 格里佛遊記（卷一）。英國斯偉夫特作；韋叢蕪譯。（再版）價五角。
15. 煙袋。蘇聯愛倫堡等作；曹靖華譯。價八角五分。
16. 格里佛遊記（卷二）。英國斯偉夫特作；韋叢蕪譯。（再版中）價五角半。
17. 黃花集。北歐詩歌，小品，散文集；韋素園譯。價五角五分。
18. 不幸的一羣。俄國，波蘭，美國小說選集；李霽野譯。價七角。
19. 第四十一。蘇聯拉甫列涅夫作；曹靖華譯。價七角五分。
20. 蠢貨。柴霍甫等作；曹靖華譯。價六角。
21. 罪與罰。俄國陀思妥夫斯基作；韋叢蕪譯。在印。
22. 被侮辱與損害的。俄國陀思妥夫斯基作；韋素園與李霽野譯。在印。

北平東城景山東街未名社出版部發行。
有*號者，上海北新書局發行。

⊙《白茶》版权页等

白茶　苏俄独幕剧集　曹靖华译　司徒乔画面”。空白页印：“一九二七年四月初版：一至一千五百册。一九二九年一月再版：一千五百零一至三千册。”版权页印：“未名丛刊：8，白茶　实价六角　不准翻印。”“北平东城景山东街未名社出版部发行。有*号者，上海北新书局发行。”在其中间印“未名丛刊”书目二十二种。最后两种《罪与罚》（韦丛芜译）和《被侮辱与损害的》（韦素园与李霁野译），标明为“在印”，实际最后一种并未出版。在书中盖有一枚“未名社出版部”蓝印，稻穗花纹环绕，上印“北平马神庙”，下印“景山东街”，这枚印章极为罕见。

如今能见到的大多是开明书店用原纸型印的“未名社丛书”，封面和内容与未名社的一样，区别在于“开明书店出版”。至于其中详情，读者可参见书前的《小引》，在此不赘述。

全书收文五篇：《白茶》(班珂)，《永久的女性》(奥聂艮)，《小麻雀》(伯兰次维基)，《千方百计》(亚穆柏)和《可怜的裴迦》(亚穆柏)。在每篇小说前，均有“人物”“布景”的文字介绍。篇名一律单页印，如截封。

此书的封面图出自司徒乔之手。当年初见此书时，马上想到司徒乔及他的画，他的画虽看似杂乱无章，甚至有粗糙之感，但却孕育着一种勃发的生命力，这种“力”又不是所有人都能看透的。唯鲁迅先生之慧眼，一看便知“凡这些，都在表示人们对于天然并不降服，还在争斗”的内涵。鲁迅还曾购买过司氏的《四个警察和一个女人》，并问过这女人是谁，回答是“天使”，这一回答并没有让鲁迅满意，可见鲁迅之见又高出司徒乔好几个层次了。

《争自由的波浪》

“未名丛刊”，副题：《俄国专制时代的七种悲剧文字》，苏联戈理基（高尔基）著，董秋芳译，版权页上印：“未名丛刊　争自由的波浪　实价五角半　北新书局印行”。另一处版权页印：“一九二六年初版”。

扉页印：“未名丛刊之一　争自由的波浪及其他　俄国专制时代的七种悲剧文字　英人威廉哈佛译本　董秋芳译”。原书编者是长期旅居俄国的瑞士人，译者据英

⊙《争自由的波浪》封面

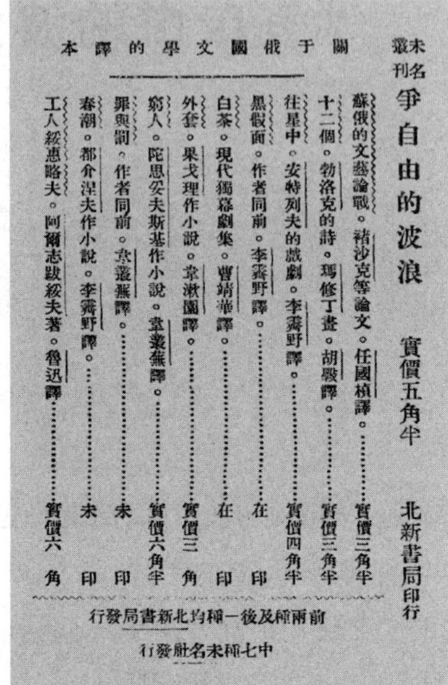

未名叢刊
爭自由的波浪　實價五角半　北新書局印行

關于俄國文學的譯本

蘇俄的文藝論戰。褚沙克等論文。任國楨譯。……實價三角半
十二個。勃洛克的詩。瑪修丁畫。胡斅譯。……實價三角半
往星中。安特列夫的戲劇。李霽野譯。……實價四角半
黑假面。作者同前。李霽野譯。……在印
白茶。現代獨幕劇集。曹靖華譯。……在印
外套。果戈理作小說。韋漱園譯。……實價三角
窮人。陀思妥夫斯基作小說。韋叢蕪譯。……實價六角半
罪與罰。作者同前。韋叢蕪譯。……未印
春潮。都介涅夫作小說。李霽野譯。……未印
工人綏惠略夫。阿爾志跋綏夫著。魯迅譯。……實價六角

前兩種及後一種均北新書局發行
中七種未名社發行

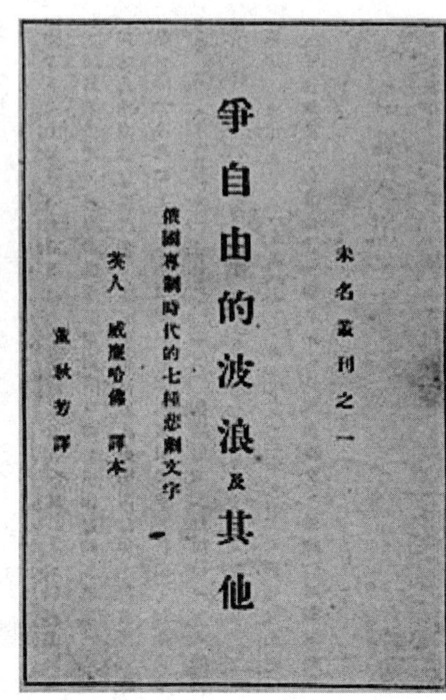

未名叢刊之一
爭自由的波浪及其他
俄國專制時代的七種悲劇文字
英人　威廉哈佛　譯本
董秋芳　譯

⊙《争自由的波浪》版权页和扉页

国威廉·哈佛的英译本转译。扉页书名与封面及版权页的书名不同，加了一个尾巴“及其他”，可见所收并非只高尔基一人的作品。

书前有《英译本序》和鲁迅 1926 年 11 月 14 日风雨之夜写于厦门的《小引》。在《英译本序》中说道：

> 下面几篇小说和散文，现在第一次译为英文，是从一本俄文类选里译出，那本书，在一九〇二年与一九〇三年之间，流行于戈顺堡(Gothenburg)，原名曰“Friaord fram Tyranniets Land”(英文是“Free Words from the Land of Tyranniety”义即“专制国家之自由语”)。编辑者是一个著名的瑞士人，他在旅居俄国的长时期中，搜集了许多文学的和政治的重要刊物，而为检查书报人员所厉禁，因为这些刊物，是表露一个民族几世纪来受军阀和专制政治的蹂躏之焦虑和热望的喉舌。瑞士的一般文化标注，较欧洲其他各国为高，故译述的成功极速，而各书的印行，允得一致的赞许。
>
> 一九〇五年，威廉哈佛(William Frederck Harvey)叙于恶斯福之哈忒福特学院。

鲁迅的序跋文字虽然常见，但在此处为了说明问题，还必须摘录其中的部分文字：

> 中国是否会有平民的时代，自然无从断定。然而，总之，平民总未必会舍命改革以后，倒给上等人安排鱼翅席，是显而易见的，因为上等人从来就没有给他们安排过杂合面。只要翻翻这一本书，大略便明白别人的自由是怎样挣来的前因，并且看看后果，即便将来地位失坠，也就不至于亡鸣不平，较之失意而学佛，切实得多多了。所以，我想，这几篇文章在中国还是很有好处的。

全书212页，收文七篇，也就是"俄国专制时代的七种悲剧文字"：《争自由的波浪》(戈理基)、《大心》(但兼珂)、《人的生活》(戈进基)、《尼古拉之根》(列·托尔斯泰)、《在教堂里》(同前)、《致瑞典和平会的信》(同前)和《梭斐亚的生活断片》。

译者董秋芳，1898年生，浙江绍兴人，北京大学英语系毕业，笔名冬芬、冬奋、秋舫等。他的作品，笔者仅见《争自由的波浪》一种。在民国翻译界还有一位"董秋斯"，一开始还以为两董是兄弟，其实非也。董秋斯河北静海人，一南一北，"悬天八只脚"(上海话，意思是相距甚远，根本不搭界)。

在"未名丛刊"的版本中经常能见到此书的书目广告，在此留存：

> 争自由的波浪　即印
>
> 原名《大心及其他》，一名《俄国专制时代的七种悲剧文字》。计散文三篇，小说四篇，为但兼珂·托尔斯多，戈理基诸大家所作。全是战士的热烈的叫喊，浊世的决堤的狂涛。董秋芳译。

《工人绥惠略夫》

“未名丛刊”，俄国阿尔志跋绥夫著，鲁迅译，北新书局发行，版权事项分为两处，扉页印：“未名丛刊之一 工人绥惠略夫 俄国阿尔志跋绥夫作 鲁迅译 一九二七年六月印成，一至三〇〇〇本”。另一处除印丛刊名、书名等，还印“实价六角”，以及“关于俄国文学的译本”十种并刊登定价：

《苏俄的文艺论战》（褚沙克等论文，任国桢译，实价三角半），《十二个》（勃洛克的诗，玛修丁画，胡敩译，实价三角半），《往星中》（安特列夫的戏剧，李霁野译，实价四角半），《黑假面》（作者同前，李霁野译，在印），《白茶》（现代独幕剧集，曹靖华译，在印），《外套》（果戈理作小说，韦漱园译，实价三角），《穷人》（陀斯妥夫斯基小说，韦丛芜译，实价六角半），《罪与罚》（作者同前，韦丛芜译，未印），《春潮》（都介涅夫小说，李霁野译，未印）和《争自由的波浪》（高尔该等小说及散文集，董秋芳译，实价五角半）。在书目下注明：“前两种及后一种均北新书局发行，后七种未名社发行”。

全书 184 页，书前有译者写于 1921 年 4 月 15 日的《译了工人绥惠略夫之后》，八页，最后说道：

这一篇，是从 S. Bugow und A. B: llard 同译

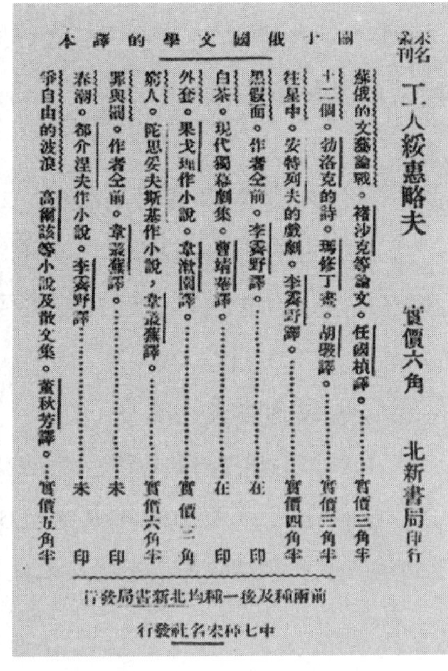

未名叢刊 工人綏惠略夫 實價六角 北新書局印行

關于俄國文學的譯本

蘇俄的文藝論戰。褚沙克等論文。任國楨譯。……實價三角半
十二個。勃洛克的詩。瑪修丁畫。胡斅譯。……實價三角半
往星中。安特列夫的戲劇。李霽野譯。……實價四角半
黑假面。作者仝前。李霽野譯。……在印
白茶。現代獨幕劇集。曹靖華譯。……在印
外套。果戈理作小說。韋漱園譯。……實價三角
窮人。陀思妥夫斯基作小說，韋叢蕪譯。……實價六角半
罪與罰。作者仝前。韋叢蕪譯。……未印
春潮。都介涅夫作小說。李霽野譯。……未印
爭自由的波浪 高爾該等小說及散文集。董秋芳譯。……實價五角半

前兩種及後一種均北新書局發行
中七種未名社發行

⊙《工人绥惠略夫》封面及版权页

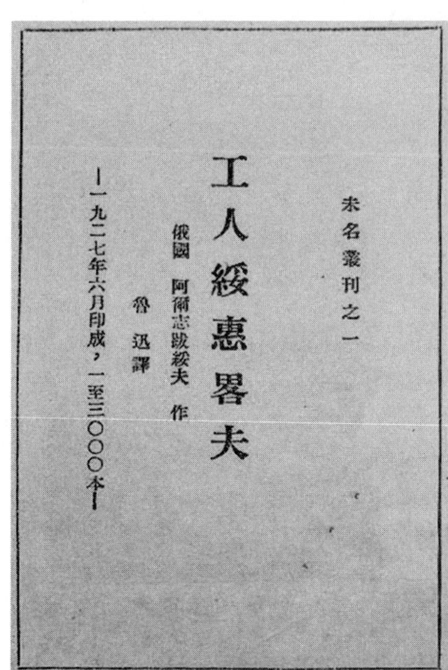

未名叢刊之一

工人綏惠畧夫

俄國 阿爾志跋綏夫 作
魯迅 譯

—一九二七年六月印成，一至三〇〇〇本—

⊙《工人绥惠略夫》扉页及作者像

的《革命的故事》(Revolution-sgeschichten)里译出的,除了几处不得已的地方,几乎是逐字译。我本来还没有翻译这书的力量,幸而得了我的朋友齐宗颐君给我许多指点和修正,这才居然脱稿了,我很感谢。

此书曾列入商务印书馆出版的“文学研究会丛书”,1922 年 5 月初版,即便是同一个出版机构所出,封面也有两种不同的设计。

在“未名丛刊”的版本中经常能见到此书的书目广告,在此留存:

工人绥惠略夫　在印

俄国阿尔志跋绥夫作。鲁迅翻译。是极有名的一篇描写革命失败后社会心情的小说。或者遁入人道主义,或者激成虚无思想,沈痛深刻,是用心血写就的。曾经印行,现收入本丛书中。有序及作者肖像。

《一个青年的梦》

“未名丛刊”，四幕剧，日本武者小路实笃著，鲁迅译，北新书局发行。扉页印：“未名丛刊之一　一个青年的

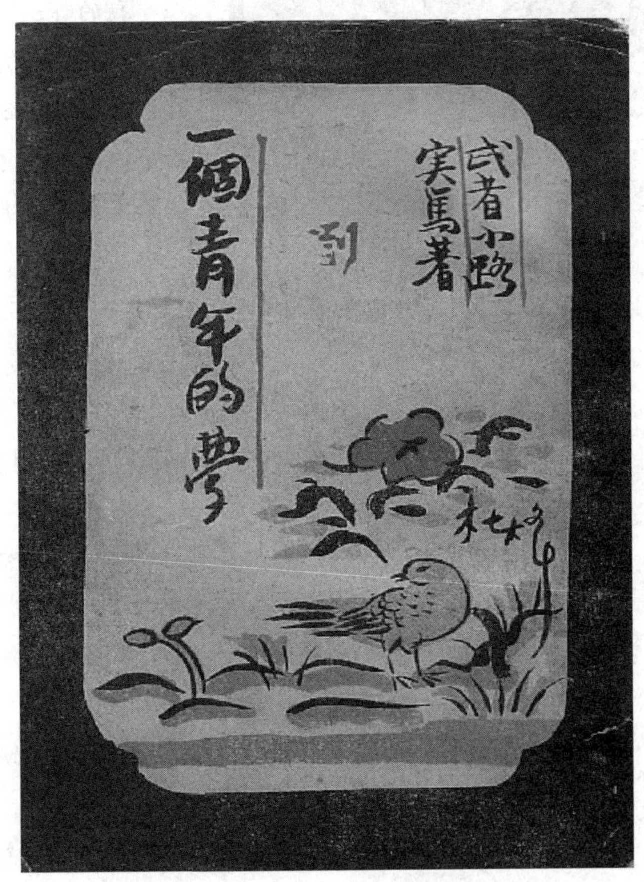

⊙《一个青年的梦》封面

⊙《一个青年的梦》封底

梦 日本武者小路实笃作 鲁迅译 一九二九年三月三版印行 四〇〇一—六〇〇〇本”。此书初版于一九二七年六月。版权页除重新印扉页相关版权事项外，还印“北平杨梅竹斜街 上海四马路中市 北新书局”“实价八角”。把两处的版权事项归拢来，才算比较完整。

全书 327 页，书前有武者小路实笃写于 1919 年 12 月 9 日类似前言的《与支那未知的友人》，其中说道：

我的《一个青年的梦》被译成贵国语，实在是我的光荣，我们很喜欢。我做这书的时候，还在贵国与美国不曾加入战争以前。现在战争几乎完了，许多事情也与当时不同了。但我相信，在世上有战争的期限内，总当有人想起《一个青年的梦》。

在这本书里，放着我的真心，这个真心倘能与贵国青年的真心相接触，那便是我的幸福了。

另有作者写于 1916 年 12 月 23 日的《自序》，其中说道：

这个剧本，从全体看来，还不能十分统一。倘使略加整顿，很可以从这剧本分出四五篇的一幕剧来；也可以分出一幕剧，在剧场开演。全体的统一，不是发展的，自己也觉得不满足，而且抱憾。

书末有鲁迅 1921 年 12 月 19 日写于北京的《后记》：

我看这剧本，是由于《新青年》上的介绍。我译这剧本的开手，是在一九一九年八月二日这一天，从此逐日登在北京《国民公报》上。到十月二十五

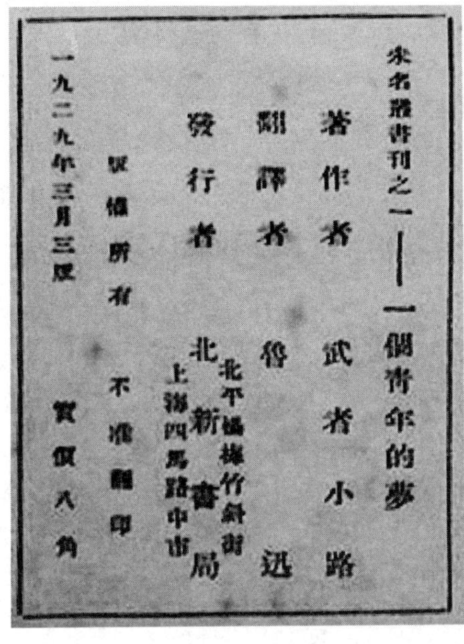

未名叢書刊之一——一個青年的夢

著作者 武者小路

翻譯者 魯迅

發行者 北新書局 北平楊梅竹斜街 上海四馬路中市

版權所有 不准翻印

一九二九年三月三版 實價八角

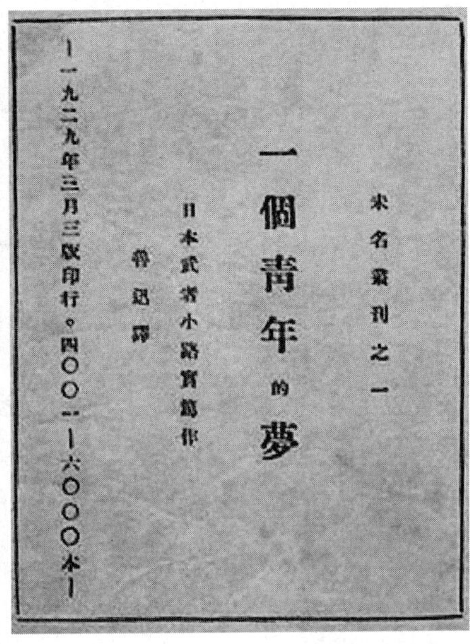

未名叢刊之一

一個青年的夢

日本武者小路實篤作

魯迅譯

一九二九年三月三版印行。四〇〇一—六〇〇〇本

⊙《一个青年的梦》扉页、版权页

日,《国民公报》忽被禁止出版了,我也便歇手不译,这正在第三幕第二场两个军使谈话的中途。

同年十一月间,因为《新青年》记者的希望,我又将旧译校订一过,并译完第四幕,按月登在《新青年》上。从七卷二号起,一共分四期。但那第四号是人口问题,多被不知谁何没收了,所以大约也有许多人没有见。

周作人先生和武者小路先生通信的时候,曾经提到这已经译出的事,并问他对于住在中国的人类有什么意见,可以说说。作者因此写了一篇,寄到北京,而我适值到别处去了,便由周先生译出,就是本书开头的一篇《与支那未知的友人》。原译者的按语中说:

⊙《一个青年的梦》作者像

>“《一个青年的梦》的书名，武者小路先生曾说想改作《A 与战争》，他这篇文章里也就用这个新名字，但因为我们译的还是旧称，所以我于译文中也一律仍写作《一个青年的梦》。
>
>现在，是在合成单本，第三次印行的时候之前了。我便又乘这机会，据作者先前寄来的勘误表再加修正，又校改了若干的误字，而且再记出旧事来，给大家知道这本书两年以来在中国怎样枝枝节节的，好容易才成为一册书的小历史。”

《一个青年的梦》，在此之前还有商务印书馆 1924 年版，属“文学研究会丛书”。

在“未名丛刊”的版本中经常能见到此书的书目广告，在此留存：

>一个青年的梦　在印
>
>日本武者小路实笃作戏剧，鲁迅译。共四幕，当欧战正烈的时候，作者独能保持清晰的思想，发出非占的狮子吼来，先曾印行，今改版重印；卷头有自序及为汉译本而作的序及照像。

《小约翰》

“未名丛刊”，荷兰拂来特力克·望·蔼覃著，鲁迅译，北新书局发行，扉页印：“未名丛刊之一　小约翰

⊙《小约翰》封面

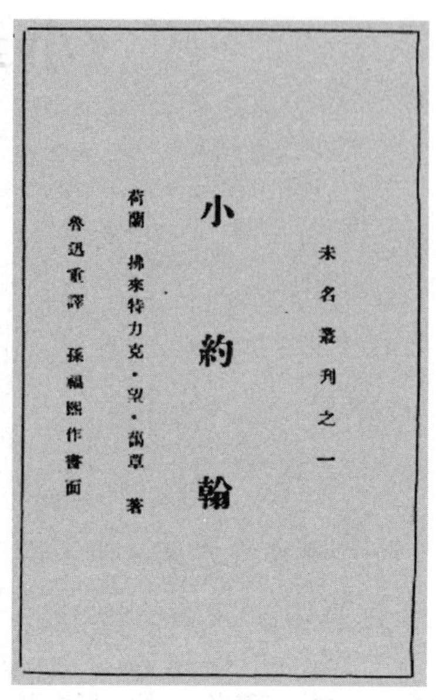
未名叢刊之一

小約翰

荷蘭 拂來特力克・望・藹覃 著

魯迅重譯 孫福熙作書面

一九二八年一月印行：一至一千冊。

⊙《小约翰》扉页

⊙《小约翰》作者像

荷兰拂来特力克・望・蔼覃著　鲁迅重译　孙福熙作画面”。空白页印：“一九二八年一月印行：一至一千册”。版权页印：“未名丛刊：12，小约翰　实价八角　不许翻印”，“北京马神庙西老胡同一号未名社发行　有‘＊’号者北新书局发行”，其间印“未名丛刊”书目十九种，其中《文学与革命》印“即出”；《黄花集》《格里佛游记》《黑假面人》《烟袋》印“在印”；《罪与罚》和《蠢货》印“待印”。表述不同，说明各种版本的“命运”各异。以上所述，正是“未名丛刊”版权页表述版权较为完整的一种形式。

另见一种与之不同封面的同名版本，1929 年再版，扉页与初版基本相同。但也有研究者认为《小约翰》初版本有两种不同封面。这种封面图案，上部为剪影，下沿从右至左印：“荷兰・F.望.覃蔼著・鲁迅译・未名丛刊之一”。书末印“未名新集”书目六种：《君山》《朝花夕拾》《地之子》《影》《冰块》和《建塔者》。其中最后一种标明“在印”。另外还有《鲁迅著译及纂辑各书》书目十八种：《呐喊》《彷徨》《野草》《坟》《热风》《华盖集》《华盖集续编》《而已集》《中国小说史略》《小说旧闻钞》《唐宋传奇集》《桃色的梦》《苦闷的象征》《工人绥惠略夫》《一个青年的梦》《出了象牙之塔》《小约翰》和《思想山水人物》。其中《坟》《出了象牙之塔》和《小约翰》北平未名社出版部发行，其余皆由上海北新书局发行。

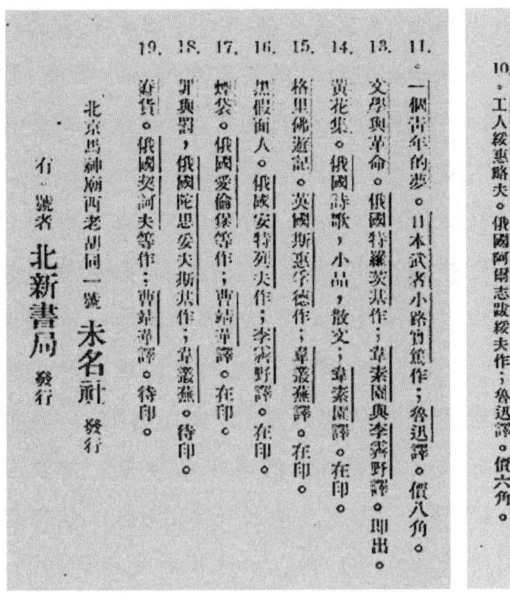
未名叢刊：12，小約翰　實價八角　不許翻印

1. 苦悶的象徵。日本廚川白村作；魯迅譯。再版已出。價五角。
2. 蘇俄的文藝論戰。俄國格沙克等作；任國楨譯。價三角五分。
3. 出了象牙之塔。日本廚川白村作；魯迅譯。再版已出。價七角。
4. 往星中。俄國安特列夫作；李霽野譯。價四角五分。
5. 窮人。俄國陀思妥夫斯基作；韋叢蕪譯。在再版。
6. 十二個。俄國勃洛克作；胡斅譯。價三角五分。
7. 外套。俄國果戈理作；韋素園譯。價三角。
8. 白茶。俄國班珂等作；曹靖華譯。價五角。
9. 爭自由的波浪。俄國但兼珂等作；董秋芳譯。價五角五分。
10. 工人綏惠略夫。俄國阿爾志跋綏夫作；魯迅譯。價六角。
11. 一個青年的夢。日本武者小路實篤作；魯迅譯。價八角。
13. 文學與革命。俄國特羅茨基作；韋素園與李霽野譯。即出。
14. 黃花集。俄國詩歌，小品，散文；韋素園譯。在印。
15. 格里佛遊記。英國斯惠夫德作；韋叢蕪譯。在印。
16. 黑假面人。俄國安特列夫作；李霽野譯。在印。
17. 煙袋。俄國愛倫堡等作；曹靖華譯。在印。
18. 罪與罰，俄國陀思妥夫斯基作；韋叢蕪。待印。
19. 蠢貨。俄國契訶夫等作；曹靖華譯。待印。

北京馬神廟西老胡同一號　未名社　發行

有 號者　北新書局　發行

⊙《小约翰》版权页

书前有原作者肖像一幅，英俊潇洒。

另有鲁迅《引言》一篇，写于 1927 年 5 月 30 日广州东堤寓楼之西。全文较长，只能摘其与译作和版本有关的文字：

在我那“马上支日记”里，有这样的一段——

“到中央公园，径向约定的一个僻静处所，寿山已先到，略一休息，便开手对译《小约翰》。这是一本好书，然而得来却是偶然的事。大约二十年前罢，我在日本东京的旧书店头买到几十本旧的德文文学杂志，内中有着这书的绍介和作者的评传，因为那时刚译成德文。觉得有趣，便托丸善书店去买来了；想译，没有能力。后来也常常想到，但是总被别的事情岔开。直到去年，才决计在暑假中将它译好，并且登出广告去，而不料那一暑假过得比别的时候还艰难。今年又记得起来，翻检一过，疑难之处很不少，还是没有这力。问寿山可肯同译，他答应了，于是就开手，并且约定，必须在这暑假期中译完。”

这是去年，即一九二六年七月六日的事。那么，二十年前自然是一九〇六年。所谓文学杂志，绍介着《小约翰》的，是一八九九年八月一日出版的

《文学的反响》(Das Iitterarische Echo),现在是大概早成了旧派文学的机关了,但那一本却还是第一卷的第二十一期。原作的发表在一八八七年,作者只二十八岁;后十三年,德文译本才印出,译成还在其前,而翻作中文是在发表的四十整年之后,他已经六十八岁了。

日记上的话写得很简单,但包含的琐事却多。留学时候,除了听讲教科书,及抄写和教科书同样的讲义之外,也自有些乐趣,在我,其一是看看神田区一带的旧书坊。日本大地震后,想必很是两样了罢,那时是这一带书店颇不少,每当夏晚,常常蝟集着一群破衣旧帽的学生。店的左右两壁和中央的大床上都是书,里面深处大抵跪坐着一个精明的掌柜,双目炯炯,从我看去很像一个静踞网上的大蜘蛛,在等候自投罗网者的有限的学费。但我总不免也如别人一样,不觉逡巡而入,去看一通,到底是买几本,弄得很觉得怀里有些空虚。但那破旧的半月刊《文学的反响》,却也从这样的处所得到的。

我还记得那时买它的目标是很可笑的,不过想看看他们每半月所出版的书名和各国文坛的消息,总算过屠门而大嚼,比不过屠门而空咽者好一些,至于进而购读群书的野心,却连梦中也未尝有。但偶然看见其中所载

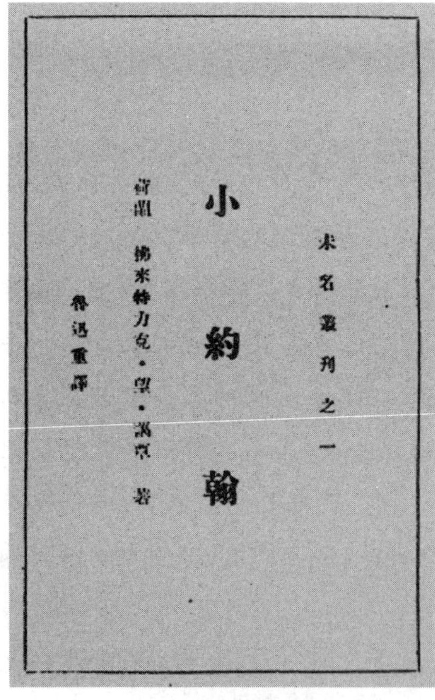

⊙《小约翰》再版封面、扉页

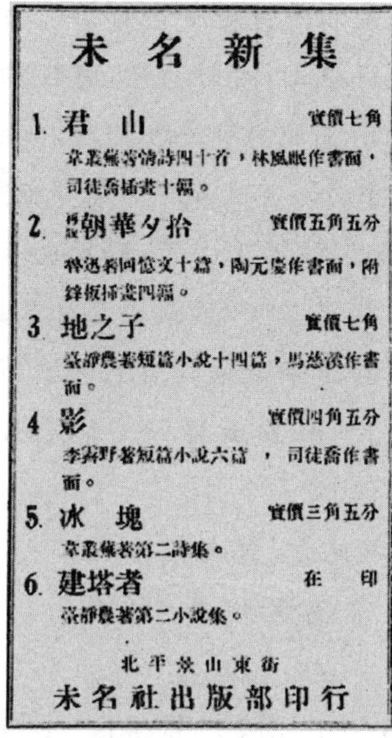

未名新集

1. 君山　實價七角
韋叢蕪著詩四十首，林風眠作書面，司徒喬插畫十幅。

2. 舊事重提 朝華夕拾　實價五角五分
魯迅著回憶文十篇，陶元慶作書面，附錄插畫四幅。

3. 地之子　實價七角
臺靜農著短篇小說十四篇，馬慈溪作書面。

4. 影　實價四角五分
李霽野著短篇小說六篇，司徒喬作書面。

5. 冰塊　實價三角五分
韋叢蕪著第二詩集。

6. 建塔者　在印
臺靜農著第二小說集。

北平景山東街
未名社出版部印行

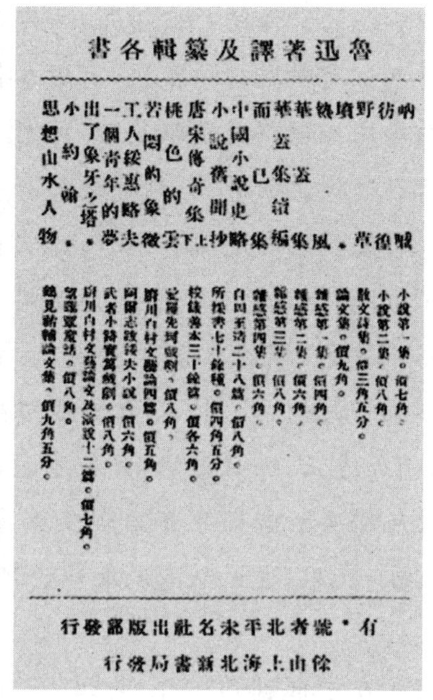

魯迅著譯及纂輯各書

吶喊　小說第一集。價七角。
彷徨　小說第二集。價八角。
野草　散文詩集。價三角五分。
墳　論文集。價九角。
熱風　雜感第一集。價四角。
華蓋集　雜感第二集。價六角。
華蓋集續編　雜感第三集。價八角。
而已集　雜感第四集。價六角。
中國小說史略　自周至清二十八篇。價八角。
小說舊聞抄　所採書七十餘種。價四角五分。
唐宋傳奇集上下　校錄善本三十餘篇。價各六角。
桃色的雲　愛羅先珂童話劇。價八角。
苦悶的象徵　廚川白村文藝論四篇。價五角。
工人綏惠略夫　阿爾志跋綏夫小說。價六角。
一個青年的夢　武者小路實篤戲劇。價八角。
出了象牙之塔　廚川白村文藝論文及演說十二篇。價七角。
小約翰　望藹覃童話。價八角。
思想山水人物　鶴見祐輔論文集。價九角五分。

有＊號者北平未名社出版部發行
餘由上海北新書局發行

⊙《小约翰》再版版权页

《小约翰》译本的标本，即本书的第五章，却使我非常神往了。几天以后，便跑到南江堂去买，没有书，又跑到丸善书店，也没有，只好就托他向德国去定购。大约三个月之后，这书居然在我手里了，是弗垒斯(Anna Fles)女士的译笔，卷头有赉赫博士(Dr. Paul Rache)的序文，“内外国文学丛书”之一，价只七十五芬涅，即我们的四角，而且还是布面的！……

我也不愿意别人劝我去吃他所爱吃的东西，然而我所爱吃的，却往往不自觉地劝人吃。看的东西也一样，《小约翰》即是其一，是自己爱看，又愿意别人也看的书，于是不知不觉，遂有了翻成中文的意思。这意思的发生，大约是很早的，因为我久已觉得仿佛对于作者和读者，负着一宗很大的债了。

然而为什么早不开手的呢？“忙”者，饰词；大原因仍在很有不懂的处所。看去似乎已经懂，一到拔出笔来要译的时候，却又疑惑起来了，总而言之，就是外国语的实力不充足。前年我确曾决心，要利用暑假中的光阴，仗着一本辞典来走通这条路，而不料并无光阴，我的至少两三个月的生命，都死在“正人君子”和“学者”们的围攻里了。到去年夏，将离北京，先又记得了这书，便和我多年共事的朋友，曾经帮我译过《工人绥惠略夫》的齐宗颐君，躲在中央公园的一间红墙的小屋里，先译成一部草稿。

我们的翻译是每日下午，一定不缺的是身边一壶好茶叶的茶和身上一大片汗。有时进行得很快，有时争执得很凶，有时商量，有时谁也想不出适当的译法。译得头昏眼花时，便看看小窗外的日光和绿荫，心绪渐静，慢慢地听到高树上的蝉鸣，这样地约有一个月。不久我便带着草稿到厦门大学，想在那里抽空整理，然而没有工夫；也就住不下去了，那里也有“学者”。于是又带到广州的中山大学，想在那里抽空整理，然而又没有工夫；而且也就住不下去了，那里又来了“学者”。结果是带着逃进自己的寓所——刚刚租定不到一月的，很阔，然而很热的房子——白云楼……于是以五月二日开手，稍加修正，并且誊清，月底才完，费时又一个月。

可惜我的老同事齐君现不知漫游何方，自去年分别以来，迄今未通消息，虽有疑难，也无从商酌或争论了。倘有误译，负责自然由我。……

上述引文中提到的“寿山”，即“齐寿山”(齐宗颐)，字寿山，河北高阳人，戏剧理论家齐如山之弟。早年曾留学德国，毕业于柏林大学政法科，1912 年后任教育部主事、佥事、视学，与鲁迅同事，成为亲密朋友。笔者开始一直感到奇怪：为何两人译书要到中山公园？后来才知道，那时齐寿山下奉派在中央公园整理档案，鲁迅是趁便而去译书的。据说译书的程序是：鲁迅参阅日、德两文本，齐君解释英文本(注：实为德文本)，两人逐字逐句校译而成。

《引言》后是保罗·赉赫于 1892 年 7 月在美因河边法兰克福写的原序。其中有一句话讲道：“《小约翰》的发表，在 1885 年，只一下，便将他置身于荷兰诗人的最前列了。”书末有鲁迅写于 1927 年 6 月 14 日的《动植物译名小记》，其中说道：“关于动植物的译名，我已经随文解释过几个了，竟有未尽，再写一点。”此文较长，无法录存。

此书系鲁迅取得齐寿山合作，根据德文译出，草稿成于北京中央公园。鲁迅到广州后，才重新加以整理，交未名社出版，列入“未名丛刊”之一。孙福熙作封面并写书名，青莲套色，绘一裸身小孩，跑向海边高山，抬头仰望天上的明月。

此书的广告，是由鲁迅亲拟的，称本书为“用象征来写实的童话体散文诗”(载《语丝》周刊第四卷第七期)。当 1927 年 10 月 4 日，鲁迅收到此书的清样后，曾致信台静农等，谈了对书籍印刷的看法：“蔼覃的照相，我以为做得很不好看。

我记得原底子并不如此，还有许多阴影，且周围较为毛糙。望照原本重做一张，此张不要。”当收到新出版的《小约翰》后，又致信李霁野说：“有一样事情不大好，记得我曾函托，于第一页后面，须加‘孙福熙作书面’字样，而今没有，是对不起作者的，难以送给他。现在可否将其中的一部分(四五百部)的第一张另印，加上这一行，以图补救?”此书 1929 年 5 月再版时，封面全部改动，“小约翰”三字由鲁迅自己绘制，图也改用 M. M. Behrens-Goldfluegein 的《爱神与鸟》，仍由未名社出版。此书的初版本，如今已经难得，早成珍品。

在“未名丛刊”的版本中经常能见到此书的书目广告，在此留存：

小约翰　日内付印

荷兰望蔼覃作，鲁迅译。是用象征来写实的童话体散文诗。叙约翰原是大自然的朋友，因为要求知，终于成为他所憎恶的人类了。前有近世荷兰文学大略，作者的评传及照像。

《文学与革命》

“未名丛刊”，苏联特罗茨基著，韦素园、李霁野译，未名社出版部发行。扉页印：“未名丛刊之一　俄国特罗茨基著　文学与革命　韦素园　李霁野全译”。空白页印：“一九二八年二月初版：一至一千本”。版权页印：“未名丛刊：13，文学与革命　实价一元一角　不准翻印”，“北平东城景山东街未名社出版部发行。有‘＊’号者，上海北新书局发行”。其间印“未名丛刊”书目十九种，《不幸的一群》印“即出”；《罪与罚》和《蠢货》印“待印”。封面夹印俄文与中文，中文印书名、作者名、出版机构名和出版时间；俄文印作者名“Л. ТРОЦКИЙ”，书名“ЛИТЕРАТЧРА”（文学）与“РЕВОЛЮЦИЯ”（革命）。

书前有《题辞》，分作三行：

“Chrisian Georgicvich Rakovsky

武士，人，朋友，

我奉献这本书。”

书中有插图三幅：著者画像、著者九岁时照像、著者及其友人。

全书367页，前有《引言》（李昂·特罗茨基），另收八章：第一章，《十月革命以前的文学》；第二章，《十月革命底文学“同路人”》；第三章，《亚历山大勃洛克》；第四章，

一九二八年二月初版：一—一〇〇〇本。

未名叢刊之一
俄國 特羅茨基 著
文學與革命
韋素園
李霽野 合譯

⊙《文学与革命》封面及扉页

未名叢刊：13，文學與革命　實價一元一角　不許翻印

1. 苦悶的象徵。日本厨川白村作；魯迅譯。七版已出。價五角。
2. 蘇俄文藝論戰。俄國褚沙克等作；任國楨譯。再版已出。價三角五分。
3. 出了象牙之塔。日本厨川白村作；魯迅譯。三版已出。價七角。
4. 往星中。俄國安特列夫作；李霽野譯。價四角五分。再版中。
5. 窮人。俄國陀思妥夫斯基作；韋叢蕪譯。再版已出。價六角五分。
6. 十二個。俄國勃洛克作；胡斅譯。價三角半。
7. 外套。俄國果戈理作；韋素園譯。再版已出。價三角。
8. 白茶。俄國班珂等作；曹靖華譯。價五角。
9. 爭自由的波浪。俄國但兼珂等作；董秋芳譯。價五角半。
10. 工人綏惠略夫。俄國阿爾志跋綏夫作；魯迅譯。價六角。
11. 一個青年的夢。日本武者小路實篤作；魯迅譯。價八角。
12. 小約翰。荷蘭望藹覃作；魯迅譯。再版已出。價八角。
14. 黑假面人。俄國安特列夫作；李霽野譯。價三角五分。
15. 格里佛遊記(卷一)。英國斯偉夫特作；韋叢蕪譯。價五角。
16. 煙袋。蘇聯愛倫堡等作；曹靖華譯。價八角五分。
17. 格里佛遊記(卷二)。英國斯偉夫特作；韋叢蕪譯。價五角五分。
18. 黃花集。俄國詩歌，小品，散文；韋素園譯。價五角五分。
19. 不幸的一羣。俄國，波蘭，美國小說選集；李霽野譯。即出。
20. 罪與罰。俄國陀思妥夫斯基作；韋叢蕪譯。待印。
21. 蠢貨。俄國契阿夫等作；曹靖華譯。待印。

北平東城景山東街 未名社出版部 發行。
有•號者，上海北新書局發行。

⊙《文学与革命》版权页

⊙《文学与革命》作者像

《未来主义》;第五章,《诗歌底形式派与马克斯主义》;第六章,《无产阶级的文化与无产阶级的艺术》;第七章,《共产党对艺术的政策》;第八章,《革命与社会主义的艺术》。

书末有李霁野写于 1928 年 1 月的《后记》,十六页,其中说道:

这本书原是素园要译的,动手不久又有了出京的计划,所以就英译校对了几章给我译,以便出京前把为书译齐。以后素园并未成行,然而病了,不能再动笔,我底一部分工作也就拖延了,而译完后还不能再用原文全体细对一下,这是我们很觉不安的。

遇有疑问,多亏 gkimPolevoy 先生就原文给我们解释,需要注释的地方,就尽自己底力量加点注解,茂森唯士君底日译本中有些注释可供参考,就请雪峰译出附在里面了,对于他们底帮助,我们是很感谢的。

1928 年 4 月,未名社被反动军阀查封,起因便是这本《文学与革命》。据李霁野在《回忆鲁迅先生》中说道:"素园和我于一九二六年开始译《文学与革命》,一九二八年印行了。那时北京当政的军阀是张作霖,山东是张宗昌。这书寄到济南第一师范时,被没收去了,张宗昌就通知北京警察厅,将未名社作为共产党机关查封,捕去我和另一朋友,关了五十天,这是一九二八年四月。"

《黑假面人》

“未名丛刊”，俄国安特列夫著，李霁野译，北平未名社出版部发行。扉页印：“未名丛刊之一　黑假面人　俄国安特列夫著　李霁野译”。空白页印：“一九二八年三月印成一至一五〇〇本，不再版”。版权页印：“未名丛刊：14，黑假面人　实价三角五分　不许翻印”，“北京马神庙西老胡同一号未名社发行　有‘*’号者北新书局发行”。其间印“未名丛刊”书目十八种，其中《烟袋》《黄花集》《格里佛游记》《罪与罚》和《蠢货》印“在印”。笔者发现在书目中有一点很奇怪：其他地方《黑假面人》标以“14”，而在此书目中《烟袋》也是“14”。这可能有两种原因，一是印错，二是书目前序号原本不准确，或者说只是一般的“数字概念”而非序号。

“未名丛刊”版本的版权页，大多分为两至三处，这种版权事项并不集中印在一页，而分散各处的方法并非好办法。试想，如丢失其中一页，也便失去了对版权事项完整的认识。

全书112页，书前有译者写于1926年12月21日的《序》，六页，其中说道：

> 《黑假面人》的译稿在二年来吃灰碰壁之余，对于我自己还没有完全失去兴趣和意义；现在还想借

一九二八年三月印成一至一五〇〇本，不再版。

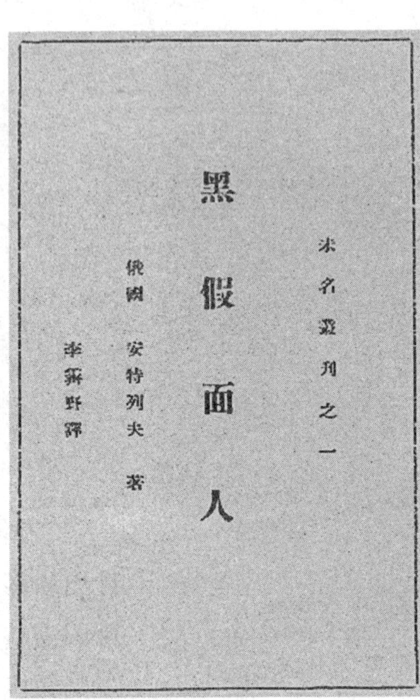

⊙《黑假面人》封面及扉页

未名叢刊：14，黑假面人　　實價三角五分　　不許翻印

1. 苦悶的象徵。日本廚川白村作；魯迅譯。再版已出。價五角。
2. 蘇俄的文藝論戰。俄國褚沙克等作；任國楨譯。再版已出。價三角五分。
3. 出了象牙之塔。日本廚川白村作；魯迅譯。再版已出。價七角。
4. 往星中。俄國安特列夫作；李霽野譯。價四角五分。
5. 窮人。俄國陀思妥夫斯基作；韋叢蕪譯。在再版。
6. 十二個。俄國勃洛克作；胡斅譯。價三角五分。
7. 外套。俄國果戈理作；韋素園譯。價三角。
8. 白茶。俄國班柯等作；曹靖華譯。價五角。
9. 爭自由的波浪。俄國但兼珂等作；董秋芳譯。價五角五分。
10. 工人綏惠略夫。俄國阿爾志跋綏夫作；魯迅譯。價六角。
11. 一個青年的夢。日本武者小路實篤作；魯迅譯。價八角。
12. 小約翰。荷蘭望藹覃作；魯迅譯。價八角。
13. 文學與革命。俄國特羅茨基作；韋素園與李霽野譯。價一元一角。
14. 煙袋。俄國愛倫堡等作；曹靖華譯。在印。
15. 黃花集。俄國詩歌，小品，散文；韋素園譯。在印。
16. 格里佛遊記。英國斯惠夫德作；韋叢蕪譯。在印。
17. 罪與罰，俄國陀思妥夫斯基作；韋叢蕪譯。在印。
18. 蠢貨。俄國契訶夫等作；曹靖華譯。待印。

北京馬神廟西老胡同一號　未名社　發行

有•號者　北新書局　發行

⊙《黑假面人》版权页

着它将要和读者相见的机会，来约略述说安特列夫对于戏剧的意见，使读者对于这篇戏剧可以有更多的了解。……

⊙《黑假面人》作者像

这剧本是在一九零七年著的，正当俄国两次革命失败后，社会环境正沉闷的时期，所以不免很沉重抑郁。经过一九一七年的革命，俄国虽然还没有成功的新的文学发生，然而精神上已经积极地向新的将来奔驰了：安特列夫的精神早已和现在俄国的精神相左了。但是我们的新的将来在那里呢？似乎还很渺远。因此我还将这译稿印行，希望有一天能以接受这剧本的一样热诚的心情，将这剧本抛弃。

我的译文是根据 C. L. Meader 和 F. N. Seou 的英译，由素园对原文加以校改。

鲁迅对于人名的音译也颇多改正。我在此谢谢他们。文中引用的安特列夫的话，见英译本篇首 V. V. Brusyanin 作的安特列夫的象征剧中。

在“未名丛刊”的版本中经常能见到此书的书目广告，在此留存：

黑假面人

俄国安得列夫著　李霁野译　韦漱园校　陶元庆画面

这是安得列夫以近代人的思想生活为题材的象征剧，作者借此将藏在心灵里的人生暗影显示给读者。卷首有译者序一篇，论述安得列夫对于戏剧的意见，颇能助读者的了解。

现已付印，不日出版。

《格里佛游记》

“未名丛刊”，英国斯伟夫特著，韦丛芜译，未名社出版部出版。此书原计划分四卷出版，卷一出版于 1928 年 9 月，卷二出版于 1929 年 1 月，卷三与卷四均未出版。

此书为卷一，1928 年 9 月初版，实价五角。扉页印：“未名丛刊之一　格里佛游记　英国斯伟夫特著　韦丛芜译”。空白处印：“一九二八年九月初版：一至一千册”。版权页印“未名丛刊：15，格里佛游记(卷一)　实价五角　不许翻印”，“北平未名社出版部发行　有‘＊’号者北新书局发行”。其间印“未名丛刊”书目十九种。

全书 153 页，分八章，无标题。内有插图多幅。书前有斯伟夫特像。

另有韦丛芜 1928 年 7 月 16 日写于海甸的《小引》，六页，其中说道：

> 十八世纪初叶英国最伟大的作家是要推约那尚斯伟特(Jonathan Swfft 1667—1745)的。他的伟大与其说是他的作品的材料与形式中，还不如说是在他的作品里所显出来的精神中。他的人格经其烈度与力量高耸在他一切同辈之上。……《格里佛游记》(*Gulliver's Travels*)是他老年的最著名的作品，以格里佛名字发表的。全书共分四卷，其情调是一层

一九二八年九月初版：一至一千部

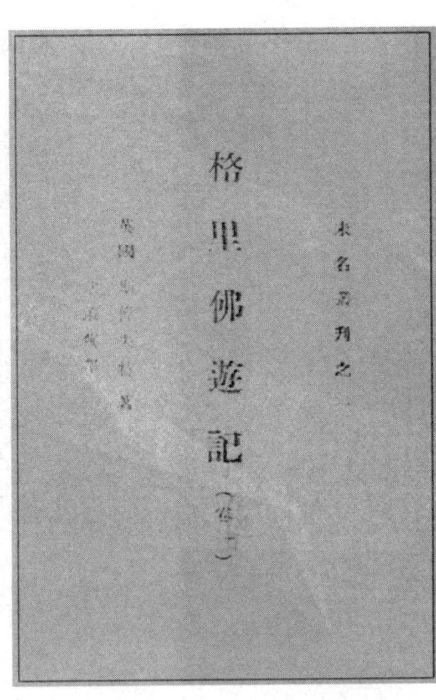

⊙《格里佛游记》封面及扉页

未名叢刊：15，格里佛遊記（卷一） 實價五角 不許翻印

1. 苦悶的象徵。日本廚川白村作，魯迅譯。再版已出。價五角。
2. 蘇俄的文藝論戰。俄國褚沙克等作；任國楨譯。再版已出。價三角五分。
3. 出了象牙之塔。日本廚川白村作；魯迅譯。再版已出。價七角。
4. 往星中。俄國安特列夫作；李霽野譯。價四角五分。
5. 窮人。俄國陀思妥夫斯基作；韋叢蕪譯。再版已出。價[illegible]。
6. 十二個。俄國勃洛克作；胡斅譯。價三角五分。
7. 外套。俄國果戈理作；韋素園譯。價三角。在再版中。
8. 白茶。俄國班柯等作；曹靖華譯。價五角。
9. 爭自由的波浪。俄國但兼珂等作；董秋芳譯。價五角五分。
10. 工人綏惠略夫。俄國阿爾志跋綏夫作；魯迅譯。價六角。
11. 一個青年的夢。日本武者小路實篤作；魯迅譯。價八角。
12. 小約翰。荷蘭望·藹覃作；魯迅譯。價八角。在再版中。
13. 文學與革命。俄國特羅茨基作；韋素園與李霽野譯。價一元一角。
14. 黑假面人。俄國安特列夫作；李霽野譯。價三角五分。
16. 煙袋。俄國愛倫堡等作；曹靖華譯。在印。
17. 黃花集。俄國詩歌，小品，散文；韋素園譯。在印。
18. 罪與罰，俄國陀思妥夫斯基作；韋叢蕪譯。待印。
19. 蠢貨。俄國契訶夫等作；曹靖華譯。待印。

北平 未名社 出版部發行
有發兌： 北新書局 發行

⊙《格里佛游记》版权页

⊙《格里佛游记》作者像及插图

忧伤胜一层，一层悲观胜一层。……经过小心的修改，遮过书贾的眼，且可避免法律的纠葛，《格里佛游记》于一七二六年出版了，立刻引起社会大大的注意。……

我是根据 London. G. Bell and Sons，Ltd 出版的 Bohn's Popular Lobrary 本子(G. R. Dennis 编)翻译的，在我所看见的本子中为最完善的，其他常有删减。商务印书馆出版的原文加注释本子我也参看了，其中很有些注错的地方。以上二书是鲁彦由铁民处借来给我用的。书中插图是采自 New York：Happer & Brothers Publishers 出版的本子 Rhead 画的，此书是摩殊在美国买寄给我的。本书译文我曾参照 A. B. Bough 编的牛津版本的注释斟酌修改些处，我的小引也参考他的引言。岂明先生供给我 New York：Alfred A Knopf 出版的精装本，此书完全照上面所说 Dennis 编的本子乱翻印的。维钧又供给我 Every man's Library 的本子和此书的法文译本。对于他们我在此总志谢忱。

最后，对于给我译此书以鼓励的鲁迅先生和岂明先生，以及替我校阅卷一的冯先生，和在溽暑中替我校对的老友竹年兄，谨表十分感谢。

《烟袋》

“未名丛刊”，苏联爱伦堡等著，曹靖华译，扉页印：“未名丛刊之一　烟袋　苏联短篇小说集　曹靖华译”。空白页印：“一九二八年十二月初版：一至一〇〇〇本”。版权页印：“未名丛刊：16，烟袋，实价八角五分，不许翻印”，“北平马神庙景山东街未名社出版部发行，有‘*’号者北新书局发行”。其间印“未名丛刊”书目二十种(包括第十六种《烟袋》)，第二十种是俄国符理怯著、韦素园译的《艺术概论》，标明“待印”，实际未出版。

全书收文十一篇：《烟袋》(爱伦堡)、《哑爱》(左祝梨)、《贵妇人》(左琴科)、《两个朋友》(赛甫琳娜)、《犯人》(赛甫琳娜)、《乡下老关于列宁的故事》(赛甫琳娜)、《黄金似的童年》(赛甫琳娜)、《幼儿》(伊凡诺夫)、《猪和柏琪嘉》(亚洛赛克)、《和平面包与政权》(亚洛赛克)和《女布尔雪维克——玛丽亚》(捏维洛夫)。

附录为以上著作者的略历和肖像，在此选择两幅肖像照片，一为爱伦堡，二为赛甫琳娜。书前有“译者”的话，实为序或前言，写于1928年5月18日，其中一些内容，有助于读者了解此书：

在苏联的革命的十年中，文坛上产生了不少的惊人的苏维埃的文学。资产阶级的作家和“同路人”

一九二八年十二月初版：一至一〇〇〇本。

未名叢刊之一

煙袋

蘇聯短篇小說集

曹靖華譯

⊙《烟袋》封面及扉页

未名叢刊：16，煙袋

實價八角五分　不許翻印

1. *苦悶的象徵。日本廚川白村作；魯迅譯。五版已出。價五角。
2. *蘇俄的文藝論戰。俄國褚沙克等作；任國楨譯。再版已出。價三角五分。
3. 出了象牙之塔。日本廚川白村作；魯迅譯。三版已出。價七角。
4. 往星中。俄國安特列夫作；李霽野譯。價四角五分。
5. 窮人。俄國陀思妥夫斯基作；韋叢蕪譯。再版已出。價六角五分。
6. *十二個。俄國勃洛克作；胡斅譯。價三角五分。
7. 外套。俄國果戈理作；韋素園譯。價三角。
8. 白茶。俄國班柯等作；曹靖華譯。價五角。
9. *爭自由的波浪。俄國但兼珂等作；董秋芳譯。價五角五分。
10. *工人綏惠略夫。俄國阿爾志跋綏夫作；魯迅譯。價六角。
11. *一個青年的夢。日本武者小路實篤作；魯迅譯。價八角。
12. 小約翰。荷蘭望靄覃作；魯迅譯。價八角。
13. 文學與革命。俄國特羅茨基作；韋素園與李霽野譯。價一元一角。
14. 黑假面人。俄國安特列夫作；李霽野譯。價三角五分。
15. 格里佛遊記(卷一)。英國斯偉夫特作；韋叢蕪譯。價五角。
17. 黄花集。俄國詩歌，小品，散文；韋素園譯。即出。
18. 蠢貨。俄國契訶夫等作；曹靖華譯。待印。
19. 罪與罰。俄國陀思妥夫斯基作；韋叢蕪譯。待印。
20. 藝術概論。俄國荷理怯作；韋素園譯。待印。

北平馬神廟景山東街 未名社出版部發行

有*號者北新書局發行

⊙《烟袋》版权页

在这空前的事变中得到了无限的创作的动力。

一九一七年世界的十月，关于土地与和平的檄文，光荣而英勇的国内战争，震撼世界的破坏，死人遮野的饥荒；布尔雪维克党在军事和劳动战线上的凯歌；经济的改造；工业化及社会主义建设的第一步——这些统统都反映在十年来的苏联文学上……说来实在惭愧的很！我没有能力，精神与时间，不能将苏联十年来的文学作一个有系统的介绍，只能在这十分烦忙的工作与学习中偷一点工夫译这几篇短而又短的东西来。

《烟袋》《哑爱》《幼儿》《两个朋友》及《贵妇人》等等在国内反封建军阀的战壕内译的，其余是出国后译的。

关于《烟袋》的印刷等事，都是烦霁野诸兄代劳，这是我所特别感谢的！

⊙ 赛甫琳娜、爱伦堡像

《黄花集》

"未名丛刊",俄国诗歌、小品、散文集。扉页印:"未名丛刊之一　黄花集　韦素园译　司徒乔作书面"。空白页印:"一九二九年二月初版:一至一〇〇〇册"。版权页印:"未名丛刊:18　黄花集　实价五角五分　不许翻印","北平东城景山东街未名社出版部发行。有'*'号者,上海北新书局发行"。其间有"未名丛刊"书目二十一种。此书封面书名为手写体,印在左上角,由右上至左下排列,可惜不见书名,估计破损或被遮住。

书前有译者 1929 年 10 月 28 日写于西山病院的《序》:

> 我自去岁阳历一月卧病,到此已经是将近两年的时光了。在这期间,深觉以前过的生活是如何零乱,空虚,无聊,生命是如何毫无惋惜似地,无益地,静静地向前过去了。病中每一忆及,虽并无深的悔恨,但总不免带着惆然的微笑。现在承霁野的好意,将我病前几年中散在各处的译稿,差不多全搜集起来了。一本是短篇小说集,已在别处印行;另一本便是这些散文和诗,他所命名为《黄花集》的。实在,这些东西在新的北俄,多半是过去的了。将这与其说是献给读者,倒不如说是留作自己纪念的好。倘读

者还以为有几篇可读的东西，那就是译者意外的欣喜了。

一九二九年二月初版：一——一〇〇〇冊。

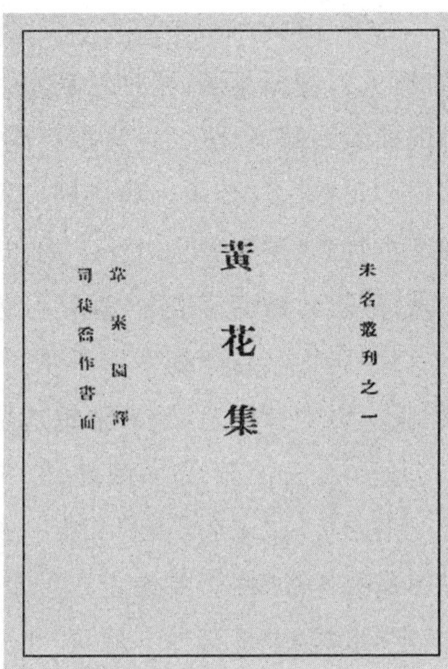

未名叢刊之一

黃花集

韋素園譯

司徒喬作書面

⊙《黄花集》封面及扉页

未名叢刊：18，黃花集　實價五角五分　不許翻印

1. 苦悶的象徵。日本厨川白村作；魯迅譯。(五版)價五角。
2. 蘇俄文藝論戰。俄國褚沙克等作；任國楨譯。(再版)價三角。
3. 出了象牙之塔。日本厨川白村作；魯迅譯。(三版)價七角。
4. 往星中。俄國安特列夫作；李霽野譯。(再版中)價四角半。
5. 窮人。俄國陀思妥夫斯基作；韋叢蕪譯。(再版)價六角半。
6. 十二個。俄國勃洛克作；胡斆譯。價三角半。
7. 外套。俄國果戈里作；韋素園譯。(再版)價三角。
8. 白茶。俄國班珂等作；曹靖華譯。價五角。
9. 爭自由的波浪。俄國但兼珂等作；董秋芳譯。價五角半。
10. 工人綏惠略夫。俄國阿爾志跋綏夫作；魯迅譯。價六角。
11. 一個青年的夢。日本武者小路實篤作；魯迅譯。價八角。
12. 小約翰。荷蘭望藹覃作；魯迅譯。(再版)價八角。
13. 文學與革命。俄國特羅茨基作；韋素園與李霽野譯。(再版)價一元一角。
14. 黑假面人。俄國安特列夫作；李霽野譯。價三角半。
15. 格里佛遊記(卷一)。英國斯偉夫特作；韋叢蕪譯。價五角。
16. 煙袋。蘇聯愛倫堡等作；曹靖華譯。價八角半。
17. 格里佛遊記(卷二)英國斯偉夫特作；韋叢蕪譯。價五角半。
19. 蠢貨。俄國契訶夫等作；曹靖華譯。待印。
20. 罪與罰。俄國陀思妥夫斯基作；韋叢蕪譯。待印。
21. 藝術概論。俄國符理怯作；韋素園譯。待印。

北平東城景山東街　未名社出版部發行。

有。號者，上海北新書局發行。

⊙《黄花集》版权页

全书收二十一位作者的作品二十七篇：契里诃夫著《献花的女郎（回忆契诃夫）》，勃洛克著《孤寂的海湾（回忆安特列安）》，都介涅夫著《门槛》《玫瑰》《玛莎》，科罗连珂著《小小的火》，戈理奇著《海莺歌》《雕的歌》《埃黛约丝》，安特列安著《巨人》，专司基著《半神》，契里诃夫著《冢上的一朵小花》，珂陀诺夫斯基著《森林的故事》，解特玛尔著《幸福》《鹤》，哈谟生著《奇谈》，埃顿白格著《一幕》，埃治著《□》，纳曼著《奴隶》，玛伊珂夫著《诗人的想像》，蒲宁著《不要用雷闪来骇我》，梭罗古勃著《蛇睛集选》《小小的白花》，茗思奇著《我怕说》，白金斯著《□》，米那夫著《厄运》，撒弗诺夫著《这是很久了》。

在书目中，有两处一字不识，其形如三个（星）“＊”字，上一下二，呈三角排列，只好以“□”代之，笔者猜想这是“灵魂”的意思。

全书分三部分：一、散文；二、散文诗；三、诗。

书末登有“未名丛刊”二十一种书籍广告，《黄花集》属第十八种。第十七种是韦丛芜译的《格里佛游记（卷二）》，第十九种是曹靖华译的《蠢货》。《艺术概论》在《烟袋》中是第二十种，在此书却成了第二十一种，可见“未名丛刊”版权页刊登的编号并不准确，大可不必当真。

《不幸的一群》

“未名丛刊”，俄国陀斯妥夫斯基等著，李霁野译，北平未名社出版部发行。扉页印：“未名丛刊之一　不幸的一群　李霁野译”。空白页印：“一九二九年四月初版：一至一五〇〇册。版权页印：“未名丛刊：19，不幸的一群　实价七角　不许翻印”，“北平东城景山东街未名社出版部发行　有‘＊’号者，上海北新书局发行”。其间印“未名丛刊”书目二十二种，不见前几书都刊有的《文艺概论》。

全书收文包括《译者后记》共七篇，其余六篇是：《诚实的贼》（陀斯妥夫斯基）、《马赛曲》（安特列夫）、《善忘的伊凡底命运》（但兼珂）、《一撮盐》、《木匠科瓦个斯基》、《从鲁巴托夫来的斯罗尔》（式曼斯基）、《朴克滩底被逐者》（哈提）。

《译者后记》很有意思，史料不少，值得留存：

今天到前门大街去，看见一块园子里不知名的红花，已经像去年一般，灿烂地开着了。去年的今日，我是没有这种福气的，因为正是被“捉将官里去”的时候，只在稍后几天，住过木笼，吃过窝窝头，被押着去受“优待”，从这旁经过时，曾对这红花贪恋地看过几眼。七星期的“优待”，使我感到刺心的寂寞：

⊙《不幸的一群》封面及扉页

先看见一棵草芙蓉发芽，渐渐长到人高，而且露出将放的蓓蕾来了；从门上的一个小孔，偷看隔壁的丁香花发苞，盛开，又凋零了；以后有关不住的洋槐花的清香，在傍晚时不知从那里一阵阵地吹送过来；再以后，听说外边的牡丹花已经快开谢了。一个小小的庭院，是我们所有的天地，《西游记》是准读的书中唯一可读的书，终日只有啁啾的家雀，和忙得什么似的蚂蚁，——连一只蜜蜂也没有。林和靖的诗是死也读不出兴趣来，因为寂寞时就需要热闹，所以《西游记》读过六七遍的回数也不少。唯一消遣是用窝窝头碎粒喂家雀和蚂蚁，或者排字，谈天几乎只有照例的几句话了。在这寂寞中，我所最常想到的是陀斯妥夫斯基的《死室回忆》，而于狱卒谈狱中食盐问题的时候，就想到《一撮盐》。总想到书本子，我的无用也就可想而知了。

目击着吗啡犯的堕落；听到在重刑之下大叫的汉子，细声呻吟的少女，以及威声雷动的惊堂木……我才知道我究竟生活在怎样的社会中。我所最亲切感到的感想，是我太对社会生活闭起我的眼睛来了。而且我深信这是我生活中的耻辱。

出狱后，最先翻译的是《一撮盐》，想起念及这篇的情形，总以为还是可以欣喜的事。以后因了其他的需要，就陆续将读后还有印象留在脑里的几篇译出，加上旧译的《马赛曲》，成为现在这样一本书；而又因为所写的都是不幸者，就将这译集起了现在的名字。编齐付印的时候，适值又是去年的今日了，就以这小集作为一个纪念，献给曾经为力，关心，和受累的先生和朋友罢。

至于本集的原作者，陀斯妥夫斯基，安特列夫，和但兼珂，已经用不着再介绍了罢。波兰的作家式曼斯基和什朗斯基的生活，我不大清楚，只从《波兰故事》的小序中知道前者在还很年轻的时候，就被流放到雅苦司克凡六年，并且为祖国作了多年文学与新闻事业之后，中年期在欧战时死去了；后者的作品，曾有两篇经周作人先生译出，收在《点滴》里，本集中所译的式曼斯基的《从鲁巴托夫来的斯罗尔》，也曾经由作人先生译出收在《现代小说译丛》中，更名为《犹太人》，这一篇我译后才记起仿佛有人译过，及查出作人先生译文一对，发现我的译文少两句，而且有几处稍稍不同，大概是依据德文及世界语译本改正处，我所据的只是英国 Else Benecke 女士的英译，所以就仍旧未加改易，希望读者参见作人先生的译文，我这篇只是一种枉费的重译

未名叢刊：19，不幸的一羣　實價七角　不許翻印

1. 苦悶的象徵。日本廚川白村作；魯迅譯。（七版）價五角。
2. 蘇俄文藝論戰。俄國格沙克等作；任國楨譯。（再版）價三角。
3. 出了象牙之塔。日本廚川白村作；魯迅譯。（四版）價七角。
4. 往星中。俄國安特列夫作；李霽野譯。（再版中）價四角五分。
5. 窮人。俄國陀思妥夫斯基作；韋叢蕪譯。（三版）價六角五分。
6. 十二個。俄國勃洛克作；胡斅譯。價三角五分。
7. 外套。俄國果戈理作；韋素園譯。（再版）價三角。
8. 白茶。俄國班珂等作；曹靖華譯。（再版中）價五角。
9. 爭自由的波浪。俄國但兼珂等作；董秋芳譯。價五角五分。
10. 工人綏惠略夫。俄國阿爾志跋綏夫作；魯迅譯。價六角。
11. 一個青年的夢。日本武者小路實篤作；魯迅譯。（五版）價八角。
12. 小約翰。荷蘭望藹覃作；魯迅譯。（再版）價八角。
13. 文學與革命。俄國特羅茨基作；韋素園與李霽野譯。（再版）價一元一角。
14. 黑假面人。俄國安特列夫作；李霽野譯。價三角五分。
15. 格里佛遊記（卷一）。英國斯偉夫特作；韋叢蕪譯。（再版）價五角。
16. 煙袋。蘇聯愛倫堡等作；曹靖華譯。價八角五分。
17. 格里佛遊記（卷二）。英國斯偉夫特作；韋叢蕪譯。價五角五分。
18. 黃花集。俄國詩歌，小品，散文集；韋素園譯。價五角五分。
20. 第四十一。蘇聯拉甫列捏夫作；曹靖華譯。即出。
21. 蠢貨。俄國契訶夫等作；曹靖華譯。在印。
22. 罪與罰。俄國陀思妥夫斯基作；韋叢蕪譯。待印。

北平東城景山東街 未名社出版部 發行。

有。號者，上海北新書局發行。

⊙《不幸的一群》版权页

罢了。

哈提(一八三九—一九〇二)是近代的美国作家。生于美国东部纽约省的省城;长于美国西部加利福尼亚;死于英国。父亲早死,家里也很穷,就在西美作劳工。后曾编辑报章,杂志,他因此作了许多短篇小说和诗歌。三十年著作生活中,共出书四十四册。本集所收的《朴克滩的被逐者》,题名是编定时从初译改正的,还不知道适当不适当。译文也不知道有错误否,希望识者指教。他的著作的中译,除《新月》一卷十期胡适之先生译的《朱格儿》之外,我还不曾见到过。

本书的封面,是俄国列别介夫所绘的《自由》,可惜因为印刷上的困难,不能照原画印出复色来。这幅画的得到,我要感谢青士兄。一九二九年四月七日之后,译者记于北平市景山东街。

《第四十一》

此书一直未见,如今只能借助于其他资料加以保存。

“未名丛刊”,拉甫列涅夫著,曹靖华译,北平未名社1929年6月初版,印1 500册。收文:《对中国读者的序》《作者传》《第四十一》和《平常东西的故事》。

所收《对中国读者的序》,笔者在良友图书公司1937年的“特印插图本”中见到过,题目是《序第四十一并致中国读者》,其中说道:

> 文学就是友谊树上的第一个花蕾。
>
> 我们的作品,生养在战争情况中和向着新生活建设的我们的青年的俄国文学,能得到中国读者的注意,这在我们自己是深以为光荣的。
>
> 我们,苏联的作家们,隔着这数万里地域的间隔,向你们,向我们遥远的朋友们和读者们,伸着友谊的弟兄的手,希望这友谊将来坚固而且久远。

在这本“特印插图本”中,不见《作者传》,只见曹靖华1937年5月25日写于平寓的《前言》,此文的写作时间虽然离未名版有八年,但仍值得作为辅助资料一读:

> 拉甫列涅夫及其杰作《第四十一》,对于中国读

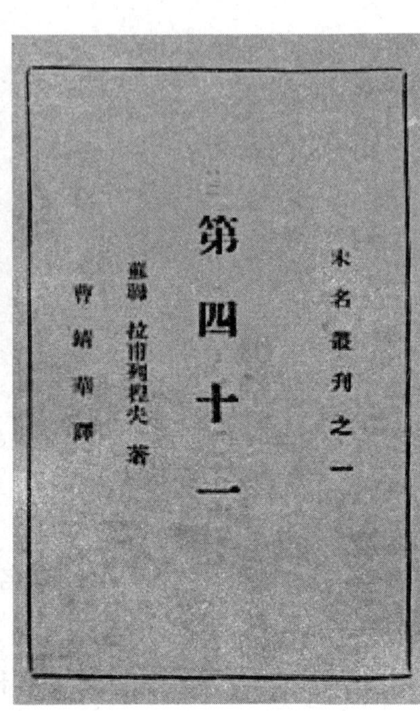

⊙《第四十一》封面、扉页及作者像

者是不算很生疏的了。现在良友公司根据我收藏的原插画本，制版单行，我觉得这不但对于爱好该书的读者，由此可以得到更深刻的理解与兴趣，而且给中国前进的艺术家也可贡献一点书籍插画的参考。

原书插画者亚历克舍夫，是前年逝世的一位苏联著名的艺术家。关于他的生平，有鲁迅先生编印之《引玉集》中载的他在一九三三年七月三十日午后在列宁格勒对外文化委员会（VOKS）中送给我们手拓原版版画时，亲自专为我们写的传略：

亚历克舍夫（N. V. Alekseev），线画美术家。一八九四年生于丹堡（Tambovsky）省的莫尔襄斯克

(Morshansk)城。一九一七年毕业于列宁格勒美术学院之复写科。一九一八年开始印作品。现工作于列宁格勒学院出版所(Academy),国家文艺出版所(Gihl)和作家出版所等。

主要作品:陀斯妥夫斯基的《博徒》,斐定的《城与年》,高尔基的《母亲》。

在中国,除《引玉集》中所介绍的《母亲》的插画和现印的《第四十一》中的插画外,尚有鲁迅先生编就而未印的《城与年》插画。

此书所收《第四十一》和《平常东西的故事》,曾收录在良友图书公司 1936 年 11 月初版的《苏联作家七人集》。曹曾在《序》中说道:“七人集合集的编定与校样都是先生亲自作的,这可以说是先生最后编校的一部书,我只是供给了两本稿件的材料而已……”

笔者至今只见到过未名版和良友版的《第四十一》,把两者对照起来欣赏,颇有另番情致。

《蠢货》

“未名丛刊”，独幕喜剧五种，俄国杜介涅夫等著，曹靖华译，未名社出版部印行。扉页印：“未名丛刊之一 蠢货(外四篇) 俄国杜介涅夫 柴霍甫著 曹靖华译”。空白页印：“一九二九年八月初版：一——一五〇〇本”，版权页印：“未名丛刊：21 蠢货 实价六角 不准翻印”字样。并印“未名丛刊”书目十一种：《苦闷的象征》《苏俄文艺论战》《出了象牙之塔》《往星中》《穷人》《十二个》《外套》《白茶》《争自由的波浪》《工人绥惠略夫》和《一个青年的梦》。另印“未名丛刊”书目八种：《出了象牙之塔》《往星中》《穷人》《外套》《白茶》《小约翰》《文学与革命》和《格里佛游记》。两者的序列号所代表的书目不同，这便进一步证明：书目前的编号并非丛刊的编号，而仅是代表数量的序列。

此书封面设计较别致，有柴霍甫头像，用黑线相连成框，内印中俄文书名“蠢货”，并在右下方印有美术字“未名”，粗看像是“口味”两字。

全书189页，无序跋，收文五篇：《在贵族长家里的晚餐》(杜介涅夫)、《纪念日》(柴霍甫)、《蠢货》(柴霍甫)、《未婚》(柴霍甫)和《婚礼》(柴霍甫)。

译名与现时不同，“杜介涅夫”即“屠格涅夫”；“柴霍甫”即“契诃夫”。

一九二九年八月初版：一——一五〇〇本。

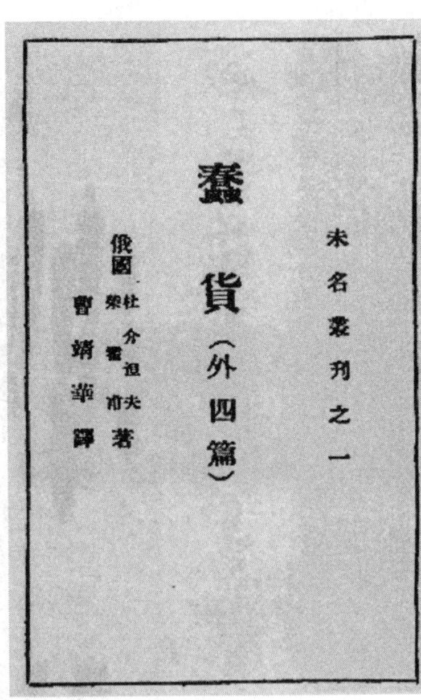
未名叢刊之一

蠢貨（外四篇）

俄國 杜介涅夫 柴霍甫 著

曹靖華 譯

⊙《蠢货》封面及扉页

未名叢刊：21，蠢貨 實價六角 不准翻印。

1. 苦悶的象徵。日本廚川白村作；魯迅譯。(七版)價五角。
2. 蘇俄文藝論戰。俄國褚沙克等作；任國楨譯。(再版)價三角。
3. 出了象牙之塔。日本廚川白村作；魯迅譯。(四版)價七角。
4. 往星中。俄國安特列夫作；李霽野譯。(再版)價四角五分。
5. 窮人。俄國陀思妥夫斯基作；韋叢蕪譯。(三版)價六角五分。
6. 十二個。俄國勃洛克作；胡斅譯。價三角五分。
7. 外套。俄國果戈理作；韋素園譯。價三角。
8. 白茶。俄國班珂等作；曹靖華譯。(再版)價五角。
9. 爭自由的波浪。俄國但兼珂等作；董秋芳譯。(再版)價五角五分。
10. 工人綏惠略夫。俄國阿爾志跋綏夫作；魯迅譯。價六角。
11. 一個青年的夢。日本武者小路實篤作；魯迅譯。(五版)價八角。
12. 小約翰。荷蘭望藹覃作；魯迅譯。(再版)價八角。
13. 文學與革命。俄國特羅茨基作；韋素園與李霽野譯。(再版)價一元一角。
14. 黑假面人。俄國安特列夫作；李霽野譯。價三角五分。
15. 格里佛遊記(卷一)。英國斯偉夫特作；韋叢蕪譯。(再版)價五角。
16. 煙袋。蘇聯愛倫堡等作；曹靖華譯。價八角五分。
17. 格里佛遊記(卷二)。英國斯偉夫特作；韋叢蕪譯。(再版中)價五角半。
18. 黃花集。北歐詩歌，小品，散文集；韋素園譯。價五角五分。
19. 不幸的一羣。俄國，波蘭，美國小說選集；李霽野譯。價七角。
20. 第四十一。蘇聯拉甫列涅夫作；曹靖華譯。價七角五分。
22. 罪與罰。俄國陀思妥夫斯基作；韋叢蕪譯。在印。
23. 被侮辱與損害的。俄國陀思妥夫斯基作；韋素園與李霽野譯。在印。

北平東城景山東街未名社出版部發行。

有．號者，上海北新書局發行。

⊙《蠢货》版权页

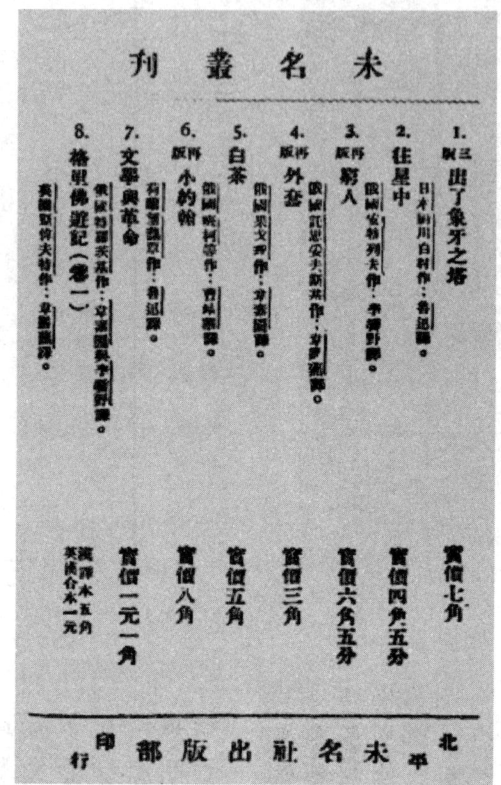

未名叢刊

1. 三版 出了象牙之塔 日本廚川白村作：魯迅譯。 實價七角
2. 往星中 俄國安特列夫作：李霽野譯。 實價四角五分
3. 再版 窮人 俄國陀思妥夫斯基作：韋叢蕪譯。 實價六角五分
4. 再版 外套 俄國果戈理作：韋素園譯。 實價三角
5. 白茶 俄國班珂等作：曹靖華譯。 實價五角
6. 再版 小約翰 荷蘭望藹覃作：魯迅譯。 實價八角
7. 文學與革命 俄國特羅茨基作：韋素園與李霽野譯。 實價一元一角
8. 格里佛遊記（卷一） 英國斯惠夫特作：韋叢蕪譯。 漢譯本五角 英漢合本一元

北平未名社出版部印行

⊙《蠢货》版权页

《罪与罚》

“未名丛刊”，上集，俄国陀斯妥夫斯基著，韦丛芜译，未名社出版部发行。扉页印：“未名丛刊之一”。版权页分为两处，一处印：“一九三〇年六月初版：一至一千五百册”，交代了初版时间和印数。另一处印：“未名丛刊：24　罪与罚(上)　实价一元六角　不许翻印”，主要交代了“24”和实价。同时还详细印了“未名丛刊”的书目三十二种，并注明“已出版本及版次”，“在印”或“即出”，事实上有不少版本并未面世。

这一书目虽然并不“真实”，但起码告诉后人这套丛刊的出版“计划”，但因篇幅有限，请读者参考书前《小引》，在此不再赘言。不过有一点仍想强调的：笔者认为，书目前的编号，实际并非这套丛刊的编号，而只是表示一种数量的序列。比如在此书目中有两处“编号”相同，一是，“26—29《近代英国文学史》(全)，英国葛斯作；韦丛芜译。(即出)”。二是，“26《渥兹斯时代的英国文学》。英国葛斯作；韦丛芜译。(即出)”。“编号”的混乱(包括之前在介绍版本时出现的同一本却有两种或三种“编号”的情况)，实在是无法证明这就是“未名丛刊”的编号。

全书573页，分三卷六章，无标题。书末有“未名丛刊”和“未名新集”的书目广告。

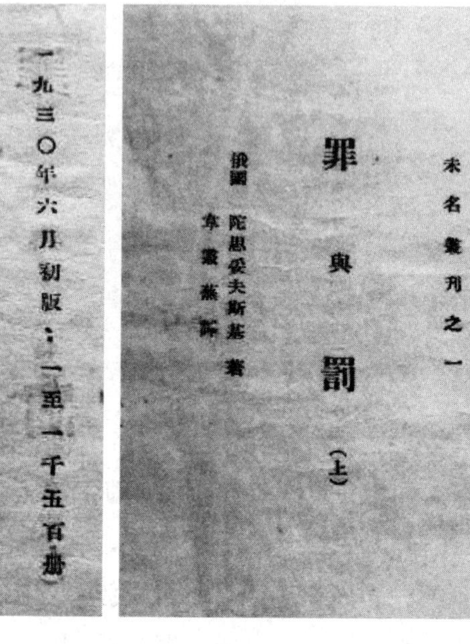

⊙《罪与罚》封面及上集扉页

11. 一個青年的夢。日本武者小路實篤作；魯迅譯。（五版）價八角。
12. 小約翰。荷蘭望藹覃作；魯迅譯。（再版）價八角。
13. 文學與革命。俄國特羅茨基作；韋素園與李霽野譯。（三版）價一元一角。
14. 黑假面人。俄國安特列夫作；李霽野譯。價三角五分。
15. 格里佛遊記（卷一）。英國斯偉夫特作；韋叢蕪譯。（再版）價五角。
16. 格里佛遊記（卷二）。英國斯偉夫特作；韋叢蕪譯。（再版）價五角五分。
17. 格里佛遊記（卷三）。英國斯偉夫特作；韋叢蕪譯。（在印）
18. 格里佛遊記（卷四）。英國斯偉夫特作；韋叢蕪譯。（在印）
19. 煙袋。蘇聯愛倫堡等作；曹靖華譯。（再版）價八角五分。
20. 黃花集。北歐詩歌，小品，散文集；韋素園譯。價五角五分。
21. 不幸的一羣。俄國，波蘭，美國小說選集；李霽野譯。價七角。
22. 第四十一。蘇聯拉甫列捏夫作；曹靖華譯。價七角五分。
23. 蠢貨。柴霍甫等作；曹靖華譯。價六角。

25. 罪與罰（下）。俄國陀思妥夫斯基作；韋叢蕪譯。（即出）
26.—29. 近代英國文學史（全）。英國葛斯作；韋叢蕪譯。（即出）
26. 渥茲渥斯時代的英國文學。英國葛斯作；韋叢蕪譯。（即出）
27. 拜侖時代的英國文學。英國葛斯作；韋叢蕪譯。價一元三角。
28. 初期維多利亞時代的英國文學。英國葛斯作；韋叢蕪譯。（即出）
29. 丁尼孫時代的英國文學。英國葛斯作；韋叢蕪譯。（即出）
附近三十年的英國文學。美國愛斯庚作；韋叢蕪譯。（即出）
30. 被侮辱與損害的（上）。俄國陀思妥夫斯基作；韋素園與李霽野譯。（在印）
31. 被侮辱與損害的（下）。俄國陀思妥夫斯基作；韋素園與李霽野譯。（在印）
32. 文學中的性表現。英國加爾佛唐作；李霽野譯。（在印）

北平東城景山東街 未名社出版部發行。

⊙《罪与罚》版权页

书前有韦丛芜1930年6月6日写于北平市的《序》：

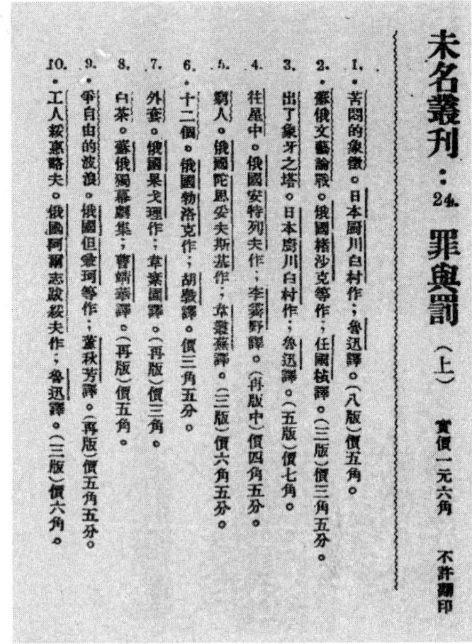
未名叢刊：24. 罪與罰（上） 實價一元六角 不許翻印

1. 苦悶的象徵。日本厨川白村作；魯迅譯。（八版）價五角。
2. 蘇俄文藝論戰。俄國褚沙克等作；任國楨譯。（三版）價三角五分。
3. 出了象牙之塔。日本廚川白村作；魯迅譯。（五版）價七角。
4. 往星中。俄國安特列夫作；李霽野譯。（再版中）價四角五分。
5. 窮人。俄國陀思妥夫斯基作；韋叢蕪譯。（三版）價六角五分。
6. 十二個。俄國勃洛克作；胡斅譯。價三角五分。
7. 外套。俄國果戈理作；韋素園譯。（再版）價三角。
8. 白茶。蘇俄獨幕劇集；曹靖華譯。（再版）價五角。
9. 爭自由的波浪。俄國但兼珂等作；董秋芳譯。（再版）價五角五分。
10. 工人綏惠略夫。俄國阿爾志跋綏夫作；魯迅譯。（三版）價六角。

⊙《罪与罚》(上)版权页

我很喜欢的这本书终于印出来了，我知道几年来催着要看此书的认识的和不认识的许多朋友也一定会同样欢喜的。这究竟是怎样的一本伟大的动人的书，贤明的读者自己去欣赏评判吧，我在这里只替自己的拙劣的译笔抱歉一下。这样太凄惨的小说，里面充满了被侮辱与损害的穷人、凶手、妓女、酒徒等等的内外生活的描绘，不宜于让堂皇的学者之流借以展露个人的才学，在我只是因为爱之而勉尽薄力将就老实地翻过来，给一般读者看个粗枝大叶而已。全书都是直译的。希望热心的朋友能帮助我，使此书再版时（若是可以再版的话）可以成为更可读的译本。

我是根据Constance Garnett的英译本重译的，时常也用俄文原本对照。在全部的工作中，在英俄两方面与我以帮助，我要在此致谢者有Mr. Polevoy，Mr. And Mrs. Shadick。我们发见英译本中也常有错，和《穷人》的英译本一样，不仅叹翻译之难，因为那译者乃是极著名的，她几乎把都介涅夫、契诃夫、陀斯妥夫斯基和托尔斯泰的著作全部译完了，其他俄国作家的作品还在外。

可惜素园还在病中，不然这个译本或者会更可读的，他曾为我（也是为）读者那么悉心地用俄文原本从头至尾地校阅过《穷人》，而且他又是那般爱陀斯妥夫斯基。这译本也就献给他吧。

《拜仑时代的英国文学》

"未名丛刊",英国葛斯作,韦丛芜译,未名社出版部印行。在"未名丛刊"的版本中,唯有此书是从左至右横排。扉页从上至下印:"未名丛刊之一　英国文学拜仑时代　英国 Edmund Gosso 著　韦丛芜译　北平未名社出版部印行　1930"。版权页印:"未名丛刊:27　拜仑时代的英国文学　一九三〇年四月初版　实价一元二角　不准翻印"。"北平东城景山东街　未名社出版部发行　上海北新书局发行"。在上下版权事项间排印"未名丛刊"书目三十二种,请参见书前《小引》,在此不赘列。

书前有作者照片及韦丛芜1929年10月15日写于达园的《序》,其中说道:

> 要翻译这样一部英国文学史,我是绝对不配的,即使试翻一部分,在浅学的我,也是狂妄。然而因为一个时候刊物需稿迫切,我终于从这部书中抽译些各个作家的评传去塞责,结果经过一番修正和添补之后,成为此书《拜仑时代》(The Age of Byron),及即出的《渥兹渥斯时代》(The Age of Wordswcrth)。这两部分占第四册的上一半,下一半是《初期维多利亚时代》(Early Vietorian Age)和《谭尼孙时代》(The Age of Tennyson)。为着使一件小小的工作

完成起见，最近便抽空将这后两个时代也译印出来，加上早译出的爱斯庚作的续篇《近三十年英国文学》，那么《近代英国文学史》便算齐了。我的狂妄也算告一结束。错误恐怕难免，指教当然是十分欢迎的。

本书的特色之一是插图，因此我们完全照原书重制下来，不过有时稍稍缩小一点而已。

全书191页，收文：《引言》、《拜仑》、《雪莱》、《珂克勒派》（航特、基次、锐洛兹、威尔士）、《摩尔》、《洛节司》、《珂列布》、《新派批评家》（兰姆、狄昆塞、哈兹里）、《兰道》、《历史家派》（米特弗、塔勒、林加得、那皮尔、哈兰）、《小说家》（珂利伦唐、苏善弗利哀、摩锐耳、霍勃、利唐、第司协里、皮珂克）、《小诗人》（荷德、伯尼、哈乐尼珂莱锐吉、蒲列得、柏杜厄斯、何恩）、《结论》。

书中有插图99幅，是从原书移植过来的。插图穿插于版页间，图文并茂，感觉舒朗，转载两幅，以观其貌。另外还留存"本书译者著译各书"书目，虽与后出的版本有些不同，甚至有的因种种原因而未出版，但这份书目保留了当时的"情况"，仍值得照原样留存：

《君山》，情诗四十首，林风眠作封面，司徒乔插图，实价七角。（再版中）

《冰块》，杂诗集，关瑞梧画封面。实价三角五分。

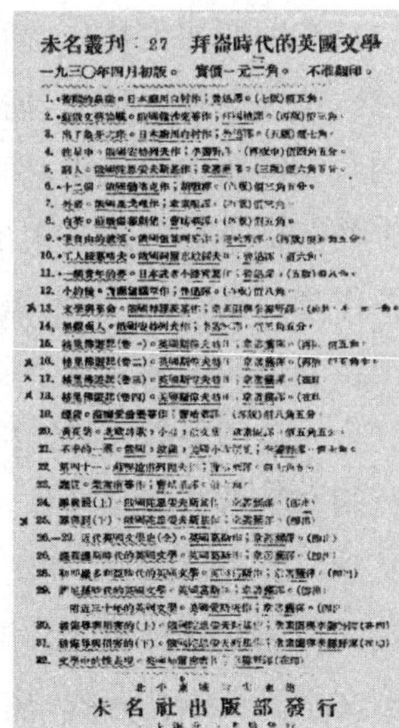

未名叢刊：27　拜崙時代的英國文學

一九三〇年四月初版。　實價一元二角。　不准翻印。

未名社出版部發行

未名叢刊之一

英國文學

拜崙時代

英國 Edmund Gosse 著

韋叢蕪譯

北平

未名社出版部印行

1930

⊙《拜仑时代的英国文学》封面、扉页及"未名丛刊"书目

基　茨　61

(The Eve of St. Agnes)，The Pot of Basil，赫皮利昂(Hyperion)。基茨寫他的最後一本詩的時候，還不滿人生二十五年，而且就是因爲在如此其多的妨害之下，如此其早地做成這些十分完滿的作品，使作傳者驚奇。他不爲人賞的死了，並沒有使拜崙，司各得，或渥茲渥斯相信他的價值，比雪萊還遲才引起任何公衆的好奇心或欽慕。他的勝利是要在死後的，開始是阿[illegible]列的高尚的貢獻，繼續着發展擴張，直到今日，在十九世紀起頭二十五年的大詩人中，得到大多數的贊成者，乃是基茨——半受教育的外科醫生的徒弟，在未成熟的青年時代就做了的——一種事業開始帶着如此穩定的一種光輝，不應當不成功的。思索或然之事本是笨話，但是基茨的大概的成就（若是他能活）幾乎等於一定的，此爲

John Keats
From a Sketch by B. R. Haydon

洛　節　司　85

(The Pleasures of Memory)，得到大大的成功。洛節司繼續和他的父親在[illegible]住宅一起住，直到他的父親於一七九三年死時爲止；他[illegible]，家庭其餘的人分散了。他開始在[illegible]生活[illegible]富人的[illegible]。一七九八年他出版他的與友人書(Epistle to a Friend)，而且把他那直到現在[illegible]的那住宅買了。他在[illegible]下，開始在社會上裝出一個特色的人物。他立刻在聖[illegible]區(St. James's Place)，[illegible](Green Park)，造一座房屋，用古代[illegible]樣式的[illegible]和[illegible]裝飾的；他在這裏款待[illegible]人和他的朋友們，福克思(Fox)與[illegible]及其太太(Lord and Lady Holland)是最親密者之中的幾位。在長期沉默之後，一八一〇年他[illegible]他的長詩[illegible](Columbus)，並於一八一二年收集他的詩集(Poems)。洛節司現在和[illegible]十分[illegible]，他的[illegible]的[illegible]詩，於一八一四年和[illegible]在同一本書中印出。一[illegible]的作品人生(Human life)於一八一九年印行；一八二二年印了意大利的第一部，於一八二八年才完。這些本書賣的並不好，但是一八三〇年洛節司重出版意大利，有[illegible](Tur-

Drawing by Thomas Stothard for Rogers' "Pleasures of Memory"

Drawing by Thomas Stothard for Rogers' "Pleasures of Memory"

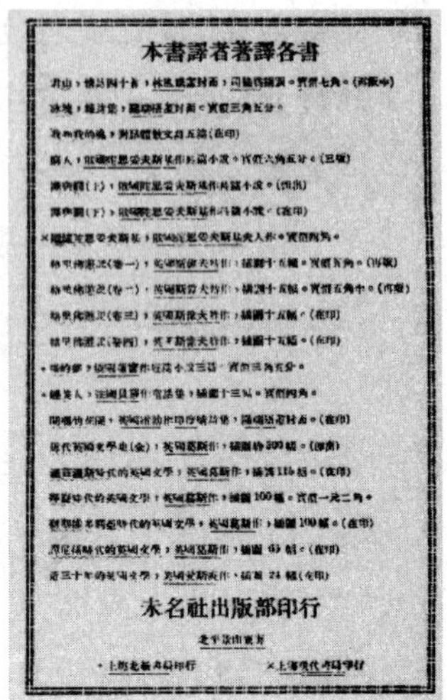

本書譯者著譯各書

君山，韻詩四十首，林風眠裝封面，司徒喬插圖。實價七角。（再版中）
冰塊，韻詩集，[illegible]封面。實價三角五分。
我和我的魂，對話體散文詩五篇。（在印）
窮人，俄國陀思妥夫斯基作長篇小說。實價六角五分。（三版）
罪與罰（上），俄國陀思妥夫斯基作長篇小說。（即出）
罪與罰（下），俄國陀思妥夫斯基作長篇小說。（在印）
回憶陀思妥夫斯基，俄國陀思妥夫斯基夫人作。實價四角。
格列佛遊記（卷一），英國斯偉夫特作，插圖十五幅。實價五角。（再版）
格列佛遊記（卷二），英國斯偉夫特作，插圖十五幅。實價五角半。（再版）
格列佛遊記（卷三），英國斯偉夫特作，插圖十五幅。（在印）
格列佛遊記（卷四），英國斯偉夫特作，插圖十五幅。（在印）
張的夢，俄國蒲寧作短篇小說三篇。實價三角五分。
睡美人，法國貝羅作童話集，插圖十三幅。實價四角。
開瑪的花園，英國霍勃作印度情詩集，開瑞梧畫封面。（在印）
近代英國文學史（全），英國葛斯作，插圖約300幅。（即出）
渥茲渥斯時代的英國文學，英國葛斯作，插圖115幅。（在印）
拜崙時代的英國文學，英國葛斯作，插圖100幅。實價一元二角。
初期維多利亞時代的英國文學，英國葛斯作，插圖109幅。（在印）
潭尼孫時代的英國文學，英國葛斯作，插圖65幅。（在印）
近三十年的英國文學，美國愛斯庚作，插圖24幅。（在印）

未名社出版部印行

⊙《拜仑时代的英国文学》正文内页及“本书译者著译各书”书目

《我和我的魂》，对话体散文诗五篇。（在印）

《穷人》，俄国陀斯妥夫斯基作长篇小说。实价六角五分。（三版）

《罪与罚》（上），俄国陀斯妥夫斯基作长篇小说。（即出）

《罪与罚》（下），俄国陀斯妥夫斯基作长篇小说。（在印）

《回忆陀斯妥夫斯基》，俄国陀斯妥夫斯基夫人作。实价四角。

《格列佛游记》（卷一），英国斯伟夫特作，插图十五幅。实价五角。（再版）

《格列佛游记》（卷二），英国斯伟夫特作，插图十五幅。实价五角半。（再版）

《格列佛游记》（卷三），英国斯伟夫特作，插图十五幅。（在印）

《格列佛游记》（卷四），英国斯伟夫特作，插图十五幅。（在印）

《张的梦》，俄国蒲宁作短篇小说三篇。实价三角五分。

《睡美人》，法国贝罗作童话集，插图十三幅。实价四角。

《开玛的花园》，英国霍勃作印度情诗集，开瑞梧画封面。（在印）

《近代英国文学史》（全），英国葛斯作，插图约 300 幅。（即出）

《渥兹渥斯时代的英国文学》，英国葛斯作，插图 115 幅。（在印）

《拜仑时代的英国文学》，英国葛斯作，插图 100 幅。实价一元二角。

《初期维多利亚时代的英国文学》，英国葛斯作，插图 109 幅。（在印）

《谭尼孙时代的英国文学》，英国葛斯作，插图 65 幅。（在印）

《近三十年的英国文学》，美国爱斯庚作，插图 24 幅。（在印）

乌合丛书

小引

“乌合丛书”，鲁迅主编，是一套专收原创作品的丛书，北新书局出版。

这套丛书虽然只有七种，但包含了鲁迅先生的《呐喊》《彷徨》和《野草》三部力作，可见其在现代文学史中的分量，甚至可以说几乎没有哪一套现代文学丛书可以与之媲美。

另外，许钦文的《故乡》，冯沅君的《卷葹》，向培良的《飘渺的梦及其他》，都是作者的处女集，也是成名集；高长虹的《心的探险》，是当时鲁迅最抱希望的作者的代表作。这些青年作家的作品，在当时也称得上是佼佼者。

这套丛书七种，研究者没有歧义。书目如下：

1. 《呐喊》（短篇小说集，鲁迅著，1924 年 5 月三版）
2. 《故乡》（短篇小说集，许钦文著，1926 年 4 月版，陶元庆作封面，高长虹写“小引”）
3. 《心的探险》（杂文、诗集，高长虹著，1926 年 6 月版，鲁迅编并作封面）
4. 《飘渺的梦及其他》（短篇小说集，向培良著，1926 年 6 月版，司徒乔封面）
5. 《彷徨》（短篇小说集，鲁迅著，1926 年 8 月版，陶元庆作封面）
6. 《卷葹》（短篇小说集，淦女士著，1927 年 1 月版，

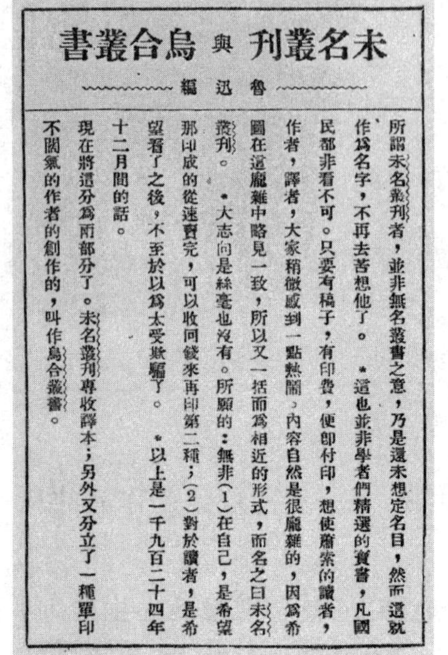
未名叢刊與烏合叢書

魯迅編

所謂未名叢刊者，並非無名叢書之意，乃是還未想定名目，然而這就作爲名字，不再去苦想他了。 •這也並非學者們精選的寶書，凡國民都非看不可。只要有稿子，有印費，便即付印，想使蕭索的讀者，作者，譯者，大家稍微感到一點熱鬧。內容自然是很龐雜的，因爲希圖在這龐雜中略見一致，所以又一括而爲相近的形式，而名之曰未名叢刊。 •大志向是絲毫也沒有。所願的：無非(1)在自己，是希望那印成的從速賣完，可以收回錢來再印第二種；(2)對於讀者，是希望看了之後，不至於以爲太受欺騙了。 •以上是一千九百二十四年十二月間的話。

現在將這分爲兩部分了。未名叢刊專收譯本；另外又分立了一種單印不闊氣的作者的創作的，叫作烏合叢書。

⊙ 未名丛刊与乌合丛书的广告

司徒乔作封面）

7.《野草》（散文诗集，鲁迅著，1927 年 7 月版，孙福熙作封面）

在“未名丛刊”和“未名新集”的版本上能够见到有关介绍“乌合丛书”的书目及广告词。大多是在介绍了“未名丛刊”之后“顺便”有所提及，可见两者间的密切关系。关于“未名丛刊”的介绍，请读者参阅“未名丛刊”的《小引》，在此不再赘述。接着的两句话是：“现在将这分为两部分了。‘未名丛刊’专收译本；另外又分立了一种单印不阔气的作者的创作的，叫作‘乌合丛书’。”在这段文字之后，分别介绍了《呐喊》《故乡》《心的探险》《飘渺的梦及其他》以及《彷徨》五种。皆由北京东城翠花胡同十二号北新书局印行。相关的介绍版本的广告词，也请读者参阅各篇的介绍。

在这七种丛刊版本中，只有第一种《呐喊》在出版机构与版次上稍有点“复杂”，初版、再版是作为“新潮文艺丛书”，由新潮社出版的，到第三版时才归北新书局出版，其中的原因以及研究者的叙述，请参阅相关篇目；而其他六种（第二种至第七种）则相对单纯，皆只北新书局一家为出版者。

这套丛刊的封面设计并不统一，每种都不一样，参与设计者四人：鲁迅、陶元庆、司徒乔和孙福熙。设计风格可以说完全不同，水平难分伯仲，其中的佼佼者为鲁迅设计的《心的探险》和陶元庆设计的《故乡》（俗称“大红袍”），又可称之为“书影精品”。版本精湛，书影耀眼，在新文学版本中熠熠发光！

《呐喊》

讲到鲁迅的名著《呐喊》，势必要交代前后两种版本。

前一种，1923 年 6 月付排，8 月由北京大学第一院新潮社初版，列为“新潮社文艺丛书”第三种。所见新潮社初版本，只见封面，不见扉页和版权页。新潮社初版本为大 32 开本，道林纸印，深红色封面，上方正中黑底框勾白线，以铅字宋体排书名和作者名，书名和作者名间有曲线，作者名下有横线。从相关资料获悉，扉页右印“文艺丛书周作人编，新潮社印”，中间竖印书名和著者名；版权页印：“1923 年 6 月付印，1923 年 8 月出版，著者鲁迅，编者周作人，发行者新潮社，印刷者京华印刷局”等。书末印“新潮社文艺丛书”广告。

《呐喊》的初版和再版，由新潮社出版，列入“文艺丛书”。从第三版起，改由北新书局出版，列入“乌合丛书”。有不少研究者认为，从 1924 年 5 月列为北新“乌合丛书”第三版开始，书名改用鲁迅自书的美术字，其实这是错的。笔者虽未见到过此版，但经亲见者确认，仍是新潮社初版与再版的封面式样。直到 1926 年 5 月北新“乌合丛书”第四版开始才改用鲁迅手书体，是重新设计的，“新潮社文艺丛书”的痕迹荡然无存。研究者认为，鲁迅之所以在所有“乌合丛书”的广告中特别注明《呐喊》是四版，原因可能就在于此。可见，版本的不见，或缺见，都会给版

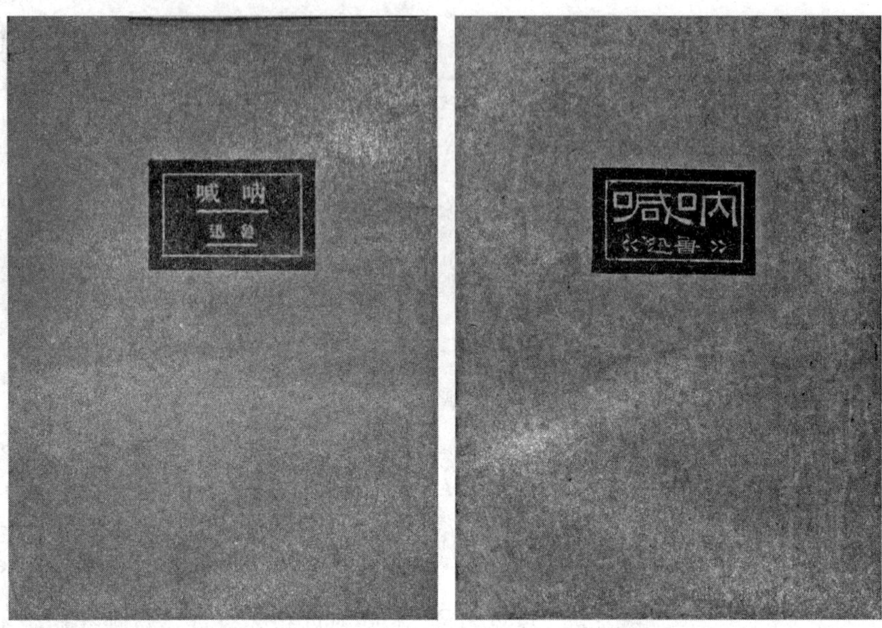

⊙ 左图:《呐喊》封面 1923 至 1926 初版至三版,书名铅字排印,作者名用曲线相隔
右图: 从 1926 年 5 月第四版起,书名、著者名皆为鲁迅自书隶体

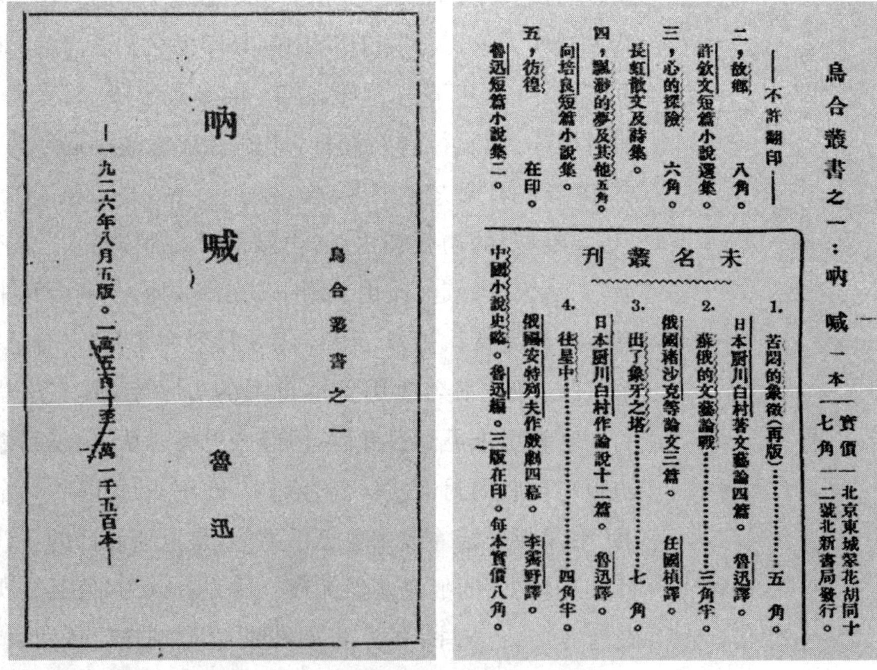

烏合叢書之一

呐喊

魯迅

—一九二六年八月五版。一萬五千一至二萬一千五百本—

烏合叢書之一:呐喊 一本 —實價七角— 北京東城翠花胡同十二號北新書局發行。

—不許翻印—

二,故鄉 八角。許欽文短篇小說選集。

三,心的探險 六角。長虹散文及詩集。

四,飄渺的夢及其他五角。向培良短篇小說集。

五,彷徨 在印。魯迅短篇小說集二。

未名叢刊

1. 苦悶的象徵(再版)……五 角。日本廚川白村著文藝論四篇。魯迅譯。

2. 蘇俄的文藝論戰……三角半。俄國褚沙克等論文三篇。任國楨譯。

3. 出了象牙之塔……七 角。日本廚川白村作論說十二篇。魯迅譯。

4. 往星中……四角半。俄國安特列夫作戲劇四幕。李霽野譯。

中國小說史略。魯迅編。三版在印。每本實價八角。

⊙《呐喊》1926 年 8 月五版的扉页和版权页

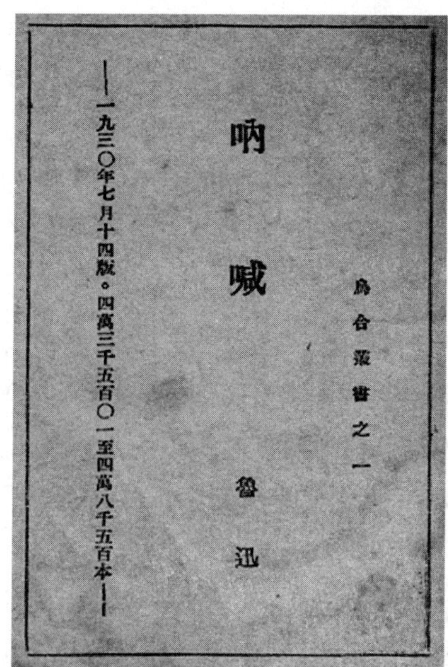

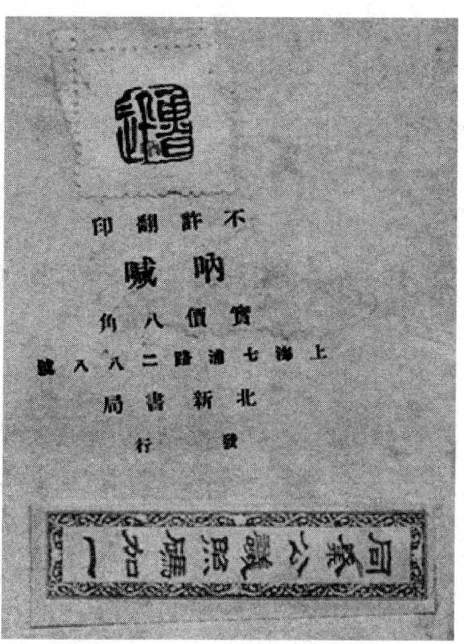

⊙《呐喊》1930 年 7 月十四版扉页和贴有鲁迅版权证印花的版权页

本来龙去脉的描写埋下“错误”伏笔。正因为无法见到所有版本，因此所犯错误也是情有可原的。这些“可爱的错误”，也只有靠以后的亲见者纠正，别无他法也。

据笔者所知，此书版本众多，早期新潮社出过初版和再版，之后鲁迅与周作人兄弟之情破裂，新潮社未再重版。到 1924 年 5 月，鲁迅把此书编入“乌合丛书”，由北京北新书局重印。从 1924 年 5 月三版起，直至 1937 年 6 月二十四版，北新就出了二十版。如今的收藏者与私人研究者，大多见到的是 1928 年 9 月第十版之后的版本。笔者在此介绍的就是 1930 年 7 月北新的第十四版，印数为“43 501—48 501”册。从第十四版之后，见到过的版本好像都未再印印数。从 1938 年开始，由鲁迅先生纪念委员会编、鲁迅全集出版社初版，到 1950 年 10 月共印八版，之后就列入鲁迅全集出版社“鲁迅三十年集”初版，印到 1947 年 10 月的“大连光华书店版”。其间还见到过上海北新书局出的“英汉对照”本的初版与再版。如此众多的版本，要想收齐确实比上天还难，哪怕想见到一面也是难乎其难也。

至于版权页式样与内容的变化，以及是否贴鲁迅的蓝印阳文版权证印花或朱印白文版权证印花，以及其中的版税纠葛等，更是一团繁复的乱麻，不是专业机构的专业研究者是根本无法弄清楚的。因此，笔者请诸位去参见周国伟编著的《鲁迅著译版本研究编目》(属“中国现代文学史资料丛书”甲种)，可以了解一些比较准确的内情。

此书虽然出过众多版本，除个别有所变动，大多仍一如既往，内容几乎没有改变。

书前有作者 1922 年 12 月 3 日写于北京的《自序》，其中说道：

> 在我自己，本以为现在是已经并非一个切迫而不能已于言的人了，但或者也还未能忘怀于当日自己的寂寞的悲哀罢，所以有时候仍不免呐喊几声，聊以慰藉那在寂寞里奔驰的猛士，使他不惮于前驱。至于我的喊声是勇猛或是悲哀，是可憎或是可笑，那倒是不暇顾及的；但既然是呐喊，则当然须听将令的了，所以我往往不恤用了曲笔，在《药》的瑜儿的坟上平空添上一个花环，在《明天》里也不叙单四嫂子竟没有做到看见儿子的梦，因为那时的主将是不主张消极的。至于自己，却也并不愿将自以为苦的寂寞，再来传染给也如我那年青时候似的正做着好梦的青年。
>
> 这样说来，我的小说和艺术的距离之远，也就可想而知了，然而到今日还能蒙着小说的名，甚而至于且有成集的机会，无论如何总不能不说是一件侥幸的事，但侥幸虽使我不安于心，而悬揣人间暂时还有读者，则究竟也仍然是高兴的。
>
> 所以我竟将我的短篇小说结集起来，而且付印了，又因为上面所说的缘由，便称之为《呐喊》。

全书 272 页，新潮社初版收文十五篇：《狂人日记》《孔乙己》《药》《明天》《一件小事》《头发的故事》《风波》《故乡》《阿 Q 正传》《端午节》《白光》《兔和猫》《鸭的喜剧》《社戏》和《不周山》。

到北新书局第十三版时，把其中的《不周山》抽去，以后各版均按“十四篇”列目。再后，鲁迅把《不周山》改题《补天》，收入《故事新编》。据研究者称，鲁迅对这篇小说不满意，在编印《呐喊》时就把它附于卷末，既是一个开始，又算一个结束，以示今后不再写此类小说。在北新书局 1930 年 7 月十四版的版权页上贴有鲁迅蓝印阳文版权证印花，但未见钤有五宋“呐”字的朱色印章。这种“双保险”

的版权保护方式，好像只有鲁迅特别重视。

在“未名丛刊”和“乌合丛书”的版本中能够见到此书的书目广告，值得留存：

呐喊 （四版） 实价七角

鲁迅的短篇小说集，从一九一八至二二年的作品都在内，计十五篇，前有自序一篇。

《故乡》

“乌合丛书”，许钦文著，北新书局印行。笔者所见是北新书局 1927 年 5 月印行的版本，已是再版，在扉页印：“乌合丛书之一”以及“一九二七年五月印行，三〇〇一至五〇〇〇本”。在版权页上印：“乌合丛书，二：故乡，一本实价八角。北京翠花胡同十二号北新书局印行。”并印有第一至第四种“乌合丛书”书目：《呐喊》《心的探险》《飘渺的梦及其他》和《彷徨》。还用框线框起印“未名丛刊”书目五种，下印“北京沙滩新开路五号未名社印行”。

此书初版时间到底是 1925 年，还是 1926 年？在有关现代文学较权威的著作目录或辞典中，说法不一，让读者无法了解真相。但此书的扉页印有一行字：“一九二七年五月印行，三〇〇一至五〇〇〇本”，从这个印数看，初版印 3 000 册，二版加印 2 000 册，达 5 000 册，这比较符合出版规律，也可断定 1927 年的版本为再版，1926 年为初版本也就比较顺理成章了。这是从印数分析。再从那时图书出版情况看，初版与再版之间相隔一年多十分少见。再查“乌合丛书”的资料，此丛书 1926 年至 1927 年间由北新书局出版，鲁迅主编，专收创作，而“未名丛书”专收译作。在“乌合丛书”中除许钦文的《故乡》外，还有鲁迅的《呐喊》《彷徨》和《野草》以及高长虹的《心的探险》、淦君的《卷葹》、向培良的《飘渺的梦及其他》等。从

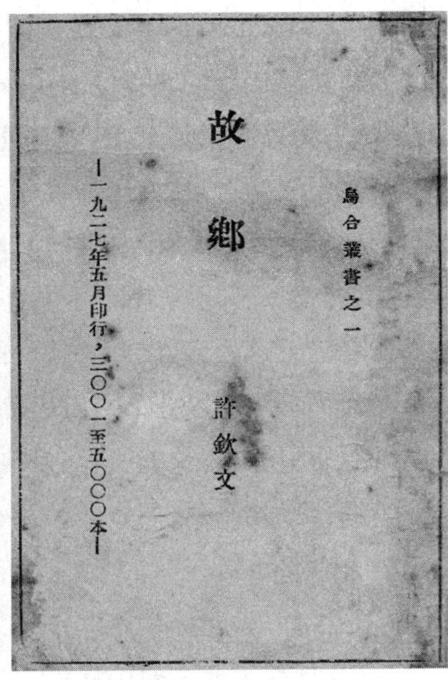

⊙《故乡》封面及扉页

这里也可看出《故乡》初版时间应在 1926 年。

《故乡》，是许钦文的一部短篇小说集，内收二十七篇：《这一次的离故乡》《凡生》《传染病》《博物先生》《上学去》《一餐》《大水》《“请原谅”》《理想的伴侣》《口约三章》《猫的悲剧》《妹子的疑虑》《疯妇》《职业病》《邻童口中的呆子》《毁弃》《父亲的花园》《一首小诗的写就》《津威途中的伴侣》《模特儿》《小狗的厄运》《一张包花生米的字纸》《怀大桂》《一生》《已往的姊妹们》《松竹院中》和《珠串泉》。

关于这部小说集的出版，还有点曲折。1924 年 1 月 11 日鲁迅致孙伏园信中说：“钦文兄小说已看过两遍，以写学生社会者为最好，乡村生活者次之；写工人之两篇，则近于失败。如加淘汰，可存二十六七篇，更严则可存二十三四篇。现在先存二十七篇，兄可先以交起孟，问其可入‘文艺丛书’否？而于阴历年底取回交我，我可于是后再加订正。”研究者认为，很有可能是，周作人不接受《故乡》，鲁迅便自编“乌合丛书”，先将自己的《呐喊》编入作为第一种，因是以新潮社的纸型印的第三版，很快就出版了。而《故乡》则是要发排印刷的，其中不单有经费问题，还有其他一些考虑。1925 年 11 月 8 日鲁迅在致许钦文的信中说：“《故乡》稿，一月之前，小峰屡催我赶紧编出，付印，我即于两三日后与之，则至今校稿不来。问之，则云正与印刷局立约。我疑他虑我们在别处出版，所以便将稿收去，压积在他手头，云即印者，并非诚意。”从这些话也可看出，“乌合丛书”第二种直到1926年4月才出版的真正原因了。

对于这本短篇小说集，鲁迅曾有过评价：许钦文的《故乡》集名，即已招了作者写的是“乡土文学”(见《中国新文学大系·小说二集导言》)。在小说集中，有作者对自己家庭往事和故乡衰败的回忆，也有对自己坎坷遭遇的抒写，充满了对世态炎凉的悲愤。鲁迅曾就此还说过：“无可奈何的悲愤，是令人不得不舍弃的，然而作者仍不难舍弃，没办法，就再寻得冷静和诙谐来做悲惨的衣裳，裹起来了，聊且当作‘看破’。”这些话可看出鲁迅对老朋友实在是很了解。

此书的《小引》由高长虹所写，是鲁迅让这位“刚露头角”的青年评论家来写的。书末题有“一九二六，四，一〇，夜一时，炮声遥响中，在北京”。这篇《小引》很有意思，有史料价值：

> 我读许钦文先生的小说，始于去年的夏天。
>
> 人都相信他的耳朵，不相信他的眼睛，所以无论对于什么，常苦于不能认识其真价。据我所知，则许钦文先生的小说，确曾在这样的不幸中，好久地被忽视过去了。
>
> 至少，我自己便是这样。但终于，一个新的机会来了。一天，鲁迅先生把这《故乡》的原稿交给了我，要我选一下，如可以时，并且写一篇分析的序。
>
> 于是，我开始读的，便是那第一篇《这一次的离故乡》，我开始惊异了。在这篇短的故事里，乡村的描写，感情的流露，心理的分析，人间的真实性，都是向来所不容易看见过的。
>
> 我继续读了下去，而为我所最感到趣味的，尤其是这书中的青年心理的描写。
>
> 一天，我把这书还了鲁迅先生，我述说了我的意见。
>
> “是的呵！我常以为在描写乡村生活上，作者不及我，在青年心理上，我写不过作者；但我又常常怀疑是感情作用……”鲁迅先生惊异而欢喜地说了。
>
> 但我那时，正困在一个冷静的缺乏的恐慌时期，所以我没有能够写得出一篇分析的序；以为只好俟诸异日，再得重将这书细读一遍的时候了。
>
> 便拖延至现在，出版的时期已经很快便要到了。而我却又忙着出走的

恐慌，则真的又只好俟诸异日了。

至于，现在形成的这个选本，则大半是鲁迅先生的工作。

此外，则我希望这书的将来的读者们，有幸运能够用自己的眼睛细心读下去。

其实，这本小说集最为闪亮的地方并不是它的“乡土”内容，而是它的封面。这幅封面俗称“大红袍”，它的设计在书籍装帧史中是可大书一笔的，堪称“书衣珍品”。这封面是由许氏的老友陶元庆（字璇卿）所绘，陶与许同是浙江绍兴人，和鲁迅也是同乡。陶认识鲁迅就是由许介绍，从此陶便为鲁迅先生的多种著作画封面，如《苦闷的象征》《工人绥惠略夫》《唐宋传奇集》《坟》《朝花夕拾》等。鲁迅还请陶为自己的朋友画封面，许钦文的这本《故乡》便是由鲁迅特意选用的。根据《鲁迅日记》载：“1925 年 3 月 19 日，陶璇卿、许钦文来，少坐即同往帝王庙观陶君绘画展览会。下午同季市再观展览会。”陶的展览会，鲁迅看了两次，在《大红袍》前停留的时间最长，并对许钦文说：“璇卿的那幅《大红袍》，我已亲眼见过了，有力量。对照强烈，自然调和，鲜明。握剑的姿态很醒目！”这幅封面图，只要见过的人，都会为之心醉。其实，陶元庆在画“大红袍”时，许钦文的《故乡》还未印出，而且画幅也较大。许钦文曾有过一段回忆：“当时住在北京的绍兴会馆里，日间到天桥的小戏馆去玩了一回，是故意引起些儿童时代的回忆来的。晚上等到半夜后，他忽然起来，一直到第二天的傍晚，一口气画就了这一幅。其中除了乌纱帽和大红袍的印象以外，还含着‘吊死鬼’的美感——绍兴在演大戏的时候，台上总要出现斜下着眉毛，伸长着红舌头的吊死鬼，这在我和元庆都觉得是很美的。”

此书虽为再版本，但与初版本的封面与内容别无两样，故再版本也相当可贵，能收进也算是一种幸运。

在“未名丛刊”和“乌合丛书”的版本中能够见到此书的书目广告，值得留存：

故乡　实价八角

许钦文的短篇小说集。由长虹与鲁迅将从最初至一九二五年止的作品严加选择，留存二十二篇，作者的以热心冷面，来表现乡村，家庭，现代青年的内生活的特长，在这一册里显得格外挺秀。陶元庆画封面。

《心的探险》

"乌合丛书"，长虹（高长虹）著，北新书局印行。扉页印："乌合丛书之一　心的探险一九二六年六月印行，一至千五百本"。版权页印："乌合丛书，4：心的探险。实价六角"，"北京东城翠花胡同十二号，北新书局发行　北京前门内北新华街，京城印书局代印"。其间印"乌合丛书"四种：《呐喊》《故乡》《飘渺的梦》和《彷徨》（校印中）。印"未名丛刊"四种：《苦闷的象征》《苏俄之文艺论战》《出了象牙之塔》和《往星中》。

书前有题词："无底的，/无底的——/我沈下去，/飞奔，/飞奔……——闪光。"感觉有点电影蒙太奇的意味。

全书204页，扉页印："鲁迅掠取六朝人墓门画像作书面"。收杂文和诗八题：《幻想与做梦》《ESPERANTO的福音》《人类的脊梁》《创伤》《土仪》《徘徊》《给》和《其他》。每题还分若干篇，如《徘徊》中有：《徘徊》《风——心》《茶馆的内外》和《一个煽动者的口供》等。

最后是《跋》：留赠读者，仅四句："不认识的朋友们呵！我已经知道你们的名字了。'什么是我们的名字呢？'星，星，星……——闪光。"看来，"闪光"是高长虹所爱！

此书是高长虹著散文诗歌合集，封面由鲁迅设计。青灰色的发丝纸上，印着赭色图案与文字，感觉厚实；图

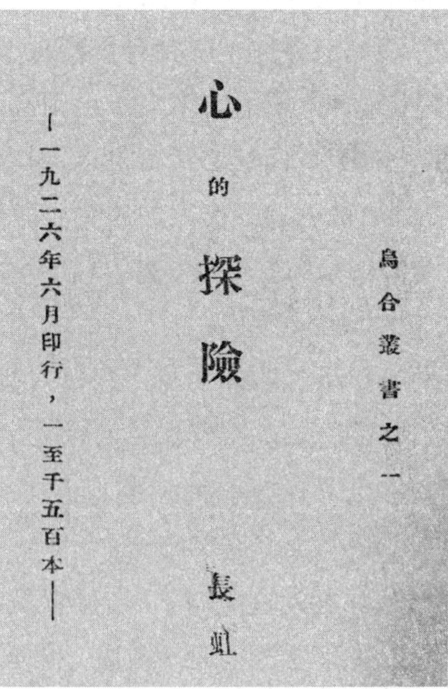

烏合叢書之一

心的探險

長虹

——一九二六年六月印行，一至千五百本——

案为群鬼腾云，作跳舞状，给人一种神秘典雅感。封面左侧留空，并未把图填满，透气爽朗，真乃绝妙之笔。在目录页后有注明文字：“鲁迅采取六朝人墓门画像作封面”。可以说，在鲁迅设计的众多书籍封面中，此封面堪称一绝，有存史价值。在这之前，鲁迅为自己所译爱罗先珂的童话集《桃色的云》设计过封面，封面白底，上半部分由汉画人物、禽兽和流云组成的带状图案，红色，相当醒目，有种童话般的喻意。

鲁迅为之倾注心力的年青作家，高长虹可算一个。他生于1898年3月，山西盂县人，1924年9月创办《狂飙》月刊，从此有了文名，引起了时在北京的鲁迅注意。1924年12月，高长虹初次晤见鲁

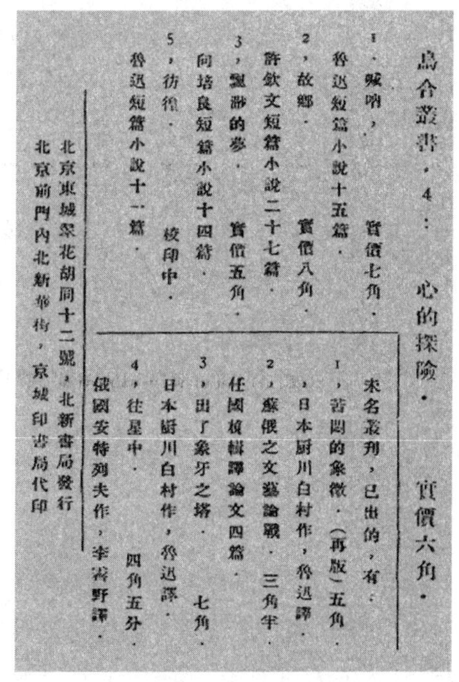

烏合叢書·4：心的探險· 實價六角·

1，吶喊， 實價七角． 魯迅短篇小說十五篇．

2，故鄉． 實價八角． 許欽文短篇小說二十七篇．

3，飄渺的夢． 實價五角． 向培良短篇小說十四篇．

5，彷徨． 校印中． 魯迅短篇小說十一篇．

未名叢刊，已出的，有：

1，苦悶的象徵．（再版）五角． 日本厨川白村作，魯迅譯．

2，蘇俄之文藝論戰． 三角半． 任國楨輯譯論文四篇．

3，出了象牙之塔． 七角． 日本厨川白村作，魯迅譯．

4，往星中． 四角五分． 俄國安特列夫作，李霽野譯．

北京東城翠花胡同十二號，北新書局發行

北京前門內北新華街，京城印書局代印

⊙《心的探险》封面、扉页及版权页

迅，给他留下了深刻的印象。1925 年 3 月，《狂飙》停刊，鲁迅便与高长虹、韦素园等青年合办《莽原》，起初合作得很不错，高也作为主力，出力最多，在刊物上也发表了不少有分量的文字。鲁迅为高长虹的《心的探险》设计封面，也就是在这一时期。对于高长虹的背离鲁迅，留存在史的文字说法各异，实在是一段很精彩的历史。从鲁迅的三次大的冲突看，"高鲁冲突"可说是第三次较大的论争，当时周作人也加入了进去……有人统计过，双方先后发表文章数十篇，加上顺便讽刺、挖苦的，大约有一百三十篇左右。双方论争之激烈，高的言辞之刻薄，鲁前后对高评价之不同，都属少见。鲁迅对高长虹分裂《莽原》的行为感到痛心与失望，他在致许广平的信（《两地书》（六二））中说："我这几年来，常想给别人出一点力，所以在北京时，拼命地做，忘记吃饭，减少睡眠，吃了药来编辑，校对，作文。谁料结出来的，都是苦果子。"

有时，在翻阅这类版本时，感觉虽是精神之物化，虚中有实，但形态毕竟无生命。不过，如能穿透这种无生命，也便能无限延伸它曾经存在的历史生命，还能勾勒并复原出在历史进程中人和人、事和事交叉的点点滴滴。

在"未名丛刊"和"乌合丛书"的版本中能够见到此书的书目广告，值得留存：

> 心的探险　实价六角
>
> 长虹的散文及诗集。将他的以虚无为实有，而又反抗这实有的精悍苦痛的战叫，尽量地吐露着。鲁迅先生并画封面。

附文：高长虹给鲁迅及韦素园的信（原载《狂飙》周刊第二期）

（一）给鲁迅先生

鲁迅先生：

昔日曾使你惊喜过的《狂飙》周刊，今已借尸而还魂了，这对于你，想来仍然是一个好的消息。回忆当时情况，"普天下"能赏识《狂飙》者，只有你，郁达夫先生，日本友人伊东干夫，与开封的欲擒而已。达夫外恭内倨，仅一次往来，遂成路人。你呢，我们思想上找差异本来很甚，但关系毕竟是好的，《莽原》便是这样好的精神而表现。今者周刊复活，伊东干夫不知漂流何处，才特异而年特少之可爱的欲擒乃不幸已永别人间，想找当时旧友一话此中之快痛者，乃只剩先生一人而已！不幸此执笔之初乃有一事不得不先同你谈谈，这诚然是一件不幸的事啊！我诅咒这样事实发生的那一个日子！

接培良来信，说他同韦素园先生大起冲突，原因是为韦先生退还高歌的《剃刀》，又压下他的《冬天》。《冬天》一剧，培良曾以友谊的关系帮助《新女性》稿件而被拒，现在又给韦闹，因此而感想及于《冬天》的命运之可笑，言下愤怒而凄苦。但此系私事，无须多说。所欲言者，则以此事证之，现在编辑《莽原》者，且甚至执行编辑之权威者，为韦素园先生也。素园曾以权威献人，今则用以自献；然权威或可施之于他人，要不应施之于同伴也，忆月前在上海相遇，我曾以《莽原》编辑为问，你说丛芜生病，霁野回家，目前大概由素园维持，将来则属之霁野。霁野眼明中正，公私双关，总算一个最合适的人物。现在暑假已过，不知霁野何以没有回京。如已回京，又何以仍由素园编辑。如已由霁野编辑，培良又何以同素园相闹。我真有点不明真相。不过既已闹出事来，免不得要累及霁野。忆去年《莽原》改组议初起的时候，你曾要我编辑，我当时畏难而退。虽经你解释，然我终于不敢担任，盖不特无以应付外界，亦无以应付自己，不特无以应付素园诸君，亦无以应付日夕过从之好友钟吾。党同伐异，我认为是客观的真理，然我不愿拿它做主观的态度。然而这个，在当时行不下去的。若再说到何者为同，何者为异，亦漫无定论。以朋友关系说，钟吾为同，素园为异，以刊物说，《莽原》为同，其他刊物为异。然则即以党同伐异为是，编辑《莽原》，也不能于《莽原》内部而有所党伐也。后来半月刊出现，发行归之霁野，编辑仍由你自任，然从半月刊的形迹之间，几无处不显示有入主出奴之分，此则我不能不为霁野不直者。然而还可以诿之于客观的真理，所以我始终未提出异议。今则态度显然，公然以"退还"加诸我等矣！刀搁头上矣！到了这时，我还不能出来一理论吗？

《莽原》本来是由你提议，由我们十几个人担任稿件的一个刊物，并无所谓团体，形式上的聚会，只有你，衣萍，有麟，培良及我五人的一次吃酒。它的发生，与《狂飙》周刊的停刊显有关连，或者还可以说是主要的原因。撰稿的人，也是由我们几个人"举尔所知"。以后培良南去，衣萍又不大做文，《莽原》内部事，当其冲者遂只剩我们三人，无论有何私事，无论大风泞雨，我没有一个礼拜不赶编辑前一日送稿子去。我曾以生命赴《莽原》矣！尔时所谓安徽帮者则如何者？乃一经发行，几欲据为私有，兔死狗烹，现在到时候了！言之痛心，想来这也不是你办

《莽原》的本意吧！我对于《莽原》想说的话甚多，一向搁于情势，未能说出，现在一时也无从提起，究竟有没有说的必要，待几天再看。你如愿意说话时，我也想听一听你的意见。

新生的《狂飙》周刊已由书局直接寄你，阅后感想如何？这次发刊，我们决意想群策群力开创一新的时代。但只是冒险，实无把握，成绩如何，俟之他日。或者中途死灭，亦意中事。但如能得到你的助力时，我们竭诚地欢喜。

《彷徨》，我曾写了一点的短感想。培良想批评《孤独者》，我或者也批评一点《伤逝》，此中消息不足为外人道也！

一〇，一〇，一九二六，长虹。

（二）给韦素园先生

素园先生：

自去年民报停刊，先生某日清晨给我送稿费，且多送一元，使我感激至今者后，已像一向没有见面了。乃不料昨日接培良来信所述关于先生的一事，乃令我大不满意，与君初次通信，乃以这种形式出之，殊非意计所及者！然而公事言公，奈之何者！事为先生所知，且以详给鲁迅先生信中，请参阅。数期以来，我已接不到《莽原》，已深滋疑虑。今欲问先生者，则此事究为先生个人所独断，抑是霁野，丛芜，静农所大家同意的？次请先生或先生等把对于我等的真实态度在《莽原》上郑重宣布。三请先生或先生等认清这几件事的性质，则“未名丛刊”是一事，“未名丛刊”经售处又是一事，《莽原》又是一事，《莽原》编辑又是一事，“未名丛刊”经售处发行《莽原》又是一事。四请先生或先生等谅解，我同《莽原》的关系人所共知，所以我对于《莽原》有过问的责任。如先生或先生等想迳将《莽原》据为私有，只须公开地声明理由，或无理由而迳声明偏私的意见，解除我等对于《莽原》之责任，则至少在我个人，对《莽原》仍同从前对民副的态度，为中国出版界多一种较好的刊物计，其他一切都可牺牲。否则，对外对内，我们不能吃这双料的暗亏！《莽原》须不是你家的！林冲对王伦说过：“你也无大量大材。做不得山寨之主！”谨先为先生或先生等诵之。

一〇，一〇，一九二六，长虹

《飘渺的梦及其他》

"乌合丛书",向培良著,北新书局发行。

在扉页上印有版权事项,不太正规,但这正是"未名丛刊"和"乌合丛书"的一个明显"特色"。初版扉页上印:"乌合丛书之一　飘渺的梦及其他　向培良　一九二六年六月印行。一至千五百本"。再版扉页和三版扉页,与初版大体相同,仅出版时间与印数不同:一九二七年十月再版,印 2 000 本;一九二八年八月三版,印 2 000 本。初版版权页印:"乌合丛书,3:飘渺的梦及其他　实价五角　发行处:北京东城翠花胡同十二号,北新书局。印刷处:北京西城报子街五十号,明星印书局"。其间,印"乌合丛书"四种,"未名丛刊"四种。再版版权页印:"乌合丛书,3:飘渺的梦及其他,实价五角","发行处:上海四马路中,北新书局"。其间印"乌合丛书"六种(包括《飘渺的梦》),"未名丛刊"六种。

封面书名是《飘渺的梦》,而在不少其他资料和扉页却印《飘渺的梦及其他》。虽无大碍,但毕竟属两种不同的书名,容易弄混。

书前有向培良的题词:"时间走过去的时候,我的心灵听见轻微的足音,我把这个很笨拙地移到纸上去了,这就是我这本小册子的来源罢!"这"题词",很像一篇短序或小引。

烏合叢書，3：飄渺的夢及其他，實價五角

1, 吶喊。 魯迅短篇小說十五篇 實價七角
2, 故鄉。 許欽文短篇小說二十七篇 實價八角
4, 心的探險。 長虹散文及詩四十八篇 實價六角
5, 彷徨。 魯迅短篇小說十二篇 實價八角
6, 卷葹。 淦女士短篇小說四篇 實價二角半

此外續出

發行處：上海四馬路中，北新書局。

未名叢刊，已出的，有：

1, 苦悶的象徵。 日本廚川白村作，魯迅譯。 五角。
2, 蘇俄之文藝論戰。 任國楨輯譯文藝論文四篇。 三角半。
3, 爭自由的波浪。 俄國專制時代的七種悲劇，董秋芳譯。 五角。
4, 十二個。 俄國勃洛克作，胡斅譯。 三角半。
5, 一個青年的夢。 武者小路實篤著，魯迅譯。 八角。
6, 工人綏惠略夫。 俄國阿爾志跋綏夫作，魯迅譯。 六角。

⊙《飘渺的梦及其他》封面及版权页

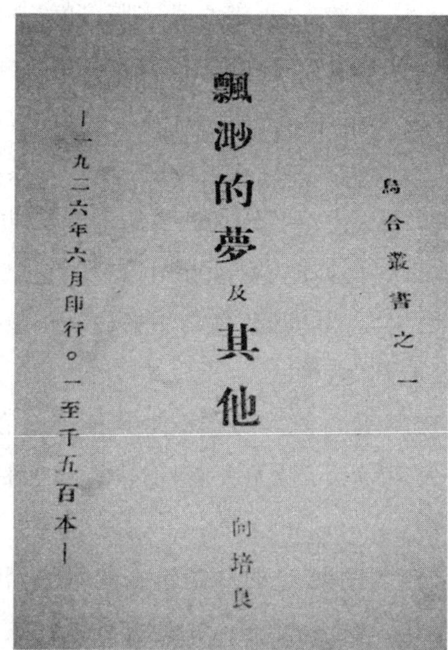

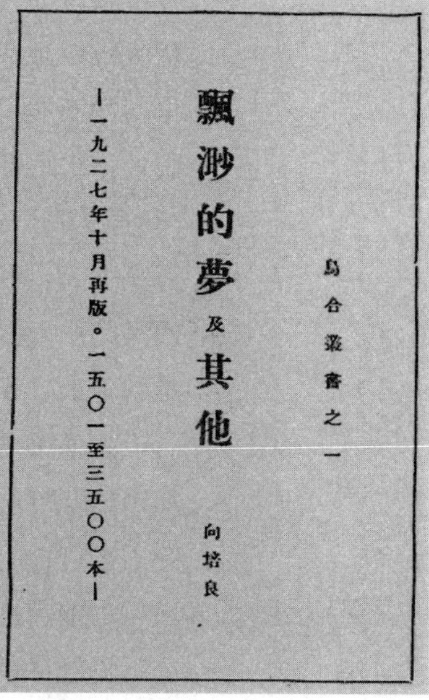

⊙《飘渺的梦及其他》初版、再版扉页

此书封面由“大名鼎鼎”的司徒乔所作，司先生的风格独特，在一般人看来“杂乱无章”，过于粗糙和随意。但仔细品味，却有着一种情感上的震动——读司徒乔的作品，往往要摆脱技术层面的机械理解，更多的是要用内心的情感去捉摸与体悟。

⊙《飘渺的梦及其他》三版的扉页

全书收短篇小说十四篇：《飘渺的梦》《悼亡》《挂号信的命运》《静子》《野花》《爱情》《接吻》《六封信》《误会》《私生子》《正直人的思想》《吸烟及吸烟之类的故事》《诱引》和《迷罔》。

此书无序跋，故不知版本底细。有关向培良的资料不多，笔者只知“培良”是其笔名，除此之外还有一个笔名是“乡下人”。向培良，湖南黔阳人，狂飙社的主要成员，曾参与过《莽原》周刊的筹备工作，早期与鲁迅等相熟。后与高长虹等编《狂飙》，又到上海主编《青春月刊》，提出过“人类底艺术”，用以反对革命文学，还著有论著《人类的艺术》。

在“未名丛刊”和“乌合丛书”的版本中能够见到此书的书目广告，值得留存：

飘渺的梦及其他　实价五角

向培良的短篇小说集，鲁迅选定，从最初以至现在的作品中仅留十四篇。革新与念旧，直前与回顾；他自引明波乐夫的散文诗道：矛盾，矛盾，矛盾，这是我们的生活，也就是我们的真理。司徒乔画封面。

《彷徨》

“未名丛刊”，鲁迅著，北京北新书局发行。扉页上印有版权事项：“乌合丛书之一”，“一九二八年十月六版。一万六千零一至二万本”。版权页十分简单，从上至下从右至左横排：“不许翻印　乌合丛书之一　彷徨　实价八角　上海新闸路仁济里一七〇五号　北新书局发行。”

此书版本众多，从 1926 年 8 月北京北新书局初版四千册之后，到 1935 年 10 月已印十五版。1931 年 7 月出至第十版时，印数已达四万册。之后还有鲁迅全集出版社版和鲁迅全集出版社“鲁迅三十年集”版，另外还有其他一些版本，如光华书店版、成都北新书局版和复兴书局版等。

这是鲁迅的第二本短篇小说集，同第一本《呐喊》一样，同为五四新文学的奠基之作。如今要得到这两种版本的初版本，简直连想都不敢想，比上青天还难。

随着五四新文化运动的推进，新文化的统一战线分裂，“自从支持着《新青年》和《新潮》的人们，风流云散以来，一九二〇年至二二年这三年间，倒显着寂寞荒凉的古战场的情景。”此时的鲁迅，一面感到寂寞，一面感到要总结经验，寻找新战友，部署新战斗，也便有了《彷徨》的出版。鲁迅这样说：“只因为成了游勇，布不了阵了，所以技术虽然比先前好一些，思想也似乎较无拘束，而战斗的

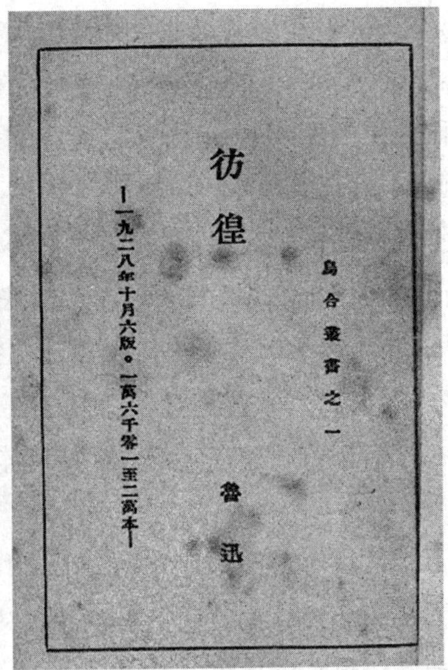
彷徨

—一九二八年十月六版。一萬六千零一至二萬本—

烏合叢書之一

魯迅

意志却冷得不少。新的战友在那里呢？我想，这是很不好的。于是集印了这时期的十一篇作品，谓之《彷徨》，愿以后不再这模样。”鲁迅在赠日本友人书的扉页上题了一首五言绝句，正是当年创作《彷徨》时的真实心境：“寂寞新文苑，平安旧战场。两间余一卒，荷戟尚彷徨。”

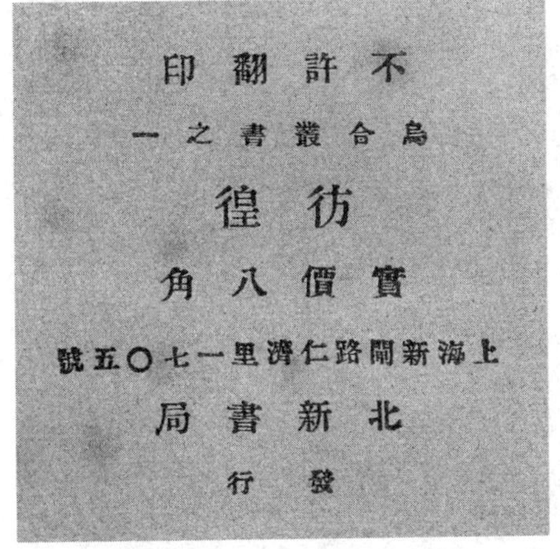
不許翻印

烏合叢書之一

彷徨

實價八角

上海新閘路仁濟里一七〇五號

北新書局

發行

⊙《彷徨》封面、扉页及版权信息

全书 256 页，收短篇小说十一篇，皆为 1924 年至 1925 年作：《祝福》《在酒楼上》《幸福的家庭》《肥皂》《长明灯》《示众》《高老夫子》《孤独者》《伤逝》《弟兄》和《离婚》。作品原发表于《东方杂志》、《小说月报》、《妇女杂志》、《民国日报》副刊、《语丝》周刊、《莽原》半月刊上，皆署名“鲁迅”。其中《孤独者》和《伤逝》初未发表。书末附印“未名丛刊”和“乌合丛书”的书目广告。

此书封面由陶元庆设计作画。封面为橘黄色，画为墨绿色，三个穿着墨绿色舞装者，面对一轮深红色的昏沉沉的太阳并排而坐，似在看落日，太阳则颤抖抖地沉落下去，形似彷徨。画意与书名意相当吻合与贴切。喻意很明显：寂寞之后的追求光明，迎来的是冲锋陷阵的战斗！鲁迅对此画非常欣赏，在写给陶的信中说："《彷徨》的书面实在非常有力，看了使人感动。"同时又借用一位研究美学的德国教授的话："《彷徨》只是椅背和坐上的图线，和全部的直线有些不调和。太阳画得极好。"

据说此书再版时封面"颜色有些不对了"；之后印到 1930 年 10 月第九版时封面改用黄土纸印，封面改为淡黄色底，每行从原来的三十字改为三十五字；以及 1932 年 1 月上海北新书局出版过白报纸毛边本；等等。大多因未见到过相应的版本，所以只好无言相对，过后也便忘了这些版本上的细微变化……

在"未名丛刊"和"乌合丛书"的版本中能够见到此书的书目广告，值得留存：

彷徨　实价八角

鲁迅的短篇小说集第二本。从一九二四至二五年的作品都在内，计十一篇。陶元庆画面。

《卷葹》

“乌合丛书”，淦女士（冯沅君）著，北新书局发行。在扉页印有部分版权事项：“乌合丛书之一”，“一九二七年一月印成，一至三〇〇〇本”。在版权页印：“乌合丛书之六：卷葹　实价二角半”，“版权所有　发行者北京东皇城根　上海四马路中北新书局”。在版权页中间，分别印“乌合丛书”和“未名丛刊”的书目。

当年，北新书局在处理版权页时，有其自身“特点”，把版权事项分别印在扉页和版权页上，或准确说是印在介绍“乌合丛书”和“未名丛刊”的广告页上，实际上是一种不规范的处理法。之后才逐渐统一起来，不过如与“商务”和“中华”等出版机构出版的书籍版权页相比，仍显得有些草率。

此书由司徒乔作封面，较之以往的抽象，此封面画稍写实，一裸女躺在海滩边上，凭海浪不停地拍打，是何喻意，想不出来。

书前引诗两句：“捣麝成尘香不灭，拗莲作寸丝难绝——温庭筠·达摩支曲”。

全书62页，收短篇小说四篇：《隔绝》《旅行》《慈母》和《隔绝之后》。

书末有“乌合丛书”的书籍广告，《卷葹》是丛书之六，之一至之五为：《呐喊》（鲁迅短篇小说十五篇），《故乡》

烏合叢書之六：卷葹一實價二角半

1 吶喊 魯迅短篇小說十五篇 實價七角
2 故鄉 許欽文短篇小說選集 實價八角
3 心的探險 長虹散文及詩集 實價六角
4 飄渺的夢 向培良短篇小說集 實價五角
5 彷徨 魯迅短篇小說集二 實價八角

未名叢刊

1 苦悶的象徵 日本廚川白村著 魯迅譯 五角
2 蘇俄文藝論戰 俄國褚沙克等論文 任國楨譯 三角半
3 出了象牙之塔 日本廚川白村作 魯迅譯 七角
4 往星中 俄國安特列夫作 李霽野譯 四角半
5 十二個 俄國勃洛克作 胡斆譯 三角半

版權所有

發行者 北新書局 北京東皇城根 上海四馬路中

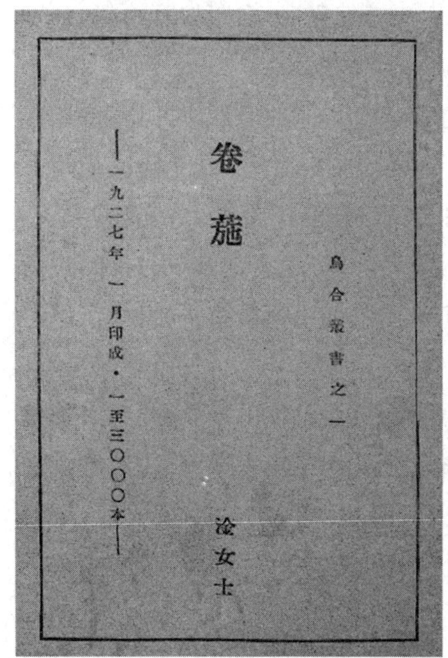

卷葹

烏合叢書之一

淦女士

一九二七年一月印成·一至三〇〇〇本

⊙《卷葹》封面、版权页及扉页

（许钦文短篇小说选集），《心的探险》（长虹散文及诗集），《飘渺的梦》（向培良短篇小说集）和《彷徨》（鲁迅短篇小说集二）。另有“未名丛刊”五种：《苦闷的象征》（日本厨川白村著，鲁迅译），《苏俄文艺论战》（俄国褚沙克等论文，任国桢译），《出了象牙之塔》（日本厨川白村作，鲁迅译），《往星中》（俄国安特列夫作，李霁野译）和《十二个》（俄国勃洛克作，胡斆译）。

冯沅君的《卷葹》，包含四篇小说。小说之间略有连贯性，也就是说主人公虽不同，但性格基本一致，前后的情节也有联系，表现的是一种热烈而纯洁的爱情。

“卷葹”，是什么？一开始还真的弄不明白，所收四篇小说之名均非“卷葹”，取此书名必有道理，但怎么也想不出来。其实，这道理鲁迅先生在致陶元庆的信中早已讲明白：“卷葹是一种草，拔了心也不死，然而什么形状，我却不知道。”显然，那是一种信念上的象征。

细心的读者也许会发现，淦女士《卷葹》中的四篇小说都在创造社的刊物上刊登过，至于为何会列入“乌合丛书”，一开始笔者实在无法解读，后见到鲁迅在1926年12月5日给韦素园的信，才弄明白其中的原由。鲁迅说：

> 这稿子，是品青来说，说愿出在《乌合》中，已由小峰允印，将来托我编定，只四篇。我说四篇太少；他说这是一时期的，正是一段落，够了。我即心知其意，这四篇是都在《创造》上的，现创造社不与作者商量，翻印出售，所以要用《乌合》去抵制他们，至于未落创造社之手的以后的几篇，却不欲轻轻送入《乌合》之内。但我虽然这样想，却答应了。

《野草》

“乌合丛书”，鲁迅著，北新书局发行。扉页印“乌合丛书之一　野草　鲁迅　一九二七年八月再版。一千〇一至四千”。版权页从上至下从右至左横排印：“不许翻印　乌合丛书之一　野草　实价三角半　北京东皇城根　上海四马路中市　北新书局发行”。

全书 94 页，外加版权页至广告页 10 页，共 104 页。

此书为散文诗集，收 1924 年 9 月至 1926 年 4 月作的散文诗二十三篇，连同题辞，曾发表于《语丝》周刊，署名鲁迅。

二十三篇散文诗是：《秋夜》《影的告别》《求乞者》《我的失恋》《复仇》《复仇（其二）》《希望》《雪》《风筝》《好的故事》《过客》《死火》《狗的驳诘》《失掉的好地狱》《墓碣文》《颓败线的颤动》《立论》《死后》《这样的战士》《聪明人和傻子和奴才》《腊叶》《淡淡的血痕中》和《一觉》。

《新青年》团体散掉后，鲁迅仍“荷戟”作战，在“三·一八”惨案中，鲁迅积极支持学生的正义斗争，从而遭到北洋军阀政府的通缉，只好避居日本人开的山本医院和德国医院。在这期间，鲁迅仍奋笔疾书，他说，那时“有了小感触，就写些短文，夸大点说，就是散文诗，以后印成一本，谓之《野草》”。措词较为含糊，那是因为难以实话实说。

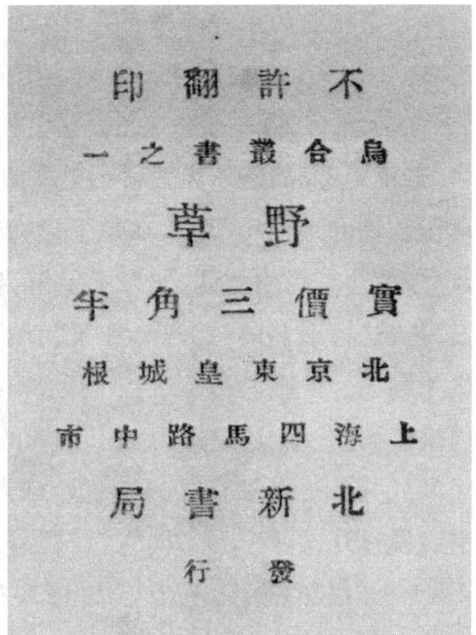
不許翻印
烏合叢書之一
野草
實價三角半
北京東皇城根
上海四馬路中市
北新書局
發行

书前的《题辞》，作于1927年4月26日，这时间正是蒋介石发动“四一二”反革命政变之后不久，白色恐怖笼罩全国，鲁迅的处境也十分困难。鲁迅在血的教训前，把前几年作的散文诗汇编成集。他在1927年4月26日写于广州之白云楼上的《题辞》中说道：

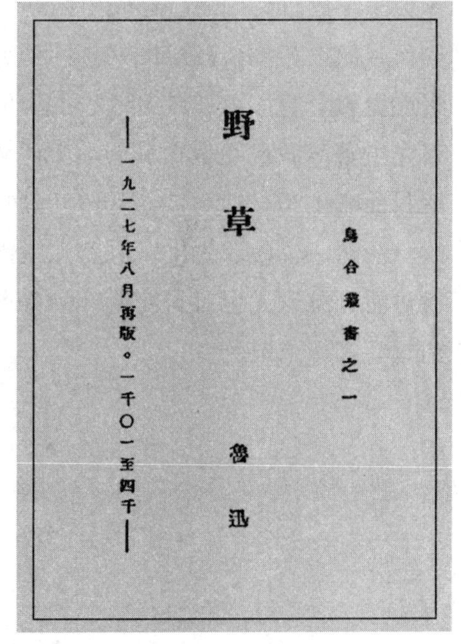
野草
烏合叢書之一
魯迅
一九二七年八月再版。一千〇一至四千

⊙《野草》封面、版权信息及扉页

当我沈默着的时候，我觉得充实；我将开口，同时感到空虚。

过去的生命已经死亡。我对于这死亡有大欢喜，因为我借此知道它曾经存活。死亡的生命已经朽腐。我对于这朽腐有大欢喜，因为我借此知道它还非空虚。

生命的泥委弃在地面上，不生乔木，只生野草，这是我的罪过。

野草，根本不深，花叶不美，然而吸取露，吸取水，吸取陈死人的血和肉，各各夺取它的生存。当生存时,还是将遭践踏,将遭删刈,直至于死亡而朽腐。……

《野草·题辞》是作为教科书范文收入中学课本的,文中所说的"我憎恶这以野草作装饰的地面","地火在地下运行,奔突;熔岩一旦喷出,将烧尽一切野草,以及乔木"这些隐喻的话,如果不了解当时的时代背景,也许只认为是一般的抒情描写。这篇著名的《题辞》,在最初的六版都是有的,从第七版起,被国民党检查机关删去。鲁迅说:"《野草》的题辞,系书店删去,是无意的漏落,他们常是这么模模糊糊的——还是因为触了当局的讳忌,有意删掉的,我可不知道。"又说:"《竖琴》的前记,是被官办的检查处删去的,……《野草》的序文,想亦如此,我曾向书店说过几次,终于不补。"这篇题辞,直到 1940 年出版的《鲁迅全集》单行本和 1941 年出版的"鲁迅三十年集"时才补上。

此书封面深灰色,由孙福熙作画,苍茫大地,风雨如晦,地火正在孕育……画家似乎早已感觉到了鲁迅先生内心的搏动。

封面书名,由鲁迅自书美术字,旁署"鲁迅先生著"。研究者称,"先生"两字可能由编者所加。1927 年 12 月鲁迅致章廷谦的信中说:"《野草》初版,面题'鲁迅先生著',我已令其改正,所以须改正本出,才以赠人。"1928 年 1 月北新第三版封面略去"先生"两字,扉页背面加印"孙福熙作书面"等字。1930 年 5 月北新第六版时,又加上"先生",之后几版皆又删去……围绕着"先生"两字,反来复去,既可看到鲁迅先生对封面设计的苛求,也可看出版本研究的真正功力,就在于分清这些细微末节的变化。

未名新集

小引

“未名新集”，在上海图书馆编纂的《中国近现代丛书目录》中失收。

未名社除了出版“未名丛刊”外，还出版了“未名新集”，专收创作。鲁迅在北京时，就已拟定出版一套专收创作的丛书，并开始筹划。后来，经鲁迅赞同，定名为“未名新集”。他在 1926 年 11 月 21 日致韦素园的信中谈及：“我想不如用‘未名新集’，即以《君山》为第一本。”这套丛书从一开始就由韦素园主持编务，并由未名社出版部陆续出版。

这套丛书到底出了多少种，在研究者中说法好像并不统一，一般常见并认为可靠的是出了六种，但也有人认为是八种，因为另两种（《我和我的魂》，韦丛芜著，对话体散文诗；《开玛的花园》，英国霍勃著印度情诗集，韦丛芜译）已见书目预告，广告中标示“即出”，最后可能并未出版，但作为书目应该留存；另外还有一种说法是，除以上八种，还有三种虽未标明“未名新集”，但是有点“模棱两可”的版本：《坟》（鲁迅著，1927 年 3 月初版）、《关于鲁迅及其著作》（台静农编，1926 年 7 月初版）和《近代文艺批评断片》（李霁野辑译，1929 年 7 月初版）。所谓“模棱两可”，即这三种能见到实物的版本，在不少介绍“未名新集”书目广告中同时把它们罗列在一起，让阅者难以分清

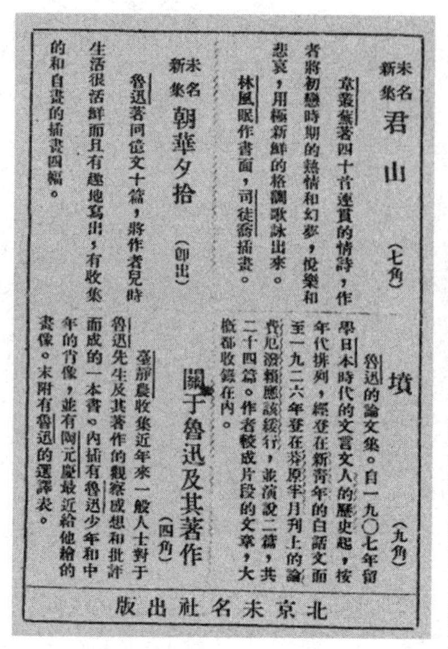

未名新集

君山。韋叢蕪著情詩四十首。實價七角。再版中。

朝華夕拾。魯迅著回憶文十篇。實價五角五分。三版。

地之子。臺靜農著短篇小說集。實價七角。

影。李霽野著短篇小說集。實價四角五分。再版中。

冰塊。韋叢蕪著雜詩集。實價三角五分。

建塔者。臺靜農著第二短篇小說集。即出。

我和我的魂。韋叢蕪著對話體散文詩五篇。即出。

墳。魯迅著。（三版）實價九角。

關于魯迅及其著作。臺靜農編。（再版）實價四角。

近代文藝批評斷片。李霽野輯譯。價四角半。

開瑪的花園。英國霍勃著印度情詩集，韋叢蕪譯。即出。

⊙“未名新集”版本中的书目广告

到底是在“未名新集”之内还是之外。鉴于此情，宁留不弃，故在此文中仍把它们与“未名新集”一并介绍。

如以“宽泛”态度对待的话，“未名新集”总共十一种，“正统”的六种，有预告且标明新集的两种，未标明新集、模棱两可者三种：

1.《君山》(诗集，收诗四十首，韦丛芜著，林风眠作封面，司徒乔插图十幅，1927年3月出版)

2.《朝花夕拾》(收回忆散文十篇，陶元庆作封面，鲁迅著并有自绘和搜集插图四幅，1928年9月出版)

3.《地之子》(收短篇小说十四篇，马慈溪作封面，台静农著，1928年11月出版)

4.《影》(收短篇小说六篇，司徒乔作封面，李霁野著，1928年12月出版)

5.《冰块》(收诗作十二首，译诗二首，韦丛芜著，1929年4月出版)

6.《建塔者》(收小说十篇，王秦实[即王青士]作封面，台静农著，1930年8月出版)

7.《我和我的魂》(韦丛芜著，对话体散文诗五篇，即出)

8.《开玛的花园》(英国霍勃著印度情诗集，韦丛芜译，即出)

9.《坟》(鲁迅著，1927年3月初版)

10.《关于鲁迅及其著作》(台静农编,1926 年 7 月初版)

11.《近代文艺批评断片》(李霁野辑译,1929 年 7 月初版)

鲁迅在《忆韦素园君》中谈到过“未名新集”:“还印行了‘未名新集’,其中有丛芜的《君山》,静农的《地之子》和《建塔者》,我的《朝花夕拾》,在那时候,也都还算是相当可看的作品。”

在未名社结束并出盘给开明书店后,开明以“未名社丛书”之名,重印了原“未名新集”中的《地之子》《建塔者》《影》和《冰块》等。鲁迅的版本自行处理,《朝花夕拾》后由北新书局重印。

《君山》

“未名新集”，长诗集，韦丛芜著，北京未名社（北京马神庙西老胡同一号）出版。版权事项分置三处，扉页印：“未名新集之一　韦丛芜著　君山　司徒乔插画　林风眠作书面”；空白页印：“一九二七年三月初版：一至一五〇〇本”；版权页从上至下印：“君山　韦丛芜著　每本大洋七角　不准翻印　北京未名社出版　北京马神庙西老胡同一号”。书中有司徒乔插图十幅，封面图与插图都画得极其精致，有西洋味。

书前印有两句诗：“八月的君山最好，因为桂花都开了。”

选择长诗的几段，能从中感悟到诗人某种独特的视角：

夜幕中卧着一座荒凉的野站。/月台上耸着三个黑黑的人影。/冷风在衰草上嗖嗖作响，/飘飘的摆着台上人的衣裙。　　夜色织着相思的幕。/冷风吹着初爱的火。/月台上黑黑的人影，飘飘的摆着他们的衣裙。/“夜色织着相思的幕。/冷风吹着初爱的火。/月台上黑黑的人影，飘飘的摆着他们的衣裙。”　　稀疏的细语，/破不了野站的寂静；脚下的槎声，传不尽默默的深情。　　月台上耸着三个黑黑的人影，/飘飘地摆着他们的衣裙。/冷风在衰草上嗖嗖作响。/夜幕中卧着一座野站荒凉。

⊙《君山》封面及扉页

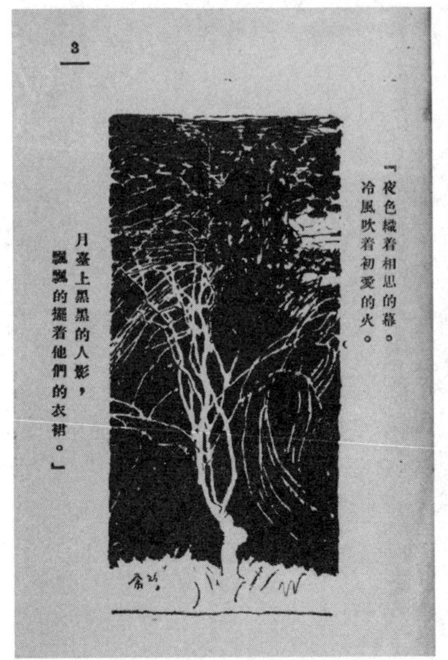

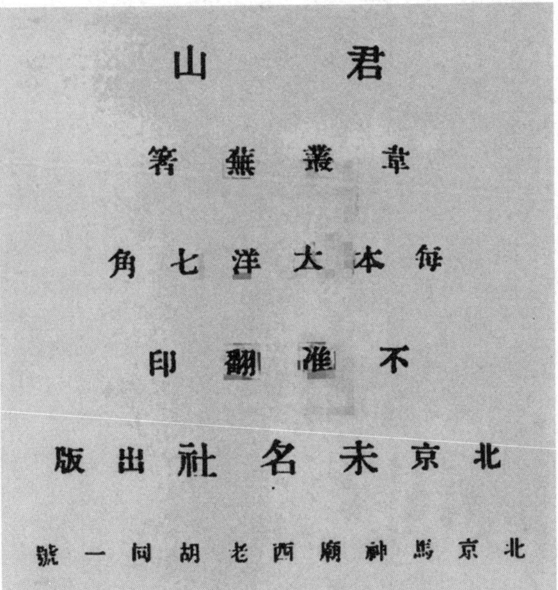
君山

韋叢蕪著

每本大洋七角

不准翻印

北京未名社出版

北京馬神廟西老胡同一號

⊙《君山》插画及版权页

此书140页，无序跋，收诗四十节。

在“未名丛刊”和“未名新集”的版本中能够见到此书的书目广告，有两种“文

本”,值得留存:

君山　韦丛芜著

○这是四十首连页的抒情诗。作者将初恋时期的热情和幻梦,悦乐和悲哀,用极新鲜的格调歌咏出来。

林风眠画封面,司徒乔插画十幅　实价七角

○韦丛芜著四十首连贯的情诗,作者将初恋时期的热情和幻梦,悦乐和悲哀,用极新鲜的格调歌咏出来。

林风眠作书面,司徒乔插画。

《朝花夕拾》

“未名新集”，鲁迅著，北京未名社印行，一般资料上大多这样记载：未名社 1928 年 9 月初版（1—1 000），1929 年 2 月再版（1 001—2 000），北新书局 1932 年 8 月第三版（2 001—4 000），1936 年 3 月四版（4 001—5 500）。

其实，根据鲁迅著作版本的实际情况，以上表述存在着“跳跃性缺漏”，也就是说因存在版本的“蹊跷”，而使有些信息存在“可疑”，起码有三点可以一说：

其一，未名社第三版，鲜为人知。笔者确实见到过孙用编的《朝花夕拾・校读记》和沈鹏年编的《鲁迅研究资料编目》，虽两者表述不同，但都只讲到上海北新书局出的三版是重排出版，实际是未名社出了第三版。这一版本如今非常罕见。

其二，北新书局确实也续出过第三版。但与未名社第三版版权页的表述不同。未名社第三版扉页背面印：“1928 年 9 月初版，1—1 000 本；1929 年 2 月再版，1 001—2 000 本；1929 年 7 月三版，2 001—4 000 本”。而北新书局第三版扉页背面印：“1928 年 9 月初版，1—1 000 本；1929 年 2 月再版，1 001—2 000 本。以上未名社发行。1932 年 8 月三版，2 001—4 000 本”。可见北新版版权页漏印未名社第三版，因此准确说法应是：1929 年 7 月北京未名社第三版（2 001—4 000），1932 年 8 月

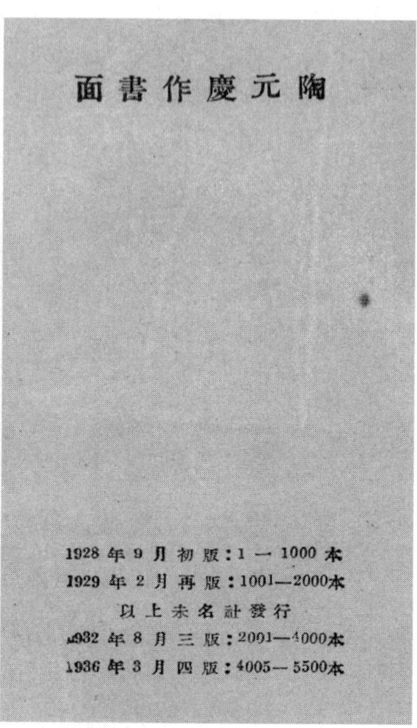

陶元慶作書面

1928 年 9 月 初 版：1 — 1000 本
1929 年 2 月 再 版：1001—2000本
以 上 未 名 社 發 行
1932 年 8 月 三 版：2001—4000本
1936 年 3 月 四 版：4005—5500本

⊙《朝花夕拾》封面及版权页

上海北新书局第三版(2 001—4 000)。两家出版机构的第三版总共出 8 000 本，存世虽多，但如今能见到的第三版，简直少之又少。

其三，北新书局的第四版，有 1933 年 2 月和 1936 年 3 月两种，前者印数为“4 001—6 000 本”，后者印数“4 001—5 500 本”。在时间、版次和印数的连接上，与前后版次都有矛盾。至于为何有矛盾，好像还未见到过比较权威的说法。

从现在所知道的情况，《朝花夕拾》的版本，从 1928 年的初版始，至 1947 年鲁迅全集出版社《鲁迅三十年集》大连光华书店第二版止，共出了十九种版本。前后的版次也不是很规整，有不少地方仍无法解读。由此可见，鲁迅的著作版本本身存在着复杂性，即便见到了所有版本，其中包含着的版权事项也较难自圆其说，这就是鲁迅版本研究中不可回避的现实情况。

鲁迅对这本书的装帧和封面设计花了不少的心血，原图由孙福熙画，后拟选用陈师曾的花卉，最后由陶元庆画成，在此书第一页印有“陶元庆作书面”的字样。扉页由鲁迅设计，上端分三行横印“未名丛刊　朝花夕拾十篇　鲁迅”，下端横印“未名社出版部印行　1928”。

书名原为《旧事重提》，后改为《朝花夕拾》，鲁迅认为，朝花夕拾是早上带露的花，到傍晚才去采折，其寓意要比“旧事重提”更富有诗意。

书前有作者1927年5月1日写于广州白云楼的《小引》，最后讲道：

> 这十篇就是从记忆中抄出来的，与实际内容或有些不同，然而我现在只记得是这样。文体大概很杂乱，因为是或作或辍，经了九个月之多。环境也不一：前两篇写于北京寓所的东壁下；中三篇是流离中所作，地方是医院和木匠房；后五篇却在厦门大学的图书馆的楼上，已经是被学者们挤出集团之后了。

书末另有一篇1927年7月11日写于“广州东堤寓楼之西窗下”的《后记》，很长，最后说道：

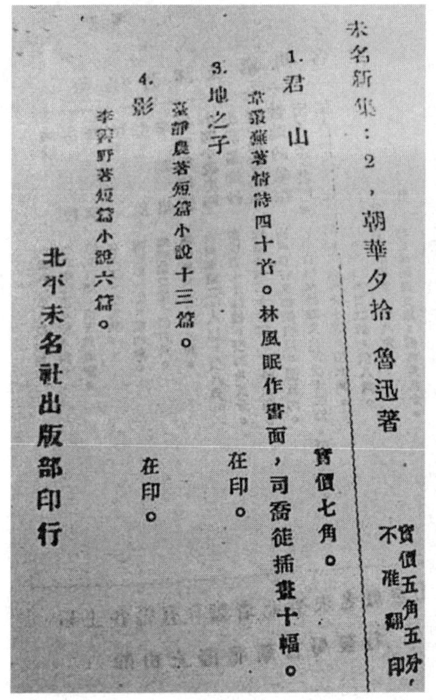

未名新集：2，朝華夕拾　魯迅著

實價五角五分，不准翻印。

1. 君山　韋叢蕪著情詩四十首。林風眠作書面，司徒喬插畫十幅。實價七角。

3. 地之子　臺靜農著短篇小說十三篇。在印。

4. 影　李霽野著短篇小說六篇。在印。

北平未名社出版部印行

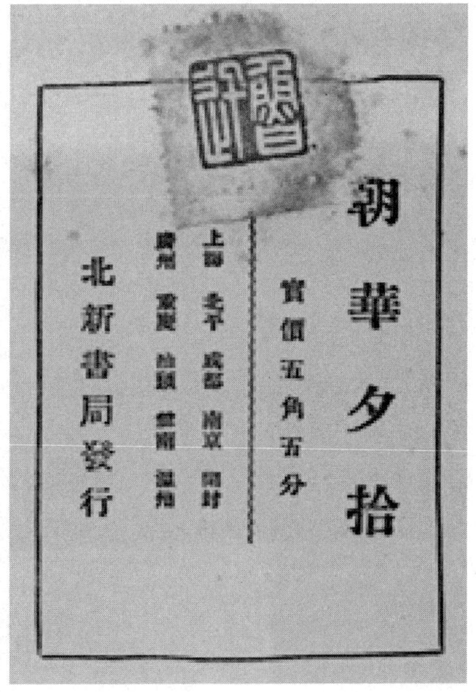

朝華夕拾

實價五角五分

上海　北平　成都　南京　開封

廣州　廈門　汕頭　雲南　溫州

北新書局發行

⊙《朝花夕拾》两种不同出版机构的版权页

> 我本来不准备做什么后记，只想寻几张旧画像来做插图，不料目的不达，便变成一面比较，剪贴，一面乱发议论了。那一点本文或作或辍地几乎做了一年，这一点后记也或作或辍地几乎做了两个月。

《小引》和《后记》，都曾先后发表于《莽原》半月刊，总题目是《旧事重提》。

全书收文十篇：《狗·猫·鼠》《阿长与〈山海经〉》《〈二十四孝图〉》《五猖会》《无常》《从百草园到三味书屋》《父亲的病》《琐记》《藤野先生》和《范爱农》。

这些文字从写作到编成，其背景是辗转于北京、厦门、广州等地，处于北洋军阀、蒋介石反革命的白色恐怖之下，因此它更具有战斗性和现实意义，无愧为不朽之作。

在“未名丛刊”和“未名新集”的版本中能够见到此书的书目广告，值得留存：

> 朝华夕拾
>
> 鲁迅著回忆文十篇，将作者儿时生活很活鲜而且有趣地写出，有收集的和自画的插图四幅。

《地之子》

"未名新集",扉页注明"未名新集之一",台静农著,马慈溪作封面,未名社出版部印行。扉页印:"未名新集之一　地之子　台静农著　马慈溪作书面"。空白页印:"一九二八年十一月初版:一至一五〇〇本"。版权页印:"未名新集:3 地之子　不准翻印　实价七角","北平马神庙景山东街未名社出版部印行"。其间印有"未名新集"书目六种(包括第三种《地之子》):《君山》、《朝华夕拾》、《影》(即出)、《冰块》(在印)和《建塔者》(在印)。

书前有献辞:"献给素园"。

全书 265 页,收文十四篇:《我的邻居》《天二哥》《红灯》《弃婴》《新坟》《烛焰》《苦杯》《儿子》《拜堂》《吴老爹》《为彼祈求》《蚯蚓们》《负伤者》和《白蔷薇》。

书末有作者写于 1928 年 10 月 29 日夜的《后记》:

> 一九二六年以前,我不常写小说,一年中,不过偶然写一两篇而已。我所以不写小说的缘故,主要是为了自己觉得没有小说家的天才;每每心有所感,提起笔来以后,感想便随着笔端变换了;因此,不免有些感喟,这也许是人生最凄苦的事罢。于是立意不写,以免将有用的光阴虚掷了,而所得的,仅是虚幻的结果。

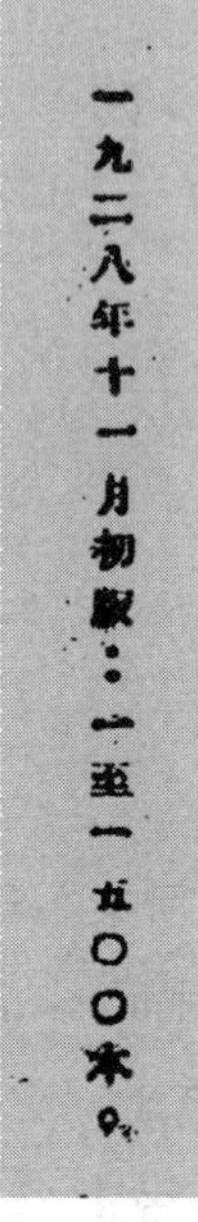

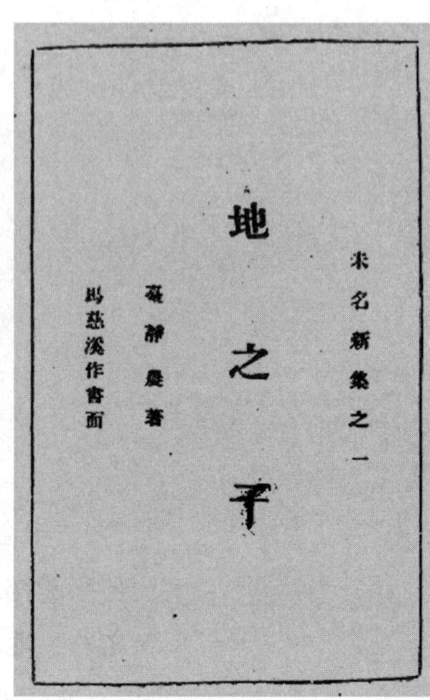

⊙《地之子》封面及扉页

直到一九二六年冬，这时候，关于《莽原》半月刊第二年要不要继续的问题发生了。大家商量的结论，是暂且以在北京的几个人作中心，既然这样，我们必得每期都要有文章，才能够办下去。素园更坚决地表示，要是自己再不作，仍旧躲懒，倒不如干脆停了。当时我与素园同寓，这问题便成了我两个谈话的材料。黄昏或晚饭后，叫听差沏了龙井，买了糖炒栗子，便在当间房中相对而坐地谈下去。其实这问题是简单的，谈下去也不外乎我们几个人努力作文章。每次从这问题不知不觉地滑到爱情和社会上面去了。从黄昏谈到晚间，又从晚间谈到夜静，最后才彼此悔恨光阴又白白地过去了。素园几乎是照例说他是疲倦了，睡在床上，隐隐地可以听见他的一种痛苦的呻吟。

那时我开始写了两三篇，预备第二年用。素园看了，他很满意我从民间取材；他遂劝我专在这一方面努力，并且举了许多作家的例子。其实在我倒不大乐于走这一条路。人间的酸辛和凄楚，我耳边所听到的，目中所看见的，已经是不堪了；现在又将它用我的心血细细地写出，能说这不是不幸的事么？同时我又没有生花的笔，能够献给我同时代的少男少女以伟大的欢欣。

不幸未等到一九二七年的开始，素园便咯血病倒了。这在我们朋友中是一桩大的不幸，不仅是素园个人的恶命运的遭遇。这劫难的时期中，为了《莽原》半月刊按期的催逼，我仍旧继续写下去，有些篇的构思简直是成就于病榻前医院中。

现在搜集起来，印成专书了；素园还高卧在西山疗养院中。在我们生命的途中，忽忽两年了；追思往事，不胜怆然，人事竟是这样不可测啊！

说到本书的内容，我是非常的惭愧。有什么足以献给我同时代的前辈和朋友们呢？我所有的是贫乏与疲困。不得已，权将这试作，献给我们底病人罢。

此书另附有“未名新集”和“未名丛刊”的书目广告。

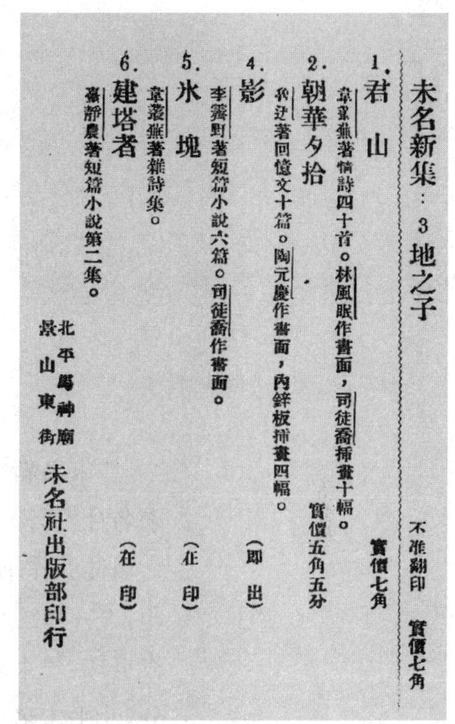

未名新集：3 地之子

不准翻印 實價七角

1. 君 山 韋叢蕪著情詩四十首。林風眠作書面，司徒喬插畫十幅。 實價七角

2. 朝華夕拾 魯迅著回憶文十篇。陶元慶作書面，內鋅板插畫四幅。 實價五角五分

4. 影 李霽野著短篇小說六篇。司徒喬作書面。 (即出)

5. 冰 塊 韋叢蕪著雜詩集。 (在印)

6. 建塔者 臺靜農著短篇小說第二集。 (在印)

北平馬神廟景山東街 未名社出版部印行

⊙《地之子》版权页

《影》

"未名新集",短篇小说集,李霁野著,司徒乔作书面,未名社发行。扉页印:"李霁野　影　'未名新集之一'　司徒乔作书面　未名社出版部印行　1928"。空白处印:"一九二八年十二月初版:一——一〇〇〇册"。版权页印:"未名新集之一,影　李霁野著　实价四角五分,北平未名社出版部印行　不准翻印"。版权页上还印有"未名新集"书目五种:《君山》《朝华夕拾》《地之子》《冰块》和《建塔者》,后两者为"在印",说明当时尚未出版。

全书107页,收文六篇:《露珠》《革命者》《回信》《生活》《嫩黄瓜》和《微笑的脸面》。书末有作者1928年12月21日写于北平的《题卷末》:

> 有好几年自己实在好像是影一样生活在人间,这几篇就是那时生活的影中影。过去的生活的影已经是杳无踪迹的了,也不想再追回它来,这影也就让它随同那影消灭了罢。这小集只是墓碑,不过证明它们曾经存在。

近再读《唐弢书话》,其中说到,他买这本难觅之书,同时还以重价收下几本对他毫无用处的所谓小说,因书

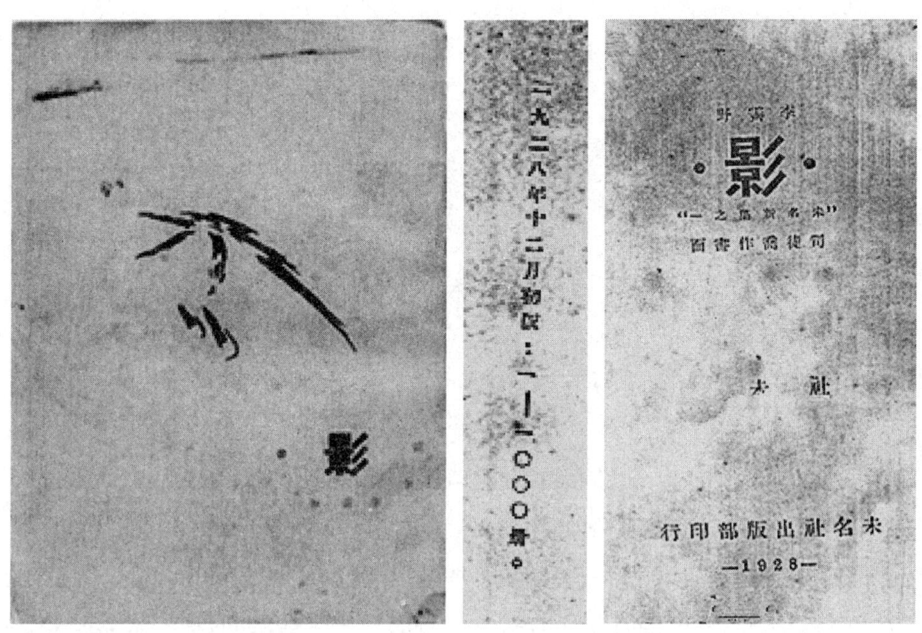

⊙《影》封面、版权信息及扉页

贾不肯拆卖，必须全组出售，只得忍痛接受。此举被他称为“书市黑幕，此亦一端”。其实以笔者所见，并非“黑幕”，实乃生意经。

与此书同名的版本，笔者见到过两种，一种是李唯建著诗集、新时代书局1933年6月初版《影》；另一种是赵荫棠的长篇小说，北京华北作家协会1945年6月出版的《影》，属“华北文艺丛书”。

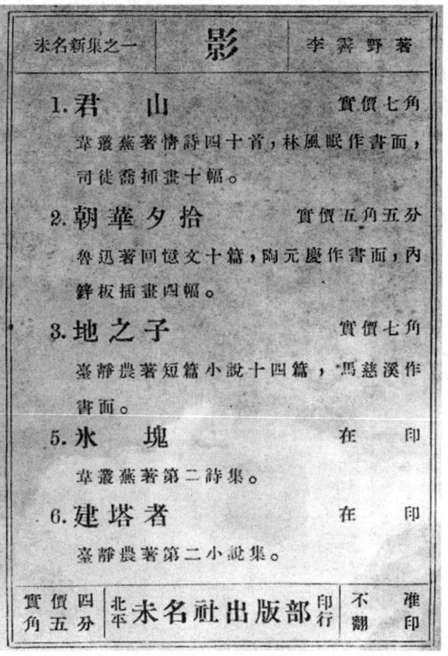

未名新集之一　影　李霽野著

1. 君　山　實價七角
韋叢蕪著情詩四十首，林風眠作書面，司徒喬插畫十幅。

2. 朝華夕拾　實價五角五分
魯迅著回憶文十篇，陶元慶作書面，內鋅板插畫四幅。

3. 地之子　實價七角
臺靜農著短篇小說十四篇，馬慈溪作書面。

5. 冰　塊　在印
韋叢蕪著第二詩集。

6. 建塔者　在印
臺靜農著第二小說集。

實價四角五分　北平未名社出版部印行　不准翻印

⊙《影》版权页

《冰块》

"未名新集",韦丛芜著,北平未名社出版部印行。版权事项分作三处,扉页印:"未名新集之一　冰块　韦丛芜著　关瑞梧作书面";扉页后的空白页印"一九二九年四月初版:一至一千册";书末版权页印:"未名新集之一　冰块　韦丛芜著　不准翻印　实价三角半　北平景山东街未名社出版部"。三处合起来,才见到版权页全貌。封面一轮圆月,松枝倒挂,深邃静幽,雅趣横生。

书前有题词:"消不了的是生的苦恼,治不好的是世纪的病。"有一种颓丧感。

书前还有著者留影,韦先生的尊容极少能见,即便这是一张侧影,也显得很珍贵。

全书73页,收诗十二首:《冰块》《荒坡上的歌者》《绿绿的灼火》《我披着血衣爬过寥阔的街心》《我踟躅,踟躅,有如幽灵》《诗人的心》《一颗明星》《燃火的人》《密封的素简》《哀辞》《黑衣的人》和《在电车上》。另附惠特曼自由诗两首:(《敲!敲!敲》和《从田里来呀,父亲》)

书末有作者1927年4月5日写于海甸的《附记》,可看作是《后记》,其中说道:

>……记得仿佛在两三年前,偶而和一个美国人E君谈话,因为问起他美国诗坛的趋势,他识破我的

意思是说内容方面还是形式方面，我说关于形式方面。他说自从惠特曼的诗体解放潮过去后，现在的诗大抵是稍规矩了。他接着又举一个例子说，旧体诗好比人缚着手走路，初期的解放潮好比人扯断了绳索而横起两臂来走路，以后两臂便渐渐放下来了。

我最感觉得有意味的便是他的这个例子。我们的从未开过盛花的新诗坛(?)上，岂不是早就有一部分人在不住加紧地自己缚着自己的手，彼次互相竞争着，标榜着，看看到底谁缚的紧些，整齐些么？惠特曼的自由诗之类大概还有介绍的必要罢，虽然有用与否是问题。

书末版权页上印有“未名新集”书目六种：《君山》《朝华夕拾》《地之子》《影》《建塔者》和《我和我的魂》。最后一种，始终未见。

另有“韦丛芜翻译书籍”十种：《穷人》、《格列佛游记》(卷一)、《格列佛游记》(卷二)、《张的梦》、《开玛的花园》(即出)、《英国文学：拜仑时代》(即出)、《英国文学：渥兹渥时代》(在印)、《女仙》(在印)、《回忆陀斯妥夫斯基》(在印)、《罪与罚》(待印)。其中印有“即出”或“在印”的版本，之后好像从未出版过，可见当年图书版本中的书籍广告，只能作为一种阅读认识的途径，而决不能把它当作准确

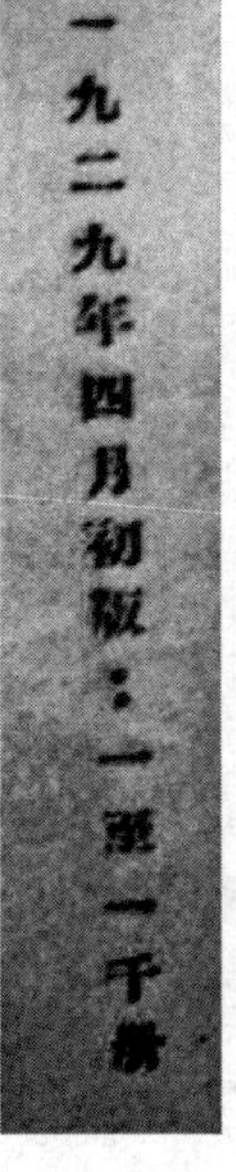

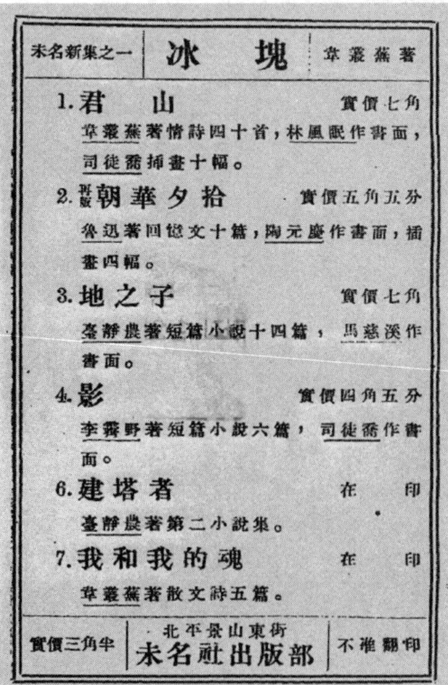
未名新集之一　冰　塊　韋叢蕪著

1. 君　山　實價七角
韋叢蕪著情詩四十首，林風眠作書面，司徒喬插畫十幅。

2. 再版 朝華夕拾　實價五角五分
魯迅著回憶文十篇，陶元慶作書面，插畫四幅。

3. 地之子　實價七角
臺靜農著短篇小說十四篇，馬慈溪作書面。

4. 影　實價四角五分
李霽野著短篇小說六篇，司徒喬作書面。

6. 建塔者　在印
臺靜農著第二小說集。

7. 我和我的魂　在印
韋叢蕪著散文詩五篇。

實價三角半　北平景山東街 未名社出版部　不准翻印

⊙《冰块》封面及版权页

的存世书目资料。

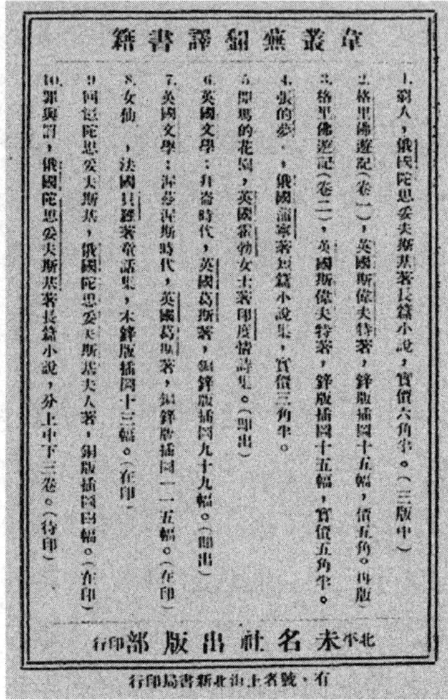

韋叢蕪翻譯書籍

1. 窮人，俄民陀思妥夫斯基著長篇小說，實價六角半。（三版中）
2. 格里佛遊記（卷一），英國斯偉夫特著，鋅版插圖十五幅，價五角。再版
3. 格里佛遊記（卷二），英國斯偉夫特著，鋅版插圖十五幅，實價五角半。
4. 張的夢，，俄國蒲寧著短篇小說集，實價三角半。
5. 關馬的花園，英國霍勃女士著印度情詩集。（即出）
6. 英國文學：拜侖時代，英國葛斯著，銅鋅版插圖九十九幅。（即出）
7. 英國文學：渥茲渥斯時代，英國葛斯著，銅鋅版插圖一一五幅。（在印）
8. 女仙，法國貝璐著童話集，木鋅版插圖十三幅。（在印）
9. 回憶陀思妥夫斯基，俄國陀思妥夫斯基夫人著，銅版插圖四幅。（在印）
10. 罪與罰，俄國陀思妥夫斯基著長篇小說，分上中下三卷。（待印）

北平未名社出版部印行

有·號者上由北新書局印行

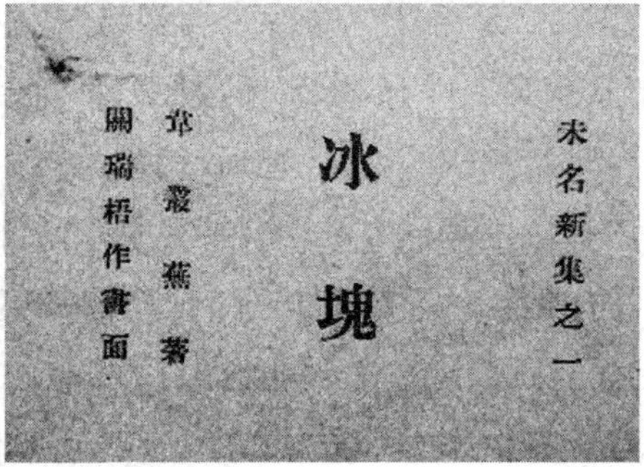

⊙《冰块》附广告、作者像及版权页

《建塔者》

"未名新集",短篇小说集,台静农著,北平未名社(北平马神庙景山东街)发行。1930 年 8 月初版,印 1 500 册(出版时间与印数,是从其他资料中获悉),实价六角半。

封面书名《建塔者及其它》,这种表述方式是说明除了《建塔者》外还有其他各篇。而扉页书名是《建塔者》,准确说是欠妥的。王秦实制封面。王秦实,即王青士,与左联五烈士一起牺牲于上海龙华。

全书 182 页,收文十篇:《建塔者》《昨夜》《死室的彗星》《历史的病轮》《遗简》《铁窗外》《春夜的幽灵》《人彘》《被饥饿燃烧的人们》和《井》。

书末是作者写于 1930 年 7 月 26 日的《后记》:

> 以精诚以赤血供奉于唯一的信仰,这精神是同殉道者一样的伟大。暴风雨之将来,他们热情地有如海燕一般,作了这暴风雨的先驱。本书所写的人物,多半是这些时代的先知们。然而我的笔深觉贫乏,我未曾触着那艰难地往各各得上十字架的灵魂深处,我的心苦痛着。其实一个徘徊于坟墓荒墟而带着感伤的作者,有什么力量以文笔来渲染时代的光呢?
>
> 本书写于一九二八年,始以四篇登载于未名半

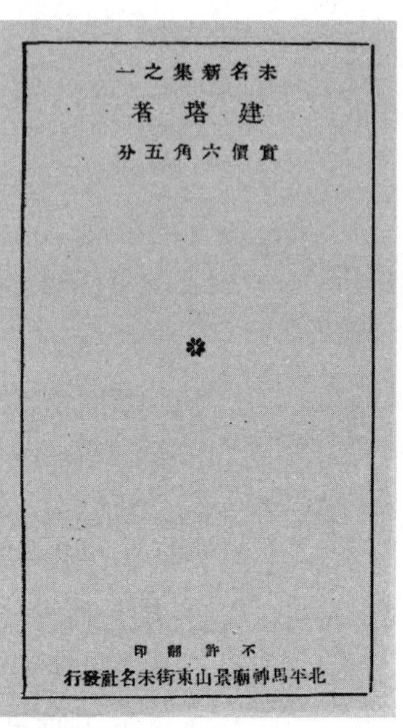

未名新集之一

建塔者

實價六角五分

不許翻印

北平馬神廟景山東街未名社發行

月刊，旋以事被逮幽禁。事解，适友人编某报副刊，复以笔名发表者五篇。并一篇，作最迟，未发表。

今辑印成书，不敢以此敬献于伟大的死者，且以此纪念着大时代的一痕罢。

书末有“未名新集”书目七种：《君山》（韦丛芜著）、《朝华夕拾》（鲁迅著）、《地之子》（台静农著）、《影》（李霁野著）、《冰块》（韦丛芜著）、《建塔者》（台静农著）、《我和我的魂》（韦丛芜著）。唯最后一种标以“即出”，实际未出。

未名新集

1. 君山。韋叢蕪著情詩四十首。（再版中）實價七角。
2. 朝華夕拾。魯迅著回憶文十篇。（三版）實價五角五分。
3. 地之子。臺靜農著短篇小說集。實價七角。
4. 影。李霽野著短篇小說集。（再版中）實價四角五分。
5. 冰塊。韋叢蕪著雜詩集。實價三角五分。
6. 建塔者。臺靜農著第二短篇小說集。實價六角半。
7. 我和我的魂。韋叢蕪著對話體散文詩五篇。（即出）

北平未名社印行

⊙《建塔者》封面、版权页及“未名新集”书目

《关于鲁迅及其著作》

"未名新集"(未见有标示),台静农编,未名社刊物经售处(北京东城沙滩新开路五号)发行。1926 年 7 月印成(初版),每本实价四角。封面设计极其简单,一粗一细红线框,左侧三分之一处一条细直线,分隔处竖印书名;右侧三分之一几乎空白,上有一红点,下印"台静农编"。

对于这一"红点",开始不解,直至之后见到开明版的《关于鲁迅及其著作》之后,才发现在其封面右侧上方竖印两个红点,以一、二红点来区分版本的归属与版次,确实是一个"小发明"。开明版与未名社版,封面皆同,区别在于一红点与二红点,而版权页的样式,两者完全不同,开明版的版权页有其独特的面貌,似乎能从其格式中看出接盘未名社的"霸气"。书末还印有开明书店接盘后出版的"未名社丛书"书目十六种。关于未名社版与开明版的情况,以及此书目,请读者参见书前的《小引》,在此不赘述。

书前有编者写于 1926 年 6 月 20 日的《序言》,是一篇较为典型的好文字:

> 我在最近的期间,约有一月工夫,能将这几年来一般人士对于鲁迅先生及其著作的观察,感想和批评搜集起来,这在我是一件很能慰心的事,因为我完

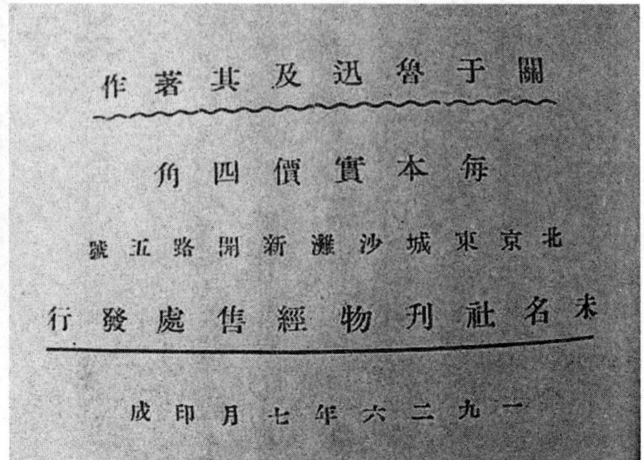
關于魯迅及其著作

每本實價四角

北京東城沙灘新開路五號

未名社刊物經售處發行

一九二六年七月印成

⊙《关于鲁迅及其著作》未名社版封面及版权页

成了我所愿意完成的一部分工作，虽然我并不知道别人对于这事的意见如何。

有一两篇文字，在我个人是觉得并非无意义的；还有国外的人，如法国罗曼罗兰对于法文译本《阿Q正传》的评语，和这一篇的俄文译者俄国王希礼君致曹靖华君的信，日本清水安三《支那的新人及黎明运动》中关于他的记载，以及最近美国巴特勒特去访问他的时候的重要的谈话，本来都拟加入，后来都依了鲁迅先生自己的意见，一概中止了，但反而加添了一篇陈源教授的信。

我搜印这一本书，也并没有什么深意：第一，只想爱读鲁迅先生作品的人借此可以一时得到许多议论和记载，和自己的意见相参照，或许更有意味些；第二，这里面有揄扬，有贬损，有谩骂，在同一的时代里，反映出批评者的不同一的心来，展开在我们一般读批评文字的人的眼前，这是如何令人惊奇而又如何平淡的事啊！

最使我高兴的，是陈源教授骂鲁迅先生的那种“他就跳到半天空，骂得你体无完肤——还不肯罢休”的精神。我觉得，在现在的专爱微温，敷衍，中和，回旋，不想急进的中国人中，这种精神是必须的，新的中国就要在这里出现。我们只要一读《呐喊》和以后的其他作品，就可以看出作者也曾将这种精神不独用在《热风》和《华盖集》的一些短文里，小说中尤其表现得清楚。每个人物，在他的腕下，整个的原形就显现了，丝毫遮掩不住自己。我爱这种精神，这也是我集印这本书的主要原因。

书前有《鲁迅自叙传略》，并收文十二篇：《访鲁迅先生》（曙天女士）、《鲁迅先生》（张定璜）、《鲁迅先生》（尚钺）、《致志摩》（陈源）、《初次见鲁迅先生》（马珏）、《读呐喊》（雁冰）、《读呐喊》（Y生）、《呐喊的评论》（成仿吾）、《呐喊》（冯文炳）、《鲁迅的呐喊》（玉狼）、《呐喊》（天用）、《我所见于示众者》（孙福熙），另有景宋写的一篇《鲁迅先生选译书录》。收图片与照片四幅：《鲁迅一九二六年画像》（陶元庆作）、《鲁迅先生打叭儿狗图》（林语堂原本）、《鲁迅一九〇三年照象》（在日本）和《又一九一二年照象》（在绍兴）。

在“未名丛刊”和“未名新集”的版本中能够见到此书的书目广告，值得留存：

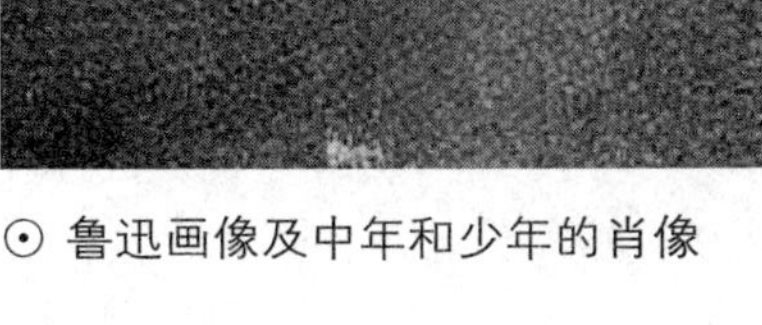

⊙ 鲁迅画像及中年和少年的肖像

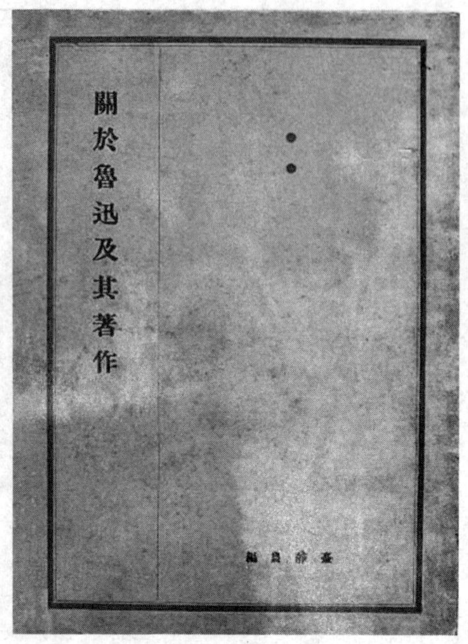

關於魯迅及其著作

臺靜農編

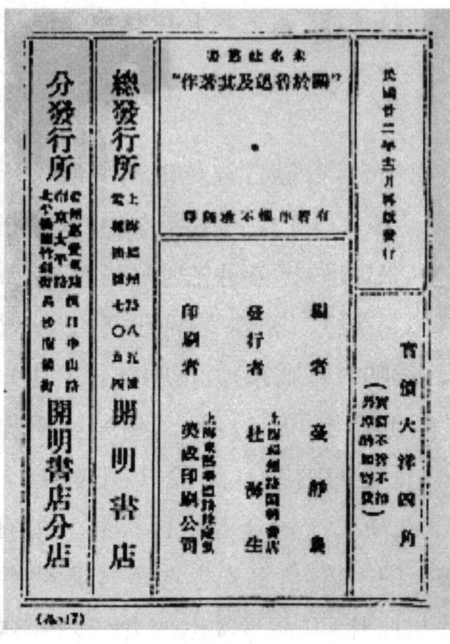

未名社叢書

"關於魯迅及其著作"

有著作權不准翻印

編者 臺靜農

發行者 杜海生

印刷者 美成印刷公司

總發行所 開明書店

分發行所 開明書店分店

實價大洋四角

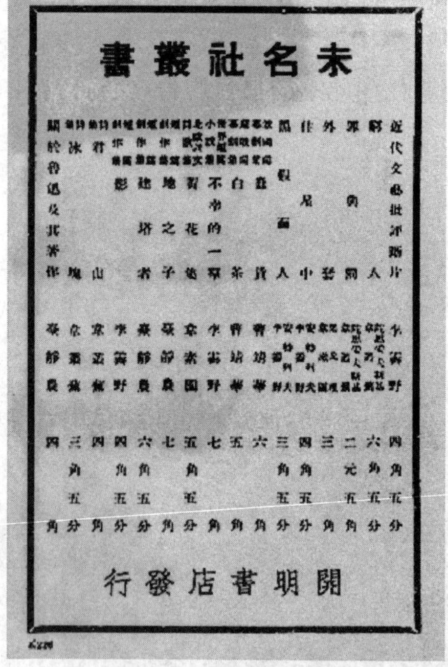

未名社叢書

開明書店發行

⊙《关于鲁迅及其著作》开明书店版封面、版权页及"未名社丛书"书目

关于鲁迅及其著作

台静农收集近年来一般人士对于鲁迅先生及其著作的观察感想和批评而成的一本书。内插有鲁迅少年和中年的肖像,并有陶元庆最近给他绘的画像。末附有鲁迅的选译表。

《近代文艺批评断片》

“未名新集”(在书中未找到丛刊字样),李霁野译(也称辑译),未名社出版部印行,一九二九年七月初版,印一至一五〇〇本。另一处印“实价四角五分”,并印“未名社出版部其他新书”,这些新书都是“未名新集”,并标以编号:1.君山、2.朝花夕拾、3.地之子和4.影,其余三种在“正规”书目中未列入:5.冰块、6.坟和7.关于鲁迅及其著作,且在序号之后标明版次。把这七种版本按顺序列在一起,无非是想告诉读者那是未名社出版的“未名新集”。一般讲,在书目之后标明“实价”的,大多已出版,事实上这些版本也都见到过。

书前有《序》,译者1928年10月13日写于海甸:

> 这里所集的十三篇文章,除《六个小说家底侧影》和《艺术家和他底听众》外,都是从美国文学博士Ludwig Lewisohn所辑的“A Modern Book of Criticism”中译出来的。初译这些文章时并不想集起来成为一本书,只是因为还不很长,于期刊篇幅很相宜,所以就陆续译点登在《莽原半月刊》和《未名半月刊》上,而且多半是量定篇幅才决定译那一篇的,所以也并无精密的选择。现在“A Modern Book of Criticism”已经由傅东华君全部译出出版了,我也早

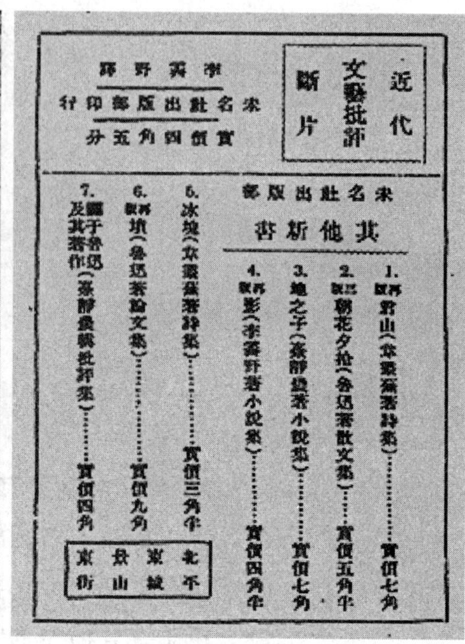

近代文藝批評斷片

李霽野譯

未名社出版部印行

實價四角五分

未名社出版部

其他新書

1. 再版 野山（韋叢蕪著詩集）……實價七角
2. 三版 朝花夕拾（魯迅著散文集）……實價五角半
3. 地之子（臺靜農著小說集）……實價七角
4. 再版 影（李霽野著小說集）……實價四角半
5. 冰塊（韋叢蕪著詩集）……實價三角半
6. 再版 墳（魯迅著論文集）……實價九角
7. 關于魯迅及其著作（臺靜農編批評集）……實價四角

北平 東城 景山 東街

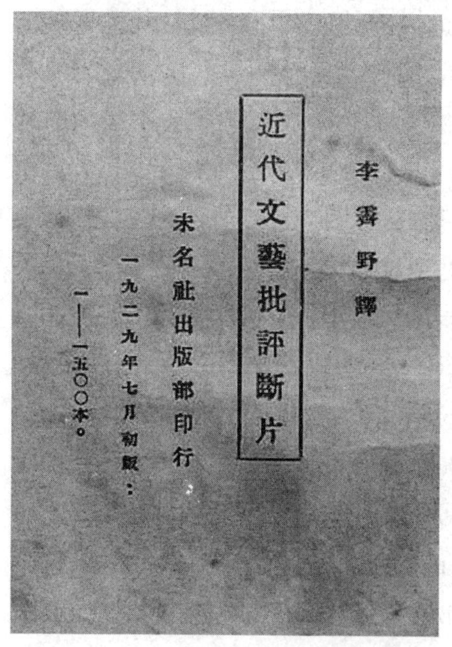

近代文藝批評斷片

李霽野譯

未名社出版部印行

一九二九年七月初版：

1—1500本。

⊙《近代文艺批评断片》封面、版权页以及书目广告

就没有再从这本书里译什么东西的意思了，因此就加入后译的《六个小说家底侧影》与《艺术家和他底听众》成为这本小书，“以资结束”。

全书收文十三篇：《吹笛者的争辩》《批评中的人格》《传统与爱好》《文学的影响》《视觉与情绪》《艺术箴言》《经验与创造》《近代的诗人》《生活中的创造艺术》《艺术》《六个小说家底侧影》《艺术家和他底听众》和《清教徒与美国文学》。

版权页后有未名社出版部新书要目十四种。

《坟》

鲁迅的第一本杂文集《坟》，建国前出版此书的有：北京未名社、上海北新书局、上海青光书局、鲁迅全集出版社、大连光华书店、重庆作家书屋等，这些版本笔者大多见过。这些版本封面、扉页或版权页皆未印“未名丛刊”字样，是原本就不属“未名丛刊”，还是漏印“未名丛刊”，似乎未见原始的完整文字表述。但在不少介绍“未名丛刊”的书目中，却把《坟》与台静农编《关于鲁迅及其著作》及李霁野辑译的《近代文艺批评断片》等都列入了“未名丛刊”。在此“模棱两可”的情况下，“宁存毋弃”应该是比较正确的办法。且非但留存一种，而是要把所有能见的版本都罗列出来，以供研究者比照研究。

这些版本的封面基本相同，虽由各种出版机构出版，出版时间及版次各异，但陶元庆所作封面却始终未变，一如既往，可见此封面之魅力！封面白底，淡黄色图案。封面和书名等，皆由鲁迅设计，图案由陶元庆所画。鲁迅在致陶的信中说：“《坟》这是我的杂文集，从最初的文言到今年的，现已付印。可否给我作一个书面？我的意思是只要和‘坟’的意义绝无关系的装饰就好。”如今看到的“陶封面”，却与“坟”绝对有关系，非但有实实在在的“坟”，甚至还有未埋葬于坟的棺材……“有”和“无”，在某种时候往往是不言而喻地共存着的。

陶元慶作書面

未名社印行

1—2000

1927

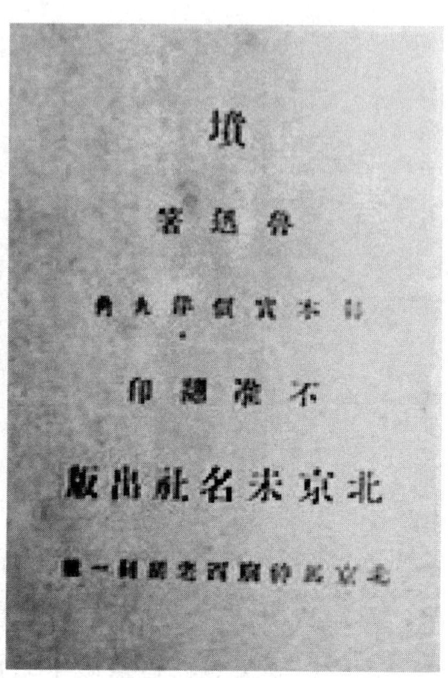

墳

魯迅著

每本實價洋九角

·

不准翻印

北京未名社出版

北京馬神廟西老胡同一號

⊙《坟》未名社版初版封面及版权页

扉页上的一幅小图案，由鲁迅亲自作画，图案为“猫头鹰，雨，天，树，月，云”等。

笔者所见《坟》的最早版本，是个人收藏历史早期就搜得的北京未名社 1927 年 3 月初版。但也因为早，所以在一次搬家的大变动中它很早就“不打招呼”而离去。之后留存的初版封面和版权页等，大多借助于其他资料。初版的版权事项分列两处，合起才知较为完整的信息：1927 年版，印 2 000 册，每本实价洋九角，陶元庆作封面。

之后还收藏过几种《坟》的版本，虽封面大体相同，但各出版机构的版权页却各不相同，在此把所见的罗列起来，也是相当有趣味的。

北京未名社 1927 年 3 月初版（印 1—2 000 册）和 1929 年 3 月再版（印

2 001—3 000 册)后，就是上海北新书局1930 年 4 月的第三版(印 3 001—4 500 册)，印数和版次相沿数皆印在版权页下方。之后是上海青光书局的第四版和第五版，笔者见到的是 1936 年 11 月的第五版，版权页式样与未名社、北新书局版不同，线框内从右至左竖印：“一九三六年十一月五版　坟——实价九角　著作者鲁迅　发行者上海四马路中市青光书局　经售者北平成都南京开封重庆广州厦门武汉济南温州北新书局分局”。在框线上方贴有一枚鲁迅朱印白文版权证印花。再之后是常见且数量较多的鲁迅先生纪念委员会编、鲁迅全集出版社出版的“鲁迅全集单行本”和鲁迅全集出版

⊙《坟》未名社版三版封面及版权页

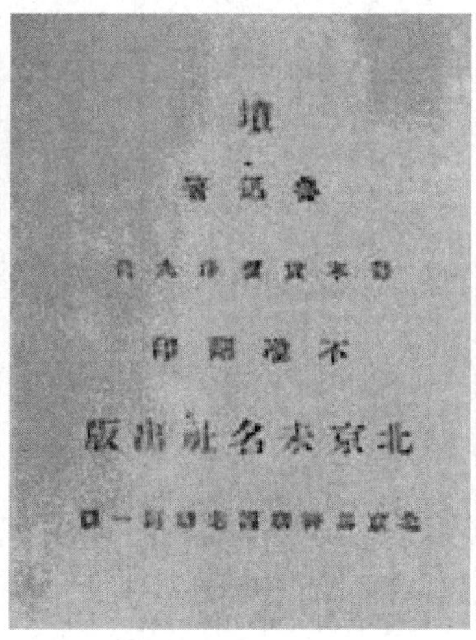

社出版的“鲁迅三十年集”。

这些不同出版机构出版的版本，版本情况大体相同，说“大体”，也就是说在细微处存有不同。1932 年北新书局第二次被封，改名青光书局开业。《坟》的第四版，就是青光书局 1933 年 4 月出版，且取消印数和版次相沿数，版权页留鲁迅

一九三六年十一月五版

墳

實價九角

著作者 魯迅

發行者 青光書局 上海四馬路中市

經售者 北新書局分局 北平 成都 南京 開封 重慶 廣州 廈門 長沙 濟南 溫州

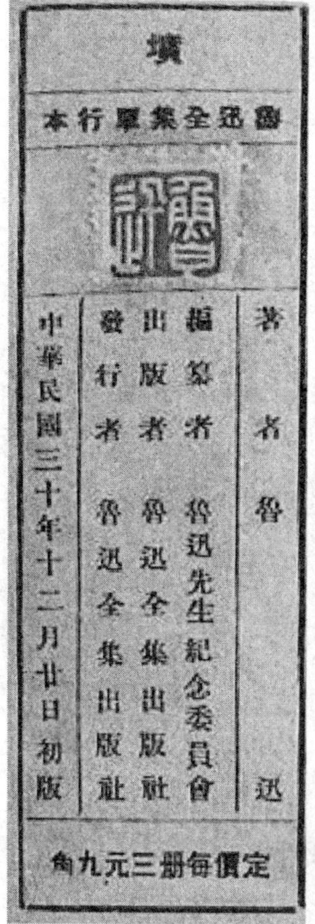

墳

魯迅全集單行本

著者 魯迅

編纂者 魯迅先生紀念委員會

出版者 魯迅全集出版社

發行者 魯迅全集出版社

中華民國三十年十二月廿日初版

定價每册三元九角

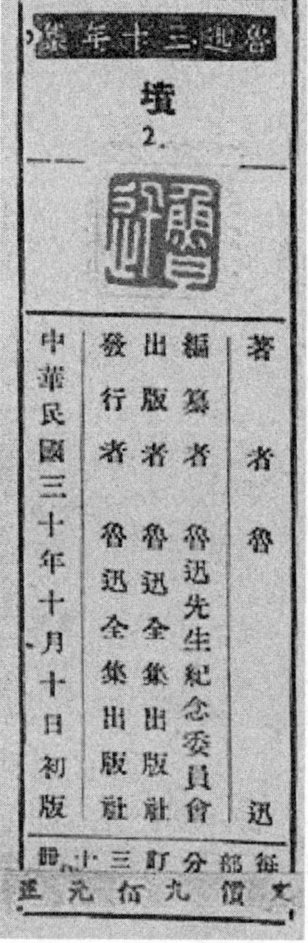

魯迅三十年集

墳 2.

著者 魯迅

編纂者 魯迅先生紀念委員會

出版者 魯迅全集出版社

發行者 魯迅全集出版社

中華民國三十年十月十日初版

每部分訂三十册

[illegible]價九佰元正

⊙《坟》北新书局版封面及版权页

朱印白文版权证印花。初版封面书名《坟》上，原有著者“鲁迅”，下有“1907—1925”字样，“青光”的第四版和第五版，皆只印书名《坟》，上下文字皆删。扉页小图也删，仅存正方形花边小框，内印“鲁迅”和“坟”三字，这是“文禁时期”的一个明显变化。1941 年 12 月鲁迅先生纪念委员会把《坟》编入《鲁迅全集》单行本“著述之部 1”，扉页上又恢复了那幅猫头鹰图案。“鲁迅三十年集”再版时也恢复了这幅图……以上这些变化，如果没有见到所有版本，或所有版次的版本，所有“确认”都不可能，只可能是“一笔糊涂账”。

鲁迅的这本杂文集，也有称论文集，收文包括前后的《题记》和《写在〈坟〉后面》共二十四篇。在《写在〈坟〉后面》中说道：

> 在听到我的杂文已经印成一半的消息的时候，我曾经写了几行题记，寄往北京去，当时想到便写，写完便寄，到现在还不满二十天，早已记不清说了些甚么了。今夜周围是这么寂静，屋后面的山脚下腾起野烧的微光；南普陀寺还在做牵拄傀儡戏，时时传来锣鼓声，每一间隔中，就更加显得寂寞。电灯自然是辉煌着，但不知怎地忽有淡淡的哀愁来袭击我的心，我似乎有些后悔印行我的杂文了。我很奇怪我的后悔；这在我是不大遇到的，到如今，我还没有深知道所谓悔者究竟是怎么一回事。……不幸我的古文和白话合成的杂集，又恰在此时出版了，也许又要给读者若干毒害。只是在自己，却还不能毅然决然将他毁灭，还想借此暂时看看逝去的生活的余痕。惟愿偏爱我的作品的读者也不过将这当作一个纪念，知道这小小的丘陇中，无非埋着曾经活过的躯壳。待再经若干岁月，又当化为烟埃，并纪念也从人间消去，而我的事也就完毕了。

其余二十二篇为：《人之历史》《科学史教篇》《文化偏至论》《摩罗诗力说》《我之节烈观》《我们现在怎样做父亲》《宋民间之所谓小说及其后》《娜拉走后怎样》《未有天才之前》《论雷峰塔的倒掉》《说胡须》《论照相之类》《再论雷峰塔的倒掉》《春末闲谈》《灯下漫笔》《杂忆》《论“他妈的”》《论睁了眼看》《从胡须说到牙齿》《坚壁清野主义》《寡妇主义》《论“费厄泼赖”应该缓行》。这些文字，原发表于《河南》、《新青年》、《晨报五周年纪念增刊》、《妇女杂志》、《京报副刊》、《语丝》周刊、《莽原》周刊、《新女性》月刊、《京报》附刊《妇女周刊》上，大多署名“鲁迅”，也署令飞、迅行和唐俟。前四篇是为了促进革命的文化启蒙运动而撰写,“目的正在于号召反抗,推翻一切传统的重压的‘东方文化’的国故僵尸”。后十九篇白话文,是鲁迅“五四”时期的战斗檄文。鲁迅曾论及最末一篇论“费厄泼赖”时说:“这虽然不是我的血所写,却是见了我的同辈和比我年幼的青年们的血而写的。”

此书是未名社的友人代为鲁迅搜集、抄写、校印的。当时鲁迅已在厦门大学任教。当书印成时,鲁迅分别于 1926 年 10 月 30 日夜和 11 月 11 日写了《题记》和《写在〈坟〉后面》。其中说到了取名《坟》的含意:“当呼吸还在时,只要是自己的,我有时却也喜欢将陈迹收存起来,明知不值一文,总不能绝无眷恋,集杂文而名曰《坟》……想将糟粕收敛起来,造成一座小小的新坟,一面是埋葬,一面也是留恋。”

此书原拟为“莽原丛刊”之一。鲁迅在致李霁野的信中说:“我并不稀罕‘莽原’这两个字,此后就废弃它。《坟》也不要称‘莽原丛刊’了。”可见,编辑“莽原丛刊”原是有计划的,后被“废弃”,也便没有了影子。至于《坟》为何会出现于“未名新集”,笔者至今还找不到正确的“出处”。在查找现代文学丛书中,居然还见到由王亚平主编、成都莽原出版社 1943 年 1 月出版的“莽原文丛”《文艺新论》(郭沫若等著)。

在“未名丛刊”和“未名新集”的版本中能够见到此书的书目广告,值得留存:

坟

鲁迅的论文集。自一九〇七年留学日本时代的文言文《人的历史》起,按年代排列,经登在《新青年》的白话文而至一九二六年登在《莽原》半月刊上的《论费厄泼赖应该缓行》,并演说二篇,共二十四篇。作者较成片段的文章,大概都收录在内。

科学的艺术论丛书

小引

“科学的艺术论丛书”，是鲁迅先生编辑的“唯一”一套艺术理论丛书，知晓的除研究者外，可能很少有人了解。这套丛书先后由水沫书店和光华书局出版，时间在1929年5月至1930年10月。

20世纪20年代末，上海革命的文艺界出现了一个翻译苏联文艺理论的热潮，鲁迅对此非常关注，并亲自翻译了几种。他曾经在《三闲集·序言》中说道：“我有一件事是要感谢创造社的，是他们‘挤’我看了几种科学底文艺论，明白了先前文学史家们说了一大堆，还是纠缠不清的疑问。并且因此译了一本蒲力汗诺夫的《艺术论》，以救正我——还因我而及于别人——的只信进化论的偏颇。”当时，鲁迅翻译的文艺理论著作分别收入了由陈望道主持编辑、大江书铺出版的“文艺理论小丛书”“文艺理论丛书”和“艺术理论丛书”。这几套丛书，到目前为止，能够见到的已经很少，如陈望道译的《艺术简论》(日本青野季吉著)、冯雪峰译的《现代欧洲的艺术》(匈牙利玛察著)、陈雪帆译的《苏俄文学理论》(日本冈泽秀虎著)和鲁迅译的《艺术论》(卢那卡尔斯基著)等。而由水沫书店和光华书局出版的“科学的艺术论丛书”，则是鲁迅本人主持编辑的理论译丛。参与译丛翻译的除了鲁迅，还有冯雪峰、苏汶(杜衡)、戴望舒、刘呐鸥、沈端先、林伯修等。

这套丛书，无论从结构、内容的统一性，以及丰富性，那是其他理论译丛所无法比拟的。

大江书铺，1929 年 9 月由陈望道、施复亮、汪馥泉和冯三昧等人合作成立，是一家民间出版机构，陈望道任经理，施复亮任编辑主任，社址设在上海景云里四号，主要出版文艺书刊，是当时上海左翼文艺运动的一个主要据点，创办有《大江月刊》，以及由鲁迅主编的《文艺研究》季刊等。1933 年停业，最终盘给了开明书店。鲁迅的译作《现代新兴文学的诸问题》（日本片上伸作著），就是较早由大江书铺作为“文艺理论小丛书”出版于 1929 年 2 月的。这部著作批判了当时文坛对翻译、介绍社会科学理论的错误态度：“主张者以为可以咒死敌人，敌对者也以为将被咒死，喧嚷一年半载，终于火灭烟消。”“现在借这一篇，看看理论和事实，知道势所必至，平平常常，空嚷力禁，两皆无用，必先使外国的新兴文学在中国脱离‘符咒’气味，而跟着的中国文学才有新兴的希望——如此而已。”这些话也可以看作鲁迅主张翻译艺术理论的一个佐证。鲁迅早在 1929 年 2 月 21 日就迁居景云里 19 号，5 月 12 日又从景云里移居北四川路“北川公寓”三楼新居，因此在与大江书铺建立出版关系时，两者并非景云里的“邻居”。

与大江书铺几乎同期，施蛰存与戴望舒、刘呐鸥（刘灿波）创办了第一线书店，出版《无轨列车》半月刊，后被查封改名“水沫书店”，出版《新文艺》月刊。当年鲁迅就曾委托冯雪峰代为介绍出版柔石的中篇小说《三姊妹》，这本小说后来就是由水沫书店于 1929 年出版的；施蛰存等也委托冯雪峰，邀请鲁迅为水沫书店主编一套介绍马克思主义文艺理论的丛书，鲁迅同意参与编辑丛书。

笔者刚接触到这套丛书时，首先关注的并非丛书的内容，而是向自己提出了一个疑问：冯雪峰怎么会与施蛰存、杜衡和戴望舒联系在一起的？后来见到施蛰存 1983 年 2 月 14 日写的《最后一个老朋友——冯雪峰》，这才解开了这个疑问。

1927 年 4 月 12 日白色恐怖之后，作为共青团员的施、杜、戴三人相继来到施蛰存的松江老家，后形势稍有缓和，戴望舒去北京一次，结识了包括冯雪峰在内的一些革命青年，其他还有姚蓬子、冯至、莽原及沉钟社的人。之后冯雪峰南下，就住在松江，并加入了施蛰存等的“文学工场”，写诗译文。第一线书店被政府当局以宣传“赤化”的罪名宣告停业后，水沫书店则出版一些“较平稳”的文学著作，如施蛰存的《上元灯》，戴望舒的诗集《我的记忆》，姚蓬子的《银铃》，以及冯雪峰受鲁迅之托推荐的柔石的《三姊妹》。施蛰存说："1929年，我们印出了刘呐鸥译的《艺术社会学》，接着又出版了望舒译的《唯物史观文学论》。这使雪峰很高兴，当时他正在译卢那卡尔斯基的《艺术之社会基础》，他表示愿意交水沫书店出版。他又告诉我们，鲁迅也在译卢那卡尔斯基的《文艺与批评》。大家一谈，就产生了一个有系统地介绍马克思主义文艺理论的丛书计划。我们托雪峰去征询鲁迅，能不能由他主编这个丛书。雪峰和鲁迅一谈，鲁迅立即赞成。他愿意支持我们，但不能出面主编。于是在鲁迅的指导下，雪峰和望舒拟定了十二种书，列为'马克思主义文艺论丛'。从1929年5月到1930年5月，陆续印出了五种，以后就被禁停止。当时我和望舒已住在店里，为了联系这套丛书的文稿和校样，雪峰常是晚上来的。"

关于这段历史，冯雪峰在回忆录中也谈到过与鲁迅的最早接触，与翻译外国文艺理论有关："1928年12月的一天晚上，柔石带我去见了鲁迅先生，从此我就跟鲁迅先生接近，一直到他逝世之日为止。我去见鲁迅先生，有两个原因，一个原因是，我从柔石谈到鲁迅的话里，觉得鲁迅先生是很好接近的，他是真正肯帮助青年的。另一个原因，也是我去见他的主要目的，是我那时候正在从日文译本转译马克思主义的文艺理论作品，碰到的疑难，没有地方可以求教，知道鲁迅先生也在从事马克思主义文艺理论的翻译工作，所根据的也是日文译本，是想请他指教，并且同他商量编一个马克思主义文艺理论的翻译丛书。"另一位当事人施蛰存在《关于鲁迅的一些回忆》中也说道："当时，日本文艺界把苏联文学称为'新兴文学'，把马克思主义文艺理论称为'新兴文学论'。他们出版了一套'新兴文学论丛书'。我和戴望舒、苏汶买到一些英法文本，冯雪峰从内山书店买到日文本，于是引起了我们翻译介绍这些'新兴'文艺理论的兴趣。雪峰建议大家分工翻译，由我们所办的水沫书店出版一套'新兴文学论丛书'，并且说，鲁迅先生也很高兴参加翻译。我们考虑了一下，认为系统地介绍苏联文艺理论是一件迫切需要的工作，我们要发展无产阶级革命文学，必须先从理论上打好基础。但是我们希望，如果办这个丛书，最好请鲁迅先生来领导。雪峰答应把我们的意见转达给鲁迅。酝酿了十来天，雪峰来说，鲁迅同意了，他乐于积极参加这个出版计划，不过他只能做事实上的主编者，不能对外宣布，书上也不要印出主编者的名字。雪峰又转达鲁迅先生的意见，他不赞成用'新兴文学论丛书'这个名称。"于是丛书改名为"科学的艺术论丛书"（后又改名"马克思主义文艺论丛”)。

在叙述“科学的艺术论丛书”时,对这段涉及鲁迅、冯雪峰以及施蛰存等的历史必须作一个交代,特别要交代其中的“媒介”冯雪峰。否则很多疑问无法解决,尤其是后来对“第三种人”的批判,仍把杜衡等列入“同路人”是有着友情根基的。施蛰存把冯雪峰称之为“是一个重情谊,能念旧的好朋友,是一个热情团结党外人士的好党员。”也是有着友情根基的。

至于,此丛书名称,一开始是“马克思主义文艺论丛”,还是“新兴文学论丛书”,在一些当事人的回忆中说法都不一。笔者在表述中,仍然保持原样,以供后来研究者参考。

当年,这套丛书商定的书目共十二种,仅为出版计划:

《艺术之社会基础》,卢那卡尔斯基著,雪峰译

《新艺术论》,波格但诺夫著,苏汶译

《艺术与社会生活》,蒲力汗诺夫著,雪峰译

《文艺与批评》,卢那卡尔斯基著,鲁迅译

《文学评论》,梅林格著,雪峰译

《艺术论》,蒲力汗诺夫著,鲁迅译

《艺术与文学》,蒲力汗诺夫著,雪峰译

《文艺批评论》,列褚耐夫著,沈端先译

《蒲力汗诺夫论》,亚柯弗列夫著,林伯修译

《霍善斯坦因论》,卢那卡尔斯基著,鲁迅译

《艺术与革命》,伊利伊契(列宁)、蒲力汗诺夫著,冯乃超译

《苏俄文艺政策》,[日]藏原惟人、外村史郎辑,鲁迅译

后来,水沫书店出版了前五种及最后一种(即《文艺政策》),再加上改名为“马克思主义文艺论丛”的戴望舒译、伊可维兹著《唯物史观文学论》和刘呐鸥译、弗理采著《艺术社会学》两种,共八种。鲁迅译、蒲力汗诺夫著《艺术论》,后来由光华书局 1930 年出版,丛书名仍为“科学的艺术论丛书”之一。至于《蒲力汗诺夫论》《霍善斯坦因论》和《艺术与革命》三种可能未译,或未出版。

这十二种书目只是计划,实际出版的是九种,而在这套丛书版本中经常能够见到一些丛书书目,笔者至少见到过五种,如以已经出版的九种,或计划中的十二种加以比照,会发现起码还有十种标明为“科学的艺术论丛书”的版本,有的已

经出版，有的未出，这说明这计划应是二十种（计划出版的书名与实际出版的书名不同，因此可能有重复），实际见到的版本，依笔者所见至少有十种。至于这套丛书的编号，相当混乱，无法列出准确的顺序。

如需列目的话，那么所见这套丛书有二十种，书目之前标明“○”者为未译未印者：

《新艺术论》（波格达诺夫著，苏汶译，1929 年 5 月初版，1930 年 5 月再版）

《艺术之社会的基础》（卢那卡尔斯基著，雪峰译，1929 年 5 月初版，1930 年 3 月再版）

《艺术与社会生活》（蒲力汗诺夫著，雪峰译，1929 年 8 月初版，1930 年 3 月再版）

《文学评论》（梅林格著，雪峰译，1929 年 9 月初版，1930 年 3 月再版）

《文艺与批评》（卢那卡尔斯基著，鲁迅译，1929 年 10 月初版，1930 年 3 月再版）

《文艺政策》（藏原外村辑，鲁迅译，1930 年 6 月初版，10 月再版）

《唯物史观的文学论》（伊可维支著，戴望舒译，1930 年 8 月初版）（马克思主义文艺论丛 2）

《艺术社会学》（刘呐鸥译，1930 年 10 月初版）（马克思主义文艺论丛 1）

《社会的作家论》（伏洛夫斯基著，画室译，光华书局 1930 年 3 月初版）

《艺术论》（蒲力汗诺夫著，鲁迅译，光华书局 1930 年 7 月初版）

○《艺术与文学》（蒲力汗诺夫著，雪峰译，即出）

○《文艺批评论》（列什涅夫著，沈端先译，即出）

○《蒲力汗诺夫论》（雅各武莱夫著，冯宪章译，即出）

○《霍善斯坦因论》（卢那卡尔斯基著，鲁迅译，即出）

○《艺术与革命》（冯乃超译，即出）

○《文艺论集》（马克思等著，成文英译，即出）

○《文学论》（蒲力汗诺夫著，雪峰、镜我合译，即出）

○《艺术社会学初案》（雪峰译，即出）

○《文学史论》（梅林格著，江思译，即出）

○《现代欧洲的艺术》（冯察著，画室译，近出）

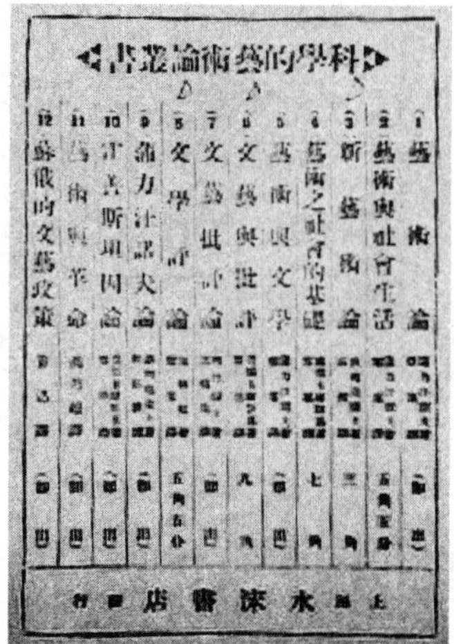
科學的藝術論叢書

1 藝術論 （即出）
2 藝術與社會生活 五角五分
3 新藝術論 三角
4 藝術之社會的基礎 七角
5 藝術與文學 （即出）
6 文藝與批評 九角
7 文藝批評論 （即出）
8 文學評論 五角五分
9 蒲力汗諾夫論 （即出）
10 霍善斯坦因論 （即出）
11 藝術與革命 馮乃超譯 （即出）
12 蘇俄的文藝政策 魯迅譯 （即出）

上海水沫書店印行

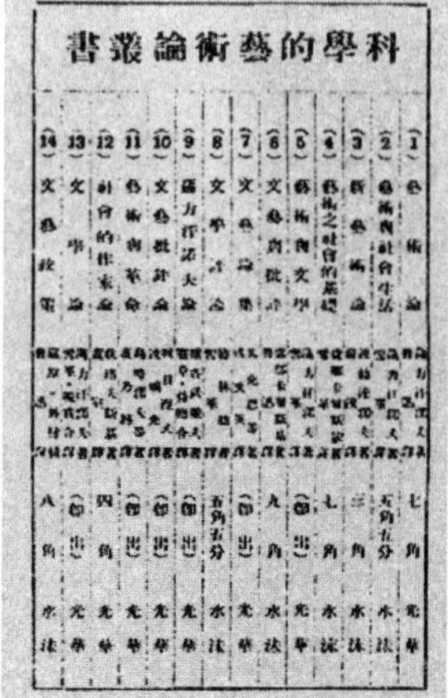
科學的藝術論叢書

(1) 藝術論 七角 光華
(2) 藝術與社會生活 五角五分 水沫
(3) 新藝術論 三角 水沫
(4) 藝術之社會的基礎 七角 水沫
(5) 藝術與文學 （即出） 光華
(6) 文藝與批評 九角 水沫
(7) 文藝[illegible] （即出） 光華
(8) 文學評論 五角五分 水沫
(9) 蒲力汗諾夫論 （即出） 光華
(10) 文藝批評論 （即出） 光華
(11) 藝術與革命 （即出） 光華
(12) 社會的作家論 四角 光華
(13) 文學史論 （即出） 光華
(14) 文藝政策 八角 水沫

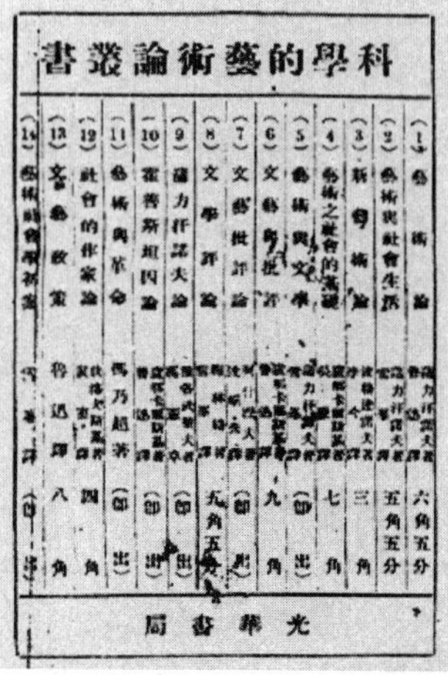
科學的藝術論叢書

(1) 藝術論 六角五分
(2) 藝術與社會生活 五角五分
(3) 新藝術論 三角
(4) 藝術之社會的基礎 七角
(5) 藝術與文學 （即出）
(6) 文藝與批評 九角
(7) 文藝批評論 （即出）
(8) 文學評論 九角五分
(9) 蒲力汗諾夫論 （即出）
(10) 霍善斯坦因論 （即出）
(11) 藝術與革命 馮乃超著 （即出）
(12) 社會的作家論 四角
(13) 文藝政策 魯迅譯 八角
(14) [illegible] （即出）

光華書局

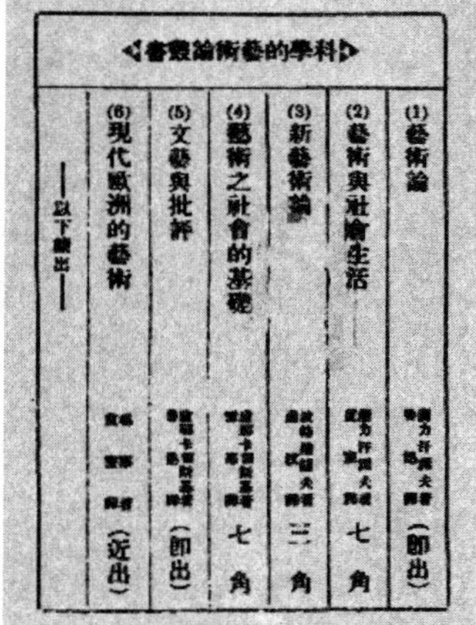
科學的藝術論叢書

(1) 藝術論 （即出）
(2) 藝術與社會生活 七角
(3) 新藝術論 三角
(4) 藝術之社會的基礎 七角
(5) 文藝與批評 （即出）
(6) 現代歐洲的藝術 （近出）

——以下續出——

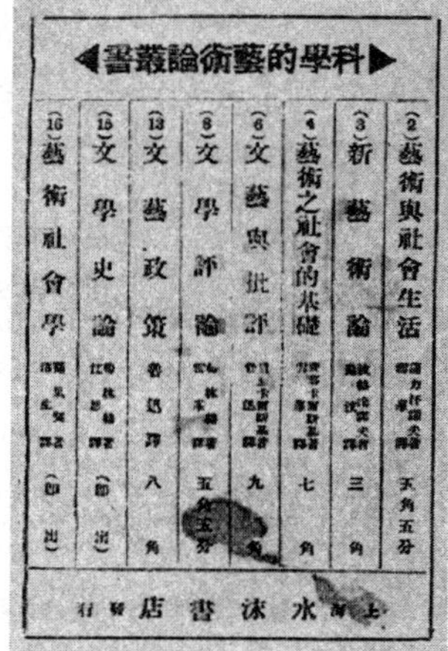
科學的藝術論叢書

(2) 藝術與社會生活 五角五分
(3) 新藝術論 三角
(4) 藝術之社會的基礎 七角
(6) 文藝與批評 九角
(8) 文學評論 五角五分
(13) 文藝政策 魯迅譯 八角
(15) 文學史論 （即出）
(16) 藝術社會學 （即出）

上海水沫書店印行

⊙ 刊登在“科学的艺术论丛书”版本中五种不同的书目

馬克思主義藝術理論的名著名譯

弗理契 藝術社會學 劉吶鷗譯

「藝術社會學」是現代唯一的馬克思主義藝術學者，馬克思主義文藝批評家弗理契晚年底密貴大著，對從把最初的體系給了馬克思主義藝術學的著者，在本書中否定了以前的藝術論，同時，以新的社會學的，經濟學的觀點，將古今東西底藝術作品，與其歷史的發展之跡，加以檢討，而創造了前人未到的新學說。對於廣泛的藝術底研究，給與了馬克思主義的新的方法，看法和標準。智識底淵博，立論底卓越，敘述底簡潔，差不多是在任何同性質的著作裏所找不到的。

譯者劉吶鷗先生是對於藝術有素養的人，他對於原著有深切的理解，非率爾操觚者所能比擬。譯文明白暢曉，名著名譯，誠為馬克思主義藝術學研究者所不可不讀之書。全書用重磅道林紙精印，約四百頁，外加銅版插圖五十餘幅，益形精美完善。

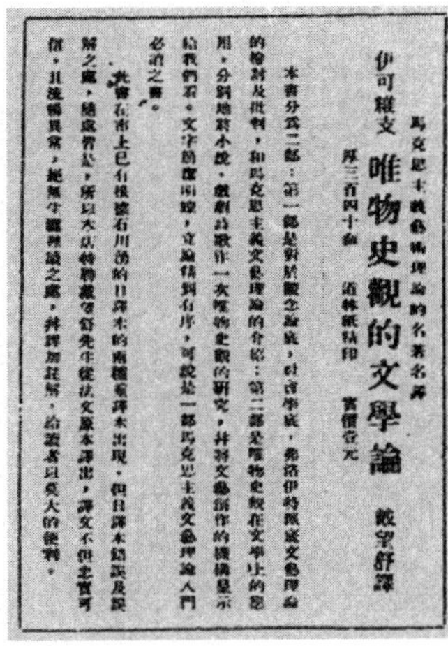

馬克思主義藝術理論的名著名譯

伊可維支 唯物史觀的文學論 戴望舒譯

厚三百四十面 道林紙精印 實價壹元

本書分為二部：第一部是對於觀念論底，社會學底，弗洛伊特派底文藝理論的檢討及批判，和馬克思主義文藝理論的介紹；第二部是唯物史觀在文學上的應用，分別地將小說，戲劇，詩歌作一次唯物史觀的研究，並將文藝創作的機構顯示給我們看。文字簡潔明瞭，立論精闢有序，可說是一部馬克思主義文藝理論入門必讀之書。

此書在市上已有根據石川湧的日譯本的兩種重譯本出現，但日譯本錯誤及誤解之處，隨處皆是，所以本店特聘戴望舒先生從法文原本譯出，譯文不但忠實可信，且流暢異常，絕無半點難讀之處，並譯加註解，給讀者以莫大的便利。

⊙ 标明为“马克思主义文艺论丛”的两种版本

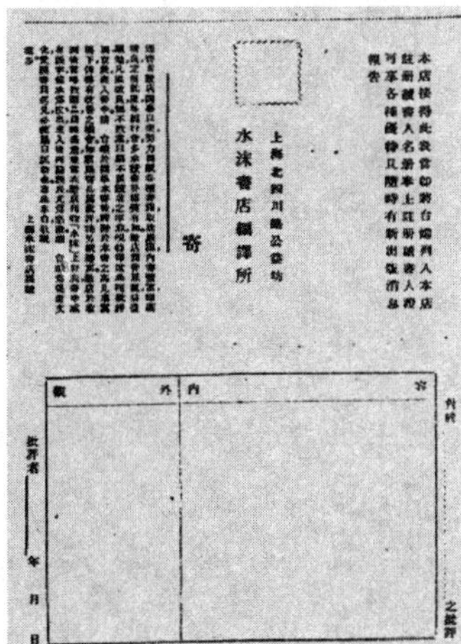

上海北四川路公益坊

水沫書店編譯所

寄

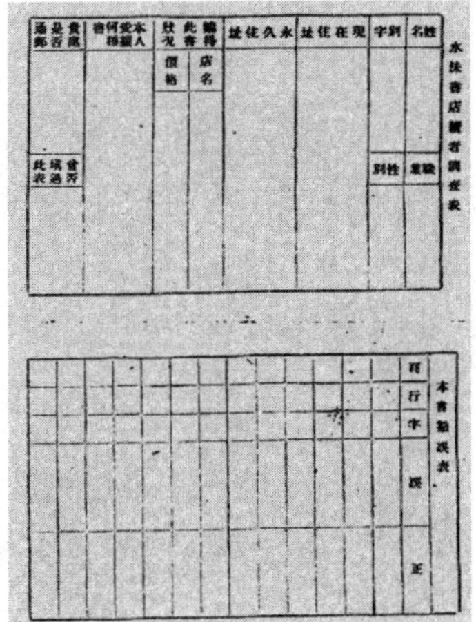

水沫書店讀者調查表

本書勘誤表

⊙ 水沫书店的读者调查表

《新艺术论》

"科学的艺术论丛书",波格达诺夫著,苏汶译,水沫书店(上海北四川路公益坊内)发行,1929 年 5 月初版,印 1 500 册,每册实价大洋三角。封面书名由右至左下印刷,右下部分印"BOGDANOV 著　苏汶译　1929 水沫书店版"。版权页和扉页印"科学的艺术论丛书 3",属丛书的第三种。另有 1930 年 5 月再版,未见。

书前有译者写于 1929 年 5 月的《序》,两页,其中说道:

> 应用马克斯主义于艺术底研究的人们之中,波格达诺夫是不能不被忘却的一个。虽然在论证底宏博,立说底坚固上,他是不能和蒲力汗诺夫比并的,但是他也有他独到的见解,在《科学的艺术论》中,正占着重要的地位。……
>
> 这里包含的三篇论文,是波氏在莫斯科大学的讲义底记录,译者依据的本子是伦敦出版的《劳动月刊》Labour Monthly 上的英译;此外还附加着画室君由日译本译出的《无产者文化》底宣言。作者对于艺术方面的论述,并没有像在其他的方面那么丰富,这一本小书或者可说已经包含了他底艺术论底最重要的部分。

全书 127 页,收文四篇:《无产阶级的诗歌》《无产阶级艺术底批评》《宗教,艺术与马克斯主义》和《〈无产者文化〉宣言》。版权页后印有“科学的艺术论丛书”书目六种,并标明“以下续出”。

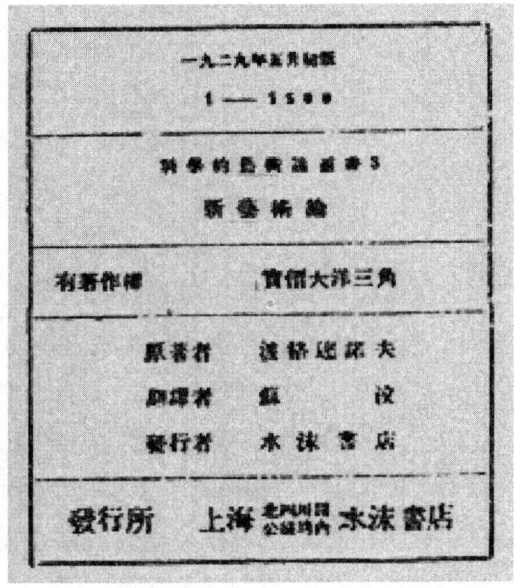

一九二九年五月初版
1——1500

科學的藝術論叢書 3
新藝術論

有著作權　　實價大洋三角

原著者　波格達諾夫
翻譯者　蘇　汶
發行者　水沫書店

發行所　上海　水沫書店

⊙《新艺术论》封面和版权页

《艺术之社会的基础》

“科学的艺术论丛书”，卢那卡尔斯基著，雪峰译，水沫书店（上海北四川路公益坊内）发行，1929 年 5 月初版，印 1 500 册，每册实价大洋七角。封面书名由右至左下印刷，右下部分印“LUNACHARSKY 著　雪峰译　1929　水沫书店版”。版权页和扉页印“科学的艺术论丛书 4”，属丛书的第四种。另见 1930 年 3 月再版，封面与内容同初版，封面和版权页唯改动出版时间“1930”。再版也印 1 500 册，在版权页另贴有雪峰朱文版权印。在书中附印读者调查表，在表的首页也贴有雪峰的版权印。

书前有作者的肖像。全书 270 页，收文三篇：《艺术之社会的基础》《关于艺术的对话》和《新倾向艺术论》。版权页后有“科学的艺术论丛书”书目六种。

书末有译者写于 1929 年 3 月的《译者附记》，两页，其中说道：

> 译在本书中的三篇卢那卡尔斯基底艺术论文，都是据日文译本底重译。第一篇和第二篇是据外村史郎底译本（《艺术之社会的基础》，丛文阁版），第三篇据茂森唯士底译本（《新艺术论》，至上社版）。
>
> 前二篇，是著者底关于艺术的根本意见。最后的一篇是批评。著者，无庸介绍，是一个著名的马克

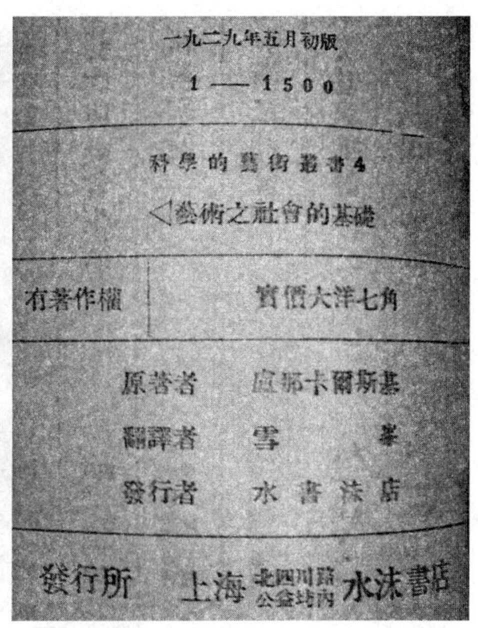
一九二九年五月初版
1——1500

科學的藝術論叢書4
藝術之社會的基礎

有著作權	實價大洋七角

原著者 盧那卡爾斯基
翻譯者 雪　　峯
發行者 水 沫 書 店

發行所 上海 北四川路公益坊內 水沫書店

⊙《艺术之社会的基础》初版封面和版权页

思主义者，更以马克思主义艺术论底建设者为世人所知，同时又是这方面的实际的指导者。……大部分已包含在鲁迅先生所译的同著者的《艺术论》(大江书铺出版)中，请读者参看。

翻译时，得呐鸥，鲁迅二先生底帮助最大，望舒，馥泉，望道诸先生也有不少的教助，均此志谢。

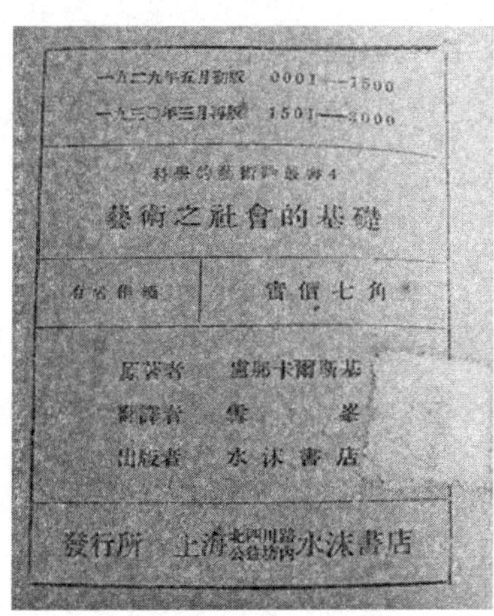
一九二九年五月初版 0001——1500
一九三〇年三月再版 1501——3000

科學的藝術論叢書4
藝術之社會的基礎

有著作權	實價七角

原著者 盧那卡爾斯基
翻譯者 雪　　峯
出版者 水 沫 書 店

發行所 上海北四川路公益坊內水沫書店

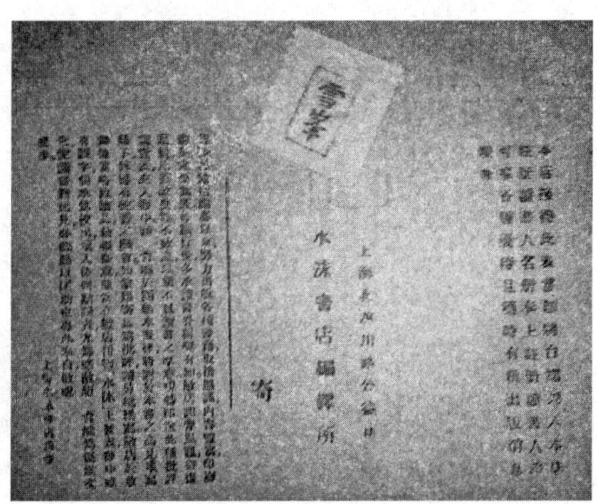

⊙《艺术之社会的基础》再版版权页及广告

⊙《艺术之社会的基础》作者像

《艺术与社会生活》

“科学的艺术论丛书”，蒲力汗诺夫著，雪峰译，水沫书店（上海北四川路公益坊内）发行，1929 年 8 月初版，印 1 500 册，每册实价大洋五角五分。封面书名由右至左下印刷，右下部分印“PLEKHANOV 著　雪峰译　1929　水沫书店版”。版权页和扉页印“科学的艺术论丛书 2”，属丛书的第二种。另有 1930 年 3 月再版，曾经见过，已无印象。只记得两者所印作者的肖像不同，初版印作者漫画像，再版印作者照片肖像。

两者内容相同，书前收《译者序志》和著者《序》。《译者志序》写于 1929 年“八一”后二日，四页，最后说道：

> 本丛书，有三本书的地位献给蒲力汗诺夫，预定把他底关于艺术及文学的诸论文之重要者尽行翻译。但因为时间，人力及材料诸关系，未能满意地如愿也说不定。又如《从社会学的见地论十八世纪法兰西底剧文学及绘画》，是研究阶级社会的艺术上非常重要的一篇，照丛书底顺序及读者底便利，是应放在这一本里的，却因为翻译很吃力，来不及，只好放在下一本了。
>
> 本书，我是据藏原惟人底日译重译的，蒲力汗诺夫底原文，先是一九一二年十月在巴黎及列日朗读

的一个“报告”，后经修改，发表于杂志《近代人》（一九一二年第十一号，十二号及一九一三年第一号）上，现在收在略查诺夫编的著者全集第十四卷中。在著者底关于艺术的诸论文中，这是最整齐的一篇。

翻译本书时，行句间有不能充分地理解者，是随时问鲁迅先生和端先先生二前辈；又原注中夹有很多法文，并且有些被原译者印误了，关于这种地方是友人江思兄帮助我。我十分地感谢他们。但这本小小的书，译者虽日夜伏案吃了四十天的苦，始译成如现在的样子，而译文中不妥和误译的地方是一定还有的，这是必须请教敬爱的诸位读者予以指正。

著者的《序》，写于 1912 年，其中说道：“现在想在这里请求读者注意的这个作品，是把本年十月在列日明讲巴黎，用俄国语朗读的那‘报告’，改作成的东西。因此，在本篇里就留着一些朗读底体裁。”

全书 178 页，版权页后印有“科学的艺术论丛书”书目八种，未按顺序排列，收有书目第二、第三、第四、第六、第八、第十三、第十五和第十六种，由此可见，此丛书原本起码计划出十六种，可能还要多。

除书目外，还印有水沫书店的读者调查表。这类调查表，民国时期不少出版

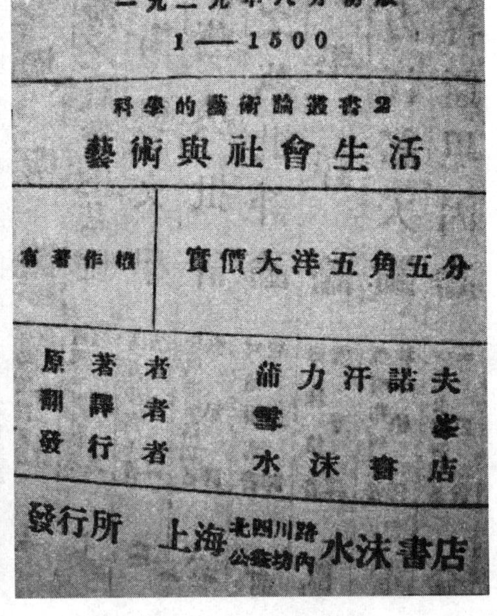
一九二九年八月初版
1——1500

科學的藝術論叢書2
藝術與社會生活

有著作權　實價大洋五角五分

原著者　蒲力汗諾夫
翻譯者　雪峯
發行者　水沫書店

發行所　上海北四川路公益坊內　水沫書店

⊙《艺术与社会生活》封面及版权页

⊙ 作者漫画像及照片肖像

机构采用过，调查的内容大致相同，但不知这种调查到底产生过什么实质性的效应，因不见结果，故无法解读。

《文学评论》

“科学的艺术论丛书”，梅林格著，雪峰译，水沫书店（上海北四川路公益坊内）发行，1930 年 3 月再版，印 1 500 册，每册实价大洋五角五分。版权页左侧贴有雪峰朱文版权证印花。封面书名由右至左下印刷，右下部分印“MEHRING 著　雪峰译　1930　水沫书店版”。版权页和扉页印“科学的艺术论丛书 8”，属丛书的第八种。1929 年 9 月初版，未见。

书前有译者写于 1929 年 8 月 24 日的《译者小记》，三页，其中说道：

> 这名作《文学评论》的一书，是从日本川口浩所译的著者底文艺评论集《世界文学与无产阶级》中，先译所成的。译者敢于选译，是因为我国一般人对于外国文学很生疏，而原文也都是文艺时评，译者以为把对于我们很隔膜的，或个人以为过于琐碎的东西略去不译，也会得读者们底原谅的缘故。并且我所据的日译本，也是日译者参考了和他底译本同书名，内容也大抵相同的俄译本，编纂著者于一八九〇年至一九一三年之间，在德意志社会民主党所经营的周刊杂志《新时代》上发表的散篇文艺评论文而成，并非前后连贯不能有所取舍的。但为保存原译

本底完善的编纂的顺序和体裁（原译本很依据了俄译本）起见，略去未译的并不多。……

本书多是作家论和作品论，关于艺术一般的他底意见，只能看见很少，如果要比较完全地知道他底意见，大约非读他底《莱心传说》及《美学的散步》不可。（本丛书第七编《文艺批评论》第五章，略有讲到他，希读者参看。）但单读了现在译的这一本，也已足以知道著者是有对于艺术的深刻明朗的理解，并纯粹地立在马克思主义的立场上的。这两点正是新批评家所丝毫不能缺少，同时却又是很困难的事。所以就是这一本，也有我们应该学得的许多东西的。

全书 194 页，收文：《艺术与亲兴阶级》，《莱心，哥德，及席勒》（《莱心和资产阶级》《莱心和新兴阶级》《哥德与现代》《席勒与现代》），《社会主义的抒情诗人》（《亨利希·海涅》、《费尔迭南特·弗莱里希拉特》、《格奥尔葛·海尔威市》），《写实主义与自然主义》（《察理斯·迭更斯》、《弗里特利希·海勃尔》、《爱米尔·左拉》、《雷奥·托尔斯泰》、《易卜生》（“Johann Gabriel”）、《般生》（《人力以上》）、《霍普特曼》（童话剧《沈钟》），《自然主义与新浪漫主义》。版权页后有丛书书目十二种并读者调查表两页。

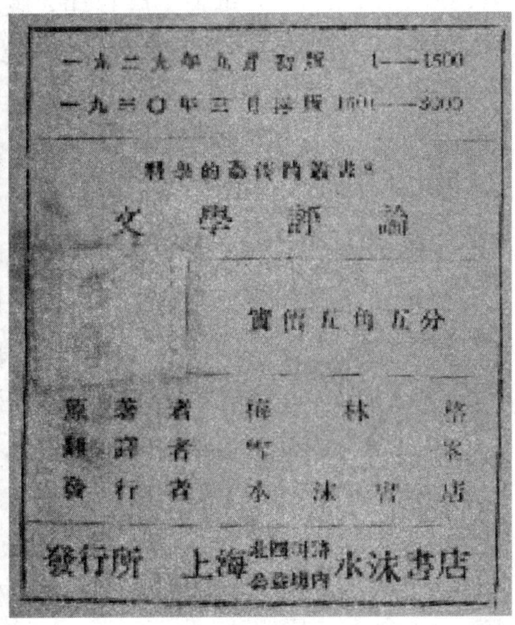
1——1500
文學評論
實價五角五分
發行者 水沫書店
發行所 上海北四川路公益坊內 水沫書店

⊙《文学评论》封面和版权页

《文艺与批评》

“科学的艺术论丛书”，卢那卡尔斯基著，鲁迅译，水沫书店（上海北四川路公益坊内）出版发行，1929 年 10 月初版，印 1 500 册，每册实价大洋七角。封面书名由右至左下印刷，右下部分印“LUNACHARSKY 著　鲁迅译　1929　水沫书店版”；另见 1930 年 3 月再版，印 1 500 册，每册实价七角。封面与初版大致相同，仅“1929”改为“1930”。再版的版权页左侧贴有带齿孔的鲁迅朱文版权印。版权页和扉页印“科学的艺术论丛书 6”，说明是丛书的第六种。

此书初版是乳白色布纹纸封面，书名为橘红色美术体。再版时封面改为灰白色布纹纸，书名改为美术体红字。初版和再版皆见，可以作一比照。

书前有作者三色版画像，这是鲁迅特地设法印的。他在给李霁野的信中说：“在北平时，因怕上海书店不肯印三色版，所以未将 Lunacharsky 画像携来。到此后说起，他们说是愿意用的。所以可否仍请代借，挂号寄来，但须用硬纸板夹住，以免折皱。”后来是从王士菁处借来了彩色画像。

全书 297 页，收文八篇：《为批评家的卢那卡尔斯基》（日本尾濑敬止作）、《文艺与批评》、《艺术是怎样地发生的》、《托尔斯泰之死与少年欧罗巴》、《托尔斯泰与马克

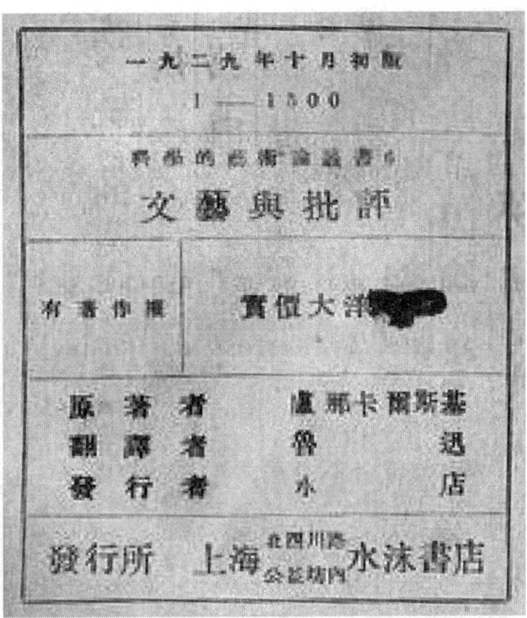

一九二九年十月初版
1——1500

科學的藝術論叢書6
文藝與批評

有著作權　實價大洋

原著者　盧那卡爾斯基
翻譯者　魯　迅
發行者　水　店

發行所　上海北四川路公益坊內水沫書店

⊙《文艺与批评》初版封面及版权页

斯》、《今日的艺术与明日的艺术》、《苏维埃国家与艺术》和《关于科学底文艺批评之任务的提要》。其中三篇：《艺术是怎样地发生的》《今日的艺术与明日的艺术》和《关于马克思主义文艺批评之任务的提要》，当年并未发表。《关于马克思主义文艺批评之任务的提要》一文，在选入《文艺与批评》时，把“马克思主义”改为“科学底”。

书末有译者 1929 年 8 月 16 日之夜，写于“上海的风雨，啼哭，歌笑声中”的《译者附记》，九页，主要介绍各篇的内容与出处，最后说道：

> 虽然不过是一些杂摘的花果枝柯，但或许也能够由此推见若干花果枝柯之所由发生的根柢。但我又想，要豁然贯通，是仍须致力于社会科学这大源泉的，因为千万言的论文，总不外乎深通学说，而且明白了全世界历来的艺术史之后，应环境之情势，迴环曲折地演了出来的支流。
>
> 六篇中，有两篇半曾在期刊上发表，其余都是新译的，我以为最要紧的尤其是末一篇，凡要略知新的批评者，都非细看不可。可惜译成一看，还是很艰涩，这在我的力量上，真是无可如何。原译文上也颇有错字，能知道的都已改正，明知其误而不知应作那一字的便代以×，如第九节第五段上的，

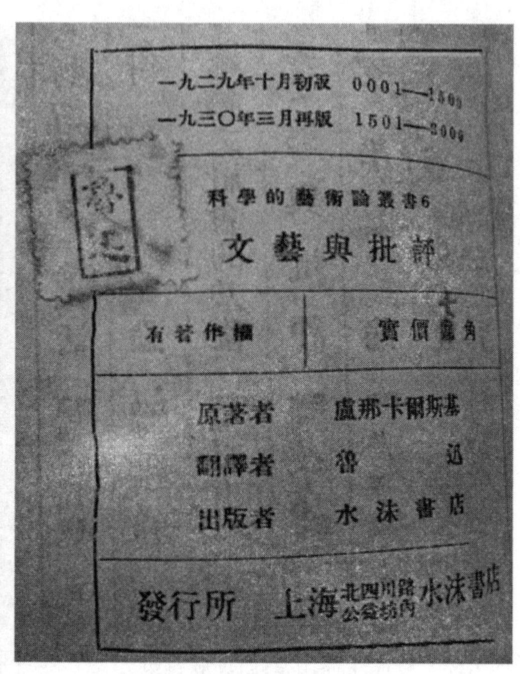
一九二九年十月初版 0001—1500
一九三〇年三月再版 1501—2000

科學的藝術論叢書6
文藝與批評

有著作權 | 實價 角

原著者 盧那卡爾斯基
翻譯者 魯迅
出版者 水沫書店

發行所 上海北四川路公益坊內 水沫書店

⊙《文艺与批评》再版封面、版权页及作者像

原译却是“宁”字，就是。

至于我的译文，则因为匆忙和疏忽，加以体力不济，谬误和遗漏之处也颇多。这首先要感谢雪峰君，他于校勘时，先就给我改正了不少的脱误。

版权页后有“科学的艺术论丛书”书目十二种，以及水沫书店的读者调查表，但用纸灰黑，印得模糊不清。

1938 年，鲁迅全集出版社出版《鲁迅全集》时，此书被编入第十七卷。

《社会的作家论》

“科学的艺术论丛书”，伏洛夫斯基著，画室译，光华书店(上海四马路)发行，1930 年 3 月再版，印 1 500 册，版权页上标示为“1 001—3 000”，这说明初版印 1 000 册，再版印 2 000 册，每册实价大洋四角。封面书名由右至左下印刷，右下部分印“VOROVSKY 著　画室译　1930　光华书局版”。版权页和扉页印“科学的艺术论丛书 12”，属丛书的第十二种。1929 年的初版未见。译者“画室”，即冯雪峰，这是他的一个笔名。

书前有《题引》，其中说道：

> 本书曾于本年五月，由昆仑书店出版过一次，书名《作家论》。现在因光华书局刊行文学理论丛书，第一版恰又卖完，便趁此将译文略行修改，重行出版。兹将第一版时所记的《题引》，删改数字，抄录如下。
>
> 刊在这里的二篇文艺批评论文——《巴札洛夫与沙宁》，《戈理基论》——的著者，瓦拉夫·瓦拉伏维支·伏洛夫司基，生于一八七二年，即一九二三年五月在日内瓦经济会议上被一个法西斯主义者所杀死的那个人。而这二篇论文，及后面的 V·弗理契教授的一篇跋，我又是从日本能势登罗的译文重译

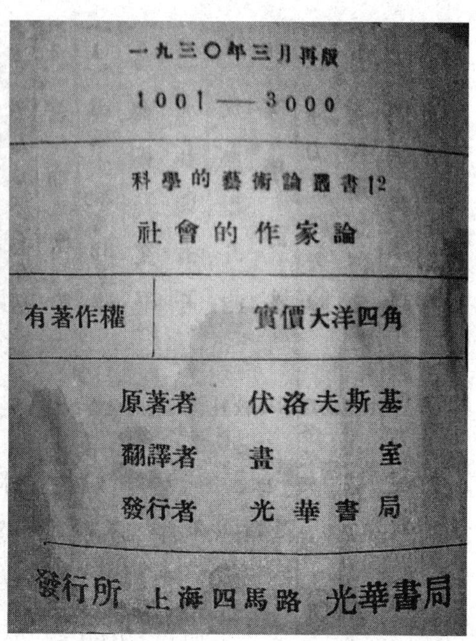
一九三〇年三月再版
1001——3000

科學的藝術論叢書12
社會的作家論

有著作權　實價大洋四角

原著者　伏洛夫斯基
翻譯者　畫　　室
發行者　光華書局

發行所　上海四馬路　光華書局

⊙《社会的作家论》封面及版权页

的；在他的译序上，有关于著者伏洛夫司基底生平的简略的叙述……

全书 138 页，收文三篇：《巴札洛夫与沙宁——关于二种虚无主义》、《戈理基论》、《作为文艺批评家的伏洛夫斯基》（V·弗理契）。版权页后有“科学的艺术论丛书”书目。

《文艺政策》

“科学的艺术论丛书”，藏原·外村著，鲁迅译，水沫书店（上海北四川路公益坊内）发行，1930 年 6 月初版，印 1 500 册，每册实价八角。封面书名由右至左下印刷，右下部分印“藏原·外村著　鲁迅译　1930　水沫书店版”。版权页和扉页印“科学的艺术论丛书 13”，属丛书的第十三种。版权页左侧贴有鲁迅朱文版权印。1930 年 10 月再版，未见。

此书与《文艺与批评》同，初版时封面为乳白色布纹纸，书名为橘红色美术字；再版时改为灰白色封面和红色美术字。

书前有著者写于 1927 年 10 月的《序言》，四页，其中说道：

> 我们将这和速记录一同阅读，便可以明白俄国共产党的文艺政策，是正在向着怎样的方向进行。而且对于我国的无产阶级文艺运动的阵营内，正在兴起的以政治和文艺这一个问题为中心的论争的解决，也相信可以给与或一种的启发。
>
> 本书的翻译之中，从《关于对文艺的党的政策》的开头起，至布哈林止，和卢那卡尔斯基的演说，以及添在卷末的两个决议，是我的翻译，此外是都出于

外村史郎的译笔的，还将这事附白于此。

全书 284 页，收文三篇：一《关于对文艺的党的政策》（一九二四年五月九日关于文艺政策评议会的议事记录）、二《观念形态战线和文艺》（一九二五年一月第一回无产作家全联邦大会的决议）、三《关于文艺领域上的党的政策》（一九二五年七月一日《真理报》所载），附录一篇：《以理论为中心的俄国无产阶级文学发达史》（日本冈泽秀虎作）。

书末有译者 1930 年 4 月 12 之夜写于沪北小阁的《后记》，六页，其中绝大部分是转述曾经写过的《编校后记》文字，在开头与结尾处说道：

> 这一部书，是用日本外村史郎和藏原惟人所辑译的本子为底本，从前年（一九二八年）五月间开手翻译，陆续登在月刊《奔流》上面的。……
>
> 因为至今还没有更新的译本出现，所以我仍然整理旧稿，印成书籍模样，想延续他多少时候的生存。但较之初稿，自信是更少缺点了。第一，雪峰当编定时，曾给我对比原译，订正了几个错误；第二，他又将所译冈泽秀虎的《以理论为中心的俄国无产阶级文学发达史》附在卷末，并将有些字面改

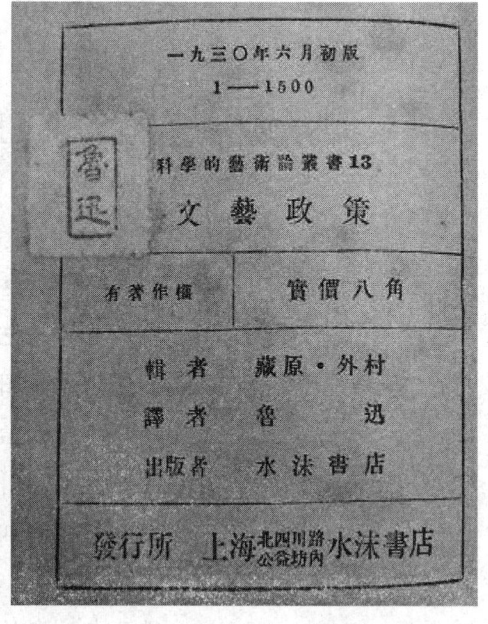

⊙《文艺政策》封面及版权页

从我的译例，使总览之后，于这《文艺政策》的来源去脉，更得分明。这两点，至少是值得特行声叙的。

其实，鲁迅翻译此书，有着重要的原因。他曾在《〈奔流〉编校后记（一）》中说道：关于俄国的文艺论争，曾有任国桢编译的《苏俄的文艺论战》一书介绍过，因此，《文艺政策》“实在可以看作那一部书的续编。如果看过前一书，则看起来这篇便更为明了”。同时，也因为在“革命文学”论争中，看到大家的批评文章缺乏先进理论的指导，因此废话太多“解剖刀既不中腠理，子弹所击之处，也不是致命伤”，于是着手翻译了这部“含有各派的议论”的书，“献给这些速断的无产文学批评家”。

版权页后有《更正》，主要系对英文名排错的纠正，比如把“乎尔希”（Forch）排为（Volsv）。更正页后是水沫书店的读者调查表。

《唯物史观的文学论》

“科学的艺术论丛书”，伊可维支著，戴望舒译，水沫书店(上海北四川路公益坊内)发行，1930 年 8 月初版，印 1 500 册，每册实价一元。封面从上至下印刷：“MARC ICKOWICZ　唯物史观的文学论　戴望舒译　水沫书店”。版权页和扉页均未印“科学的艺术论丛书”，印的是“马克思主义文艺论丛 2”，标明为“第二种”。

全书 350 页，收文：《原序》、第一部《向艺术科学去》，第一章《艺术的观念论的理论》、第二章《艺术的社会学的理论》、第三章《艺术的弗洛伊特的理论》、第四章《艺术的马克思主义的理论》、《第一部结论》；第二部《唯物史观在文学上的应用》，第一章《小说》(《鲁滨逊漂流记》、《浪漫主义革命和尔若克》、《居思达夫·弗洛贝尔》、《爱米尔·左拉》)，第二章《戏剧》(《莎士比亚》《大革命前的法国的戏剧》《亚历山大·小仲马》《亨利·易卜生》)，第三章《诗歌》(《社会诗》[惠特曼与凡尔哈仑]、《阿尔丢尔·韩波》、《一致主义》、《未来主义》)，第四章《文艺创作的结构》《结论》；附录《文艺天才与经济条件》，《译者后记》。

《原序》由日内瓦香贝尔写于 1928 年 10 月。在目录页后有《献辞》：“本书献与我勇敢的朋友和战侣莱洪·拉比诺维兹”。

书末有译者写于 1930 年 3 月的《译者后记》，三页。

唯物史觀的文學論

有著作權　實價壹圓

原著者　伊可維支

翻譯者　戴望舒

出版者　水沫書店

發行所　上海北四川路公益坊內水沫書店

一九三〇年八月初版　0001——1500

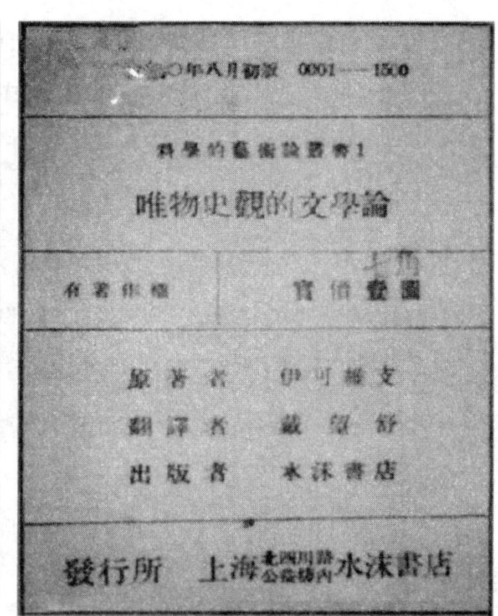

一九三〇年八月初版　0001——1500

科學的藝術論叢書1

唯物史觀的文學論

有著作權　實價壹圓

原著者　伊可維支

翻譯者　戴望舒

出版者　水沫書店

發行所　上海北四川路公益坊內水沫書店

译者戴望舒这类文字极为少见，其中说道：

> 本书的原名是 La Litterature a Ia Iumiere du Matorialisme historique，直译出来是《借鉴于唯物史观的文学》，为醒目起见，改名为《唯物史观的文学论》。
>
> 作者 Marc Ichowicz，从名字上看去，当是一个波兰人，但原书却是用法文写的。译者除了知道他是《世界》(Monde)的撰述者，并从本书的序文中看出他是日内瓦的一个讲师外，别的一点也不知道。所以，关于著者的生平及其著述，此地只能付之缺如。……
>
> 其次，是关于译文的：

⊙《唯物史观的文学论》封面及版权页

译者在原书未出版前，曾由《世界》译过一篇作者的短文：《文学天才与经济条件》（现已收归本书附录），不久原书出版了，便又陆续地译了几篇，刊在几种杂志上。在这时期内，樊仲云的译本（新生命书局版）出版了。这译本是根据石川涌的日译本（春阳堂版）译出的。日译本很糟，错误和误解几乎每页都有，如 Cercle vicieux（矛盾论法）之译为"恶的轮"，Jes plantes froides des pieds divins（神圣的脚的寒冷的脚心）之译为"具有圣足的冷的树木"等，不胜枚举。所以，译者不得不把搁置在乱书堆中的拙译找出来付梓，免得将日本读者背着的满身的债，加了重利，又教我国的读者来负担。

版权页后印有刘呐鸥译《艺术社会学》（属"马克思主义文艺论丛"第一种）的广告词。

此书除水沫书店版外，笔者还见到过作家书屋版，以及《译者后记》中提及的新生命书局版（与戴译本总体架构相同，内容各异），如今一起刊出，以便查对与比照。

值得一提的是，水沫书局 1930 年 8 月初版有两种版权页，一种标明"科学的艺术论丛书 1"，另一种标明"马克思主义文艺论丛 2"，第一种标示肯定是错的，属"乱标"，因为"科学的艺术论丛书"第一种是鲁迅译《艺术论》。至于为何一种初版要印两种不同的版权页，无法解读。但也可能另有一种解释：同时出版的《唯物史观的文学论》，版权页标明"科学的艺术论丛书 1"并未错，笔者猜想，这可能是后者是前者的改名延续，丛书名虽不同，但同属一种丛书的异名而已。

另外，还见到过作家书屋版（笔者所见 1949 年 10 月再版），在封面与版权页上译者名为"江思"，这是戴望舒的一个笔名，至于为何改真名为笔名，其中的原由不清。戴的笔名除"江思"外，还有不少，如：戴梦鸥、信芳、望舒、郎芳、艾生等。

在"科学的艺术论丛书"版本中刊登有此书的图书广告词，可作为资料保存：

唯物史观的文学论　马克思主义艺术理论的名著名译　伊可维支著　戴望舒译　厚三百四十面　道林纸精印　实价壹元

本书分为二部：第一部是对于观念论底，社会学底，弗洛伊特派底文艺理论的检讨及批判，和马克思主义文艺理论的介绍；第二部是唯物史观在文学上的应用，分别地将小说，戏剧，诗歌作一次唯物史观的研究，并将文艺创作的机构呈示给我们看。文字简洁明了，立论精到有序，可说是一部马克思主义文艺理论入门必读之书。

此书在市上已有根据石川涌的日译本的两种重译本出现，但日译本错误及误解之处，随处皆是，所以本店特聘戴望舒先生从法文原本译出，译文不但忠实可信，且流畅异常，绝无艰羞难读之处，并译加注解，给读者以莫大的便利。

《艺术社会学》

此书同《唯物史观的文学论》，属“科学的艺术论丛书”，标以“马克思主义文艺论丛”，弗理契著，刘呐鸥译，水沫书店（上海北四川路公益坊内）发行，1930 年 10 月初版，印 1 500 册，每册实价一元四角。封面从上至下印刷：“V. M. FRICHE　艺术社会学　刘呐鸥译　水沫书店”。版权页和扉页均印“马克思主义文艺论丛 1”，标明为“第一种”。

书前有《原序》，四页，其中说道：

> 艺术社会学，作为设定那关于建在经济的基础上的，意识形态的上层机构底一部门的综合的法则的科学（法典），是应该网罗建筑，音乐，绘画，诗歌，雕刻等的，艺术创造底一切的种类，但要综合的地这样广泛的，一切的艺术底社会学，现在还没有到这个时期，这是很明白的。因为艺术社会学尚是太年青的科学，明确一点说，便是还未存在的，刚入了胎生期的科学。因此现在不得不暂把这应当归入综合的规范的科学底组织内的这广泛的领域，仅限定在它们的一部门，即造型美术或是空间艺术底领域内。

全书 421 页，收插图 51 幅，收文：《艺术社会学的问

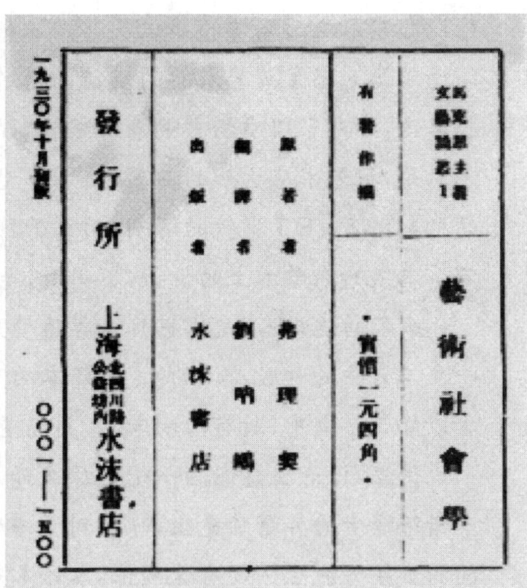

馬克思主義文藝論叢1書
有著作權
藝術社會學
・實價一元四角・
原著者 弗理契
編譯者 劉吶鷗
出版者 水沫書店
發行所 上海北四川路公益坊內水沫書店
一九三〇年十月初版
〇〇〇一——一五〇〇

⊙《艺术社会学》封面及版权页

题》《艺术底发生》《艺术底社会的机能》《艺术的生产底形式》《美术底隆盛和衰颓》《艺术底两个根本的典型》《建筑雕刻和绘画底霸权底推移》《建筑底根本的两种样式》《绘画底两种典型》《艺术上的理想主义的样式和写实主义的样式》《艺术上的动物，植物，人物和事物》《艺术上的劳动》《艺术上的儿童》《裸体画》《肖像画》《宗教画和风俗画》《风景画和静物画》《艺术上的运动，远近，光线底诸问题》《色彩底社会学》《艺术上的阶级斗争和阶级同化》和《工业资本主义底艺术》。

另有昇曙梦作的《原著者略传》，在最后说道：“他晚年开始了马克思主义艺术科学底最复杂最现实的问题底组织的研究，但不见其完成而竟长逝，这真是世界学界底一大损失。”

书末有戴望舒译《唯物史观的文学论》书目广告，以及译者写于 1930 年 7 月 8 日的《译者后记》：

关于本书的作者符拉齐米尔·弗理契，其生平，其著作，我们可以从本书后面的昇曙梦先生的《原著者略传》上约略地窥见。这里，译者不来作蛇足的重述了。

《艺术社会学》(Sotsiologua Iskusstva, 1926)是他晚年的大著，是由于

他以其艺术上的渊博的知识及其严正的马克思主义的方法，将最初的系统给于了马克思主义艺术学的空前的著作。在这本书上，他否定了以前的诸艺术论，补充了以唯物史观来研究艺术的霍善斯坦因，蒲力汗诺夫等的新的艺术论，把艺术从古代的石器时代起一直到现代的资本主义时代止，在严正的批判之下，下了尖锐的解剖，而立了科学的艺术社会学之建设的最初的基石。本书的在学术上的价值，不用说，是纪念碑性的。

我们的这译本，是根据日本昇曙梦先生的日译本译出的(日译本系根据一九二六年的初版本译的)。日译本的不尽善之处，经戴望舒先生由原文本加以修正。书中，所有人物专名，亦经望舒先生订正，加附原文以便读者。

这里，译者要感谢的一是将原文译成完美流畅的日文而恳切地以其原本借给译者的昇曙梦先生，一是对于本译本的完成上给与了许多助力和时间的戴望舒先生。没有这两位，本译本是不能与读者见面的。

⊙《艺术社会学》插图

笔者另见胡荻原译、神州国光社初版和再版两种不同封面的《艺术社会学》；还见天行译、作家书屋版《艺术社会学》。译者"天行"，是否"刘呐鸥"，吃不准，只得存疑。

在"科学的艺术论丛书"版本中见到过此书的图书广告词，可作为相关的资料保存：

艺术社会学　马克思主义艺术理论的名著名译　弗理契著　刘呐鸥译　约四百页　铜版插图五十余幅　道林纸精印　实价一元三角

《艺术社会学》是现代唯一的马克思主义艺术学者，马克思主义文艺批评家弗理契晚年底空前大著。这位把最初的统系给了马克思主义艺术学的著作，在本书中否定了以前的艺术论，同时，以新的社会学的，经济学的观点，将古今东西底艺术作品，与其历史的演进之迹，加以检讨，而创造了前人未到的新学说。对于广泛底艺术底研究，给与了马克思主义的新的方法，看法和标准。知识底渊博，立论底卓越，叙述底简洁，差不多是在任何同性质的著作里所找不到的。

译者刘呐鸥先生是对于艺术有素养的人，他对于原著有深切的理解，非率尔操瓢者所能比拟。译文明白畅晓，毫无艰羞难读之处，名著名译，诚为马克思主义艺术学研究所不可不读之书。全书用重磅道林纸精印，约四百页，外加铜版插图五十余幅，益形精美完善。

《艺术论》

"科学的艺术论丛书"，蒲力汗诺夫著，鲁迅译，光华书局（上海四马路）发行，1930 年 7 月初版，印 2 000 册，每册实价七角五分。封面书名由右至左下印刷，另有副题《附二十年间的序文》；右下部分印"PLEKHANOV 著　鲁迅译　1930　光华书局版"。版权页和扉页印"科学的艺术论丛书 1"，属丛书的第一种。

封面为灰白色布纹纸，书名及副题皆印红色美术体。书前有作者肖像。

译者的《序言》，二十一页，1930 年 5 月 8 日夜写于上海闸北寓庐，第五部分写到与版本相关的信息：

> 这书所据的本子，是日本外村史郎的译本。在先已有林柏先生的翻译，本也可以不必再译了，但因为丛书的目录早经决定，只得仍来做这一番很近徒劳的工夫。当翻译之际，也常常参考林译的书，采用了些日译更好的名词，有时句法也大约受些影响，而且前车可鉴，使我屡免于误译，这是应当十分感谢的。
>
> 序言的四节中，除第三节全出于翻译外，其余是杂采什维诺夫的《露西亚社会民主劳动党史》，山内封介的《露西亚革命运动史》和《普罗列泰利亚艺术

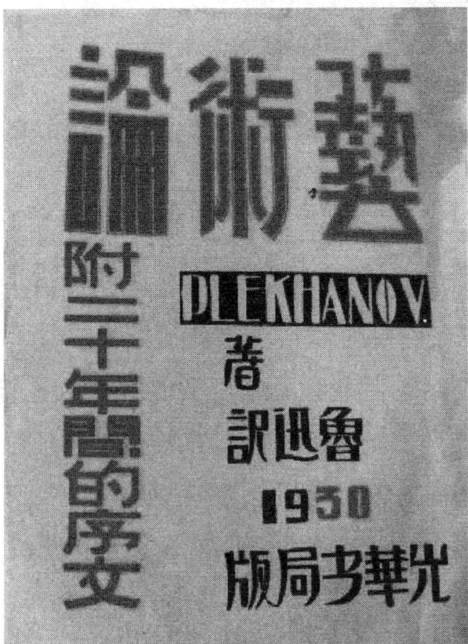

一九三〇年七月初版
1——2000冊

科學的藝術論叢書1
藝術論

有著作權　實價七角五分

原著者　蒲力汗諾夫
翻譯者　魯迅
發行者　光華書局

發行所　上海四馬路光華書局

教程》余录中的《蒲力汗诺夫和艺术》而就的。临时急就，错误必所不免，只能算一个粗略的导言。至于最紧要的关于艺术全般，在此却未曾涉及者，因为在先已有瓦勒夫松的《蒲力汗诺夫与艺术问题》，附印在《苏俄的文艺论战》（未名丛刊之一）之后，不久又将有列什涅夫《文艺批评论》和I. 雅各武莱夫的《蒲力汗诺夫论》（皆是本丛书之一）出版，或则简明，或则浩博，决非译者所能企及其万一，所以不如不说，希望读者自去研究他们的文章。

⊙《艺术论》封面、版权页及作者像

最末这一篇，是译自藏原惟人所译的《阶级社会的艺术》，曾在《春潮月刊》上登载过的。其中有蒲力汗诺夫自叙对于文艺的见解，可作本书第一篇的互证，便也附在卷尾了。

但自省译文，这回也还是“硬译”，能力只此，仍须读者伸指来寻线索，如读地图,这实在是非常抱歉的。

全书 242 页,收论文四篇:《论艺术》《原始民族的艺术》《再论原始民族的艺术》和《论文集〈二十年间〉第三版序》。其中前三篇在当时未发表过。版权页后有"科学的艺术论丛书"书目十四种。

在译《艺术论》前后,每当柔石等人来访时,鲁迅常常"愉快地谈起他译了什么作品或看了什么书,而后紧接着说:'实在得益匪浅!'于是就谈下去",谈马克思主义的书对他思想的影响,往往说:"进化论对我还是有帮助的,……就只不知道人类是有阶级斗争。""阶级斗争,你不承认也可以,事实的教训总比理论的宣传有力!""名叫社会主义的理论也有种种,有只在口头上谈谈的,有要实行的。""倘若不是一切做的都和工农大众的利益相关,不身为工农阶级的战斗之一员,那是不能称为马克思主义者的。"

现代文艺丛书

小引

“现代文艺丛书”，在现代文学史中，笔者起码见到过四种：张道藩主编的“现代文艺丛书”（正中书局 1943 年至 1948 年 4 月版）、鲁迅编辑的“现代文艺丛书”（神州国光社 1930 年至 1934 年版）、现代出版社 1944 年至 1949 年 4 月版“现代文艺丛书”和商务印书馆 1930 年 1 月至 1947 年 3 月版“现代文艺丛书”。

神州國光社刊行（文藝）書目

版次	書名	著譯者	實價
再版	低訴（詩集）	陸晶清著	三角
初版	愛的巡禮	朱雲影著	三角五分
初版	中學時代	林疑今著	三角五分
初版	滬戰中的日獄	李浩日著	二角五分
再版	戰時日記	王禮錫著	九角
初版	一九三一年世界文學	趙景深譯	四角
初版	柴霍甫評傳	米哈立·柴霍甫著 張立之譯	四角
初版	都會雙曲線	林房雄著 石兒譯	三角
初版	農民小說集	朱雲影譯	三角
初版	理想良人	王爾德著 林超真譯	四角五分
初版	沒落	高爾基著 陳小航譯	一元一角
初版	鐵甲列車 Nr. 14-69	伊凡諾夫著 侍桁譯	四角

發行所　上海河南路一三六號

南京花牌樓·北平宣內大街·廣州財廳前·濟南商埠緯二路

（丙）6

⊙ 刊登在《铁甲列车》中的神州国光社书目

在这些同名丛书中,最具特色且较为罕见的属鲁迅编辑的“现代文艺丛书”。

20 世纪 20 年代 30 年代之交,是中国左翼文学繁荣鼎盛期,国民党当局忙于处理紧迫的政治军事问题,来不及大规模“围剿”左翼文学,文坛一时成了“红色天下”。出版机构看准如此形势,出于商业利益,也很愿意出版这方面的图书。1930 年,甚至连一向以出版碑帖画册为主的神州国光社也主动约请鲁迅编辑一套专收苏联文学作品的丛书,这便是神州版“现代文艺丛书”。4 月 11 日,鲁迅收到了神州国光社的出版合同。他在 1930 年 4 月 11 日日记中记道:“下午雪峰来并交为神州国光社编辑‘现代文艺丛书’合同一纸。”这说明冯雪峰是办理出版合同的当事人。

神州国光社 1901 年由黄宾虹、邓秋枚(邓实)创办,先在河南路 136 号,后迁福州路 378 号,不久迁福州路 384 弄 4 号。最初以珂罗版影印书画、字帖、金石、印谱等。出版了黄宾虹主编的古今名画集《神州国光集》,还有《神州大观》等 200 多种。1911 年出版黄宾虹、邓实合编的《美术丛书》,30 辑 120 本。后因连年亏损,1928 年由陈铭枢出资接盘,黄居素任经理,王礼锡任总编辑,并在北京、南京、汉口、广州等地设立分支机构。除继续出版销售美术书刊外,出版重点改为社会科学和文艺译著,较有影响的是王礼锡主持的《中国社会史论战》和“中国内乱外祸历史丛书”等。因此,从“神州”的出版经历来看,能够接纳鲁迅编辑的“现代文艺丛书”,可以说是“破天荒第一回”。

鲁迅要出版苏联文学作品,这是早已有的想法,如今有此机会,当然要充分利用。随即鲁迅立即制订出“现代文艺丛书”的出版书目,并约人分头翻译,他自己也亲自动手承担了其中的三种。这个出版计划凡十本:

《浮士德与城》(A・卢那卡尔斯基作,柔石译)

《被解放的堂・吉诃德》(A・卢那卡尔斯基作,鲁迅译)

《十月》(A・雅各武莱夫作,鲁迅译)

《精光的年头》(B・毕力涅克作,蓬子译)

《铁甲列车》(V・伊凡诺夫作,侍桁译)

《叛乱》(P・孚尔玛诺夫作,成文英译)

《火马》(F・革拉特珂夫作,侍桁译)

《铁流》(A・绥拉菲摩维支作,曹靖华译)

《毁灭》(A・法捷耶夫作,鲁迅译)

《静静的顿河》(M·唆罗诃夫作,侯朴译)

计划既订,鲁迅一方面自己抓紧翻译,一方面校订别人的译本,陆续将早交来的几部译稿交付出版社。但是情况很快就变化了,“对于左翼作家的压迫,是一天一天的吃紧起来,终于紧到使书店都骇怕了。神州国光社也来声明,愿意将旧约作废,已经交去的当然收下,但尚未开手或译得不多的其余六种,却千万勿再进行了。那么怎么办呢?去问译者,都说,可以的。这并不是中国书店的胆子特别小,实在是中国官府的压迫特别凶,所以,是可以的。于是就废了约”(《〈铁流〉编校后记》)。因此,这套神州版的“现代文艺丛书”最终只出版了四种:

柔石译剧本《浮士德与城》,神州国光社 1930 年 9 月版。鲁迅作《后记》及所译《〈浮士德与城〉作者小传》,据日本尾濑止敬所作传记之节译本。

贺非译长篇小说《静静的顿河(第一部)》,神州国光社 1931 年 10 月版。鲁迅作《后记》及所译作者小传,据德文本《新俄新小说家三十人集》所附小传。

韩侍桁译中篇小说《铁甲列车 Nr. 14 - 69》,神州国光社 1932 年 8 月版。鲁迅作《后记》。

鲁迅译中篇小说《十月》,神州国光社 1933 年 2 月版。

作为主编,鲁迅付出了辛勤劳动,并且负责到底。按原先计划,他本人承担的《毁灭》1930 年译出,曾连载于《萌芽》月刊,题作《溃灭》,但尚未登完《萌芽》就被查禁了。1930 年 12 月鲁迅全部译完后,第二年 9 月由大江书铺印了一千册,署名“隋洛文”。大江版为三十二开报纸本,印得粗糙,且未能收入鲁迅的序言和几种附录。鲁迅对初版不满意,于 1931 年 10 月用“三闲书屋”名义,再印了序跋齐全的版本,二十三开道林纸毛边本,也只印了一千册。

原本要编入“现代文艺丛书”的曹靖华译《铁流》,之后也由鲁迅于 1931 年 11 月以“三闲书屋”名义自费印行。至于,卢那卡尔斯基作的剧本《被解放的董吉诃德》,鲁迅只根据德文本及日文本译出第一幕(载 1931 年 11 月 20 日《北斗》月刊第一卷第三期)。稍后因知道德日两种译本均有删节,也就没有再译下去,后来转请瞿秋白根据俄文原本译出,被列入“文艺连丛”之一,由上海联华书局于 1934 年 4 月出版。

如对照鲁迅原先拟定的出版计划,最后有三种:《精光的年头》(B·毕力涅克作,蓬子译)、《叛乱》(P·孚尔玛诺夫作,成文英译)和《火马》(F·革拉特珂夫作,侍桁译)未落实,估计之后也未出版。

关于这套丛书,翻译者之一的韩侍桁曾写过一篇《我的经历与交往》,刊登在1987年第三期的《新文学史料》上,可作为此丛书的佐证。其中说道：鲁迅避居内山书店的时候,有一天雪峰从神州国光社拿来编译“现代文艺丛书”的合同。这件事好像谈判了很久,合同上规定了译哪几种书,至于谁译哪一部是拿到合同后再确定的。拿来合同的那天晚上,我在鲁迅那里,他让我续译他没有译完的《十月》。这本书鲁迅原来为郁达夫的《大众文艺》译了第一至第三节,郁达夫停编此刊后,遂中止翻译。这时,鲁迅想将它收入丛书,就问我说,你拿去看看,我译了一半了吧！我没有空,你翻下去吧！我拿去认真看了,觉得鲁迅的译笔没有人可仿效,我的文笔不老练,于是拿回去给他说,我没有资格照着先生的译文接下去。鲁迅叫我续译《十月》是有意培养我,而我不肯接受,他对此当然很不满意。后来《十月》的翻译工作由鲁迅自己担任,我则翻译苏联 V. 伊凡诺夫的《铁甲列车 Nr. 14 - 69》。丛书中的《静静的顿河》由赵广湘翻译,这是我建议的。他三月中旬从青岛到上海,住在北四川路上的一家小公寓里,曾与鲁迅见过两面。当时,《静静的顿河》只有德译本,我们这些人都不懂德文,我知道他行,就向鲁迅作了推荐。事情确定了之后,鲁迅叫周建人腾出景云里十八号的一间房间让他住,在那里译出《静静的顿河》,鲁迅对他的译文很满意。赵译《静静的顿河》署名贺非,另外还有一个笔名叫候朴,不管是“贺非”还是“侯朴”,都是“希望”的意思,前者是德文的音译,后者是英文的音译。赵广湘原籍河北武清,一九〇八年生,一九三四年逝世,死于肺病。从南开起直到日本留学我们都是同学,他的德文是在日本学的,我也学过但没学好。他译完《静静的顿河》就到南京跟缪崇群去教书。乡下人从小定亲,他对包办婚姻不满意,想逃掉,以后家里一再催促,只得回武清。一九三三年我去看过他,不久就过世了。……

有研究者称,《新文学史料》是“制造”假史料的刊物,真实性值得怀疑。此话可能有一定道理,但也不能一棍子打死,把所有文章都归之于“假史料”。从韩侍桁所写的这篇文章看,具有一定的真实性,完全可作为鲁迅编辑“现代文艺丛书”的佐证。

《浮士德与城》

“现代文艺丛书”，副题：《一篇为读者的剧本》。卢那卡尔斯基著，柔石译，鲁迅编，神州国光社出版发行，版权页极为简单，仅印出版时间和版次：“1930 年 9 月初版”和“实价大洋一元”（错印成“价大实洋一元”）。封面设计整体完美，红黑两色，感觉震撼，从上至下印美术体书名、作者名、编者名、译者名和丛书名。一条粗黑线下印“神州国光社出版”。下为用粗线框框起的图案，似从原著或其他西洋图册中移植过来。

全书十一幕。书后有编者 1930 年 6 月写于上海的《后记》，七页，仅留存前面几段和最后一段与版本、原作者有关的信息：

> 这一篇剧本，是从英国 L. A. Magnus 和 K. Walter 所译的“Three Plays of A. V. Lunacharski”中译出的。
>
> Lunacharski 的文字，在中国，翻译要算比较地多的了。《艺术论》（并包括《实证美学的基础》，大江书店版）之外，有《艺术之社会的基础》（雪峰译，水沫书店版），有《文艺与批评》（鲁迅译，同店版），有《霍善斯坦因论》（译者同上，光华书局版）等，其中所说，可作含在这《浮士德与城》里的思想的印证之处，是

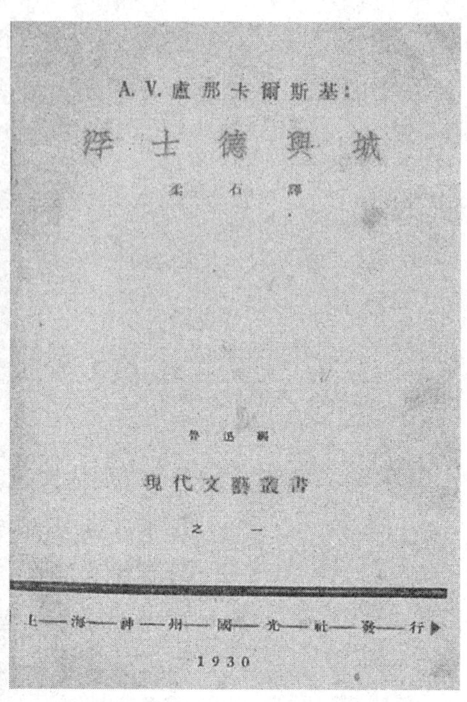
A.V.盧那卡爾斯基：

浮士德與城

柔石譯

魯迅編

現代文藝叢書

之一

上—海—神—州—國—光—社—發—行

1930

1930 9. 初版

版權所有

實價大洋一元

⊙《浮士德与城》初版封面、扉页和版权页

随时可以得到的。

另有日本尾濑敬止的《作者小传》，那是从《艺术战线》1926年版上节译的。其中说道：

卢那卡尔斯基(Anatoli Vasilievich Lunacharski)的出身，不很知道。有人说，他是波兰人的父亲和俄国人的母亲。别一人说，他是一八七八年生于基雅夫(Kiev)的，家境很穷，所以曾将俄语教授外国人。及教初步算学以糊口。更据别一人之所说，则他于一八七六年生在波勒泰瓦(Poltava)的近旁，家是大地主，因此要上学校，也并不为难。总之，他并非布尔塞维克中所常见的犹太人，却似乎是事实。

笔者另见神州国光社(上海福州路 384 弄 4 号)民国卅五年(1946)十二月版,卢那卡尔斯基著,柔石译,未印鲁迅编和丛书名。印出此书时,柔石和鲁迅皆已离开人世多年,不知许广平知道此书否,鲁迅和柔石的著作权是如何保证的?笔者想知,却无法了解,或者说尚未见到相关的文字。

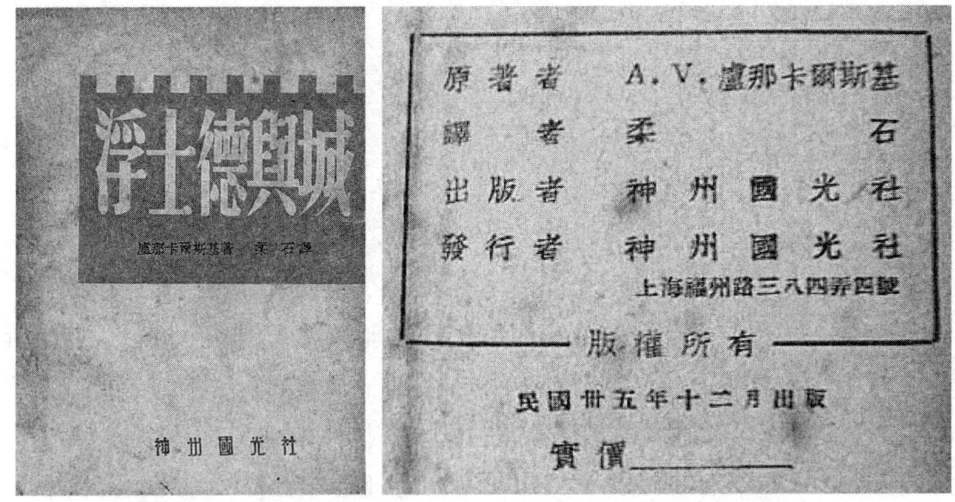

浮士德與城

盧那卡爾斯基著 柔石譯

神州國光社

原著者 A.V.盧那卡爾斯基

譯者 柔石

出版者 神州國光社

發行者 神州國光社

上海福州路三八四弄四號

版權所有

民國卅五年十二月出版

實價＿＿＿＿＿

⊙《浮士德与城》1946 年版封面及版权页

《静静的顿河》

“现代文艺丛书”，M. 唆罗诃夫著，贺非译，鲁迅编。神州国光社(上海河南路136号)出版发行，民国二十三年(1934)九月再版，不知印数，每册实价一元。发行者程前。1930年初版，未见。封面设计与《浮士德与城》不同，仍以红黑为主色，左侧印手写体红色书名，右侧上印黑色男女拥抱图，从上至下印作者名、译者名、丛书名、编者名和出版机构名，在其中间印红色“1”字，似乎在说明此书在丛书中排名第一。

全书346页，书前有对封面图案的文字介绍：“封面图像，本书德译本在‘柏林晨报’上发表时Bi所作插画之一‘她咬他的脸，抓他的头，哑声叫地喊了几次，觉得他的力量都消逝了……’”(第二部第一章)。看来，笔者“界定”的“男女拥抱”还只是一种情态，尚缺乏语言沟通。

另有作者像和作者小传。

文末有鲁迅写于1930年9月16日的《后记》，其中说道：

> 本书的作者是新近有名的作家，一九二七年诃刚(P. S. Kogan)教授所作的《伟大的十年的文学》中还未见他的姓名，我们也得不到他的自传，卷首的事略，是从德国辑译的《新俄新小说家三十人传》

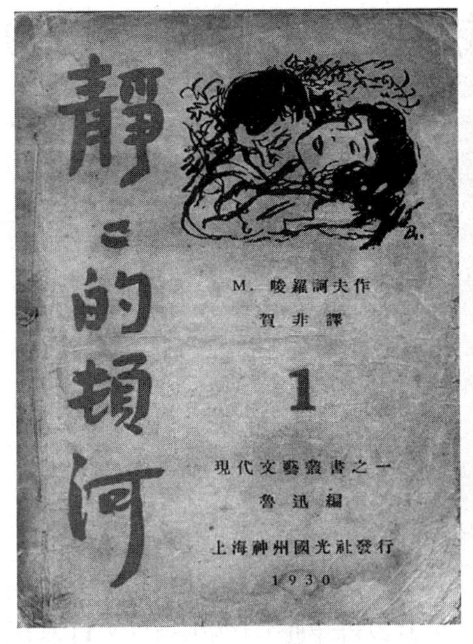

民國二十三年九月再版發行

實價一元（實價不折不扣 外埠酌加郵費）

靜靜的頓河

有著作權不許翻印

著者 M. 唆羅訶夫

譯者 賀非

發行者 程前 上海河南路一三六號

發行所 神州國光社 上海河南路一三六號

印刷者 大文印刷所 上海新閘路福康路福鑫里 電話三三七八二

總發行所 上海河南路一三六號 電報掛號二七七三 電話一二三九八 神州國光社發行所

⊙《静静的顿河》封面、版权页及作者像

(Dreissig neue Erzaehler des neuen Russland)的附录里翻译出来的。

这《静静的顿河》的前三部，德国就在去年由Qlga Halpern译成出版……德译的续卷，是今年秋天才出现的，但大约总还须再续，日后原作就至今没有写完。……

德译的续卷，是今年秋天才出现的，但大约总还须再续，因为原作就至今没有写完。这一译本，即出于Olga Halpern德译本第一卷的上半，所以“在战争的持续间却生长了沈郁的憎恨”的事，在这里还不能看见。然而风物既殊，人情复异，写法又明朗简洁，绝无旧文人描头画角，宛转抑扬的恶习，华斯珂普所说的“充满着原始力的新文学”的大概，已灼然可以窥见。将来倘有全部译本，则其启发这里的新作家之处，一定更为不少，但能否实现，却要看这古国的读书界的魄力而定了。

《铁甲列车 Nr.14－69》

“现代文艺丛书”，V. V. 伊凡诺夫著，侍桁译，鲁迅编，德国 Karl Holtz 作画，神州国光社（上海河南路 136 号）发行。民国二十一年（1932）八月初版，民国二十二年（1933）五月再版，此书为再版本，不知印数，实价大洋五角。神州国光社印刷所（上海新闸路福康里）印刷，发行者曾献声。

全书 164 页，分八章三十节，每章有标题，如：《轨道旁有巴尔底山啊！》《不同的土地的人》《在镇中》《中国人吴新宝》《旗手奥巴布》《轨道》《涅紫拉索夫大尉之死》和《泡》等。

书末有编者写于 1930 年 12 月 30 日的《后记》，其中说道：

> 这一篇的底本，是日本黑田辰男的翻译，而且是第二次的改译，自云“确已面目一新，相信能近于完全”的，但参照 Eduard Schiemann 的德译本，则不同之处很不少。根据情节来加推断，亦复互见短长，所以本书也常有依照德译本之处。大约作者阅历甚多，方言杂出，即这一篇中就常有西伯利亚和中国语；文笔又颇特别，所以完全的译本，也就难于出现了罢。我们的译本，也只主张在直接的完译未出之

特約代售處
分發行所 神州國光社分發行所
總發行所 無綫電報掛號七二七三 電報掛號七二七三 上海河南路一三六號 神州國光社發行所
印刷者 神州國光社印刷所
發行者 竹獻 上海河南路一三六號
譯者 侍桁
作者 V. V. 伊凡諾夫
鐵甲車列 Nr. 14-69
有著作權 不許翻印
民國二十二年五月再版發行
民國二十一年八月初版發行
實價大洋五角
（實價不折不扣 外埠酌加郵費）

前，有存在的权利罢了。

符舍伏洛特·伊凡諾夫：
鐵甲列車 Nr. 14-69
侍桁譯
德國 Karl Holtz 作書面
魯迅編
現代文藝叢書
之一
上海神州國光社發行
1933

⊙《铁甲列车 Nr. 14－69》再版封面、扉页和版权页

另有“神州国光社刊行（文艺）书目”。神州版文艺书籍的书目较为少见，归入丛书的则更少，大多以单行本面世，可作为文学版本资料留存：

《低诉》（陆晶清著）、《爱的巡礼》（朱云影著）、《中学时代》（林疑今著）、《沪战中的日狱》（李浴日著）、《战时日记》（王礼锡著）、《一九三一年世界文学》（赵景深译）、《柴霍甫评传》（米哈·柴霍甫著，陆立之译）、《都会双曲线》（林房雄著，石儿译）、《农民小说集》（朱云影译）、《理想良人》（王尔德著，林超真译）、《没落》（高尔基著，陈小航译）和《铁甲列车 Nr. 14－69》（伊凡诺夫著，侍桁译）。

另外笔者见到的两种《铁甲列车》的版本，一种是言行社版、神州国光社总经售;另一本纯粹由言行社版。开始一直弄不明白神州国光社与言行社是什么关系,后来才弄清楚:1933 年陈铭枢因在福建参加抗日反蒋,神州出版社在各地的分店全被查封,不少书刊被查禁,上海总店虽因地处租界幸免于难,但已难立足,遂申请成立了言行出版社,出版过“科学知识小丛书”等。这两种挂名“言行出版社”的《铁甲列车》,应该就是在那一时期的出版物。

有关译者韩侍桁与鲁迅,以及“现代文艺丛书”的关系,请读者参见书前的《小引》,在此不再赘述。

⊙ 左为言行社出版,神州国光社总经售的《铁甲列车》
右为言行社出版的《铁甲列车》

《十月》

上海神州国光社 1933 年 2 月初版，鲁迅编译，属“现代文艺丛书”之一。

本书是描写十月革命时期莫斯科起义的中篇小说集，苏联作家雅各武莱夫著。鲁迅是根据日本井田孝平的译本重译的，共 28 章。当时，鲁迅曾参照俄文原本，“将日译本上所无的每章标题添上，分章之处，也照原本

⊙《十月》封面

改正，眉目总算较为清楚了。”鲁迅翻译此书的本意“不过给读者看看那时那地的情形”。他说：“《十月》的作者是同路人，他当然看不见全局，但这确也是一面的实情，记叙出来，还可以作为现在和将来的教训，所以这书的生命是很长的。书中所写，几乎不过是投机的和盲动的脚色，有几个只是赶热闹而已，但其中也有极坚实者在内，故也能成功。这大约无论怎样的革命，都是如此，倘以为必得大半都是坚实正确的人们，那就是难以实现的空想，事实是只能此后渐渐正确起来的。”

书前有作者自传。全书 264 页，收文：《墨斯科闹了起来》《布尔乔亚已经亚门了》《在街头相遇》《万国旅馆附近的战斗》《在普列思那》《亚庚》《亚庚之死》《“恶梦”》《母亲的痛苦》《可怕的夜》《两个儿子》《再见》《“爱国者”》《士官修补生之谈》《广场上的战斗》《尼启德门边的战斗》《退却》《加里斯涅珂夫之死》《炮火下的克莱谟林》《孤立无援》《缴械》《怎么办?》《母觅其子》《要获得真的自由》《亚庚在那里?》《回想起来》《谁是对的?》和《错了!》

书末有《后记》，其中说道：“这书的底本，是日本井田孝平的原译，前年，东京南宋书院出版，为世界社会主义文学丛书的第四篇。达夫先生去年编《大众文艺》，征集稿件，便译了几章，登在那上面，后来他中止编辑，我也就中止翻译了。直到今年夏末，这才在一间玻璃门的房子里，将它译完。其时曹靖华君寄给我一本原文，是《罗曼杂志》(Roman Gazeta)之一，但我没有比照的学力，只将日译本上所无的每章标题添上，分章之处，也照原本改正，眉目总算较为清楚了。”

此书神州国光社初版于 1933 年 2 月，11 月还出过再版，之后就是鲁迅全集出版社出版的版本了。

文艺连丛

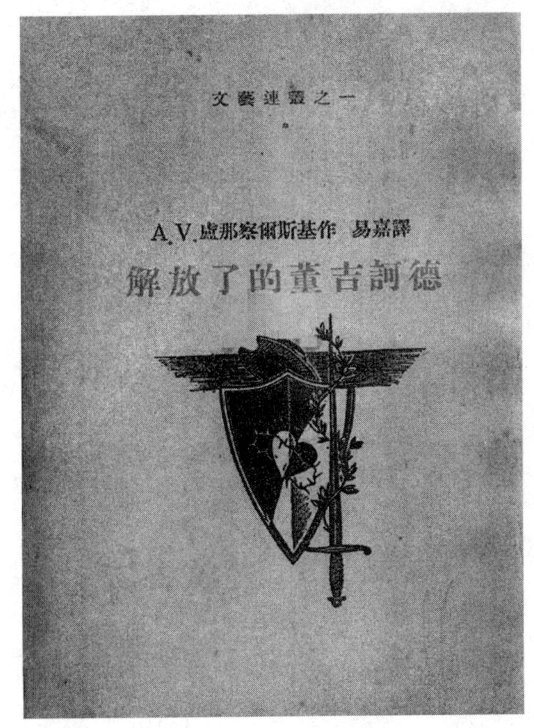

小引

“文艺连丛”，是鲁迅编辑并自费出版的一套译文丛书，先后由联华书局和野草书屋于1933年5月至1936年9月出版。

在“文艺连丛”的版本中，能够见到两种相似的“出版预告”谨启文字，一种是上海野草书屋的：

> 投机的风气使出版界消失了有几分真为文艺尽力的人。三闲书屋曾经想来抵抗这颓运，而出了三本书，也就倒灶了。我们只是几个能力未足的青年，可是要再来试一试，看看中国的出版界是否永是这么没出息。
>
> 我们首先要印一种关于文学和美术的小丛书，就是“文艺连丛”。但约定的编辑，是真的肯负责任的编辑，他决不只挂一个空名，连稿子也不看。因此所收的稿子，也就是切实的翻译者的稿子，稿费自然也是要的，但决不是专为了稿费的翻译。总之：对于读者，也是一种决不欺骗的小丛书。

在此预告后开列了“现在已经付印的是”《不走正路的安得伦》《山民牧唱》《Noa Noa》三种书目。

另一种是上海联华书局谨启的《“文艺连丛”的开头

和现在》:

> 投机的风气使出版界消失了有几分真为文艺尽力的人。即使偶然有，不久也就变相，或者失败了。我们只是几个能力未足的青年，可是要再来试一试，首先是印一种关于文学和美术的小丛书，就是“文艺连丛”。为什么“小”，这是能力的关系，现在没有法子想。但约定的编辑，是肯负责任的编辑，所收的稿子，也是可靠的稿子。总而言之：现在的意思是不坏的，就是想成为一种决不欺骗的小丛书。什么“突破五万部”的雄图，我们岂敢，只要有几千个读者肯给以支持，就顶好顶好了。

预告后开列了“现在出版的，已有”:《不走正路的安得伦》《山民牧唱》两种书，之后印有一段文字:“本丛书每种印有道林纸本子三百本，较为耐久，而且美观，以供爱书家及图书馆等收藏之用。本数有限，购者从速。”

在这段文字后，还介绍了《萧伯纳在上海》一书，笔者分不清此书是否属“文艺连丛”，因此只好采取“宁留不舍”的原则，把它“当作”丛书之一种。但研究者大多认为鲁迅编辑的“文艺连丛”实际只出了三种:《不走正路的安得伦》《坏孩子和别的奇闻》和《解放了的董吉诃德》。

“文艺连丛”均为译本，其中出版时间最早的是曹靖华译、苏联聂维诺夫的中篇小说《不走正路的安德伦》(1933 年 5 月)，鲁迅为译本写了序言。此时还是以野草书屋的名义，书末附广告，题为《“文艺连丛”的开头和现在》。

另一种在广告中被介绍的是易嘉(瞿秋白)译、苏联卢那察尔斯基的剧本《解放了的董吉诃德》。此书 1934 年 4 月由联华书局出版，鲁迅作《后记》，并补译《作者传略》(日本尾濑敬止撰)。内附毕斯凯莱夫木刻装饰画十三幅。这部剧本原来是鲁迅打算自己翻译并收入神州国光社版的“现代文艺丛书”的，后来出版社毁约，鲁迅又发现所依据的德文、日文译本颇有删节，就没有再译下去，而是转请精通俄文的瞿秋白另译。瞿秋白的译文，后被鲁迅编入《海上述林》下卷。

未列入这份预告的，是“文艺连丛”之三、1936 年出版、鲁迅译的《坏孩子和别的奇闻》，内收契诃夫早期作品八篇，每篇配有著名版画家玛修丁所作木刻插图。

另外两种实际并未出版，第一种是鲁迅译、西班牙巴罗哈的小说《山民牧

"文藝連叢"

出版預告

投機的風氣使出版界消失了有幾分眞爲文藝盡力的人。三閒書屋曾經想來抵抗這頹運，而出了三本書，也就倒竈了。我們只是幾個能力未足的青年，可是要再來試一試，看看中國的出版界是否永是這麼沒出息。

我們首先要印一種關於文學和美術的小叢書，就是"文藝連叢"。爲什麽"小"，這是能力的關係，現在沒有法子想。但約定的編輯，是眞的肯負責任的編輯，他決不只掛一個空名，連稿子也不看。因此所收的稿子，也就是切實的翻譯者的稿子，稿費自然也是要的，但決不是專爲了稿費的翻譯。總之：對於讀者，也是一種決不欺騙的小叢書。

現在已經付印的是：

1. 不走正路的安得倫. 蘇聯聶維洛夫作，曹靖華譯。作者是一個最偉大的農民作家，可惜在十年前就死掉了。這一篇中篇小說，所敘的是革命開初，頭腦單純的革命者在鄉村裏怎樣受農民的反對而失敗，寫得十分生動。譯者深通俄國文字，又在列寧格拉的大學裏教授中國文學有年，所以難解的土話，都可以隨時詢問，其譯文的可靠，是早爲讀書界所深悉的。內有藹支(Ez)的插畫五幅。現已付印，不日出版。

2. 山民牧唱. 西班牙巴羅哈作，魯迅譯。西班牙的作家，中國大抵只知道因歐洲大戰時候，作書攻擊德國的伊本納茲，但文學的本領，巴羅哈實遠在其上。日本譯有選集一冊，所記的都是山地住民跋司珂族的風俗習慣，譯者曾選譯數篇登"奔流"上，頗爲讀者所贊許。這是選集的全譯。上有作者畫像一幅。現已付印，不日出書。

3. Noa Noa. 法國戈庚作，羅憮譯。作者是法國畫界的猛將，他厭惡了所謂文明社會，逃到野蠻島泰息諦去，生活了好幾年。這書名還未一定，或者就可以改爲"泰息諦紀行"罷。裏面所寫的就是所謂"文明人"的沒落，和純真的野蠻人被這沒落的"文明人"所毒害的情形，幷及島上的人情風俗，神話等。譯是一個無名的人，但譯筆卻並不在有名的人物之下。有木刻插畫十二幅。現已付印。

上海 野草書屋 謹啓

"文藝連叢"

的開頭和現在

投機的風氣使出版界消失了有幾分眞爲文藝盡力的人。即使偶然有，不久也就變相，或者失敗了。我們只是幾個能力未足的青年，可是要再來試一試。首先是印一種關於文學和美術的小叢書，就是"文藝連叢"。爲什麽"小"，這是能力的關係，現在沒有法子想。但約定的編輯，是肯負責任的編輯；所收的稿子，也是可靠的稿子。總而言之：現在的意思是不壞的，就是想成爲一種決不欺騙的小叢書。什麽"突破五萬部"的雄圖，我們豈敢，只要有幾千個讀者肯給以支持，就頂好頂好了。現在正在校印的，還有：

一九三三年五月印成
1—2000
不走正路的安得倫
不許翻印
實價每本大洋二角半
(精印本三角半)

2. "山民牧唱" 西班牙巴羅哈作，魯迅譯。西班牙的作家，中國大抵只知道伊本納茲，但文學的本領，巴羅哈實遠在其上。日本譯有選集一冊，所記的都是山地

— 1 —

"文藝連叢"

的開頭和現在

投機的風氣使出版界消失了有幾分眞爲文藝盡力的人。即使偶然有，不久也就變相，或者失敗了。我們只是幾個能力未足的青年，可是要再來試一試。首先是印一種關於文學和美術的小叢書，就是"文藝連叢"。爲什麽"小"，這是能力的關係，現在沒有法子想。但約定的編輯，是肯負責任的編輯；所收的稿子，也是可靠的稿子。總而言之：現在的意思是不壞的，就是想成爲一種決不欺騙讀者的小叢書。什麽"突破五萬部"的雄圖，我們豈敢，只要有幾千個讀者肯給以支持，就頂好頂好了。

一九三四年四月印成
1—1000
解放了的董吉訶德
不許翻印
實價每本大洋五角
(精印本八角)

現在出版的，已有：

1. "不走正路的安得倫" 蘇聯聶維洛夫作，曹靖華譯。作者是一個最偉大的農民作家，可惜在十年前就死掉了。這一篇中篇小說，所敘的是革命開初，頭腦單純的革命者在鄉村裏怎樣受農民的反對而失敗，寫得十分生動。譯者深通俄國文字，又在列寧格拉的大學裏教授中國文學有年，所以難解的土話，都可以隨時詢問，其譯文的可靠，是早爲讀書界所深悉的。內有藹支(Ez)的插畫五幅。實價二角半(精印本三角半)。

正在校印的，還有：

2. "山民牧唱" 西班牙巴羅哈作，魯迅譯。西班牙的作家，中國大抵只知道伊本納茲，但文學的本領，巴羅哈實遠在其上。日本譯有選集一冊，所記的都是山地住民跋司珂族的風俗習慣，譯者曾選譯數篇登"奔流"上，頗爲讀者所贊許。這是選集的全譯。不日出書。

本叢書每種印有道林紙本三百本，較爲耐久，而且美觀，以供愛書家及圖書館等收藏之用。本數有限，購者從速。

"蕭伯納在上海"

蕭伯納一到香港，就給了中國一個衝擊，到上海後，可更甚了，定期出版物上幾乎都有記載或批評，稱贊的也有，嘲罵的也有。編者便用了剪刀和筆墨，將這些都擇要聚集起來，又一一加以解剖和比較，說明了蕭是一面平面的鏡子，而一向在凹凸鏡裏見得平正的臉相的人物，這回卻露出了他們的歪臉來。是一部未曾有過先例的書籍。編的是樂雯，魯迅作序。每本實價大洋五角。

上海 聯華書局 謹啓

⊙ 三种基本相同的《"文艺连丛"开头和现在》

唱》。在出版预告中说道："西班牙的作家，中国大抵只知道伊本纳兹，但文学的本领，巴罗哈实远出其上。日本译有《选集》一册，所记的都是山地住民，跋司珂族的风俗习惯，译者曾选译数篇登《奔流》上，颇为读者所赞许。这是《选集》的全译。不日出书。"最后一句话似乎过于乐观，事实上此书在鲁迅生前并未出版，直到 1938 年才收入二十卷本《鲁迅全集》之第十八卷。

第二种是罗怃（鲁迅）译、法国戈庚著《诺阿，诺阿》。这是后期印象派大师戈庚的作品，他生于 1848 年，1903 年逝世，曾一度在南太平洋的塔希提岛隐居数年，后写成这部相当有名的散文集。鲁迅早读过此书的德文译本（见《鲁迅日记》1912 年 7 月 11 日）。出版预告说："作者是法国画界的猛将，他厌恶了所谓文明社会，逃到野蛮岛泰息谛（按，现通译塔希提），生活了好几年。这书就是那时的

记录，里面写着所谓‘文明人’的没落，和纯真的野蛮人被这‘文明人’所毒害的情形，并及岛上的人情风俗，神话等。译者是一个无名的人，但译笔并不在有名的人物之下。有木刻插图十二幅，现已付印。”最后四字实际是商业广告，在卖噱头，事实并未付印。甚至连鲁迅的译稿也未见到过，估计尚未开始翻译。

野草书屋是北新书局职工费慎祥创办的无地址的书屋。书屋也没有固定铺面，是委托各书店代售的。鲁迅曾建议：为避国民党耳目，改用通俗的联华书局名。与此同时，还曾以“兴中书局”“同文书局”出版过书籍。许广平回忆说：“由费慎祥出的书，从未结算过版税，甚或自己贴出纸张、印刷费亦所甘愿。”可知鲁迅在野草书屋、联华书局、同文书局、兴中书局出版译著，基本相当于自费出书，目的在于打破国民党的文化封锁。只要让读者看到好的译著，经济效益如何是不去考虑的。

许广平在《鲁迅回忆录·为革命文化事业而奋斗》一文中介绍了联华书局：“当时与鲁迅有关系的书店很多……也有专印别家不肯出版的禁书的联华书局(《花边文学》《小彼得》《坏孩子和别的奇闻》)，它有时又改名同文(《南腔北调集》)、兴中(《准风月谈》)，没有一定门市，负责人原是北新职工费慎祥，他因家庭生活困难，请求鲁迅帮助出书维持家庭，鲁迅就把他写好的几种书交给他印行批发出售的。”费慎祥开始单干的时候，打出的旗号是“野草书屋”，大约因为太显眼了，稍后改为联华；为了出版禁书的方便，又随时改换名目。这样费慎祥其人及其书店就同鲁迅晚年的文艺活动发生了密切的联系。

野草书屋的出版标记为圆形，构图布满了图案，上为扇形框，内写有“野草书屋”四字，中为小屋、炊烟、树木，设计者大概是想图解“野草”与“书屋”吧！下方是一本摊开的书籍。画得极其随意，相当潦草，不知出自于何人之手？野草书屋，“野草”之名却与鲁迅的名作《野草》相吻，可见鲁迅是很喜欢“野草”之名的。许寿裳曾经说过：“《野草》可说是鲁迅的哲学。”这也许就是鲁迅喜欢“野草”的真正原因。

在民国时期出版的图书中，以“野草”为名的有好几种丛书，如野草出版社1948年2月出版的“野草文丛”；桂林文献出版社和桂林集美书店分别于1941年6月和1942年12月出版的“野草丛书”。可惜这些丛书的单行本，好像从未见到过一种。这说明两点，一是旧版本实在多，二是笔者所见的旧版本还少得可怜！

据笔者所知,鲁迅办过七家出版机构——未名社、朝华社、三闲书屋、野草书屋、铁木艺术社、版画丛刊会和诸夏怀霜社。未名社和朝华社是鲁迅和几个青年合资创办的。未名社成立于 1924 年 12 月,结束于 1933 年,主要业务由韦素园和李霁野前后经营,鲁迅为未名社主编过“未名丛刊”“未名新集”两套丛书。朝华社成立于 1928 年底,先后出版《朝华周刊》和《朝华旬刊》,以及《接吻》等图书,但经营不到 1 年,赔完老本就夭折了。其余五家,既无编辑部,也无出版部,更无门市部,都是鲁迅自费印书的一个托名,曾先后编过《莽原》《语丝》《奔流》《朝华周刊》《萌芽月刊》《文艺研究》《前哨》《十字街头》和《译文》。编辑和参与编辑的书籍达七十多种,丛书十一种,自费印行的十三种,为“相识和不相识者”著作作序跋的四十三种,校阅并介绍出版的四十余种,约两千多万字。

《不走正路的安得伦》

“文艺连丛”第一种，聂维洛夫著，曹靖华译，野草书屋印行。1933 年 5 月初版，印 2 000 册，每册实价大洋二角半，精印本三角半，后者始终未见。封面以红黑两色布局，从上至下文字印：“野草书屋印行 · 文艺连丛之一　不走正路的安得伦　A. 聂维洛夫作　靖华译　1933”。文字间有一图，左下印“蔼支画”。蔼支，是此书封面和内页的插绘者。另见联华书局 1936 年 6 月再版，封面设计与初版同，仅下沿的出版时间不同，印“1936”，从版权页看，再版印 2 000 册，售价与初版同。

除此，还见到过一种不知出版时间的同名版本，封面黑底，白线勾勒图案，与初版再版的封面图不同，是选用书中一幅插图为封面，下方从右至左印美术体书名，字体虽大，但压印在黑色上较为模糊。版权页用细线框框起，内竖印版权事项，其中印：定价基数三元，野草书屋出版，真美善书店（西藏南路同康里三十六号）总经售等。

书前有鲁迅 1933 年 5 月 13 日夜写的《小引》：

> 现在我被托付为该在这本小说前面，写一点小引的脚色。这题目是不算烦难的，我只要分为四节，大略来说一说就够了。1. 关于作者的经历，我曾经记在《一天的工作》的后记里，至今所知道的也没有

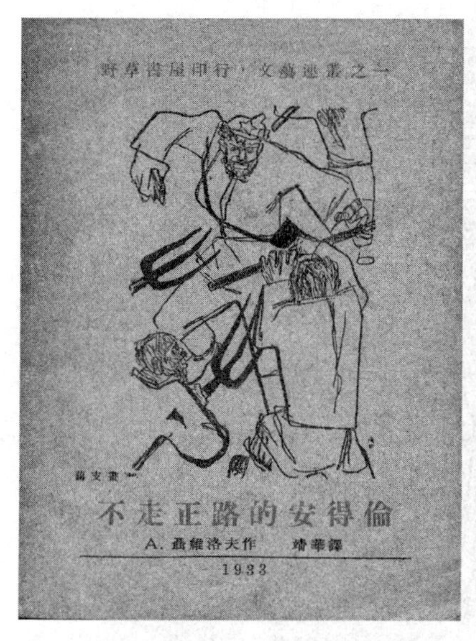

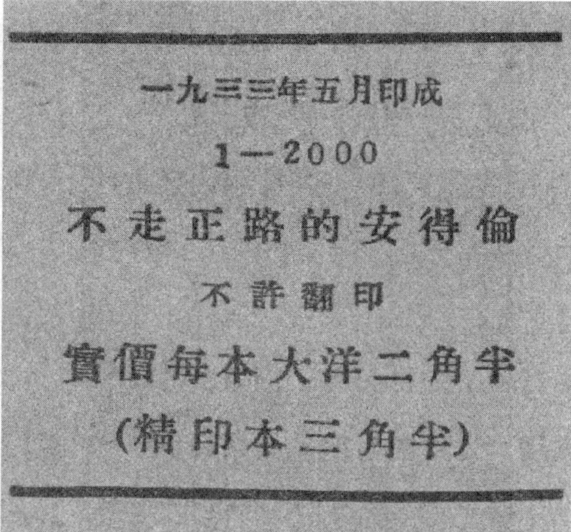
一九三三年五月印成

1—2000

不走正路的安得倫

不許翻印

實價每本大洋二角半

(精印本三角半)

⊙ 1933 年初版的《不走正路的安得伦》封面及版权页

一九三三年五月印成

1—2000

一九三六年六月再版

2001—4000

每本實價二角五分

⊙ 1936 年再版的《不走正路的安得伦》封面、版权页及联华书局的出版标记

加增……2. 关于作者的批评，在我所看见的范围内，最简要的还是要推珂刚教授在《伟大的十年的文学》里所说的话。这回是依据了日本黑田辰男的译本……3. 这篇小说，就是他的短篇小说集《人生的面目》里的一篇，故事是旧的，但仍然有价值。他本国还新印了插画的节本，在“初学丛书”中……4. 关

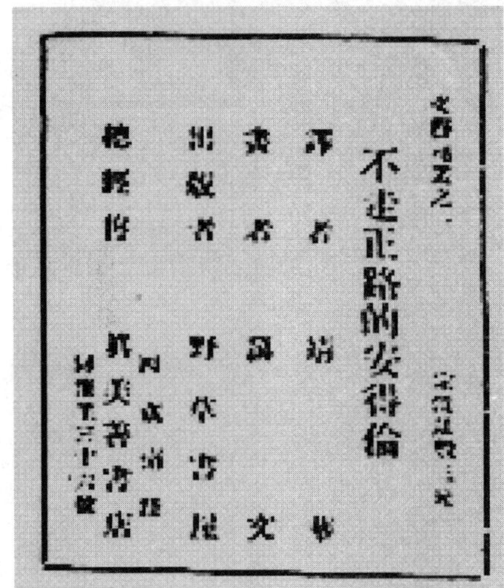

不走正路的安得倫

譯者　靖華

畫者　[illegible]

出版者　野草書屋

總經售　[illegible]

⊙ 不知出版时间的同名版本封面、插图及版权页

于译者，我可以不必再说。他的深通俄文和忠于翻译，是现在的读者大抵知道的。插图五幅，即从“初学丛书”的本子上取来，但画家蔼支（Ez）的事情，我一点不知道。

全书 81 页，书末有“文艺连丛的开头和现在”（相关的文字，请参见书前的《小引》），文字间镶嵌有《不走正路的安得伦》和《萧伯纳在上海》的广告词。封底有野草书屋的出版标记。这些镶嵌的广告词，是了解版本的一扇窗子，有必要留存：

《不走正路的安得伦》

苏联聂维洛夫作　曹靖华译

> 作者是一个最伟大的农民作家，可惜在十年前就死掉了。这一篇中篇小说，所叙的是革命开初，头脑单纯的革命者在乡村里怎样受农民的反对而失败，写得十分生动。译者深通俄国文字，又在列宁格拉的大学里教授中国文学有年，所以难解的土话，都可以随时询问，其译文的可靠，是早为读书界所深悉的。内有蔼支(Ez)的插图五幅。现已付印，不日出版。

另外，笔者还见到过一些东北解放区出版机构出版的《不走正路的安得伦》，其中有一种是东北书店的同名版本，属“苏联通俗文艺丛书”之一种，封面与野草版和联华版完全不同。

《坏孩子和别的小说八篇》

“文艺连丛”第三种，契诃夫著，鲁迅译，封面文字从上至下印：“坏孩子和别的小说八篇　A. P. 契诃夫作　鲁迅译　文艺连丛之三·联华书局发行　1936”。文字间印玛修丁所作封面插图。版权页印：“鲁迅译　V. 玛修丁木刻插画　三闲书屋印造　1935　每册实价1角5分”，空白处贴有鲁迅白文版权证印花。版权页印出版时间“1935”年，笔者认为错的，原因有二：其一印错，其二只印排版时间，而非初版时间。封面印“文艺连丛之三”，扉页却印“文艺连丛之一”，估计扉页印错了。

关于此书的书名，鲁迅曾在1935年9月15日译毕记有：“上午编契诃夫小说八篇讫，定名《坏孩子和别的奇闻》。”而如今封面书名是《坏孩子和别的小说八篇》，扉页书名是《坏孩子和别的奇闻》，估计两者并不矛盾，但总感觉有点模棱两可的怪。

书前有契诃夫1882年的照片，书中有插图多幅。另有译者写于1935年9月14日的《前记》，其中说道：

> 这里的八个短篇，出于德文译本，却正是全属于“契红德”时代之作，大约译者的本意，是并不在严肃的绍介契诃夫的作品，却在辅助玛修丁(V. N. Massiutin)的木刻插画的。玛修丁原是木刻的名

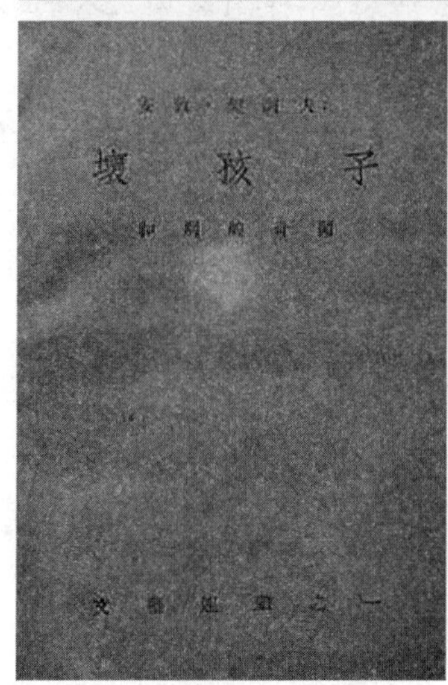

⊙《坏孩子和别的小说八篇》封面、版权页、扉页及作者像

家，十月革命后，还在本国为勃洛克(A. Block)刻《十二个》的插画，后来大约终于跑到德国去了，这一本书是他在外国的谋生之术。我的翻译，也以绍介木刻的意思为多，并不着重于小说。

这些短篇，虽作者自以为“小笑话”，但和中国普通之所谓“趣闻”却又截然两样的。它不是简单的只招人笑。一读自然往往会笑，不过笑后总还剩下些什么——就是问题。生瘤的化装，蹩脚的跳舞，那模样不免使人笑，而笑时也知道：这可笑是因为他有病。这病能医不能医。这八篇里面，我以为没有一篇是可以一笑就了的。但作者自己却将这些指为“小笑话”，我想，这也许是因为他谦虚，或者后来更加深广，更加严肃了。

全书 89 页，收文八篇：《坏孩子》《难解的性格》《假病人》《簿记课副手日记抄》《那是她》《波斯勋章》《暴躁人》和《阴谋》。这些小说先后发表于《译文》月刊第一卷第四、六期及第二卷第二期。有些小说因遭查禁，只得刊载于其他刊物。这些小说单独发表时，译者还写过《译后附记》等，本书出版时把这些文字合并为《译者后记》。

书末有译者写于 1935 年 9 月 15 日的《译者后记》，其中说道：

何况出于我的译作，上有御用诗官的施威，下有帮闲文人的助虐，那遭殃更当然在意料之中了，然而一面有残杀者，一面也有保全，补救，推进者，世界这才不至于荒芜。我是愿意属于后一类，也分明属于后一类的。现在仍取八篇，编为一本，使这小集复归于完全，事虽琐细，却不但在今年的文坛上为他们留一种亚细亚式的“奇闻”，也作了我们的一个小小的纪念。

另有《文艺连丛的开头和现在》文字，之后留十二页空白页，实在弄不明白是何道理。

1943 年冬，桂林雅典书屋重印初版，土纸本，封面白底红字，书名白文红底，感觉和谐。扉页印：“鲁迅先生纪念委员会编纂”，版权页印：“本书出版经著者家属及鲁迅纪念委员会代表人之同意”。把版权归属交代得相当清楚。书中选用《簿记课副手日记抄》和《波斯勋章》的黄新波木刻插图两幅，在该书版权页上称“木刻复版”。1936 年联华初版原有的玛修丁木刻 8 幅，因制版困难未印。

把这些前后有关联的版本并列介绍，可以说是版本研究的一种好方法。不过在一般情况下，不大可能见到所有相关的版本，因此也只好见一本介绍一本，虽无奈，但必要。笔者也可直言不讳地说，在这里所介绍的相关版本也并非全部，肯定还有缺漏。

《解放了的董吉诃德》

“文艺连丛”，联华书局发行。封面印：“文艺连丛之一　A.V.卢那察尔斯基作　易嘉译　解放了的董吉诃德”。版权页印：“一九三四年四月印成　1—1 000”，“实价每本大洋五角(精印本八角)”。这里所称“文艺连丛之一”(第一种)，显然有误，从如今所见“文艺连丛”三种的出版时间看，1933 年的《不走正路的安得伦》，1934 年的《解放了的董吉诃德》和 1935 年的《坏孩子和别的奇闻》，显然应该是连丛的第二种。

译者易嘉，即瞿秋白，《解放了的董吉诃德》是卢那察尔斯基所写的剧本。1934 年 4 月联华书局出版，鲁迅作《后记》，并补译《作者传略》(日本尾濑敬止撰)。内附毕斯凯莱夫木刻装饰画十三幅。这剧本鲁迅原打算自己翻译并收入神州国光社出版的“现代文艺丛书”，后出版社毁约，且在得到曹靖华寄来的俄文原版书后，经与德文版对照，发现德、日重译本颇多删节，未再续译。后转请精通俄文的瞿秋白依据俄文版译出全剧。在瞿秋白赴江西瑞金中央根据地之前，交由上海联华书局出版。当鲁迅收到费慎祥送来的五十本《解放了的董吉诃德》后说：“中国又多一部好书，这是极可庆幸的。”瞿秋白逝世后，鲁迅把它编入《海上述林》下卷。

书前有卢那察尔斯基像，并有《作者传略》，传略作者日本尾濑敬止，是鲁迅从《艺术战线》(1926 年版)中简译的，八页，原载 1930 年 9 月神州国光社出版的《浮士德与城》(柔石译)卷末，其中说道：

> 卢那察尔斯基的出身，不很知道。有人说他是波兰人的父亲和俄国人的母亲。别一人说，他是一八七八年生于基雅夫的，家境很穷，所以曾将俄语教授外国人，及教初步算学以糊口。更据别一人之所说，则他于一八七六年生在波勒泰瓦的近旁，家是大地主，因此要上学校，也算不为难。
>
> 作为文学者的他，具备着各种优胜的要素，清楚的头脑，强壮的精力，诗人的热情，迅速的悟性，的才笔，广博的知识——凡这些，是都为卢那察尔斯基所有的。

全书 179 页，十场戏剧(分九场一尾声)。书末还有鲁迅写的《后记》，其中说道：

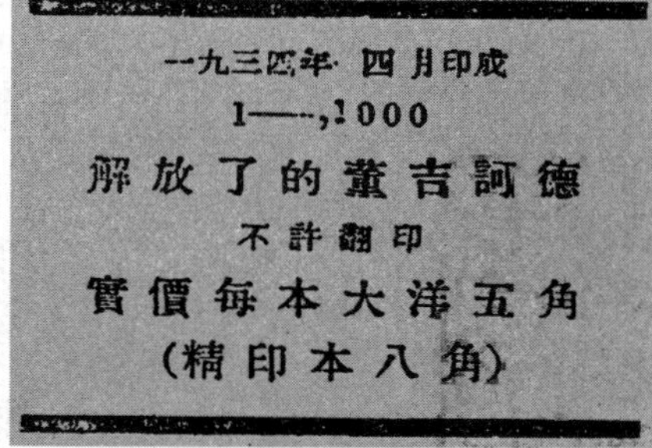
一九三四年 四月印成
1——,1000
解放了的董吉訶德
不許翻印
實價每本大洋五角
(精印本八角)

⊙《解放了的董吉诃德》封面、版权页及作者像

原书以一九二二年印行，正是十月革命后六年，世界上盛行着反对者的种种谣诼，竭力企图中伤的时候，崇精神的，爱自由的，讲人道的，大抵不平于党人的专横，以为革命不但不能复兴人间，倒是进了地狱。这剧本便是给与这些论者们的总答案。吉诃德即由许多非议十月革命的思想家，文学家所合成的。

书末有《文艺连丛的开头和现在》以及《萧伯纳在上海》的书目广告，广告是嵌在介绍“文艺连丛”的文字中。笔者一直怀疑，《萧伯纳在上海》虽未标明，但是否也属连丛之一种呢？有时确实需“大胆设想”，吃不准的，唯一办法是悉数保存。

笔者还曾见到过华北新华书店版和生活书店版同名版本，书名是《解放了的董·吉诃德》，名字间用了分隔号，看来这种表示法是正确的。据说另外还有1943年3月桂林文学编译社出版的同名黄土纸本，属“世界文学丛书”，可惜一直未见。

《萧伯纳在上海》

在此书的任何“关键部位”均未见到“文艺连丛”的字样，而它又明明印在介绍“文艺连丛”的书目广告之中，这是否暗示属于“文艺连丛”？难以断定，只得存疑。不过笔者仍把它当作“文艺连丛”中之一种，在心中甚至还感到较之其他三种还更重要。

此书由乐雯剪贴翻译并编校，野草书屋 1933 年 3 月出版，不知印数，每册大洋五角。

这是一本上海中外报纸对 1933 年 2 月 16 日来访的萧伯纳，在上海停留期间的记载和评论文章的汇集，是由鲁迅先生和瞿秋白合编，鲁迅作序。据资料称，此书编好时，秋白已经离开鲁迅的寓所。2 月底交由野草书屋付印。校样排好后，由鲁迅、许广平校对。许先用红墨水毛笔进行初校，鲁迅再用黑墨水毛笔复校，历时十天。此书从拟编到发稿，从排字到校改，从付印到出书，前后只用了 30 天，出版速度即使是在今天，也让人吃惊，让人从这速度里看到了野草书屋的“本事”。

在扉页印有一幅萧伯纳与记者的合影。

书前有鲁迅 1933 年 2 月 28 日写于灯下的《序言》，其中说道：

> 萧在上海不到一整天，而故事竟有这么多，倘是

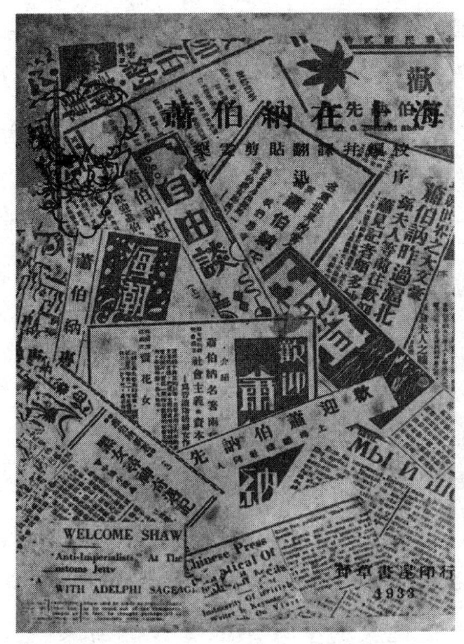

蕭伯納在上海

樂雯剪貼翻譯并編校

魯迅序

蕭伯納與各記者合影

19·上海野草書屋印行·33

别的文人,恐怕不见得会这样的,这不是一件小事情,所以这一本书,也确是重要的文献。在前三个部门之中,就将文人,政客,军阀,流氓,叭儿的各式各样的相貌,都在一个平面镜里映出来了。说萧是凹凸镜,我也不以为确凿。……这真是一面大镜子,真是令人们觉得好像一面大镜子的大镜子,从去照或不愿去照里,都装模作样的显出了藏着的原形。

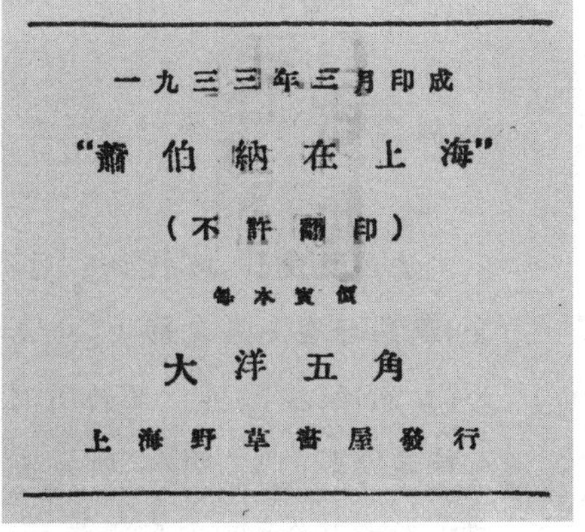
一九三三年三月印成

"蕭伯納在上海"

(不許翻印)

每本實價

大洋五角

上海野草書屋發行

⊙《萧伯纳在上海》封面、扉页及版权页

全书141页,收文:《写在前面》《Welcome、"不顾生命"、"只求幽默"》《呸萧的国际联合战线》《政治的凹凸镜》《萧伯纳的真话》和《萧伯纳及其批评》。

书末有"文艺连丛"的出版预告,内有《不走正路的安得伦》,《山民牧唱》(现已付印,不日出书),《Noa Noa》(现已付印)。《萧伯纳在上海》的广告则刊登在另外一种丛书中,在此全部保存:

《萧伯纳在上海》(未见"文艺连丛"字样)

萧伯纳一到香港，就给了中国一个冲击，到上海后，可更甚了，定期出版物上几乎都有记载或批评，称赞的也有，嘲骂的也有。编者便用了剪刀和笔墨，将这些都择要汇集起来，又一一加以解剖和比较，说明了萧是一面平面的镜子，而一向在凹凸镜里见得平正的脸相的人物，这回却露出了他们的歪脸来。是一部未曾有过行使的书籍。编译是乐雯，鲁迅作序。每本实价大洋五角。

《山民牧唱》

西班牙巴罗哈作，鲁迅译。西班牙的作家，中国大抵只知道因欧洲大战时候，作者攻击德国的伊本纳兹，但文学的本领，巴罗哈实远在其上。日本译有选集一册，所记的都是山地住民跋司珂族的风俗习惯，译者曾选译数篇登《奔流》上，颇为读者所赞许。这是选集的全译。上有作者画像一幅。现已付印，不日出书。

《Noa Noa》

法国戈庚作，罗怃译。作者是法国画界的猛将，他厌恶了所谓文明社会，逃到野蛮岛泰息谛去，生活了好几年。这书名还未一定，或者就可以改为《泰息谛纪行》罢。里面所写的就是所谓"文明人"的没落，和纯真的野蛮人被这没落的"文明人"所毒害的情形，并及岛上的人情风俗，神话等。译是一个无名的人，但译笔却并不在有名的人物之下。有木刻插画十二幅。现已付印。

野草书屋出版的图书并不多，除《萧伯纳在上海》外，还有一种曹靖华翻译的《不走正路的安得伦》。1933 年 11 月，两书均被国民党当局查禁，存世的版本相当少。另两种则由联华书局出版：易嘉译《解放了的董吉诃德》和鲁迅译《坏孩子和别的奇闻》。

实际，以"文艺连丛"命名的，在现代文学著作中还有民声书店版，见过第一辑中两种：林淡秋的《雪》和骆宾基的《罪证》。

奴隶丛书

小引

“奴隶丛书”，鲁迅主编，奴隶社出版于1935年3月至12月。

出版此书的奴隶社，实际是鲁迅先生为了编印几位青年作者的作品而拟定的一个社团名称。叶紫、萧军、萧红是当时社会中的三个“小奴隶”，他们的创作活动是在特定的社会条件和文学背景下进行的，所幸得到鲁迅的帮助与指导，以文学为武器巧妙地参与战斗。鲁迅先生对此有较为明确的阐释：“这奴隶，是受压迫者，用来做丛书名，是表示了奴隶的反抗。所以，统治者和‘正人君子’们，一看到这类字样就深恶痛绝，非禁止不可的。”并称誉道：“奴隶总比奴才强。”

在“奴隶丛书”出版之前，鲁迅先生就与这三位“小奴隶”有过交往，这些交往也便促成了彼此亲密关系的建立，也便有了“奴隶社”和“奴隶丛书”：

1934年11月30日，萧红、萧军与鲁迅先生第一次会面是在上海的内山书店。鲁迅在了解东北斗争情况和“二萧”的遭遇后，讲了上海的斗争局势及文艺界的情况，并同意推荐他们的作品出版。鲁迅还周济一些钱给二萧，以解决生活困难。研究者称，“内山书店会面”是二萧博得鲁迅悉心指点，并立足上海文坛的第一步，意义非常深远。

1934 年 12 月 19 日，鲁迅在梁园豫菜馆请客，并把二萧介绍给了茅盾、聂绀弩、叶紫和胡风等左翼作家，这些人之后都成了二萧的朋友。

1935 年 3 月 5 日，据《鲁迅日记》记载："晚约阿芷、萧军、悄吟往桥香夜饭，适河清来访，至内山书店又值聚仁来送《芒种》，遂皆同去，并广平携海婴。"阿芷即叶紫，河清即黄源，聚仁即曹聚仁。在这次饭局上，萧军代叶紫、萧红向鲁迅提议创建奴隶社，准备自费出版"奴隶丛书"。这一想法得到鲁迅支持，并认同"奴隶社"的名称，于是便有了叶紫、萧军、萧红三人组成的一个有着共同理想的"奴隶社"，在中国的现代出版史上也便有了著名的"奴隶丛书"。这套丛书由鲁迅先生资助、奴隶社于 1935 年出版。

"奴隶丛书"在存目上没有分歧，总计三种，按出版时间排序，分别为：

《丰收》(叶紫著，容光书局 1935 年 3 月初版)

《八月的乡村》(田军[萧军]著，容光书局 1935 年 8 月初版)

《生死场》(萧红著，容光书局 1935 年 12 月初版)

这套丛书的三种版本皆由鲁迅先生作序，尤其是在白色恐怖的情况下，使这些版本出版而且留存鲁迅的序，这在中国现代文学史上是极为罕见的。鲁迅的这些序文，成了所向披靡的战斗檄文，也是他留给后人的文化遗产中不可或缺的宝贵财富。

鲁迅在《叶紫作〈丰收〉序》中说："这里的六个短篇，都是太平世界的奇闻，而现在却是极平常的事情。因为极平常，所以和我们更密切，更有大关系。作者还是一个青年，但他的经历，却抵得太平天下的顺民的一世的经历，在辗转的生活中，要他'为艺术而艺术'，是办不到的。……作者已经尽了自己的义务，也是对于压迫者的答复：文学是战斗的！"

鲁迅在《八月的乡村》序中说："我却见过几种说述关于东三省被占的事情的小说。这《八月的乡村》，即是很好的一部……这书当然不容于'满洲帝国'，但我看也因此当然不容于中华民国。这事情很快的就会得到实证。如果事实证明了我的推测并没有错，那也就证明了这是一部很好的书。"

鲁迅在《生死场》序言中说："北方人民对于生的坚强，对于死的挣扎却往往已经力透纸背；女性作品的细致的观察和越轨的笔致，又增加了不少明丽和新鲜。"

据研究者称，在"奴隶丛书"中，最有成就者是萧红的《生死场》，该书原名《麦场》，后由胡风改名为《生死场》，署名"萧红"，这一笔名还是她首次使用。萧军在致研究者铁峰的信中解释道："这是有意识要把'红军'二字连在一起，那时蒋介石正在对红军做五次'围剿'。在一般刊物上发表文章，张廼莹常以'悄吟'为笔名，而为左翼刊物撰文则署'萧红'之名。"

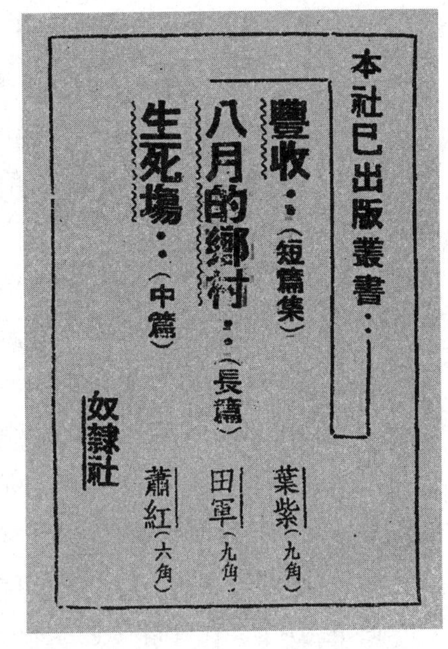

⊙《八月的乡村》中的书目广告

《丰收》，是"奴隶丛书"中最早出版的，由容光书局出版，关于这一史实，有不少资料提及，至于是否全部准确，还有待"考证"，不妨在此留存，以供参考：《丰收》因题材敏感辗转黎明等多家书店，老板们都鉴于当时的政治形势不愿出版。叶紫也知道，即便有书店愿意出版亦无法通过国民党当局的审查，于是联系与黎明书店有来往的民光印刷所一位姓王的先生，决定自费排印。因为有较为熟识的关系，印刷费和白报纸只需交部分订金，余额可以赊账。要让这种"非法"出版的"私书"有个合法出版的样子，就得有出版者、发行者及地址。于是，叶紫虚设了个名叫"容光书局"的发行者，把地址含糊定为"上海四马路"。之后出版的《八月的乡村》和《生死场》皆以奴隶社出版、"容光书局"发行的形式出现。

其实，"容光书局"地址含糊定为"上海四马路"，只是其中之一种表述，据笔者所见版本，各书的表述多种，不尽相同。

《丰收》1935 年 3 月初版时的地址是"北四川路狄思威路口北"，再版和三版是"上海四马路中"；《八月的乡村》1935 年 8 月初版时地址是"上海北四川路"；《生死场》1935 年 12 月初版时地址是"上海四马路"。狄思威路，即现今虹口区的溧阳路。

这三种版本，除了由容光书局初版外，之后还有多家出版社重印，如笔者所见《丰收》的东北书店版和延安版，《八月的乡村》的鲁迅文化出版社版和作家书屋版，《生死场》的鲁迅文化出版社版和生活书店版，等等。

在《生死场》的版权页后，有一篇《奴隶社小启》，值得留存：

诸同志：只要你是这世界上正被：压迫，绞榨，屠杀着的奴隶；或是一个人类正义的维护者，理想的追求者，而不是一个甘心诚实的奴下的奴才……我们就有权称你作同志，有权请你为自己的运命，为正义，为真理……起来和自己的当前敌人战斗！只有战斗才能解脱奴隶的运命，决定奴隶们的力量，发见真理和正义……

我们也勉力在战斗着……只是力量感到太单！但我们却切盼更有若干部“奴隶丛书”产出，印行……一面要克服无耻者们加来的迫害和艰难，同时也要衷心切盼进步的读者们给与一些赤诚的助力。

已印出的书有三部了：《丰收》，《八月的乡村》，《生死场》。《丰收》是六个短篇结成的集子，大部题材取诸中国内地农村。读者们要想知道内地农村一些太平盛世的奇闻，就请读这一部。

《八月的乡村》是一部十几万字的长篇。读者要想知道一些东北义勇军的消息，那么就请读读它。至于还想要知道一些关于在满洲的农民们，怎样生，怎样死以及怎样在欺骗和重重压榨下挣扎过活；静态和动态的故事，就请你读一读《生死场》吧。

当然，如果力量够——只要够——我们还要有“奴隶丛书”第四部献给读者们。

《丰收》

"奴隶丛书"之一，叶紫著，奴隶社出版，容光书局发行。所见初版至四版，有着四种不同封面的版本。

第一种，奴隶社出版，容光书局（上海北四川路狄思威路口北）发行，1935 年 3 月初版，每册实价大洋九角。封面左侧竖印美术体书名，右下为一老农仰视天空，远处一队士兵（或农民）经过。

第二种、第三种，皆奴隶社出版，容光书局（上海四马路中）发行，分别于 1936 年 3 月再版，1936 年 5 月三版，每册实价大洋九角。两种版本的封面书名皆为横排手写体。封面图案各异，再版是开枪射杀平民，三版是焚烧村庄。

第四种，奴隶社出版，容光书局发行，因失版权页，不清楚其他版权事项，从扉页中知晓是 1936 年 9 月四版。封面为美术体书名，图案为鞭打受害者。从初版至四版，每印一版，皆调换封面图。仅一年多时间出了四版，也可见当时此书受欢迎的程度。

在中国现代文学作家中，特别是"左联"时期的重要作家中，笔者最为关注的是叶紫。叶紫的人生极为短暂，但才华横溢，可惜因贫困疾病英年早逝，只活了 27 岁。叶紫死后，夏衍、艾芜等曾发起"为援助叶紫先生遗族募捐启事"给予帮助。叶紫的一生极为坎坷，在大革命失败

奴隸叢書之一

豐收

著作者　葉紫
出版者　奴隸社
發行者　上海容光書局（北四川路狄思威路口北）
經售者　全國各大書坊

不准翻印

一九三五年三月初版
實價大洋九角

⊙《丰收》初版封面及版权页

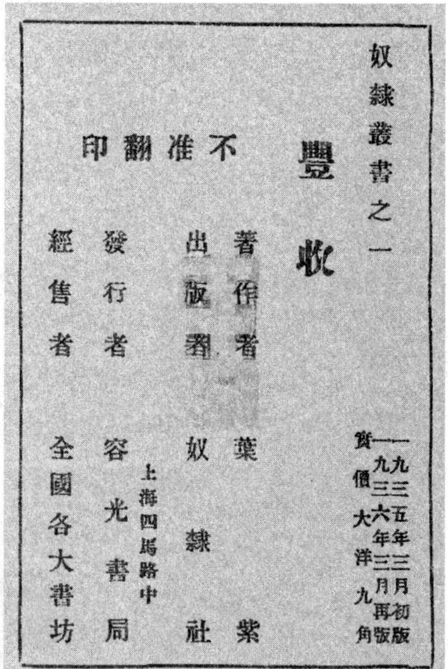
奴隸叢書之一

豐收

著作者　葉紫
出版者　奴隸社
發行者　容光書局（上海四馬路中）
經售者　全國各大書坊

不准翻印

一九三五年三月初版
一九三六年三月再版
實價大洋九角

⊙《丰收》再版封面及版权页

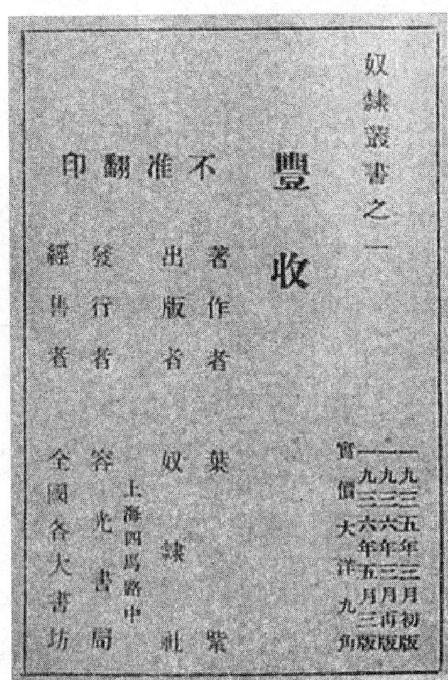
奴隸叢書之一

豐收

不准翻印

著作者 葉紫
出版者 奴隸社
發行者 容光書局 上海四馬路中
經售者 全國各大書坊

一九三五年三月初版
一九三六年三月再版
一九三六年五月三版
實價大洋九角

⊙《丰收》三版封面及版权页

奴隸叢書之一

豐收

葉紫著

一九三六年九月四版

⊙《丰收》四版封面及扉页

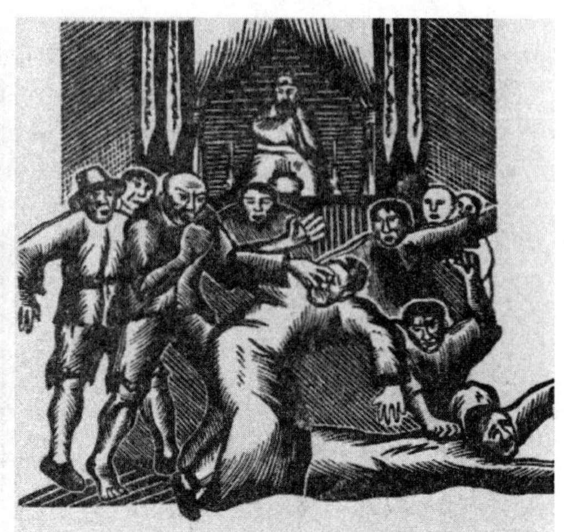

⊙《丰收》木刻插图

之后，父亲和姐姐因参加农民运动而惨遭杀害，叶紫本人也险遭不测。1933 年，叶紫加入了中国共产党，当年就写了这部著名的短篇小说《丰收》。

此书收小说六篇：《丰收》《火》《电网外》《夜哨线》《杨七公公过年》和《乡亲》。叶紫曾在《我怎样与文学发生关系》的文章中讲到过这部著作，说自己："只是老老实实地想把我的浑身的创痛，和所见的人类的不幸，逐一地描画出来，想把我内心中的郁积统统地发泄得干干净净。"可见，这是一部具有真情实感的著作，鲁迅的评价是："作者已经尽了当前的任务，也是对于压迫者的答复：文学是战斗的。"

书中有三篇文字：鲁迅的《序言》(写于 1935 年 1 月 16 日)，叶紫写于 1935 年 1 月 9 日的《自序》和 1935 年 3 月 2 日写于上海的《后记》。

鲁迅在《序言》中说道："这里的六个短篇，都是太平世界的奇闻，而现在却是极平常的事情，因为极平常，所以和我们更密切，更有大关系。作者还是一个青年，但他的经历，却抵得太平天下的顺民的一世纪的经历，在转辗的生活中，他'为艺术而艺术'，是办不到的。但我们有人懂得这样的艺术，一点用不着谁来发愁。"

叶紫的《自序》写于上海的一个深夜，两页：

> 经过很多朋友的鼓励，我终于厚颜的将这本不成器的小东西付印了。
>
> 我很能知道自家的缺点：这本小东西里面太缺乏艺术成分，技巧大半

都不大高明。对于人物的把捉，故事的穿插，往往却现得笨拙。有些地方叙述得太多，描写得太少。……

这里面，只有火样的热情，血和泪的现实的堆砌。毛脚毛手。有时候，作者简直像欲亲自跳到作品里去和人家打架似的！……

然而，这东西虽不成器，我却并不气馁。或者还正因为经过了一个这样的创作过程，才能使我更加努力的向文学前程迈进！我还年青得很。我能够虚心的接受一切善意的批评，我能够刻苦的，辛劳的，不断的学习。在前进的批评家，朋友，和老作家们的谆谆诲导之下，在自己的刻苦的辛勤的努力之中，我相信我不久的将来，总能有一点儿像样的东西出现。

不失掉我的原有的热情，加强我的技术的修养和生活的体验，便是我印这本小东西的主要动机。

那么，这就算是我创作上的某一段过程的结束吧。我在这里期待着读者们的严厉的批判！

叶紫写的《后记》很短："自己的东西是永远不会满意的，所以校完后，除惭愧和加勉之外，一无话说。感谢鲁迅先生抽空为我作序。感谢新波先生日夜为我赶刻木刻，使我的这些不成器的东西，增加无限光彩。感谢丁，杜诸先生，及社中的好友。或为我奔走印刷，或为我核对，或为我发行与推销。"

这部著作除有战斗性的内容和鲁迅的序言外，珍贵之处还有青年木刻家黄新波作的十二幅木刻插图。叶紫曾想通过鲁迅请青年木刻家陈铁耕为《丰收》插图。鲁迅在回信中说："序当作一篇。铁耕回家去了，我可以写信去说，不过他在汕头的乡下，信札往来，很迟缓，图又须刻起来，能否来得及也说不定。"后来，插图由黄新波所作，这中间是否由鲁迅先生引荐，还是由叶紫本人请黄新波刻插图，情况不太明了。不过，鲁迅对黄新波所刻的插图有过评价："那插画，有几张刻的很好。"至于是哪几张，并未说明。

《丰收》共出过四版，第四版是最为完整的一个版本，除仍保留鲁迅的序言、作者的自序、后记和黄新波的木刻作品外，另加《四版的话》。在"目录"的开首，记有："木刻插图十二幅　新波先生作"，以示对插图者的尊敬，估计这段话是由主张在书中印上封面设计与插图者姓名的鲁迅特意加上的。但在《自序》《后记》及《四版的话》中却未透露为何最后会请新波作插图的信息，实在是个遗憾。但在《四版的话》中，还是讲到了与书籍插图有关的话：再版时，作者正病在床上，动弹不得，只好由印刷所去摆布，“除了受到印刷所老板的白眼之外，封面是给印得一塌糊涂了，插图给插得颠颠倒倒了。三版时，虽然换了一个较大的印刷所，但自己还是病着，没有去校对，结果仍然那样坏的：纸张黄得几乎要变成黑色了，墨色模糊得几乎认不出字来。一直到现在，——到这一版，才算比较地像样一点儿。”由此可见，第四版应该说无论是纸张质量，文字墨色，封面设计，还是书中插图都是印得最好的一个版本。书中的插图线条流畅，人物形象逼真，为《丰收》增色不少。

此书购于 2004 年，价已 500 元。之后还见到过东北书店版和延安印工合作社版的同名版本，那是近几年的事情，价格早已超过当年初版本的价，想想也合情理：对版本而言，时间是有价的！

《八月的乡村》

"奴隶丛书"之二,田军著,奴隶社出版,容光书局(上海北四川路)发行,1935 年 8 月初版,每册实价九角。封面以粗黑线结构,右侧为长方形图案,内印木刻"行进的队伍";中间和左侧分别是手写体书名《八月的乡村》和作者"田军"。田军者,即萧军,这是他的一个笔名。萧军之名,是从 1934 年与鲁迅通信开始署用。

之后,笔者还见到过两种同名版本,由"奴隶丛书"而来,但已非"奴隶丛书"。一种是哈尔滨鲁迅文化出版社 1947 年 4 月版和上海作家书屋 1949 年 1 月三版。封面书名字体,与容光版的相同。

这是萧军的一部长篇小说,其珍贵之处是有鲁迅作的《序》,增色不少。之后所出版本,在内容上并无改动,保持"原汁原味"。其中说道:"心的征服,先要中国人自己代办。宋曾以道学替金元治心,明曾以党狱替满清钳口。这书当然不容于'满州帝国',但我看也因此当然不容于中华民国。这事情很快的就会得到实证。如果事实证明了我的推测并没有错,那也就证明了这是一部很好的书。"此文,后来收入《且介亭杂文二集》。

作家书屋的三版,增加了作者 1946 年 2 月 12 日写于张家口的《前记》,鲁迅之序保留,书末还加上作者写的《再版感言》,三版的内容较再版和初版更为丰富和全面。

奴隸叢書之二

八月的鄉村 一九三五年八月初版

版權所有

實價九角

著作者 田軍

出版者 奴隸社

發行者 容光書局 上海北四川路

代售處 本外埠各大書坊

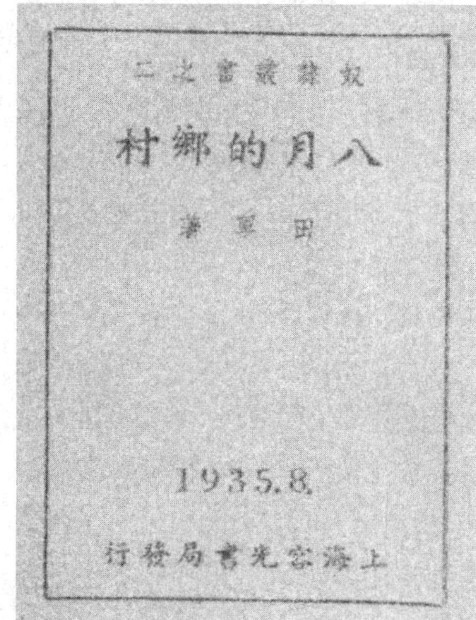
奴隸叢書之二

八月的鄉村

田軍著

1935.8

上海容光書局發行

⊙《八月的乡村》初版封面、版权页及扉页

虽然笔者主张只收初版本，但对研究某一作家的作品时，非收齐所有的著作版本，否则无从研究。

此书描写中国共产党党领导下的一支抗日游击队的故事，用艺术的图景展示北方人民的抗日生活，在当时有着极其重要的意义，这正如鲁迅先生在《序》中所说的：“显示着中国的一份和全部，现在和未来，死路和活路。”另外，鲁迅在《序》中竭力阐述着一个观点：一方面是庄严的工作，另一方面却是荒淫与无耻。鲁迅的《序》写于 1935 年 3 月 28 日夜，于初版之前。书后收有作者写于 1936 年 2 月 2 日的《再版感言》，其中讲道：

除开略改了几个错字而外，余的完全没有增删。即使可能，我也不想再有什么变动，就是连此次再版临前重读一遍，也还是为了想忠实于读者的一点责任感……若按我自己的预期，在 1935 年度内，它就应该再版的。现在竟移到了 1936 年里来。我希望它今年还有再版的机会。能够再版，这不是书的本身力量，前面说过，这仅仅是一枚青杏，为了读者现在过度口渴，所以需要它。

作者的愿望是能第二年再有三版，可惜三版一直到十年之后才成为现实，为此作者又写了一篇《前记》，副题是：为抗战后《八月的乡村》初版而写。这篇写于张家口的《前记》极佳，不妨留存：

一

正相同我们的民族以及我自己，这本书，在那伟大的抗战年代里，受过试炼了。——这证明它还称得起是一本有些用处的书。即使在今天，我看它也还该有些用处，因此就决心把它来印。

这书，它也正相同我自己以及那些不愿做奴隶的人们，在过去，曾经一直不被容于“中国民国”的某些地方，如今它将要被“容许”了！这是标志着我们民族解放的光荣；标志着中国人以及整个人类进步的光荣！……我是

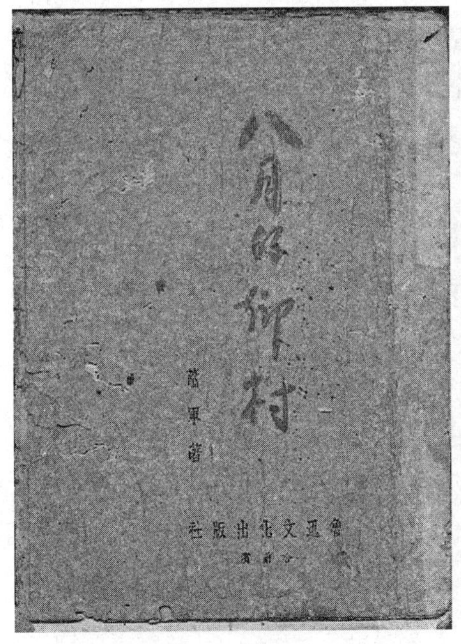

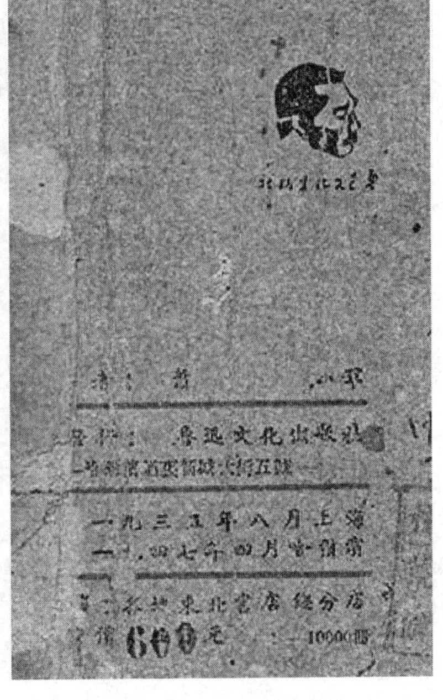

⊙《八月的乡村》1947 年版封面及版权页

愿望着能够：生活，工作……在这样光荣的拂照里，一直到我离开这世界的一天。

二

在今天，我来看这书，就写作的方法和表现的能力上，固然有着若干使自己不满意的地方，但是却并没有什么愧怍的心情，当我写作它的时候，虽然还年轻，也已经尽了我那时能够尽的力量了，因此就很安然。同时，也还不想有什么更改。这虽是一本小小的书，它不独驮载着我个人过去的苦痛和欢情，也盖满了这古老民族底耻辱和光荣的印记！我虽然喜欢更完整的"美"，比较起来，却更爱好于"真"啊！

三

"年来故友飘萧尽，待赋'招魂'转未能！"这书重版在今天，喜欢却淹不了我的悲情；虽然我们民族最凶恶的敌人已被打倒；国家也一天天被引向了进步的方向……但自己这点悲情，却是不能够离开心窝，相反地，它竟像一颗铅弹似的深深地嵌进了人的灵魂啊！

为此书写过"序言"校过错误的鲁迅先生，为此书抄过原稿，给我出版以鼓励的萧红女士，为此书印刷而尽过力的"奴隶社"友伴叶紫……想不到他们仅在此数年中，竟一个接着一个地……离我而去了！

四

"死别已吞声，生离常恻恻！"

我活着，还要好好工作下去——为了自己，为了生者，为了纪念他们；——我所尊敬的先生和伙伴！

这篇《前记》极富感情，如果是演员用朗诵的语调，那是会让听者流泪的。如今像这样的旧书，在文庙旧书市场中几乎不见，此书是在文庙外的冷摊见到，同时还把书贩包中的另外几册一起取出，才得这册旧书，总计五十元，同时得的还有鲁迅的《坟》。

《生死场》

“奴隶丛书”之三，萧红著，鲁迅编辑，所见两种不同封面的版本。

第一种，“奴隶丛书之三”奴隶社出版，容光书局（上海四马路）发行，1935 年 12 月初版，每册实价六角。封面由萧红自己设计，红底色，中间一条斜线，如利剑所劈，在斜线右上半部黑色部分似东北三省版图，“生死场”三字印在上面，用意极为明显。斜线右上印白字“萧”，左下部分除“红著”两黑字外一片“空白”，沉闷的空气立即消散，留有空旷的和谐。萧红年轻时曾醉心绘画，与同学组织过“野外写生画会”；1937 年她还在上海一家私立画院学过一段时间绘画，可见她所画封面并非胡乱涂鸦。书前有鲁迅写的《序言》。版权页后有《奴隶社小启》，请参见书前《小引》，不再赘述。

第二种，“奴隶丛书”，容光书局出版，版权页印：“中华民国二十四年十二月初版　中华民国三十四年十一月十版”，所见为十版。封面与 1935 年萧红设计的不同，仅“生死场”美术体三字。

书前有鲁迅写的《序言》，之后此文收入《且介亭杂文二集》，照录如下：

记得已是四年前的事了，时维二月，我和妇孺正

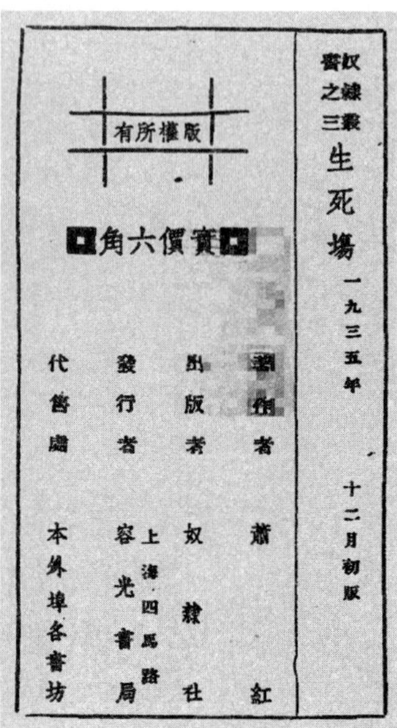

奴隸叢書之三 生死場 一九三五年十二月初版

版權所有

實價六角

著作者 蕭紅

出版者 奴隸社

發行者 上海四馬路 容光書局

代售處 本外埠各書坊

⊙《生死场》初版封面、版权页

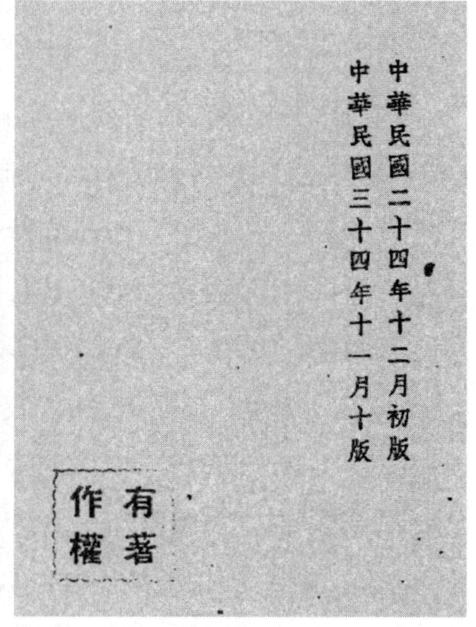

中華民國二十四年十二月初版

中華民國三十四年十一月十版

有著作權

⊙《生死场》十版封面、版权页

陷在上海闸北的火线中，眼见中国人的因为逃走或死亡而绝迹。后来仗着几个朋友的帮助，这才得进平和的英租界，难民跃然满路，居人都很安闲。

和闸北相距不过四五里罢，就是一个这么不同的世界，——我们又怎么会想到哈尔滨。

这本稿子的到了我的桌上，已是今年的春天，我早重回闸北，周围又复熙熙攘攘的时候了。但却看见了五年以前，以及更早的哈尔滨。这自然还不过是略图，叙事和写景，胜于人物的描写，然而北方人民的对于生的坚强，对于死的挣扎，却往往已经力透纸背；女性作者的细致的观察和越轨的笔致，又增加了不少明丽和新鲜。精神是健全的，就是深恶一言堂功利有关的人，如果看起来，他不幸得很，他也难免不能毫无所得。

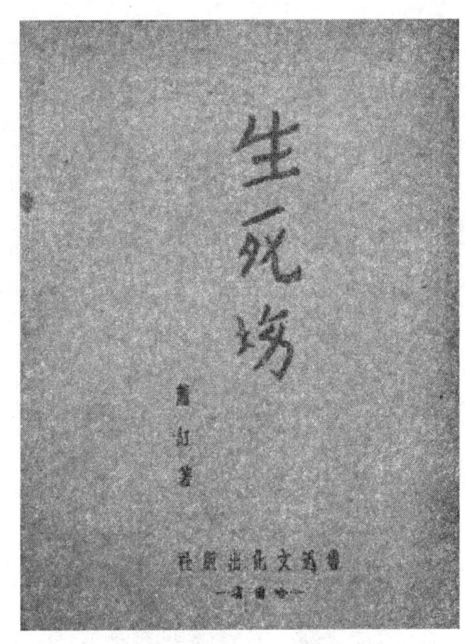
⊙ 鲁迅文化出版社版《生死场》

听说"文学社"曾经愿意给她付印，稿子呈到"中央宣传部快报检查委员会"那里去，搁了半年，结果是不许可。人常常会事后才聪明，回想起来，这正是当然的事；对于生的坚强和死的挣扎，恐怕也确是大背"训政"之道的。今年五月，只为了《略谈皇帝》这一篇文章，这一个气焰万丈的委员会就忽然烟消火灭，便是"以身作则"的实地大教训。

"奴隶社"以汗血换来的几文钱，想为这本书出版，却又在我们的上司，以身作则的半年之后了，还要我写几句序。然而这几天，却又谣言蜂起，闸北的熙熙攘攘的居民，又在抱头鼠窜了，路上是络绎不绝的行李和人，路旁是黄白两色的外人，含笑亦鉴赏这礼让之邦的盛况。自以为居于安全地带的报馆的报纸，则称这些逃命者为"庸人"或"愚民"。我却以为他们也许是聪明的，至少，是已经凭着经验，知道了煌煌的官样文章之不可信。他们还有些记性。

现在是一九三五年十一月十四的夜里，我在灯下再看完了《生死场》，周围像死一般寂静，听惯的邻人的谈话声没有了，食物的叫卖声也没有了，不过偶有远远的几声犬吠。想起来，英法租界当不是这情形，哈尔滨也不是这情形；我和那里的居人，彼此都怀着不同的心情，住在不同的世界。然而我的心现在却好像古井中水，不生微波，麻木的写了以上那些字。这正是奴隶的心！——但是，如果还是搅乱了读者的心呢？那么，我们还决不是奴隶。

不过与其听我还在安坐中的牢骚话，不如快看下面的《生死场》，她才会给你们以坚强和挣扎的力气。

书末有胡风写于 1935 年 11 月 22 日晨二时的《读后记》，其中说道：

我并不是说作者没有她的短处或弱点。第一，对于题材的组织力不够，全篇现得是一些散漫的素描，感不到向着中心的发展，不能使读者得到应该能够得到的紧张的迫力。第二，在人物底描写里面，综合的想像的加工非常不够。个别地看来，她底人物都是活的，但每一个人物底性格都不太凸出，不大普遍，不能够明确地跳跃在读者底前面。第三，语法句法太特别了，有的是由于作者所要表现的新鲜的意境，有的是由于被采用的方言，但多数却只是因为对于修辞的锤炼不够。

我想，如果没有这几个弱点，这一篇不是以精致见长的史诗就会使读者感到更大的亲密，受到更强的感动罢。

全书 222 页，分十七章，有标题，如第一章《麦场》，第十七章《不健全的腿》等。

除此之外，笔者还见到过两种同名版本：鲁迅文化出版社 1947 年 4 月版和生活书店 1947 年 2 月版，其他同名版本还有不少，大多未见。

附录一

鲁迅编选的“艺苑朝华”

小引

“艺苑朝华”虽属美术丛书，但它是鲁迅先生编辑出版的唯一一套介绍国外木刻与黑白画的丛书，而且与中国现代文学史有着密切的关系，因此在介绍鲁迅编辑的现代文学丛书之时一并介绍，作为附录收存。

“艺苑朝华”共出版五种，1929 年出版四种：《近代木刻选集(一)》《近代木刻选集(二)》《蕗谷虹儿画选》和《比亚兹莱画选》。朝花社选印，上海合记教育用品社发行。1930 年初，另由上海光华书局出版《新俄画选》，前后共出版五种。此辑属“艺苑朝华”第一期中的第五辑，出版此辑时朝花社已经倒闭。光华书局是由张静庐、卢芳和

⊙“艺苑朝华”标记

沈松泉合办的一家书店。因张与郭沫若认识，光华书局与创造社的关系不同一般，曾经出版过不少创造社成员的著作。1930 年 4 月，光华曾出版过旬刊《巴尔底山》，那是左联的机关刊物之一，鲁迅曾担任主编至三期，第四期开始就由朱镜我、潘汉年等编辑。这本《新俄画选》由光华出版，也正是在鲁迅主编刊物期间。这样也许是交代了为何这本画集由光华出版，而非其他的书局出版的疑问。

鲁迅原想出版《艺苑朝华》画辑丛书因种种原因而未如愿。根据原有计划，这套丛辑共十二辑，除上述五种外，还有《法国插画选集》、《英国插画选集》、《俄国插画选集》、《近代木刻选集》(三)、《希腊瓶画选集》、《近代木刻选集》(四)、《罗丹雕刻选集》等。可惜，这些编印计划在鲁迅先生生前均未完成。

提到“艺苑朝华”，势必要讲到朝花社。1928 年 12 月 6 日，鲁迅与柔石、崔正吾、王方仁等人组织朝花社，出版《朝花周刊》创刊号。《朝花周刊》共出版二十期，直到 1929 年 5 月 16 日停刊，只有半年之久。在二十期中，选登欧美和日本绘画与木刻十三幅。鲁迅署名所写的《近代木刻选集(一)小引》，就是发表在《朝花周刊》的第八期上。而选集的《附记》，不知何故没有单独发表。《朝花周刊》停刊后，在同年 6 月 1 日改出《朝花旬刊》，也只出了十二期，曾刊登外国木刻和绘画九幅。

朝花社，在中国现代创作版画运动中，可以说作用很大。鲁迅先生曾经说过：“中国木刻图画，从唐到明，曾经有过很体面的历史。但现在的新的木刻，却和这历史不相干。新的木刻，是受了欧洲的创作木刻的影响。创作木刻的绍介，始于朝花社。”

关于朝花社的停办，鲁迅在 1930 年 1 月 19 日给李霁野的信中说：“朝花社之不行，我早已写信通知。这是一部分人上了一个人的当，现在将社停止了……我这回总算大上了当，不必说了。”据许广平回忆：最初是王方仁提议印书，说他哥开教育用品商店，可以赊纸，可代售，“很靠得住”。但某天他宣布不能继续了，他哥的店不肯再代。没法，书也多卖不出去，后来剩下的书由柔石托别的书店卖，款不但收不到，还要每人筹款填亏空。先生担负巨额的损失之后，得到朝花社遗留下来的黄色包书纸一束，从此关门大吉。其实，鲁迅在两个月前在给李霁野的信中就已提道：“朝花社内部有纠葛，未名社的书，不要寄给他们了，俟将来再看。”鲁迅曾在 1930 年 1 月 22 日的日记中记载：“夜方仁来，还陆续所借泉百五十，即以百二十元赔朝花社亏空，社事告终。”朝花社的停办，以及之后柔石的被捕与遇害，都令鲁迅先生非常悲愤！

朝花社中的几位同人都是浙江人，与鲁迅先生可说是同乡。王方仁是浙江镇海人，崔正吾是浙江鄞县人，他俩都是鲁迅在厦门大学的学生。柔石本名赵平复，浙江宁海人，中共党员、左联作家，因参加宁海农民运动事败，到上海住在景云里，与鲁迅先生毗邻这才认识。在异乡客地的他乡人，“同乡”往往是能聚在一起的先决条件，语言与生活习惯上的相通，很容易马上走到一起，并随之逐渐引起理念上的沟通。但时间一久，也有可能就此分道扬镳，朝花社的后期就是这种情况。

鲁迅还为这套丛辑写过《艺苑朝华·广告》，在广告中说道：“虽然财力很小，但要绍介些国外的艺术作品到中国来，也选印中国先前被人忘记的还能复生的图案之类。有时是重提旧时而今日可以利用的遗产，有时是发掘现在中国时行艺术家的在外国的祖坟，有时是引入世界的灿烂的新作。”

关于“朝花社”，许广平还有过一段回忆：“这时朝花社的几位朋友是早晚两餐即能相见，每次在一同吃饭之后，一定就借饭后的休息来讨论出版事务，最热心而又傻子似地埋头苦干的柔石先生，听到鲁迅先生说中国信笺也是木刻之一时，他为好奇心所驱使，径然把中国信笺寄了一些到欧洲去，意外地也会收到回信及木刻，大家就更欢天喜地。这时真有点沉迷于版画，分头去搜集，寻到了一些欣赏的画片，总多方设法介绍出来。有时也会到别发洋行之流的外国书店去找出一些来。正在引起注意的时候是不会轻易放过的，因此除了英国之外，又留心到别的国度，在《近代木刻选集(二)》里面，就介绍了法、俄、美、日等国的作家。”

之后，上海鲁迅博物馆曾重新影印出版过全套“艺苑朝华”五集。无论是开本，还是版本装订都与初版本无甚差别，唯一明显的差别就是太新，影印得很逼真，但彻底没有了“旧”感觉。笔者对这类影印本一直抱有“偏见”：旧版本就是旧版本，何必要影印？如真要印的话，必须要有现时的感觉，要赋予新意，切不可盲目“克隆”，追求那种所谓的“陈旧感”。如果想得远些：再过五十年，现时酷似初版本的影印本，到时与初版本将会模糊彼此的“面目”，绝对会以假乱真，无益于版本研究，应该说这绝对不是“杞人忧天”！

《近代木刻选集(一)》

《近代木刻选集(一)》,可以说是鲁迅先生印行的中国第一本版画书籍。朝花社 1929 年 1 月 26 日选印,上海合记教育用品社发行。

这本由鲁迅先生编选的木刻集收有外国木刻十二幅。其中英国六幅,法国、美国各两幅,意大利和瑞典各一幅。当鲁迅编讫后,于 1929 年 1 月 20 日曾作有《小引》。《小引》介绍了木刻的一段历史,以及它的种类和创作法等,其中说道:

> 中国古人所发明,而现在用以做爆竹和看风水的火药和指南针,传到欧洲,他们就应用在枪炮和航海上,给本师吃了许多亏。还有一件小公案,因为没有害,倒几乎忘却了。那便是木刻。
>
> 虽然还没有十分的确证,但欧洲的木刻,已经很有几个人都说是从中国学去的,其时是十四世纪初。即一三二〇年顷。那先驱者,大约是印着极粗的木版图画的纸牌;这类纸牌,我们至今在乡下还可看见。然而这博徒的道具,却走进欧洲大陆,成了他们文明的利器的印刷术的祖师了。
>
> ……
>
> 但精巧的雕镌,后又渐偏于别种版式的模仿,如

近代木刻選集(一)
1——1500
每冊實價大洋四角
一九二九年一月二十六日印成
不許依樣翻印

⊙《近代木刻选集(一)》封面及版权页

⊙ 插图：会见(右)，楼斗菜(左)

似水彩画，蚀铜版，网铜版等，或则将照相移在木面上，再加绣雕，技术固然极精熟了，但已成为复制底木版。至十九世纪中叶，遂大转变，而创作的木刻兴。

所谓创作的木刻者，不模仿，不复制，作者捏刀向木，直刻下去。——记得宋人，大约是苏东坡罢，有请人画梅诗，有句云："我有一匹好东绢，请君放笔为直干！"这放刀直干，便是创作的版画首先所必须，和绘画的不同，就在以刀代笔，以木代纸或布。中国的刻图，虽是所谓"绣梓"，也早已望尘莫及，那精神，惟以铁笔刻石章者，仿佛近之。

因为是创作的，所以风韵技巧，因人不同，已和复制木刻离开，成了纯正的艺术，现今的画家，几乎是大半要试作的了。

《近代木刻选集(一)》的《附记》未发表，但从现在所见的文字，主要是介绍国外的一些木刻作者及其作品。

此选集的初版本是十六开毛边本，以粉红丝带穿眼，用铜版纸印版画，用米色道林纸印画名及作者名，图和画名各置一页。封面灰白色，略带点紫色，书名等用铅字排印。此集初版时可能是这种颜色，时过境迁，这颜色早已不见，而带灰黄色。居中小图与扉页上的图案相同，法国画家拉图所绘。

选集共印 1 500 册。在选集出版后一个月，鲁迅便赠送给季市(许寿裳)两本，隔了两天又寄赠陶元庆等友人，其目的是想让好友与自己一起分享艺术的快乐。

《蕗谷虹儿画选》

《蕗谷虹儿画选》，朝花社选印，上海合记教育用品社发行，1929年1月26日初版，上海闸北宝昌路濂溪坊的可大印刷公司印刷。

画集封面左边有四个装订孔，未用纸捻线或铁丝装订，而是用淡红丝线穿孔系结装订，像两个蝴蝶结，相当别致与淡雅。这套丛书都是统一的装订法，只是在丝线的颜色上有所差别。这样做的另一个考虑，可能是为了防止用铁钉会锈蚀破坏画页。

此画集由鲁迅设计封面，毛边本，类似现时的十六开本，印1 500册，每辑实价大洋四角。这么少的印数，难怪现时不见其踪影。

《蕗谷虹儿画选》是“艺苑朝华”第二辑，收作品十二幅。鲁迅曾于1929年1月24日为此画集写了《小引》，前面两段很有意思，点到了编印画集的主旨：

> 中国的新的文艺的一时的转变和流行，有时那主权是简直大半操于外国书籍贩卖者之手的。来一批书，便给一点影响。《Modern Library》中的A. V. Beardsley画集一入中国，那锋利的刺戟力，就激动了多年沉静的神经，于是有了许多表面的摹仿。但对于沉静，而又疲弱的神经，Beardsley的线究竟又

蕗谷虹兒畫選

1——1500

每輯實價大洋四角

一九二九年一月二十六日印成

不許依樣翻印

⊙《蕗谷虹儿画选》封面、版权页

⊙ 插图:《傀儡子的外套》(左)、《春天》(右)

太强烈了，这时适有蕗谷虹儿的版画运来中国，是用幽婉之笔，来调和了Beardsley的锋芒，这尤合中国现代青年的心，所以他的摹仿就至今不绝。

但可惜的是将他和形和线任意的破坏，——不过不经比较，是年不出底细来的。现在就从他的画谱《睡莲之梦》中选取六图，《悲凉的微笑》中五图，《我的画集》中一图，大约都是可显现他的特色之作，虽然中国的复制，不能高明，然而究竟较可以窥见他的真面目了。

蕗谷虹儿是日本画家，她的画风富有抒情性，还能为画作配诗。如本文配图《春天》，画幅是男子扶剑站立。诗的副标题是“和上方的都女子一同咏春”，诗的前几句是：少女扬着美丽斑烂的围巾/招呼朋友/公子挥霍了长袖/舞着回答她的舞蹈……这样的译诗，很难一下子懂得它的意思。

鲁迅先生一直有收藏画册的爱好，据1927年10月8日日记：上午从共和旅店移入景云里。下午往内山书店买书三种四本，也就是《蕗谷虹儿画辑》一、二辑。从这段文字看，蕗谷虹儿的画是较早从内山书店中购得，那时鲁迅从北平刚到上海。当鲁迅在编《奔流》月刊时，曾经刊登过自己翻译的三首诗和三幅外国名画家的插图，其中就有蕗谷虹儿为《坦波林之歌》画的一幅白描。鲁迅还曾说过：“蕗谷虹儿的画，近一两年曾在中国突然造成几个时行的书籍装饰画家。”明眼人一看便知是指叶灵凤等人。关于为何要翻印蕗谷虹儿的画，鲁迅曾在回答日本青年增田涉时说：“中国当时有叶灵凤一伙人模仿毕亚兹莱和蕗谷虹儿的画还洋洋得意，所以翻印原画就是为了让大家知道，这些都是仿制品，伪造品，使人家了解上海‘艺术家’的伎俩。”后来，还在《为了忘却的记念》一文中讲道：这本《画选》“是为了扫荡上海滩上的‘艺术家’，即戳穿叶灵凤这纸老虎而印的。”

其实，在戳穿“纸老虎”的背后，还有着更深层面的纠葛。在鲁迅与创造社之间的论战中，被鲁迅称之为“齿白唇红”的叶灵凤首先挑起了对鲁迅先生“图文并谬”的攻击。随之遭到鲁迅的反击，也是情理中的事。鲁迅采取的是“痛打落水狗”的办法，把焦点聚集到了叶氏“抄袭”比亚斯莱和蕗谷虹儿的伎俩。说实话，对艺术的摹仿原本并未错，鲁迅曾指导过的不少木刻青年大多是从摹仿着手，特别是摹仿比亚斯莱的画法开始的。虽然两者都是“摹仿”，但却与叶氏不同，这位曾陶醉于“东方比亚兹莱”虚名的叶灵凤，前有怨怼，后有自夸，这样的人是很难逃脱鲁迅先生“穷追不舍”的。

对于这段历史，现在的青年艺术爱好者，也许已经没有什么兴趣，甚至还会感到：何必“兴师动众”，难道模仿也是罪过？实在可叹，因为很多纸面上的描述，从历史中重新走回到现实，早已很难把当时的时代与人际氛围真实反映出来，更无法把当时的时代背景加上情感因素“复原”，现今的读者无法体会这种“情感历史”是很正常的：很多爱与憎都在朝着各自的方向逐渐淡化，直到永远消失……

在笔者的眼中，蕗谷虹儿的画并不出众，女性柔弱的线条，很难说有什么力量。画家自己说：“我的艺术，以纤细为生命，同时以解剖刀一般的锐利的锋芒为力量。”纤细倒见到了，而锋芒却难以发见。诗作再一配，更缺乏一种刚韧。坦率而言，在这五集中，这一种较逊色。

“艺苑朝花”共五集，要收全是要花“大价钱”的，否则无钱开路，可能连见上一眼都不太可能。在上海旧书界，早已生出无数只“私利眼”，看人口袋的眼神是斜斜的，实在可怕。

《近代木刻选集(二)》

《近代木刻选集(一)》印行不到两个月,鲁迅又编选了《近代木刻选集(二)》,从版权页上看,时间在1929年2月26日,仍由朝花社选印,上海合记教育用品社发行。实际上,鲁迅是在1929年3月10日才编完,并作了《小引》和《附记》,可见此集是衍期出版。

选集中收有英、法、美、德、日等国作品十二幅。其中美国六幅,法国两幅,俄、美、德、日各一幅。《小引》初载于1929年的3月21日《朝华周刊》的第十二期,这篇《小引》写得十分内行:

> 我们进小学校时,看见教本上的几个小图画,倒也觉得很可观,但到后来初见外国文读本上的插画,却惊异于它的精工,先前所见的就几乎不能比拟了。还有英文字典里的小画,也细巧得出奇。凡那些,就是先回说过的"木口雕刻"。
>
> 西洋木版的材料,固然有种种,而用于刻精图者大概是柘木。同是柘木,因锯法两样,而所得的板片,也就不同。顺木纹直锯,如箱板或桌面板的是一种,将木纹横断,如砧板的又是一种。前一种较柔,雕刻之际,可以挥凿自如,但不宜于细密,倘细,是很容易碎裂的。后一种是木丝之端,攒聚起来的板片,

近代木刻選集(二)
1——1500
每輯實價大洋四角
一九二九年二月二十六日印成
不許依樣翻印

⊙《近代木刻选集(二)》封面、版权页

⊙ 插图:《黎丝忒拉泰》(右)、《大雪》(左)

所以坚,宜于刻细,这便是“木口雕刻”。这种雕刻,有时便不称 Wood-cut,而别称为 Wood-engraving。中国先前刻木一细,便曰“绣梓”是可以作这译语的。和这相对,在箱板式的板片上所刻的,则谓之“木面雕刻”。

但我们这里所介绍的,并非教科书上那样的木刻,因为那是意在逼真,在精细,临刻之际,有一张图画作为底子的,既有底子,便是以刀拟笔,是依样而非独创,所以仅仅是“复刻板画”。至于“创作板画”,是并无别的粉本的,乃是画家执了铁笔,在木版上作画,本集中的达格力秀的两幅,永濑义郎的一幅,便是其例。自然也可以逼真,也可以精细,然而这些之外有美,有力;仔细看去,虽在复制的画幅上,总还可以看出一点“有力之美”来。

但这“力之美”大约一时未必能和我们的眼睛相宜。流行的装饰画上,现在已经多是削肩的美人,枯瘦的佛子,解散了的构成派绘画了。

有精力弥满的作家和观者,才会生出“力”的艺术来。“放笔直干”的图画,恐怕难以生存于颓唐,小巧的社会里的。

附带说几句,前回所引的诗,是将作者记错了。季黻来信道:“我有一匹好东绢……”系出于杜甫《戏韦偃为双松图》,末了的数句,是“重之不减锦绣段,已令拂拭光凌乱,请君放笔为直干”。并非苏东坡诗。

这篇《小引》,与《近代木刻选集(一)》的《小引》有所区别,侧重于介绍木刻的材料与创作木刻,具有很强的知识性,而这些知识正是当时的木刻青年学徒所需要的。更为可贵的是,鲁迅先生还在《小引》中更正了第一集引诗的错误,体现了作者对读者的尊重。

《附记》则介绍了木刻作者的梗概,虽无另外发表,但如今仍能见到原文。主要说明了选集中所选十二幅木刻,大多是从英国的 *The Wood-cut of Today*, *The Studio*, *The Smaller Beasts* 中选取的。

选集(二)是《艺苑朝华》第一期中的第三辑。十六开毛边本,用大红丝线穿眼,用铜版纸印版画,用道林纸印画名及作者名,图和画名各置一页,保证了图的整体感。封面灰色略带点紫色,书名等是用铅字横印,居中的图案和扉页上的小图,与选集(一)选用的相同,印 1 500 册。

根据《鲁迅日记》记载,选集出版后,立即分赠给季市、吴曙天女士(章衣萍的夫人),陶元庆及北新书局的石民等。李霁野曾想把“艺苑朝华”寄到国外,用以交换。鲁迅曾回信说:“‘艺苑朝华’印得不佳,从欧洲人看来,恐怕可笑。我想,还是另想法子,将来再看。”

在“艺苑朝华”五集中,这一集最为难得。笔者“等待”了三年,居然不见其踪影。虽经常听书友说在某处见到过,请其设法弄来一看,但就是从未到过手,足见此集之罕见,身价也不菲。

《比亚兹莱画选》

《比亚兹莱画选》，朝花社选印，上海合记教育用品社发行，1929 年 4 月 26 日初版，印 1 500 册，在版权页上印有“不许依样翻印”的字样。

一看到这几个字，便会想起鲁迅在印《凯绥·珂勒惠支版画选集》时，在版权页印的“有人翻印，功德无量”，两相一对照，真是绝妙之极。这种情况按唐弢先生的说法是：“越是说翻印必究，越是禁止不得，越说欢迎翻印，越是没有人圆此功德。在当时，这是一个大矛盾，经过鲁迅先生顺手一点，这又分明是一个大讽刺。”这说得多好！实在说出了书籍出版的辩证内涵。

此书为朝花社选印的“艺苑朝华”第一期 5 辑中的第四辑，选收英国比亚兹莱书面画、插画和装饰画等十二幅。前有鲁迅所作《小引》(署名为“朝花社”)。比氏只活了二十六年，但却没有一个作黑白画的艺术家获得比他更为普遍的名誉，也没有一个艺术家影响现代艺术这样的广阔。鲁迅对他有过评价，其中说道：

> 比亚兹莱(Aubrey Beardsley 1872 - 1898)生存只有二十六年，他是死于肺病的。生命虽然如此短促，却没有一个艺术家，作黑白画的艺术家，获得比他更为普遍的名誉；也没有一个艺术家影响现代艺

比亞茲萊畫選

1——1500

每輯實價大洋四角

一九二九年四月二十六日印成

不許依樣翻印

⊙《比亚兹莱画选》封面、版权页

⊙ 插图：比亚兹莱自画像（左）
Volpone 书面（右）

术如他这样广阔。比亚兹莱少时的生活的第一个影响是音乐，他真正的嗜好是文学。除了在美术学校两月之外，他没有艺术的训练。他的成功完全是自学获得的。

视为一个纯然的装饰艺术家，比亚兹莱是无匹的。他把世上一切不一致的事物聚在一堆，以他自己的模型来使它们织成一致。但比亚兹莱不是一个插图家。没有一本书的插画致于最好的地步——不是因为较伟大而是不相称，甚且不相干，他失败于插画者，因为他的艺术是抽象的装饰：它缺乏关系性的律动——恰如他自身缺乏在他前后十年间的关系性。他埋葬在他的时期里有如他的画吸收在它自己的坚定的线里。

这一集原为十六开毛边本，而笔者所得已切边。用粉红丝线以古籍线装式样装订。封面色彩原为灰白略带紫色的，年久日长，此颜色已变为灰暗，看不出有紫色。画页用铜版纸印版画，米色道林纸印画名和作者名。图与画名各为一页，这种装帧法，从纸张用量角度讲有点浪费，但从尊重作者与读者的角度讲，又极为有益，一看便知是内行在印画。看看现时的图类书籍，全都印在一页，背后还印文字，如纸张质量好些还好，差点则背后文字也能透出，看了实在有点讨厌。封面的书名是用铅字排印，居中花瓣图案与扉页小图相同，而另一扉页的小图与之不同。

《新俄画选》

在鲁迅先生收藏的外国木刻作品中，苏联的木刻作品为最多。而这一册《新俄画选》，则是鲁迅所编的第一本苏联版画和黑白画集。1930 年 5 月由朝花社选印，上海光华书局发行。属"艺苑朝华"第一期第五辑，出版此辑时已是朝花社倒闭后的事情了。

在"艺苑朝华"广告中，此集原名《新俄艺术图录》，后改为《新俄画选》，收苏联绘画与木刻作品十二幅。其中五幅是摘自升曙梦的《新俄美术大观》，其余是复制品。其中法复尔斯基的《莫斯科》、保里诺夫的《培林斯基像》、古泼略诺夫的《熨衣的妇女》，以及克拉甫兼珂的《列宁的遗骸》、《列宁的葬仪》等五幅为木刻作品。

1930 年 2 月 26 日夜，鲁迅编完《艺苑朝华》第五辑，并作有篇幅较长的《小引》，对俄国绘画的历史作了概括性叙述，谈到了学院派、"移动展览会派"、左派（立体派及未来派）、"产业派"、"构成派"，谈得相当专业，绝对看不出是个"门外汉"。《小引》中还讲道：

又因为革命所需要，有宣传，教化，装饰和普及，所以在这时代，版画——木刻、石版、插画、装画、蚀铜版——就非常发达了。左翼作家之不甘离开纯粹美术者，颇遁入版画中……

藝苑朝華

（不許依樣翻印）

第一期·第五輯
新俄畫選
實價大洋四角
一九三〇年五月印成

第一輯　近代木刻選集(一)
第二輯　蕗谷虹兒畫選
第三輯　近代木刻選集(二)
第四輯　比亞玆萊畫選

上海光華書局發行

⊙《新俄画选》封面、版权页

⊙ 插图：别林斯基(左)
熨衣的妇女(右)

新俄的美术，虽然现在已给世界上以甚大的影响，但在中国，记述却还很聊聊。这区区十二页，又真是实不符名，毫不能尽绍介的重任，所取的又多是版画，大幅杰构，反成遗珠，这是我们所十分抱憾的。

但是，多取版画，也另有一些原因：中国制版之术，至今未精，与其变相，不如且缓，一也；当革命时，版画之用最广，虽极匆忙，顷刻能办，二也。《艺苑朝华》在初创时，即已注意此点，所以自一集至四集，悉取黑白线图，但竟为艺苑所弃，甚难继续，今复送第五集出世，恐怕已是晌午之际了，但仍愿若干读者们，由此还能够得到多少裨益。

这篇文字读来爽快。鲁迅先生对于十月革命前后的苏俄美术界的动态相当熟悉，从字里行间透露出他发自内心的钦佩与向往。这也使读者真正理解了为何鲁迅先生如此喜爱苏联木刻版画，并把其成为主要藏品的原因。其中提到的“当革命时，版画之用最广，虽极匆忙，顷刻能办”，一直为木刻青年所推崇，似乎也成了新兴木刻运动勃兴与发展的座右铭。

《新俄画选》，十六开毛边本，粉红丝带穿眼。用铜版纸印版画，用米色道林纸印画名及作者，图和画名各置一页。封面黄色厚纸，书名等文字由铅字横印。居中和扉页上的插图，是由 B. Grigorier 所绘。版权页上印着“艺苑朝华（不许依样翻印）”的字样。

此画选一出版，鲁迅先生马上就赠予好友许钦文、季市和马珏等。

附录二

鲁迅所编文学丛书作者小传

“未名丛刊”“未名新集”作者

李霁野 （1904—1997），安徽霍邱人。1927年肄业于燕京大学中文系，历任河北天津女师学院、辅仁大学、百洲女师学院、台湾大学外语系教授、系主任。1997年5月4日逝世。中国现代著名作家、诗人、翻译家、教育家和鲁迅专题作家。从事文学和翻译活动历经70余载，主要著译作品有：《温暖集》《给少男少女》《意大利访问记》等散文集，《乡愁与国瑞》《海河集》等诗歌集。《往星中》、《黑假面人》、《不幸的一群》、《被侮辱与损害的》、《简·爱》、《虎皮武士》、《战争与和平》、《莪默绝句集》（诗集）、《四季随笔》、《妙意曲》（诗集）、《我的家庭》、《在斯大林格勒战壕中》、《难忘的一九一九》和《山灵湖》等。他翻译的第一部俄罗斯文学名著是《往星中》（1926年），在长达半个多世纪的翻译生涯中，最著名的当推英国作家夏绿蒂·勃朗特的《简爱》（1934年），1935年列入“世界文库”。

韦素园 （1902—1932），又名漱园，安徽霍邱县人。自幼聪明，8岁入私塾，11岁与四弟韦丛芜进霍邱县立小学读书，1914年入明强高年级第一班，同班同学中有台静农、李霁野和韦丛芜。韦素园从小思想敏捷，容易接受新事物，在同学中有很高威信。一生勤于文学翻译，译著有俄国果戈理小说《外套》、俄国短篇小说集《最后的光芒》、北欧诗歌小品集《黄花集》、俄国梭罗古勃的《邂逅》等。同时还创作大量散文、小品和诗歌等。逝世后，鲁迅先生手书“呜呼，宏才远志，厄于短年，文苑失英，明者永悼”碑文，并撰写《忆韦素园君》。

台静农 (1903—1990)，字伯简，笔名青曲、孔嘉等，安徽霍邱县人。幼承庭训，读经史，习书法，中学后入北京大学国文系旁听，北京大学研究所国学门肄业，国学基础奠定。1925 年初识鲁迅，从此关系密切。二十年代后期在《莽原》和《未名》半月刊发表短篇小说，集结出版第一部短篇小说集《地之子》，鲁迅称其为“将乡间的死生，泥土的气息，移在纸上”。1930 年出版第二部短篇小说集《建塔者及其他》，讴歌先知者“以精诚以赤血供奉唯一的信仰”的献身精神。1927 年后任教于辅仁大学、厦门大学、山东大学和齐鲁大学。抗战后举家迁蜀，任职国立编译馆。1946 年赴台任台湾大学中文系教授。台静农以人格耿介，治学严谨，被尊为具一代学人风范和“中国新文学的燃灯者”之一。

韦丛芜 (1905—1978)，安徽霍邱县人。原名韦崇武，又名韦立人、韦若愚，笔名东滢、蓼南、白菜、力行等。北京燕京大学毕业。1920 年进阜阳安徽第三师范学校学习。1922 年与李霁野合办《评议报》的《微光周刊》和《皖报》的《微光副刊》。1923 年进京，始译陀斯妥夫斯基的《穷人》。1925 年结识鲁迅，旁听中国小说史。同年考入燕京大学，与曹靖华、韦素园、台静农、李霁野等在鲁迅的倡导下创办“未名社”，主编《燕大月刊》，创办《莽原》半月刊，从事办刊、创作、翻译及未名社的经营。主要著作有：诗集《君山》和《冰块》，长篇小说《穷人》《格列佛游记》，短篇小说《张的梦》，以及《回忆陀斯妥夫斯基》《英国文学：拜伦时代》《罪与罚》《睡美人》《穷人及其他》和《死人之家》等。

曹靖华 (1897—1987)，原名曹联亚，河南省卢氏县人。1919 年在中学求学时投身五四运动。1920 年在上海外国语学社学俄文，加入社会主义青年团，并被派往莫斯科东方大学学习。1924 年加入文学研究会，1927 年重赴苏联，先后在莫斯科中山大学和列宁格勒东方语言学校任教。回国后在北平大学女子文理学院、东北大学、中国大学等校任教。1939 年到重庆，任中苏文化协会常务理事，主编“苏联文学丛书”。1948 年应聘赴北平清华大学任教。主要译著有：契诃夫著《三姊妹》、班南柯等著《白茶》、契诃夫等著《蠢货》、爱伦堡等著《烟袋》、拉甫列涅夫著《第四十一》、绥拉菲摩维支著《铁流》、高尔基著《一月九日》、聂维洛夫著《不走正路的安德伦》、拉甫列涅夫等著《苏联作家七人集》、盖达尔著，与尚佩秋合译的《远方》、邵洛霍夫等著，与尚佩秋合译的《死敌》、卡达耶夫著《我是劳动人民的儿子》以及《恐惧》《油船“德宾特”号》《梦》《鲜红的花》《虹》《星花》《侵略》《望穿秋水》《保卫察里津》《城与年》和《列宁故事》等。

胡敩 （1901—1943），又名胡成才，浙江龙游人，自幼聪慧，五四运动时期就读省立第一师范学校，后以优异成绩考入北京大学俄语系。1925年经李大钊介绍加入中国共产党。同年回乡组织少年先锋队。1926年翻译勃洛克的象征主义长诗《十二个》，引起鲁迅极大关注，并撰写后记。胡敩受中共北方党组织委派，到苏联驻中国大使馆担任翻译工作，曾任苏联顾问鲍罗廷的翻译，并在冯玉祥将军处工作。“四一二”反革命政变后奉派至苏联，在莫斯科中山大学任教并做党的工作，1943年在苏联政治大清洗中蒙冤遇害。主要译作是俄国亚历山大·勃洛克著诗歌集《十二个》。

董秋芳 （1898—1977），浙江绍兴人，笔名冬芬、冬奋、秋航等。1927年译作《争自由的波浪》作为“未名丛刊”之一印行，鲁迅撰《小引》。同年以“冬芬”笔名给鲁迅写了《文艺与革命》长信，鲁迅公开复信予以肯定。1929年回京继续学业，大学毕业去山东省立济南高级中学教授国文，结识胡也频、丁玲。1937年应郁达夫之邀赴福建从事抗日救亡运动，创作发表大量散文和政论，培养大批革命青年作家。抗战胜利后，在绍兴稽山中学、绍兴简易师范、杭州高级中学、宁波市立中学、浙江师范学院任教。主要著作有俄国戈理基等著《争自由的波浪》。

“乌合丛书”作者

许钦文 （1897—1984），浙江山阴人，原名许绳尧。1917年毕业于杭州省立第五师范学校。1922年发表第一篇短篇小说《晕》，此后在《晨报》副刊发表小说和杂文，受到鲁迅扶植与指导。1926年出版短篇小说集《故乡》，鲁迅将其列入“乡土作家”之列。1927年离京赴杭，抗战爆发后辗转福建各地，胜利后回杭州，前后20余年，一面教书一面写作，并从事鲁迅著作研究。主要著作有小说集：《毛线袜》、《鼻涕阿二》、《仿佛如此》、《若有其事》、《西湖之月》和《无妻之累》等。

高长虹 （1898—1954），本名高仰愈，笔名长虹，山西盂县人。1924年至1929年间先后在太原、北京、上海组织“狂飙运动”，创办《狂飙》、《弦上》、《长虹周刊》等刊物，是鲁迅组织的“莽原社”重要成员，在编撰《莽原》时出力甚多。后到日、德、法、意大利考察学习。抗战爆发后返国，在武汉、重庆等地从事抗日救亡宣传活动。1941年徒步赴延安参加革命工作。1946年到东北解放区，患病逝世。在20余年文学创作生涯中，发表作品上千篇，出版著作17部，是杂文创作多产且有成就的作家之一。主要著作有：诗集《精神与爱的女神》《闪光》《给——》《献给自然的女儿》和《延安集》，散文集《心的探险》《光与热》《走到出版界》,小说集《实生活》《曙》和《春天的人们》,诗歌论文合集《给时代的先驱》,寓言童话合集《草书纪年》等。

向培良 (1923—192),贵州黔阳县人,笔名漱美、漱年、姜良。先后在北京私立中国大学、北京世界语专门学校就读。1926 年 5 月,在郑州创办《豫报》副刊。北伐军占领武汉后随军南下,任武汉政府机关报《革命军日报》副刊编辑。汪精卫叛变后,南下出任《衡阳日报》编辑。翌年去长沙任教。1929 年任上海南华书店总编辑,创办《青春月刊》。1936 年经潘公展推荐,主办上海大戏院,兼任上海美术专科学校教授。抗战时先后担任国立戏剧学校研究实验部主任,民国政府中央文化运动委员会第一戏院巡回教育队队长,率队在湖南、广西等地巡回演出。其后,在无锡国学专修学校、苏州国立社会教育学院任教。1947 年 8 月,任中国万岁剧团团长,后辞职回乡在中学任教。向培良一生著述颇多,有戏剧作品《光明的戏剧》《沉闷的戏剧》《不忠实的爱情》《离婚及其他》《黑暗的红光》《戏剧长征集》《继母》《中国戏剧概评》《导演概论》《舞台色彩学》《舞台服装学》等。小说有《我离开十字街头》《在堤上》等。散文有《英雄与美人》《寂寞》等。译著有《逃亡》和《死城》。

冯沅君 (1900—1974),原名恭兰、淑兰,字德馥,笔名淦女士、易安、沅君等,河南唐河人。其父冯台异,曾任湖北省崇阳县知县,注重子女教育,在家设书房请“教读师爷”,为子女冯友兰、冯景兰及冯沅君讲授古文、算学、写字、作文。冯沅君十一岁时不仅能背诵大量诗词,还能吟诗填词,有“才女”之誉。1917 年秋,冯沅君说服母亲,随长兄冯友兰到北京,考入国立北京女子高等师范学校。丈夫是著名学者陆侃如。先后在金陵女子大学、复旦大学、中山大学、武汉大学、山东大学任教,曾任山东大学副校长。主要文学著作有:《春痕》《卷葹》和《劫灰》等。

“科学的艺术论丛书”作者

冯雪峰 (1903—1976),浙江义乌人,原名福春,笔名雪峰、画室等。1919年考入金华省立第七中学师范科,接受“五四”新思潮,因参加反对学监风潮被学校当局开除。同年考入浙江第一师范学校,开始新诗写作。与应修人、潘漠华、汪静之以“湖畔诗社”的名义合集出版诗集《湖畔》。五烈士牺牲后,调任左联党团书记,与鲁迅一起编辑出版《前哨》,并将瞿秋白介绍给鲁迅。在瞿指导下起草《中国无产阶级革命的文学新任务》决议,与鲁迅等联合发表《上海文化界告世界书》等。主要文学著作有诗歌集《真实之歌》《灵山歌》,杂文集《乡风与市风》《有进无退》《跨的日子》,寓言集《今寓言》,译作《我们的一团与他》《妄想》和《夏天》等。文艺论著有《新俄的曙光期》《艺术之社会的基础》《艺术与社会生活》《作家论》等。

沈端先 (夏衍 1900—1995),浙江余杭人,原名沈乃熙,字端先。早年参加五四运动,编辑《新浙江潮》,公费留学日本,入明治专门学校学电工技术。留学期间接触日本共产党,参加日本工人运动和左翼文化运动。1927年被逐回国,同年加入中国共产党。1929年与鲁迅筹建中国左翼作家联盟,任执行委员,后发起组织中国左翼戏剧家联盟。1939年后任《救亡日报》总编辑、重庆

《新华日报》代总编辑、中共香港工委书记等。文学著作颇多，主要有：《包身工》《此时此地集》《劫余随笔》《春寒》《上海屋檐下》《心防》《水乡吟》《天上人间》《芳草天涯》《法西斯细菌》《地狱》《牺牲》《母亲》《有岛武郎集》等。

苏汶 （杜衡　1907—1964），浙江余杭人，原名戴克崇，笔名苏汶、杜衡等。上海震旦大学毕业，在读时开始文学创作。1926 年与戴望舒创办《璎珞》旬刊，后与施蛰存等合办《无轨列车》《新文艺》和《现代》月刊，任编辑。曾经加入中国左翼作家联盟。1933 年在《现代》发表文章，自称是居于反动文艺和“左翼”文艺间的“第三种人”，提倡“文艺自由论”，由此引发论争，受到瞿秋白、鲁迅等点名批评。抗战初避居香港，先后在香港、重庆、南京等地任《中央日报》主笔。1942 年任职南方印书馆等。1949 年去台湾地区，一直从事报纸评论工作。主要文学著作有创作和翻译小说集：《石榴花》、《叛徒》、《怀乡集》、《漩涡里外》、《结婚集》（与姚蓬子合译）、《道林格雷画像》、《黛丝》、《二青鸟》、《革命的女儿》、《哨兵》等，以及历史剧《统治者》和文论集《文艺自由论辩集编》等。

戴望舒 （1905—1950），浙江杭州人，笔名戴梦鸥、江恩、艾昂甫等。早年就读上海大学、复旦大学，因宣传革命被捕。1926 年与施蛰存、杜衡等人创办《璎珞》旬刊，1928 年发表《雨巷》并与施蛰存、杜衡、冯雪峰创办《文学工场》。1929 年出版第一本诗集《我的记忆》，这是戴望舒早期象征主义诗歌的代表作，其中最著名的诗篇是《雨巷》，受到叶圣陶极力推荐，盛赞“替新诗开创了一个新纪元”，戴也被誉为“雨巷诗人”。戴望舒通法语、西班牙语和俄语等，一直从事欧洲文学翻译，是首个将西班牙诗人洛尔卡作品译成中文的人。其他主要文学著作有诗集《望舒草》《望舒诗稿》《灾难的岁月》等，还有译作数十种，如《良夜幽情曲》《屋卡珊和尼各莱特》《一周间》《青色鸟》《紫恋》《醉男醉女》《弟子》《高龙芭》《美人和野兽》和《恶之华掇英》等。

刘呐鸥 （1905—1940），台湾省台南人，原名刘灿波、笔名洛生。从小在日本生长，就读于东京青山学院，毕业于庆应大学文科，精通日语、英语。1928 年创办第一线书店，被查封后，创办《无轨列车》半月刊，1929 年与施蛰存、徐霞村、戴望舒等在上海合编《新文艺》月刊，发表一些进步作品，被国民党当局查封。后又创办《现代电影》杂志。水沫书店被毁后赴日本。抗战爆发后回国，为汪伪政府筹办《文汇报》，任社长，报未出版就被暗杀，暗杀传说不一。他是中国新感觉派小说的代表人物之一，主要文学作品有：短篇小说集《都市风景线》和译作《色情文化》，以及编剧电影《初恋》和《永远的微笑》等。

“现代文艺丛书”作者

柔石 （1902—1931），浙江宁海人，原名赵平复，化名少雄。1928 年到上海从事革命文学运动，曾任《语丝》编辑，与鲁迅先生同办“朝花社”。是自由运动大同盟发起人之一。中国左翼作家联盟成立，任执行委员、编辑部主任。同年 5 月以左联代表资格参加全国苏维埃区域代表大会。1931 年被捕，同年与殷夫、欧阳立安等被国民党反动派秘密杀害。鲁迅为此写有《为了忘却的纪念》。主要文学著作有：《疯人》《奴隶》《三姊妹》《旧时代之歌》《二月》和《希望》等。

韩侍桁 （1908—1987），天津人，原名韩云浦，笔名东声、索夫等。早年毕业于天津同文书院，曾留学日本。1930 年参加“左联”，后执教于广东中山大学任教授，后任中山文化教育馆特约编译，1937 年后任中央通讯社特约战地记者和总编辑室编审。1942 年任重庆文风书局总编辑。1944 年创办国际文化服务社。主要文学作品有：《铁甲列车》《塔拉斯布尔巴》《两个伊凡的故事》《红字》《哥隆克人》《战争的插曲》和《俄罗斯人剪影》，另有散文集《胭脂》和论文集《参差集》和《浅见集》等。

贺非 （1908—1934），河北武清人，又名侯朴，原名赵广湘，笔名贺非、贺非。在韩侍桁的推荐下，翻译德译本《静静的顿河》（萧洛霍夫著，全书四卷），鲁迅叫周建人腾出景云里十八号房间，让他在那里译出《静静的顿河》（实为第一卷上半部），鲁迅很满意。“贺非”或“侯朴”都是“希望”之意，前者是德文音译，后者是英文音译。1934 年死于肺病。他译完《静静的顿河》后，就到南京跟缪崇群去教书。

“文艺连丛”作者

易嘉 （瞿秋白　1899—1935），江苏武进人，原名瞿懋淼，字秋白，号熊伯、雄魄、铁梅、涤梅、瓠舟、梅影山人。曾用名瞿霜、瞿爽等。笔名巨缘、秋白、犬耕、易嘉、何凝、萧参、史铁儿、乐雯、文尹等七八十个。曾两度担任中国共产党中央委员会总书记（1927 年 7 月—1928 年 7 月，1930 年 9 月—1931 年 1 月），为党的早期领袖与缔造者之一。1920 年以北京《晨报》记者名义赴苏俄考察。1935 年在福建长汀县被国民党军队逮捕，就义时年仅 36 岁。主要文学作品有：《新俄国游记》《赤都心史》《鲁迅杂感选集》《乱弹及其他》《街头集》《不平常的故事》《高尔基创作选集》《解放了的董吉诃德》《坟场》《茨冈》和《海燕》。

“奴隶丛书”作者

叶紫 （1910—1939），湖南益阳人，原名余昭明，又名余鹤林、余繁、汤宠、余自强。笔名叶子、叶紫、阿芷、黄德等。1926年就读于武汉军事学校第三分校。其父、姐皆共产党员，“四一二”政变后被害，叶紫只身逃离，流落南京上海，做过苦工，拉洋车，当过兵，讨过饭，后任小学教员和报馆编辑。1932年与陈企霞创办《无名文艺》，同年加入“左联”，参加中国共产党。第一次以“叶紫”笔名发表的短篇小说《丰收》，引起文坛注目，后此书收入“奴隶丛书”。抗战爆发后，贫病交困离沪返湘，英年早逝。文学作品除《丰收》外，还有《星》和《山村一夜》。

萧军 （1907—1988） 辽宁锦州人，原名刘鸿霖，曾用名刘吟飞、刘羽捷、刘蔚天、刘毓竹等，笔名除“萧军”外，还有酡颜三郎、田军、三郎等。1925年参军，在部队学习古文和旧诗写作。1933年认识萧红，两人共同出版第一部小说散文合集《跋涉》，1934年到上海，得到鲁迅指导，参加《海燕》、《作家》等的编辑工作。1935年出版第一部长篇小说《八月的乡村》。1940年赴延安，先后担任中华全国文艺界抗敌协会延安分会理事及延安鲁迅艺术学院教员。抗战胜利后任东北大学鲁迅艺术学院院长。1948年加入中国共产党。主要文学作品除《跋涉》

和《八月的乡村》外,还有《羊》《江上》《绿叶底故事》《第三代》《十月十五日》《涓涓》《侧面》《从临汾到延安》《幸福之家》等。

萧红 (1911—1942) 黑龙江呼兰人,原名张荣华,曾用名张秀环、张廼莹,笔名悄吟、玲玲、田娣、萧红等。幼年丧母,1927 年读中学时受进步思想和鲁迅、茅盾及美国作家辛克莱影响。1930 年反对包办婚姻逃离家庭,结识萧军。1935 年首次以"萧红"笔名出版小说《生死场》。主要文学作品有:《跋涉》《生死场》《桥》《牛车上》《旷野的呼喊》《萧红散文》《回忆鲁迅先生》《马伯乐》《呼兰河传》《手》和《小城三月》。1942 年 1 月 22 日因肺结核和恶性气管扩张在香港去世。

附录三

鲁迅为所编文学丛书写的序跋

未名丛刊序跋

《苏俄的文艺论战·前记》

俄国既经一九一七年十月的革命，遂入战时共产主义时代，其时的急务是铁和血，文艺简直可以说在麻痹状态中。但也有 imaginist（想像派）和 futurist（未来派）试行活动，一时执了文坛的牛耳。待到一九二一年，形势就变了，文艺顿有生气，最兴盛的是左翼未来派，后有机关杂志曰《烈夫》，——即连结 Levy front iskustv 的头字的略语，意义是艺术的左翼战线，——就是专一猛烈地宣传 constructism（构成主义）的艺术和革命底内容的文学的。

但《烈夫》的发生，也很经过许多波澜和变迁。一九〇五年第一次革命的反动，是政府和工商阶级的严酷的迫压，于是特殊的艺术也出现了：象征主义，神秘主义，变态性欲主义。又四五年，为改革这一般的趣味起见，印象派终于出而开火，在战斗状态中者三整年，末后成为未来派，对于旧的生活组织更加以激烈的攻击，第一次的杂志在一九一四年出版，名曰批社会趣味的嘴巴！

旧社会对于这一类改革者，自然用尽一切手段，给以骂詈和诬谤；政府也出面干涉，并禁杂志的刊行；但资本家，却其实毫未觉到这批颊的痛苦。然而未来派依然继续奋斗，至二月革命后，始分为左右两派。右翼派与民主主义者共鸣了。左翼派则在十月革命时受了波尔雪维艺术的洗礼，于是编成左翼队，守着新艺术的左翼战线，以十月二十五日开始活动，这就是《烈夫》的起源。

但《烈夫》的正式除幕，——机关杂志的发行，是在一九二三年二月一日；此后即动作日加活泼了。那主张的要旨，在推倒旧来的传统，毁序幕那欺骗国民的耽美派和古典派的已死的资产阶级艺术，而建设起现今的新的活艺术来。所以他们自称为艺术即生活的创造者，诞生日就是十月，在这日宣言自由的艺术，名之曰无产阶级的革命艺术。

不独文艺，中国至今于苏俄的新文化都不了然，但间或有人欣幸他资本制度的复活。任国桢君独能就俄国的杂志中选译文论三篇，使我们借此稍稍知道他们文坛上论辩的大概，实在是最为有益的事，——至少是对于留心世界文艺的人们。别有《蒲力汗诺夫与艺术问题》一篇，是用 Marxism 于文艺的研究的，因为可供读者连类的参考，也就一并附上了。

一九二五年四月十二日之夜，鲁迅记。

《穷人·小引》

千八百八十年，是陀斯妥夫斯基完成了他的巨制之一《卡拉玛卓夫兄弟》这一年，他在手记上说："以完全的写实主义在人中间发见了。这是彻头彻尾俄国底特质。在这意义上，我自然是民族底的。……人称我为心理家(Psychologist)。这不得当。我但是在高的意义上的写实主义者，即我是将人的灵魂的深，显示于人的。"第二年，他就死了。

显示灵魂的深者，每要被人看作心理学家；尤其是陀斯妥夫斯基那样的作者。他写人物，几乎无须描写外貌，只要以语气，声音，就不独将他们的思想和感情，便是面目和身体也表示着。又因为显示着灵魂的深，所以一读那作品，便令人发生精神底的变化。灵魂的深处并不平安，敢于正视的本来就不多，更何况写出？因此有些柔软无力的读者，便往往将他只看作"残酷的天才"。

陀斯妥夫斯基将自己作品中的人物们，有时也委实太置之万难忍受的，没有活路的，不堪设想的境地，使他们什么事都做出来。用了精神底苦刑，送他们到那犯罪，痴呆，酗酒，发狂，自杀的路上去。有时候，竟至于似乎并无目的，只为了手造的牺牲者的苦恼，而使他受苦，在骇人的卑污的状态上，表示出人们的心来。这确凿是一个"残酷的天才"，人的灵魂的伟大的审问者。

然而，在这"在高的意义上的写实主义者"的实验室里，所处理的乃是人的全灵魂。他又从精神底苦刑，送他们到那反省，矫正，忏悔，苏生的路上去；甚至于又是自杀的路。到这样，他的“残酷”与否，一时也就难于断定，但对于好温暖或微凉的人们，却还是没有什么慈悲的气息的。

相传陀斯妥夫斯基不喜欢对人述说自己，尤不喜欢述说自己的困苦；但和他一生相纠结的却正是困难和贫穷。便是作品，也至于只有一回是并没有预支稿费的著作。但他掩藏着这些事。他知道金钱的重要，而他最不善于使用的又正是金钱；直到病得寄养在一个医生的家里了，还想将一切来诊的病人当作佳客。他所爱，所同情的是这些——贫病的人们——，所记得的是这些，所描写的是这些；而他所毫无顾忌地解剖，详检，甚而至于鉴赏的也是这些。不但这些，其实，他早将自己加以精神底苦刑了，从年青时候起，一直接问到死灭。

凡是人的灵魂的伟大的审问者，同时也一定是伟大的犯人。审问者在堂上举劾着他的恶，犯人在阶下陈述他自己的善；审问者在灵魂中揭发污秽，犯人在所揭发的污秽中阐明那埋藏的光耀。这样，就显示出灵魂的深。

在甚深的灵魂中，无所谓“残酷”，更无所谓慈悲；但将这灵魂显示于人的，是“在高的意义上的写实主义者”。

陀斯妥夫斯基的著作生涯一共有三十五年，虽然最后的十年很偏重于正教的宣传了，但其为人，却不妨说是始终一律。即作品，也没有大两样。从他最初的《穷人》起，最后的《卡拉玛卓夫兄弟》止，所说的都是同一的事，即所谓“捉住了心中所实验的事实，使读者追求着自己思想的径路，从这心的法则中，自然显示出伦理底观念来。”

这也可以说：穿掘着灵魂的深处，使人受了精神底苦刑而得到创伤，又即从这得伤和养伤和愈合中，得到苦恼的涤除，而上了苏生的路。

《穷人》是作于千八百四十五年，到第二年发表的；是第一部，也是使他即刻成为大家的作品；格里戈洛维奇和涅克拉梭夫为之狂喜，培林斯基曾给他公正的褒辞。自然，这也可以说，是显示着“谦逊之力”的。然而，世界竟是这么广大，而又这么狭窄；穷人是这么相爱，而又不得相爱；暮年是这么孤寂，而又不安于孤寂。他晚年的手记说：“富是使人加强的，是器械底和精神底满足。因此也将个人从全体分开。”富终于使少女从穷人分离了，可怜的老人便发了不成声的绝叫。爱是何等地纯洁，而又何其有搅扰咒诅之心呵！

而作者其时只有二十四岁，却尤是惊人的事。天才的心诚然是博大的。

中国的知道陀斯妥夫斯基将近十年了，他的姓已经听得耳熟，但作品的译本却未见。这也无怪，虽是他的短篇，也没有很简短，便于急就的。这回丛芜才将他的最初的作品，最初绍介到中国来，我觉得似乎很弥补了些缺憾。这是用Constance Garnett 的英译本为主，参考了 Morden Library 的英译本译出的，歧异之处，便由我比较了原白光的日文译本以定从违，又经素园用原文加以校定。在陀斯妥夫斯基全集十二巨册中，这虽然不过是一小分，但在我们这样只有微力的人，却很用去许多工作了。藏稿经年，才得印出，便借了这短引，将我所想到的写出，如上文。陀斯妥夫斯基的人和他的作品，本是一时研究不尽的，统论全般，决非我的能力所及，所以这只好算作管窥之说；也仅仅略翻了三本书：Dostoievsy's Litterarsche Schriften，Mereschkovsky's Dostoievsy und Tolstoy，升曙梦的《露西亚文学研究》。

俄国人姓名之长，常使中国的读者觉得烦难，现在就在此略加解释。那姓名全写起来，是总有三个字的：首先是名，其次是父名，第三是姓。例如这书中的解屋斯金，是姓；人却称他马加尔亚列舍维奇，意思就是亚列舍的儿子马加尔，是客气的称呼；亲昵的人就只称名，声音还有变化。倘是女的，便叫她"某之女某"。例如瓦尔瓦拉亚列舍夫娜，意思就是亚列舍的女儿瓦尔瓦拉；有时叫她瓦兰加，则是瓦尔瓦拉的音变，也就是亲昵的称呼。

一九二六年六月二日之夜，鲁迅记于东壁下。

《十二个·后记》

俄国在一九一七年三月的革命，算不得一个大风暴；到十月，才是一个大风暴，怒吼着，震荡着，枯朽的都拉杂崩坏，连乐师画家都茫然失措，诗人也沈默了。

就诗人而言，他们因为禁不起这连底的大变动，或者脱出国界，便死亡，如安得列夫；或者在德法做侨民，如梅叠什珂夫斯奇，巴理芒德；或者虽然并未脱走，却比较的失了生动，如阿尔志跋绥夫。但也有还是生动的，如勃留梭夫和戈理奇，勃洛克。

但是，俄国诗坛上先前那样盛大的象征派的衰退。却并不只是革命之赐；从一九一一年以来，外受未来派的袭击，内有实感派，神秘底虚无派，集合底主我派们的分离，就已跨进了崩溃时期了。至于十月的大革命，那自然，也是额外的一个沈重的打击。

梅叠什珂夫斯奇们既然作了侨民，就常以痛骂苏俄为事；别的作家虽然还有创作，然而不过是写些“什么”，颜色很黯淡，衰弱了。象征派诗人中，收获最多的，就是勃洛克。

勃洛克亚历山大，早就有一篇简单的自叙传——

“一八八〇年生在彼得堡。先学于古典中学，毕业后进了彼得堡大学的言语科。一九〇四年才作《美的女人之歌》这抒情诗，一九〇七年又出抒情诗两本，曰《意外的欢喜》，曰《雪的假面》。抒情悲剧《小游览所的主人》，《广场的王》，《未知之女》，不过才脱稿。现在担当着《梭罗忒亚卢拿》的批评栏，也和别的几种新闻杂志关系着。”

此后，他的著作还很多：《报复》，《文集》，《黄金时代》，《从心中涌出》，《夕照是烧尽了》，《水已经睡着》，《运命之歌》。当革命时，将最强烈的刺戟给予俄国诗坛的，是《十二个》。

他死时是四十二岁，在一九二一年。

从一九〇四年发表了最初的象征诗集《美的女人之歌》起，勃洛克便被称为现代都会诗人的第一人了。他之为都会诗人的特色，是在用空想，即诗底幻想的眼，照见都会中的日常生活，将那朦胧的印象，加以象征化。将精气吹入所描写的事象里，使它苏生；也就是在庸俗的生活，尘嚣的市街中，发见诗歌底要素。所以勃洛克所擅长者，是在取卑俗，热闹，杂沓的材料，造成一篇神秘底写实的诗歌。

中国没有这样的都会诗人。我们有馆阁诗人，山林诗人，花月诗人……没有都会诗人。

能在杂沓的都会里看见诗者，也将在动摇的革命中看见诗。所以勃洛克做出《十二个》，而且因此“在十月革命的舞台上登场了”。但他的能上革命的舞台，也不只因为他是都会诗人；乃是，如托罗兹基言，因为他“向着我们这边突进了。突进而受伤了。”

《十二个》于是便成了十月革命的重要作品，还要永久地流传。

旧的诗人沈默，失措，逃走了，新的诗人还未弹他的奇颖的琴。勃洛克独在革命的俄国中，倾听“咆哮狞猛，吐着长太息的破坏的音乐”。他听到黑夜白雪间的风，老女人的哀怨，教士和富翁和太太的彷徨，会议中的讲嫖钱，复仇的歌和枪声，卡其卡的血。然而他又听到癞皮狗似的旧世界：他向着革命这边突进了。

然而他究竟不是新兴的革命诗人，于是虽然突进，却终于受伤，他在十二个之前，看见了戴着白玫瑰花圈的耶稣基督。

但这正是俄国十月革命“时代的最重要的作品”。

呼唤血和火的，咏叹酒和女人的，赏味幽林和秋月的，都要真的神往的心，否则一样是空洞的。人多是“生命之川”之中的一滴，承着过去，向着未来，倘不是真的特出到异乎寻常的，便都不免并含着向前和反顾。诗《十二个》里就可以看见这样的心：他向前，所以向革命突进了，然而反顾，于是受伤。

篇末出现的耶稣基督，仿佛可有两种的解释：一是他也赞同，一是还须靠他得救。但无论如何，总还以后解为近是。故十月革命中的这大作品《十二个》，也还不是革命的诗。

然而也不是空洞的。

这诗的体式在中国很异样；但我以为很能表现俄国那时(！)的神情；细看起来，也许会感到那大震撼，大咆哮的气息。可惜翻译最不易。我们曾经有过一篇从英文的重译本；因为还不妨有一种别译，胡成才君便又从原文译出了。不过诗是只能有一篇的，即使以俄文改写俄文，尚且决不可能，更何况用了别一国的文字。然而我们也只能如此。至于意义，却是先由伊发尔先生校勘过的；后来，我和韦素园君又酌改了几个字。

前面的《勃洛克论》是我译添的，是《文学与革命》(Literaura i Revolutzia)的第三章，从茂森唯士氏的日本文译本重译；韦素园君又给对校原文，增改了许多。

在中国人的心目中，大概还以为托罗兹基是一个喑呜叱咤的革命家和武人，但看他这篇，便知道他也是一个深解文艺的批评者。他在俄国，所得的俸钱，还是稿费多。但倘若不深知他们文坛的情形，似乎不易懂；我的翻译的拙涩，自然也是一个重大的原因。

书面和卷中的四张画，是玛修丁(V. Masiutin)所作的。他是版画的名家。这几幅画，即曾被称为艺术底版画的典型；原本是木刻。卷头的勃洛克的画像，也不凡，但是从《新俄罗斯文学的曙光期》转载的，不知道是谁作。

俄国版画的兴盛，先前是因为照相版的衰颓和革命中没有细致的纸张，倘要插图，自然只得应用笔路分明的线画。然而只要人民有活气，这也就发达起来，在一九二二年弗罗连斯的万国书籍展览会中，就得了非常的赞美了。

一九二六年七月二十一日，记于北京。

《争自由的波浪·小引》

俄国大改革之后，我就看见些游览者的各种评论。或者说贵人怎样惨苦，简直不像人间;或者说平民究竟抬了头,后来一定有希望。或褒或贬,结论往往正相反。我想,这大概都是对的。贵人自然总要较为苦恼,平民也自然比先前抬了头。游览的人各照自己的倾向,说了一面的话。近来虽听说俄国怎样善于宣传,但在北京的报纸上,所见的却相反,大抵是要竭力写出内部的黑暗和残酷来。这一定是很足使礼教之邦的人民惊心动魄的罢。但倘若读过专制时代的俄国所产生的文章,就会明白即使那些话全是真的,也毫不足怪。俄皇的皮鞭和绞架,拷问和西伯利亚,是不能造出对于怨敌也极仁爱的人民的。

以前的俄国的英雄们,实在以种种方式用了他们的血。使同志感奋,使好心肠人坠泪,使刽子手有功,使闲汉得消遣。总是有益于人们,尤其是有益于暴君,酷吏,闲人们的时候多;压足他们的凶心,供给他们的谈助。将这些写在纸上,血色已经淡得远了;如但兼珂的慷慨,托尔斯多的慈悲,是多么柔和的心。但当时还是不准印行。这做文章,这不准印,也还是使凶心得厌足,谈助得加添。英雄的血,始终是无味的国土里的人生的盐,而且大抵是给闲人们作生活的盐,这倒实在是很可诧异的。

这书里面的梭斐亚的人格还要使人感动,戈理基笔下的人生活还活耀着;但大半也都要成为流水账簿罢。然而翻翻过去的血的流水账簿,原也未始不能够推见将来,只要不将那账目来作消遣。

有些人到现在还在为俄国的上等人鸣不平,以为革命的光明的标语,实际倒成了黑暗。这恐怕也是真的。改革的标语一定是较光明的;做这书中所收的几篇文章的时代,改革者大概就很想普给一切人们以一律的光明。但他们被拷问,被幽禁,被流放,被杀戮了。要给,也不能。这已经都写在账上,一翻就明白。假使遏绝革新,屠戮改革者的人物,改革后也就同浴改革的光明,那所处的倒是最稳妥的地位。然而已经都写在账上了,因此用血的方式,到后来便不同,先前似的时代在他们已经过去。

中国是否会有平民的时代,自然无从断定。然而,总之,平民总未必会舍命改革以后,倒给上等人安排鱼翅席,是显而易见的,因为上等人从来就没有给他们安排过杂合面。只要翻翻这一本书,大略便明白别人的自由是怎样挣来的前因,并且看看后果,即使将来地位失坠,也就不至于妄鸣不平,较之失意而学佛,切实得多多了。所以,我想,这几篇文章在中国还是很有好处的。

一九二六年十一月十四日风雨之夜,鲁迅记于厦门

现代文艺丛书序跋

《浮士德与城·后记》

这一篇剧本，是从英国 L. A. Magnus 和 K. Walter 所译的《Three Plays of A. V. Lunacharski》中译出的。书原前面，有译者们合撰的导言，与本书所载尾濑敬止的小传，互有详略之处，着眼之点，也颇不同。现在摘录一部分在这以供读者的参考——

"Anatoli Vasilievich Lunacharski"以 1876 年生于 Poitava 省，他的父亲是一个地主，Lunacharski 族本是半贵族的大地主系统，曾经出过很多的知识者。他在 Kiew 受中学教育，然到 Zurich 大学去。在那里和许多俄国侨民以及 Avenarius 和 Axelrod 相遇，决定了未来的状态。从这时候起，他的光阴多费于瑞士，法兰西，意大利，有时则在俄罗斯。

他原先便是一个布尔塞维克，那就是说，他是属于俄罗斯社会民主党的马克斯派的。这派在第二次及第三次会议占了多数，布尔塞维克这字遂变为政治上的名词，与原来的简单字义不同了。他是第一种马克斯派报章 Krylia(翼)的撰述人；是一个属于特别一团的布尔塞维克，这团在本世纪初，建设了马克斯派的杂志 Vpered(前进)，并且为此奔走，他同事中有 Pokrovski，Bogdanov 及 Gorki 等，设讲演及学校课程，一般地说，是从事于革命的宣传工作的。他是莫斯科社会民主党结社的社员，被流放到 Vologda，又由此逃往意大利。在瑞士，他是 Iskra（火花）的一向的编辑，直到 1906 年被门维克所封禁。1917 年革命后，他终于回了俄罗斯。

这一点事实即以表明 Lunacharski 的灵感的创生，他极通晓法兰西和意大利；他爱博学的中世纪底本乡；许多他的梦想便安放在中世纪上。同时他的观点是绝对属于革命底俄国的。在思想上的极端现代主义也一样显著地不同，连系着半中世纪的城市，构成了"现代"莫斯科的影子。中世纪主义与乌托邦在十九世纪后的媒介上相遇——极像在"无何有乡的消息"里——中世纪的郡自治战争便在苏维埃俄罗斯名词里出现了。

社会改进的浓厚的信仰，使 Lunacharski 的作品着色，又在或一程度上，使他和他的伟大的革命底同时代人不同。Blok，是无匹的，可爱的抒情诗人，对于一个佳人，就是俄罗斯或新信条，怀着 Sidney 式的热诚，有一切美，然而纤弱，恰如 Shelley 和他的伟大；Esenin，对于不大分明的理想，更粗鲁而热情地叫喊，这理想，在俄国的人们，是能够看见，并且觉得其存在和有生活的力量的；Demian Bedny 是通俗的讽刺家；或者别一派，大家知道的 LEF（艺术的左翼战线），这法兰西的 Esprit Noveau（新精神），在作新颖的大胆的诗，这诗学的未来派和立体派；凡这些，由或一意义说，是较纯粹的诗人，不甚切于实际的。Lunacharski 常常梦想建设，将人类建设得更好，虽然往往还是"复故"（relapsing）。所以从或一意义说，他的艺术是平凡的，不及同时代人的高翔之超迈，因为他要建设，并不浮进经验主义者里面去；至于 Blok 和 Bely，是经验主义者一流，高超，而无所信仰的。

Lunacharski 的文学底发展大约可从 1900 年算起。他最先的印本是哲学底讲谈。他是著作极多的作家。他的三十六种书，可成十五巨册。早先的一本为"研求"，是从马克斯主义者的观点出发的关于哲学的随笔集。讲到艺术和诗，包括 Maeterlinck 和 Korolenko 的评赞，在这些著作里，已经预示出他那极成熟的诗学来。《实证美学的基础》，《革命底侧影》和《文学底侧影》都可归于这一类。在这一群的短文中，包含对于知识阶级的攻击；争论，偶然也有别样的文字，如《资本主义下的文化》，《假面中的理想》，《科学，艺术及宗教》，《宗教》，《宗教史导言》等。他往往对于宗教感到兴趣，置身于俄国现在的反宗教运动中。……

Lunacharski 又是音乐和戏剧的大威权，在他的戏剧里，尤其是在诗剧，人感到里面呜着未曾写出的伤痕。……

十二岁时候，他就写了《诱惑》是一种未曾成熟的作品，讲一青年修道士有更大的理想，非教堂所能满足，魔鬼诱以情欲(Lust)，但那修道士和情欲去结婚时，则讲说社会主义。第二种剧本为《王的理发师》，是一篇淫猥的专制主义的挫败的故事，在监狱里写下来的。其次为《浮士德与城》，是俄国革命程序的预想，终在 1916 年改定，初稿则成于 1908 年。后作喜剧，总名《三个旅行者和它》。《麦奇》是 1918 年作(它的精华存在 1905 年所写的论文《实证主义与艺术》中)，1919 年就出了《贤人华西理》及《伊凡在天堂》。于是他试写历史剧《Oliver Cromwell》和《Thomas Campanella》；然后又回到喜剧去，1921 年《宰相和铜匠》及《被解放的堂・吉诃德》。后一种是 1916 年开手的。《熊的婚仪》则出现于 1622 年(开明摘译)。

就在这同一的英译本，有作者小序，更详细地说明着他之所以写这本《浮士德和城》的缘故和时期——

“无论那一个读者倘他知道 Goethe 的伟大的《Faust》，就不会不知道我的《浮士德与城》，是被《Faust》的第二部的场面所启发出来的。”在那里 Goethe 的英雄寻到了一座“自由的城”。这天才的产儿和它的创造者之间的相互关系，那问题的解决，在戏剧的形式上，一方面，是一个天才和他那种开明专制的倾向，另一方面，则是德莫克拉西的——这观念影响了我而引起我的工作。在 1906 年，我结构了这题材。1908 年，在 Abruzzi，Introdacque 地方的宜人的乡村中，费一个月光阴，我将剧本写完了。我搁置了很长久。至 1916 年，在特别幽美的环境中，Geneva 湖的 St. Leger 这乡村里，我又作一次最后的修改；那重要的修改即在竭力的剪裁(Cut)。(柔石摘译)。

这剧本，英译者以为是“俄国革命程序的预想”，是的确的。但也是作者的世界革命的程序的预想。浮士德死后，戏剧也收场了。然而在《实证美学的基础》里，我们可以发见作者所预期于此后的一部分的情形——

“……新的阶级或种族，大抵是发达于对于以前的支配者的反抗之中的。而且增恶他们的文化，是成了习惯。所以文化发达的事实底步调，大概断断续续。在种种处所，在种种时代，人类开手建设起来。而一到可能的程度，便倾于衰颓。这并非因为遇到了客观的不可能，乃是主观底的可能性受了害。

然而，最为后来的世代，却和精神的发达，即丰富的联想，评价原理的设定，历史底意义及感情的生长一同，愈加学着客观底地来享乐一切的艺术的。于是吸雅片者的呓语似的华丽而奇怪的印度人的伽蓝，压人地沉重地施了烦腻的色彩的埃及人的庙宇，希腊人的雅致，戈谛克的法悦，文艺复兴期的暴风雨似的享乐性，在他，都成为能理解，有价值的东西。为什么呢，因为是新的人类的这完人，于人类底的东西，什么都是无所关心的。将或种联想压倒，将别的联想加强，完人在自己的心理的深处，唤起印度人和埃及人的情绪来。能够并无信仰，而感动于孩子们的祷告，并不渴血，而欣然移情于亚契莱斯的破坏底的愤怒，能够沈潜于浮士德的无底的思想中，而以微笑凝眺着欢底娱的笑剧和滑稽的喜歌剧”。(鲁迅译《艺术论》，一六五至一六六页)。

因为新的阶级及其文化，并非突然从天而降，大抵是发达于对于旧支配者及其文化的反抗中，亦即发达于和旧者的对立中，所以新文化仍然有所承传，于旧文化也仍然有所择取。这可说明卢那卡尔斯基当革命之初，仍要保存农民固有的美术，怕军人的泥靴踏烂了皇宫的地毯；在这里也使开辟新城而倾于专制的——但后来是悔悟了的——天才浮士德死于新人们的歌颂中的原因。这在英译者们的眼里，我想就被看成叫作“复故”的东西了。

所以他之主张择存文化底遗产，是因为“我们继承着人的过去，也爱人类的未来”的缘故；他之以为创业的雄主，胜于世纪末的颓唐人，是因为古人所创的事业中，即含有后来的新兴阶级可以择取的遗产，而颓唐人则自置于人间之上，自放于人间之外，于当时及后世都无益处的缘故。但自然也有破坏，这是为了未来的新的建设。新的建设的理想，是一切言动的南针，倘没有这而言破坏，便如未来派，不过是破坏的同路人，而言保存，则全然是旧社会的持维者。

Lunacharski 的文字，在中国，翻译要算比较地多的了。《艺术论》(并包括《实证美学的基础》，大江书店版)之外，有《艺术之社会的基础》(雪峰译，水沫书店版)，有《文艺与批评》(鲁迅译，同店版)，有《霍善斯坦因论》(译者同上，光华书局版)等，其中所说，可作含在这《浮士德与城》里的思想的印证之处，是随时可以得到的。

编者　一九三〇年六月，上海

《静静的顿河·后记》

本书的作者是新近有名的作家，一九二七年珂刚 P. S. Kogan 教授所作的《伟大的十年的文学》中，还未见他的姓名，我们也得不到他的自传。卷首的事略，是从德国辑译的《新俄新小说家三十人集》(Dreissig neue Erzaehler des neuen Russland)的附录里翻译出来的。

这《静静的顿河》的前三部，德国就在去年由 Olga Halpern 译成出版，当时书报上曾有比小传较为详细的绍介的文辞：

“唆罗诃夫是那群直接出自民间，而保有他们的本源的俄国的诗人之一。约两年前，这年青的哥萨克的名字，才始出现于俄国的文艺界，现在已被认为新俄最有天才的作家们中的一个了。他未到十四岁，便已实际上参加了俄国革命的斗争，受过好几回伤，终被反革命的军队逐出了他的乡里。

“他的小说《静静的顿河》开手于一九一三年，他用炎炎的南方的色彩，给我们描写哥萨克人(那些英雄的，叛逆的奴隶们 Pugatchov, Stenka Rasin, Bulauin 等的苗裔，这些人们的行为在历史上日见其伟大)的生活。但他所描写，和那部分底地支配着西欧人对于顿河哥萨克人的想像的不真实的罗曼主义，是并无共通之处的。

“战前的家长制度的哥萨克人的生活，非常出色地描写在这小说中。叙述的中枢是年青的哥萨克人格黎高里和一个伶人的妻阿珂新亚，这两个人被有力的热情所镕接，共尝着幸福与灭亡。而环绕了他们俩，则俄国的乡村在呼吸，在工作，在歌唱，在谈天，在休息。

“有一天，在这和平的乡村里蓦地起了一声惊呼：战争！最有力的男人们都出去了。这哥萨克人的村落也流了血，但在战争的持续间却生长了沈郁的憎恨，这就是逼近目前的革命预兆……”

出书不久，华斯珂普(F. C. Weiskepf)也就给以正当的批评：

“唆罗珂夫的《静静的顿河》，由我看来好像是一种预约——那青年的俄国文学以法兑耶夫的《溃灭》，班弗罗夫的《贫农组合》，以及巴贝勒的和伊凡诺夫的小说与传奇等对于那倾耳谛听着的西方所定下的预约的完成；这就是说，一种充满着原始力的新文学生长起来了，这种文学，它的浩大就如俄国的大原野，它的清新与不羁则如苏联的新青年。凡在青年的俄国作家们的作品中不过是一种预示与胚胎的(新的观点，从一个完全反常的，新的方面来观察问题，那新的描写)，在唆罗珂夫这部小说里都得到十分的发展了。这部小说为了它那构想的伟大，生活的多样，描写的动人，使我们记起托尔斯泰的《战争与和平》来。我们紧张地盼望着续卷的出现。”

德译的续卷，是今年秋天才出现的，但大约总还须再续，因为原作就至今没有写完。这一译本，即出于 Olga Halpern 德译本第一卷的上半，所以“在战争的持续间却生长了沈郁的憎恨”的事，在这里还不能看见。然而风物既殊，人情复异，写法又明朗简洁，绝无旧文人描头画角，宛转抑扬的恶习，华斯珂普所说的“充满着原始力的新文学”的大概，已灼然可以窥见。将来倘有全部译本，则其启发这里的新作家之处，一定更为不少，但能否实现，却要看这古国的读书界的魄力而定了。

一九三〇年九月十六日　鲁迅

《铁甲列车·后记》

作者的事迹，见于他的自传，本书的批评，见于 Kogan 教授的《伟大的十年文学》中，中国已有译本，在这里无须多说了。

关于巴尔底山的小说，伊凡诺夫所作的不只这一篇，但这一篇称为杰出。巴尔底山者，源出法语，意云“党人”，当拿破仑侵入俄国时，农民即曾组织团体以自卫，——这一个名目，恐怕还是法国人所起的。

现在或译为游击队，或译为袭击队，经西欧的新闻记者用他们的有血的笔一渲染，读者便觉得像是渴血的野兽一般了。这篇便可洗掉一切的风说，知道不过是单纯的平常的农民的集合，——其实只是工农自卫团而已。

这一篇的底本，是日本黑田辰男的翻译，而且是第二次改译，自云“确已面目一新，相信能近于完全”的，但参照 Eduard Schiemann 的德译本，则不同之处很不少。据情节来加推断，亦复互见短长，所以本书也常有依据德译本之处。大约作者阅历甚多，方言杂出，即这一篇中就常有西伯利亚和中国语；文笔又颇特别，所以完全的译本，也就难于出现了罢。我们的译本，也只主张在直接的完译未出之前，有存在的权利罢了。

一九三〇年十二月三〇日　编者

文艺连丛序跋

《不走正道的安德列·小引》

现在我被托付为该在这本小说前面，写一点小引的脚色。这题目是不算烦难的，我只要分为四节，大略来说一说就够了。

1. 关于作者的经历，我曾经记在《一天的工作》的后记里，至今所知道的也没有加增，就照抄在下面：

"聂维洛夫(Aleksandr Neverov)的真姓是斯珂培莱夫(Skobelev)，以一八八六年生为萨玛拉(Samara)州的一个农夫的儿子。一九〇五年师范学校第二级卒业后，做了村学的教师。内战时候，则为萨玛拉的革命军事委员会的机关报《赤卫军》的编辑者。一九二〇至二一年大饥荒之际，他和饥民一同从伏尔迦逃往塔什干；二二年到墨斯科，加入文学团体'锻冶厂'；二三年冬，就以心脏麻痹死去了，年三十七。他的最初的小说，在一九〇五年发表，此后所作，为数甚多，最著名的是《丰饶的城塔什干》，中国有穆木天译本"。

2. 关于作者的批评，在我所看见的范围内，最简要的还是要推珂刚教授在《伟大的十年的文学》里所说的话。这回是依据了日本黑田辰男的译本，重译一节在下面：

"出于'锻冶厂'一派的最有天分的小说家，不消说，是善于描写崩坏时代的农村生活者之一的亚历山大·聂维洛夫了。他吐着革命的呼吸，而同时也爱人生。他用了爱，以观察活人的个性，以欣赏那散在俄国无边的大平野上的一切缤纷的色彩。他之于时事问题，是远的，也是近的。说是远者，因为他出发于挚爱人生的思想，说是近者，因为他看见那站在进向人生和幸福和完全的路上的力量，觉得那解放人生的力量。聂维洛夫——是从日常生活而上达于人类底东西之处的作家之一，是观察周的现实主义者，也是生活描写者的他，在我们面前，提出生活底的，现代底的相貌来，一直上升到人性的所谓'永久底'的性质的描写，用别的话来说，就是更深刻地捉住了展在我们之前的现象和精神状态，深刻地加以照耀，使这些都显出超越了一时底，一处底界限的兴味来了。"

3. 这篇小说，就是他的短篇小说集《人生的面目》里的一篇，故事是旧的，但仍然有价值。去年在他本国还新印了插画的节本，在"初学丛书"中。前有短序，说明着对于苏联的现在的意义：

A. 聂维洛夫是一九二三年死的。他是最伟大的革命的农民作家之一。聂维洛夫在《不走正路的安得伦》这部小说里，号召着毁灭全部的旧式的农民生活，不管要受多么大的痛苦和牺牲。

"这篇小说所讲的时代，正是苏维埃共和国结果了白党而开始和平的建设的时候。那几年恰好是黑暗的旧式农村第一次开始改造。安得伦是个不妥协的激烈的战士，为着新生活而奋斗，他的工作环境是很艰难的。这样和富农斗争，和农民的黑暗愚笨斗争，——需要细密的心计，谨慎和透彻。稍微一点不正确的步骤就可以闯乱子的。对于革命很忠实的安得伦没有估计这种复杂的环境。他艰难困苦建设起来的东西，就这么坍台了。但是，野兽似的富农虽然杀死了他的朋友，烧掉了他的房屋，然而始终不能够动摇他的坚决的意志和革命的热忱。受了伤的安得伦决心向前走去，走上艰难的道路，去实行社会主义的改造农村。

"现在，我们的国家胜利的建设着社会主义，而要在整个区域的集体农场化的基础之上，去消灭富农阶级。因此《不走正路的安得伦》里面说得那么真实，那么清楚的农村里的革命的初步，——现在回忆一下也是很有益处的。"

4. 关于译者，我可以不必再说。他的深通俄文和忠于翻译，是现在的读者大抵知道的。插图五幅，即从"初学丛书"的本子上取来，但画家蔼支(Ez)的事情，我一点不知道。

一九三三年五月十三日　鲁迅

《解放了的董吉诃德·后记》

假如现在有一个人,以黄天霸之流自居,头打英雄结,身穿夜行衣靠,插着马口铁的单刀,向市镇村落横冲直撞,去除恶霸,打不平,是一定被人哗笑的,决定他是一个疯子或昏人,然而还有一些可怕。倘使他非常孱弱,总是反而被打,那就只是一个可笑的疯子或者昏人了,人们警戒之心全失,于是倒爱看起来。西班牙的文豪西万提斯(Miguel de Cervantes Saavedra, 1547 - 1616)所作《董吉诃德传》(Vida y hechos del ingenioso Hidalgo Don Quijote de la Mancha)中的主角,就是以那时的人,偏要行古代游侠之道,执迷不悟,终于困苦而死的资格,赢得许多读者的开心,因而爱读,传布的。

但我们试问:十六十七世纪时的西班牙社会上可有不平等存在呢?我想,恐怕总不能不答道:有。那么,吉诃德的立志去打不平,是不能说他错误的;不自量力,也并非错误。错误是在他的打法。因为糊涂的思想,引出了错误的打法。侠客为了自己的"功绩"不能打尽不平,正如慈善家为了自己的阴功,不能求助社会上的困苦一样。而且是"非徒无益,而又豁之"的。他惩罚了毒打徒弟的师傅,自以为立过"功绩",扬长而去了,但他一走,徒弟却更加吃苦,便是一个好例。

但嘲笑吉诃德的旁观者,有时也嘲笑得未必得当。他们笑他本非英雄,却以英雄自命,不识时务,终于赢得颠连困苦;由这嘲笑,启拔于"非英雄"之上,得到优越感;然而对于社会上的不平,却并无更好的战法,甚至于连不平也未曾觉得。对于慈善者,人道主义者,也早有人揭穿了他们不过用同情或财力,卖得心的平安。这自然是的。但倘非战士,而只劫取这一个理由来自掩他的冷酷,那就是用一毛不拔,卖得心的平安了,他是不化本钱的卖买。

这一个剧本,就将吉诃德拉上舞台来,极明白的指出了吉诃德主义的缺点,甚至于毒害。在第一场上,他用谋略和自己的挨打救出革命者,精神上是胜利的;而实际上也得了胜利,革命终于起来,专制者入了牢狱;可是这位人道主义者,这时忽又认国公们为被压迫者了,放蛇归壑,使他又能流毒,焚杀淫掠,远过于革命的牺牲。他虽不为人们所信仰,——连跟班的山嘉也不大相信,——却常常被奸人所利用,帮着使世界留在黑暗中。

国公,傀儡而已;专制魔王的化身是伯爵谟尔却(Graf Murzio)和侍医巴坡的帕波(Pappo del Babbo),谟尔却曾称吉诃德的幻想为“牛羊式的平等幸福”,而说出他们所要实现的“野兽的幸福”来,道——

“O! 董吉诃德,你不知道我们野兽。粗暴的野兽,咬着小鹿儿的脑袋,啃断它的喉咙,慢慢的喝它的热血,感觉到自己爪牙底下它的小腿儿在抖动,渐渐的死下去,——那真正是非常之甜蜜。然而人是细腻的野兽。统治着,过着奢华的生活,强迫人家对着你祷告,对着你恐惧而鞠躬,而卑躬屈节。幸福就在于感觉到几百万人的力量都集中到你的手里,都无条件的交给了你,他们像奴隶,而你像上帝。世界上最幸福最舒服的人就是罗马皇帝,我们的国公能够像复活的尼罗一样,至少也要和赫里沃哈巴尔一样。可是,我们的宫殿很小,离这个还远哩。毁坏上帝和人的一切法律,照着自己的意旨的法律,替别人打出新的锁练出来!权力! 这个字眼里面包含一切:这是个神妙的使人沉醉的字眼。生活要用权力的程度来量它。谁没有权力,他就是个死尸。”(第二场)。

这个秘密,平常是很不肯明说的,谟尔却诚不愧为“小鬼头”,他说出来了,但也许因为看得吉诃德“老实”的缘故。吉诃德当时虽曾说牛羊应当自己防御,但当革命之际,他又忘却了,倒说“新的正义也不过是旧的正义的同胞姊妹”,指革命者为魔王,和先前的专制者同等。于是德里戈(Drigo Pazz)说——

“是的,我们是专制魔王,我们是专政的。你看这把剑看见罢? ——它和贵族的剑一样,杀起人来是很准的;不过他们的剑是为着奴隶制度去杀人,我们的剑是为着自由去杀人。你的老脑袋要改变是很难的了。你是个好人;好人总喜欢帮助被压迫者。现在,我们在这个短时期间是压迫者。你和我们来斗争罢。我们也一定要和你斗争,因为我们的压迫,是为着叫这个世界上很快就没有人能够压迫。”(第六场)。

这是解剖得十分明白的。然而吉诃德还是没有悟,终于去掘坟;他掘坟,他也“准备”着自己担负一切的责任。但是,正如巴勒塔萨(Don Balthazar)所说:这种决心有什么用处呢?

而巴勒塔萨始终还爱着吉诃德,愿意给他去担保,硬要做他的朋友,这是因为巴勒塔萨出身知识阶级的缘故。但是终于改变他不得。到这里,就不能不承认德里戈的嘲笑,憎恶,不听废话,是最为正当的了,他是有正确的战法,坚强的意志的战士。

这和一般的旁观者的嘲笑之类是不同的。

不过这里的吉诃德，也并非整个是现实所有的人物。

原书以一九二二年印行，正是十月革命后六年，世界上盛行着反对者的种种谣诼，竭力企图中伤的时候，崇精神的，爱自由的，讲人道的，大抵不平于党人的专横，以为革命不但不能复兴人间，倒是得了地狱。这剧本便是给与这些论者们的总答案。吉诃德即由许多非议十月革命的思想家，文学家所合成的。其中自然有梅垒什珂夫斯基(Merezhkovsky)，有托尔斯泰派；也有罗曼罗兰，爱因斯坦因(Einstein)。我还疑心连高尔基也在内，那时他正为种种人们奔走，使他们出国，帮他们安身，听说还至于因此和当局者相冲突。

但这种的辩解和预测，人们是未必相信的，因为他们以为一党专政的时候，总有为暴政辩解的文章，即使做得怎样巧妙而动人，也不过一种血迹上的掩饰。然而几个为高尔基所救的文人，就证明了这预测的真实性，他们一出国，便痛骂高尔基，正如复活后的谟尔却伯爵一样了。

而更加证明了这剧本在十年前所预测的真实的是今年的德国。在中国，虽然已有几本叙述希特拉的生平和勋业的书，国内情形，却介绍得很少，现在抄袭几段巴黎时事周报《Vu》的记载(素琴译，见《大陆杂志》十月号)在下面——

"'请允许我不要说你已经见到过我，请你不要对别人泄露我讲的话。……我们都被监视了。……老实告诉你罢，这简直是一座地狱。'对我们讲话的这一位是并无政治经历的人，他是一位科学家。……对于人类命运，他达到了几个模糊而大度的概念，这就是他的得罪之由。……"

"'倔强的人是一开始就给铲除了的，'在幕尼锡我们底向导者已经告诉过我们，……但是别的国社党人则将情形更推进了一步。'那种方法是古典的。我们叫他们到军营那边去取东西回来，于是，就打他们一靶。打起官话来，这叫作：图逃格杀'。"

"难道德国公民底生命或者财产对于危险的统治是有敌意的么？……爱因斯坦因底财产被没收了没有呢？那些德国报纸也承认的几乎每天都可在空地或城外森中发现的胸穿数弹身负伤痕的死尸，到底是怎样一回事呢？难道这些也是共产党底挑激所致么？这种解释似乎太容易一点了吧？……"

但是，十二年前，作者却早借谟尔却的嘴给过解释了。另外，再抄一段法国的《世界》周刊的记事(博心译，见《中外书报新闻》第三号)在这里——

"许多工人政党领袖都受着类似的严刑酷法。在哥伦，社会民主党员沙罗曼所受的真是更其超人想像了！最初，沙罗曼被人轮流殴击了好几个钟头。随后，人家竟用火把烧他的脚。同时又以冷水淋他的身，晕去则停刑，醒来又遭殃。流血的面孔上又受他们许多次的便溺。最后，人家以为他已死了，把他抛弃在一个地窑里。他的朋友才把他救出偷偷运过法国来，现在还在一个医院里。这个社会民主党右派沙罗曼对于德文《民声报》编辑主任的探问，曾有这样的声明：‘三月九日，我了解法西主义比读什么书都透彻。谁以为可以在知识言论上制胜法西主义，那必定是痴人说梦。我们现在已到了英勇的战斗的社会主义时代了。’”

这也就是这部书的极透彻的解释，极确切的实证，比罗曼罗兰和爱因斯坦因的转向，更加晓畅，并且显示了作者的描写反革命的凶残，实在并非夸大，倒是还未淋漓尽致了。是的，反革命的野兽性，革命者倒是会很难推想的。

一九二五年的德国，和现在稍不同，这戏剧曾在民国剧场开演，并且印行了戈支(I. Gotz)的译本。不久，日译本也出现了，收在“社会文艺丛书”里；还听说也曾开演于东京。三年前，我曾根据二译本，翻了一幕，载《北斗》杂志中。靖华兄知道我在译这部书，便寄给我一本很美丽的原本。我虽然不能读原文，但对比之后，知道德译本是很有删节的，几句几行的不必说了，第四场上吉诃德吟了这许多工夫诗，也删得毫无踪影。这或者是因为开演，嫌它累坠的缘故罢。日文的也一样，是出于德文本的。这么一来，就使我对于译本怀起疑来，终于放下不译了。

但编者竟另得了从原文直接译出的完全的稿子，由第二场续登下去，那时我的高兴，真是所谓“不可以言语形容。”可惜的是登到第四场，和《北斗》的停刊一同中止了。后来辗转竟得未刊的译稿，则连第一场也已经改译，和我的旧译颇不同，而且注解详明，是一部极可信的本子。藏在箱子里，已将一年，总没有刊印的机会。现在有联华书局给它出版，使中国又多一部好书，这是极可庆幸的。

原本有毕斯凯莱夫(I. I. Piskarev)木刻的装饰画，也复制在这里了。剧中人物地方时代表，是据德文本增补的；但《堂・吉诃德传》第一部，出版于一六〇四年，则那时当是十六世纪末，而表作十七世纪，也许是错误的罢，不过这也没什么大关系。

一九三三年十月二十八日，上海。鲁迅

《萧伯纳在上海・序言》

现在的所谓“人”，身体外面总得包上一点东西，绸缎，毡布，纱葛都可以。就是穷到做乞丐，至少也得有一条破裤子；就是被称为野蛮人的，小肚前后也多有了一排草叶子。要是在大庭广众之前自己脱去了，或是被人撕去了，这就叫作不像人样子。

虽然不像样，可是还有人要看，站着看的也有，跟着看的也有，绅士淑女们一齐掩住了眼睛，然而从手指缝里偷瞥几眼的也有，总之是要看看别人的赤条条，却小心着自己的整齐的衣裤。

人们的讲话，也大抵包着绸缎以至草叶子的，假如将这撕去了，人们就也爱听，也怕听。因为爱，所以围拢来，因为怕，就特地给它起了一个对于自己们可以减少力量的名目，曰“讽刺”，称说这类的话的人曰“讽刺家”。

伯纳萧一到上海，热闹得比泰戈尔还利害，不必说毕力涅克和穆杭了，我以为原因就在此。

还有一层，是“专制使人们变成冷嘲”，但这是英国的事情，古来只能“道路以目”的人们却不敢的，不过时候也到底不同了，就要听洋讽刺家来“幽默”一回，大家哈哈一下子。

还有一层，我在这里不想提。

但先要提防自己的衣裤。于是各人的希望就不同起来了，耳朵也不同起来了，批评也不同起来了。蹩脚愿意他主张拿拐杖，癞子希望他赞成戴帽子，涂了胭脂的想他讽刺黄脸婆，民族主义文学家要靠他来压服日本的军队。但结果如何呢？结果只要看唠叨的多，就知道不见得十分圆满了。

萧的伟大可又在这地方。英系报，日系报，白俄系报，虽然造了一些谣言，而终于全部攻击起来，就知道他决不为帝国主义所利用。至于有些中国报，那是无须多说的，因为原是洋大人的跟丁。这跟也跟得长久了，只在“不抵抗”或“战略关系”上，这才走在他们军队的前面。

萧在上海不到一整天，而故事竟有这么多，倘是别的文人，恐怕不见得会这样的，这不是一件小事，所以这一本书，也确是重要的文献。在前三个部门之中，就将文人，政客，军阀，流氓，叭儿的各色各样的相貌，都在一个平面镜里映出来了。说萧是凹凸镜，我也不以为确凿。

余波流到北平，还给了大英国的记者一个教训：他不高兴中国人欢迎他。二十日路透电说北平报章多登关于萧的文章，是“足证华人传统的不感觉痛苦性”。胡适博士尤其超脱，说是不加招待，倒是最高尚的欢迎。

“打是不打，不打是打！”

这真是一面大镜子，真是令人觉得好像一面大镜子的大镜子，从去照或不愿去照里，都装模作样的显出了藏着的原形。在上海的一部分，虽然用笔和舌的还没有北平的外国记者和中国学者的巧妙，但已经有不少的花样。旧传的脸谱本来也有限，虽有未曾收录的，或后来发表的东西，大致恐怕总在这谱里的了。

一九三三年二月二十八日灯下　鲁迅

奴隶丛书序跋

《丰收·序言》

作者写出创作来，对于其中的事情，虽然不必亲历过，最好是经历过。诘难者问：那么，写杀人最好是自己杀过人，写妓女还得去卖淫么？答曰：不然。我所谓经历，是所遇，所见，所闻，并不一定是所作，但所作自然也可以包含在里面。天才们无论怎样说大话，归根结蒂，还是不能凭空创造。描神画鬼，毫无对证，本可以专靠了神思，所谓"天马行空"似的挥写了，然而他们写出来的，也不过是三只眼，长颈子，就是在常见的人体上，增加了眼睛一只，增长了颈子二三尺而已。这算什么本领，这算什么创造？

地球上不只一个世界，实际上的不同，比人们空想中的阴阳两界利害。这一世界中人，曾轻蔑，憎恶，压迫，恐怖，杀戮别一世界中人，然而他不知道，因此他也写不出，于是他自称"第三种人"，他"为艺术而艺术"，他即使写了出来，也不过是三只眼，长颈子而已。"再亮些？"不要骗人罢！你们的眼睛在那里呢？

伟大的文学是永久的，许多学者们这么说。对啦，也许是永久的罢。但我自己，却与其看薄凯契阿，雨果的书，宁可看契诃夫，高尔基的书，因为它更新，和我们的世界更接近。中国确也还盛行着《三国志演义》和《水浒传》,但这是为了社会还有三国气和水浒气的缘故。《儒林外史》作者的手段何尝在罗贯中下,然而留学生漫天塞地以来,这部书就好像不永久,也不伟大了。伟大也要有人懂。

这里的六个短篇,都是太平世界的奇闻,而现在却是极平常的事情,因为极平常,所以和我们更密切,更有大关系。作者还是一个青年,但他的经历,却抵得太平天下的顺民的一世纪的经历,在转辗的生活中,要他"为艺术而艺术",是办不到的。但我们有人懂得这样的艺术,一点用不着谁来发愁。

这就是伟大的文学么?不是的,我们自己并没有这么说。"中国为什么没有伟大文学产生"?我们听过许多指导者的教训了,但可惜他们独独忘却了一方面的对于作者和作品的摧残。"第三种人"教训过我们,希腊神话里说什么恶鬼有一张床,捉了人去,给睡在这床上,短了,就拉长他,太长,便把他截短。左翼批评就是这样的床,弄得他们写不出东西来了。现在这张床真的摆出来了,不料却只有"第三种人"睡得不长不短,刚刚合式。仰面而唾天,掉在自己的眼睛里,天下真会有这等事。

但我们却有作家写得出东西来,作品在摧残中也更加坚实。不但为一大群中国青年读者所支持,当《电网外》在《文学新地》上以"王伯伯"的题目发表后,就得到世界的读者了。这就是作者已经尽了当前的任务,也是对于压迫者的答复:文学是战斗的!

我希望将来还有看见作者更多,更好的作品的时候。

一九三五年一月十六日,鲁迅记于上海。

《八月的乡村・序言》

爱伦堡(Ilia Ehrenburg)论法国的上流社会文学家之后,他说,此外也还有一些不同的人们:"教授们无声地在他们的书房里工作着,实验X光线疗法的医生死在他们的职务上,奋身去救自己的伙伴的渔夫悄然沉没在大洋里面。……一方面是庄严的工作,另一方面却是荒淫无耻。"

这末两句,真也好像说着现在的中国。然而中国是还有更其甚的呢。手头没有书,说不清见于那里的了,也许是已经汉译了的日本箭内互氏的著作罢,他曾经一一记述了宋代的人民怎样为蒙古人所淫杀,俘虏,践踏和奴使。然而南宋的小朝廷却仍旧向残山剩水间的黎民施威,在残山剩水间行乐;逃到那里,气焰和奢华就跟到那里,颓废和贪婪也跟到那里。"若要官,杀人放火受招安;若要富，跟着行在卖酒醋。"这是当时的百姓提取了朝政的精华的结语。

人民在欺骗和压制之下，失了力量，哑了声音，至多也不过有几句民谣。"天下有道，则庶人不议"。就是秦始皇隋炀帝，他会自认无道么？百姓就只好永远箝口结舌，相率被杀，被奴。这情形一直继续下来，谁也许忘记了开口，但也许不能开口。即以前清末年而论，大事件不可谓不多了：鸦片战争，中法战争，中日战争，戊戌政变，义和拳变，八国联军，以至民元革命。然而我们没有一部像样的历史的著作，更不必说文学作品了。"莫谈国事"，是我们做小民的本分。

我们的学者也曾说过：要征服中国，必须征服中国民族的心。其实，中国民族的心，有些是早给我们的圣君贤相武将帮闲之辈征服了的。近如东三省被占之后，听说北平富户，就不愿意关外的难民来租房子，因为怕他们付不出房租。在南方呢，恐怕义军的消息，未必能及鞭毙土匪，蒸骨验尸，阮玲玉自杀，姚锦屏化男的能够声动大家的耳目罢？"一方面是庄严的工作，另一方面却是荒淫无耻。"

但是，不知道是人民进步了，还是时代太近，还未湮没的缘故，我却见过几种说述关于东三省被占的事情的小说。这《八月的乡村》，即是很好的一部，虽然有些近乎短篇的连续，结构和描写人物的手段，也不能比法捷耶夫的《毁灭》，然而严肃，紧张，作者的心血和失去的天空，土地，受难的人民，以至失去的茂草，高粱，蝈蝈，蚊子，搅成一团，鲜红的在读者眼前展开，显示着中国的一份和全部，现在和未来，死路与活路。凡有人心的读者，是看得完的，而且有所得的。

"要征服中国民族，必须征服中国民族的心"！但这书却于"心的征服"有碍。心的征服，先要中国人自己代办。宋曾以道学替金元治心，明曾以党狱替满清箝口。这书当然不容于满洲帝国，但我看也因此当然不容于中华民国。这事情很快的就会得到实证。如果事实证明了我的推测并没有错，那也就证明了这是一部很好的书。

好书为什么倒会不容于中华民国呢？那当然，前面已经说过几回了——

"一方面是庄严的工作，另一方面却是荒淫无耻！"

这不像序。但我知道，作者和读者是决不和我计较这些的。

一九三五年三月二十八之夜，鲁迅读毕记。

《生死场·序言》

记得已是四年前的事了，时维二月，我和妇孺正陷在上海闸北的火线中，眼见中国人的因为逃走或死亡而绝迹。后来仗着几个朋友的帮助，这才得进平和的英租界，难民虽然满路，居人都很安闲。和闸北相距不过四五里罢，就是一个这么不同的世界，——我们又怎么会想到哈尔滨。

这本稿子的到了我的桌上，已是今年的春天，我早重回闸北，周围又复熙熙攘攘的时候了。但却看见了五年以前，以及更早的哈尔滨。这自然还不过是略图，叙事和写景，胜于人物的描写，然而北方人民的对于生的坚强，对于死的挣扎，却往往已经力透纸背；女性作者的细致的观察和越轨的笔致，又增加了不少明丽和新鲜。精神是健全的，就是深恶文艺和功利有关的人，如果看起来，他不幸得很，他也难免不能毫无所得。

听说"文学社"曾经愿意给她付印，稿子早到"中央宣传部书报检查委员会"那里去，搁了半年，结果是不许可。人常常会事后才聪明，回想起来，这正是当然的事：对于生的坚强和死的挣扎，恐怕也确是太背"训政"之道的。今年五月，只为了《略谈皇帝》这一篇文章，这一个气焰万丈的委员会就忽然烟消火灭，便是"以身作则"的实地大教训。

"奴隶社"以汗血换来的几文钱，想为这本书出版，却又在我们的上司，以身作则的半年之后了，还要我写几句序。然而这几天，却又谣言蜂起，闸北的熙熙攘攘的居民，又在抱头鼠窜了，路上是络绎不绝的行李车和人，路旁是黄白两色的外人，含笑在赏鉴这礼让之邦的盛况。自以为居于安全地带的报馆的报纸，则称这些逃命者为"庸人"或"愚民"。我却以为也许是聪明的，至少，是已经凭着经验，知道了煌煌的官样文章之不可信。他们还有些记性。

现在是一九三五年十一月十四的夜里，我在灯下再看完了《生死场》，周围像死一般寂静，听惯的邻人的谈话声没有了，食物的叫卖声也没有了，不过偶有远远的几声犬吠。想起来，英法租界当不是这情形，哈尔滨也不是这情形，我和那里的居人，彼此都怀着不同的心情，住在不同的世界。然而我的心现在却好像古井中水，不生微波，麻木的写了以上那些字。这正是奴隶的心！——但是，如果还是搅乱了读者的心呢？那么，我们还决不是奴隶。

不过与其听我还在安坐中的牢骚话，不如快看下面的《生死场》，她才会给你们以坚强和挣扎的力气。

附录四
编入文学丛书的鲁迅著译

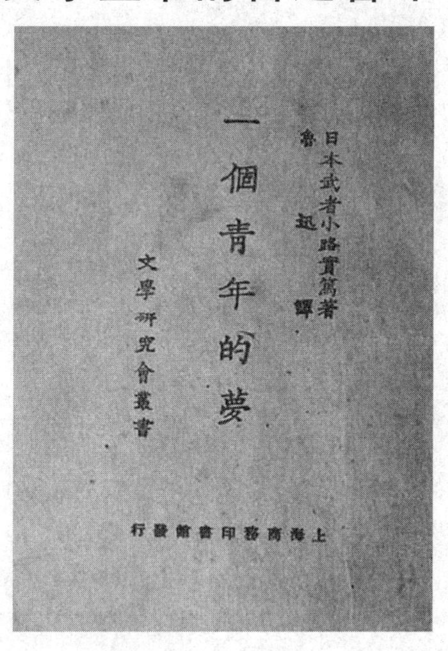

小引

鲁迅先生除编辑文学丛书外，自己的著译也被多种文学丛书编入。从目前所知、而且是经常能见的，大约在三四十种左右，讲“左右”，是说明心中无底，还无法最终确定。尤其是一些小书店出版的并冠名某丛书者，一者不知详情，二者根本不见相关版本。因此从收藏与研究鲁迅版本的角度言，始终存有遗憾。因此，仍是那句“老话”：眼见为实，见一种记一种，使其逐渐完善。

被编入文学丛书的鲁迅著译版本如下，有一点需作说明：其中有不少文学丛书已被编入本书，读者可参阅相关篇章，在此留下书目，余不赘述：

《苦闷的象征》(新潮社 1924 年 12 月初版，“未名丛刊”)

《出了象牙之塔》(新潮社 1925 年 12 月初版，“未名丛刊”)

《一个青年的梦》(北新书局 1927 年 6 月初版，“未名丛刊”)

《小约翰》(北京未名社 1928 年 1 月初版，“未名丛刊”)

《文艺与批评》(水沫书店 1929 年 10 月初版，“科学的艺术论丛书”之六)

《文艺政策》(水沫书店 1930 年 6 月初版，“科学的艺

术论丛书”之十三）

《艺术论》（光华书局 1930 年 7 月初版，“科学的艺术论丛书”之一）

《十月》（神话国光社 1933 年 2 月初版，“现代文艺丛书”）

《解放了的董吉诃德》（联华书局 1934 年 4 月初版，“文艺连丛”）

《坏孩子和别的小说八篇》（联华书局 1936 年版，“文艺连丛”）

另外还有一些鲁迅早期的著译，比如与周作人合译的《现代小说译丛》（第一集，商务印书馆 1922 年 5 月初版，属“世界丛书”）和《现代日本小说集》，（商务印书馆 1923 年 6 月初版，“世界丛书”）等，皆不收入。

还有一些文学丛书，跨越了两个时代，但有着版本出版延续性的文学丛书，比如与《鲁迅全集补遗》（上海出版公司 1946 年 10 月初版，属“文艺复兴丛书”第一辑）同属一种文学丛书的《鲁迅全集补遗续编》（上海出版公司 1952 年 3 月初版，属“文艺复兴丛书”第二辑）和《鲁迅书简补遗》（致日本人部分，上海出版公司 1952 年 1 月初版，属“文艺复兴丛书”第二辑）等，也不收入。

最终可列目的被编入文学丛书的鲁迅著译三十一种，以出版时间先后排列，但为了便于叙述，把同书名但出版时间有先后的版本罗列在一起：

《工人绥惠略夫》（商务印书馆 1922 年 5 月初版，“文学研究会丛书”）

《一个青年的梦》（商务印书馆 1922 年 7 月初版，“文学研究会丛书”）

《爱罗先珂童话集》（商务印书馆 1922 年 7 月初版，“文学研究会丛书”）

《桃色的云》（新潮社 1923 年 7 月初版，“新潮社文艺丛书”）

《现代新兴文学的诸问题》（大江书铺 1929 年 1 月初版，“文艺理论小丛书”）

《艺术论》（大江书铺 1929 年 6 月初版，“艺术理论丛书”）

《竖琴》（良友图书印刷公司 1933 年 1 月初版，“良友文学丛书”第一种）

《一天的工作》（良友图书印刷公司 1933 年 3 月初版，“良友文学丛书”第四种）

《表》（生活书店 1935 年 7 月初版，“译文丛书”插画本；1946 年 5 月版，“少年文库”）

《俄罗斯的童话》（文化生活出版社 1935 年 8 月初版，“文化生活丛刊”第三种）

《门外文谈》（天马书店 1935 年 9 月初版，“天马丛书”之五）

《死魂灵》（文化生活出版社 1935 年 11 月初版，“译文丛书”）

《故事新编》(文化生活出版社 1936.1 初版,“文学丛刊”第一集第二种)

《鲁迅文选》(仿古书店 1936 年 2 月初版,“现代名人创作丛书”)

(一名《鲁迅近作精选》,正气书局 1947 年 3 月版,“现代文库”)

《鲁迅选集》(万象书屋 1936 年 4 月初版,“现代创作文库”第一辑)

(艺光书店 1947 年 4 月初版,“现代名家创作集丛”第一种)

(绿杨书屋 1947 年 5 月版,“现代文艺选辑”)

《鲁迅近作精选》(文林书局 1936 年 5 月初版,“现代文库”)

《苏联作家二十人集》(良友图书印刷公司 1936 年 7 月初版,“良友文学丛书”特大本)

《鲁迅杰作选》(新象书店 1936 年 10 月再版,“当代创作文选”)

(大公书局 1939 版,“中学生之课外优秀读物”)

《夜记》(文化生活出版社 1937 年 4 月初版,“文学丛刊”第四集第十种)

《鲁迅代表作》(三通书局 1941 年 1 月初版,“现代作家选集”第一集)

《会稽郡故事杂集》等三十种(鲁迅全集出版社 1941 年 1 月初版,“鲁迅三十年集”)

《鲁迅短篇集》(艺光出版社 1944 年 4 月初版,“现代名家创作集丛”)

《一件小事》(延安印工合作社 1944 年 10 月初版,“文艺读物选刊”)

《鲁迅全集补遗》(上海出版公司 1946 年 10 月初版,“文艺复兴丛书”第一辑)

《鲁迅小说选集》(新新出版社 1946 年版,“新新创作丛书”)

《鲁迅杰作集》(大中华书局 1947 年 4 月四版,“中学生优秀读物”)

《鲁迅文集》(春明书店 1948 年 1 月初版,“现代作家文丛”第一集)

笔者做这种“罗列”,虽是一件好事,但同时也是一件“吃力不讨好”的事情,因为无法确保它的“完整”和“齐全”。但是任何对后世有意义的事情,总得有人去做,做总比没人做为好。也许现在在做的只是开出了一条“小路”,但毕竟有了“路”,可供后来的爱好者去循路探访搜求。

《工人绥惠略夫》

“文学研究会丛书”，俄国阿志跋绥夫（M. Artsybashev）著，鲁迅译，商务印书馆印行，所见两种不同封面的版本：第一种，1922 年 5 月初版，封面图案繁复而典雅，绘有翅膀的小天使，站立左右，花纹纤细，墨色深淡有致，印“文学研究会丛书”，版权页贴文学研究会版权印花。第二种，1924 年 6 月再版，封面“素面朝天”，封面、版权页皆印“文学研究会丛书”。

书前有译者写于 1921 年 4 月 15 日的《译了工人绥惠略夫之后》，最后说道：“这一篇，是从 S. Bugow und A. B. Ilard 同译的《革命的故事》（Revolutionsgeschichten）里译出的，除了几处不得已的地方，几乎是逐字译。我本来还没有翻译这书的力量，幸而得了我的朋友齐宗颐君给我许多指点和修正，这才居然脱稿了，我很感谢。”

鲁迅是在“五四”后不久翻译此书的，他曾介绍过自己翻译此书的经过，《工人绥惠略夫》的译本，是鲁迅在参加整理德国商人俱乐部里的德文书籍时挑出来的。之所以翻译此书，是因为觉得过去、现在、甚至将来，“我们也有许多改革者，境遇和绥惠略夫很相像。”

商务版《工人绥惠略夫》初版后，1927 年由未名社出版，属“未名丛书”之一种，封面改由陶元庆设计，绘锯子、斧头、锄头等物，其内容与商务版同。

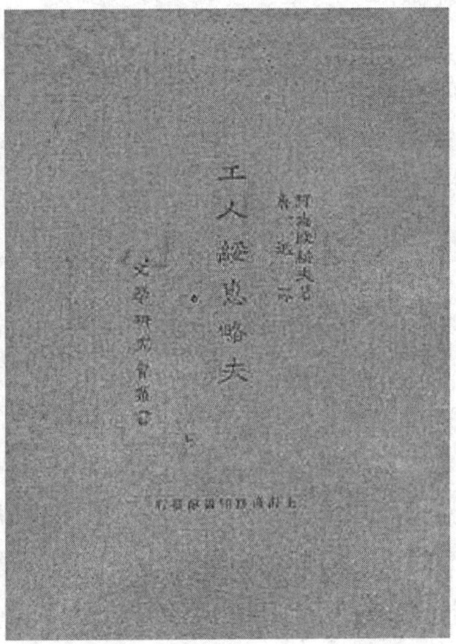

⊙《工人绥惠略夫》初版及再版封面

《一个青年的梦》

"文学研究会丛书",四幕剧,日本武者小路实笃著,鲁迅译,商务印书馆印刷发行,1922 年 7 月初版,1924 年 7 月三版,封面、版权页皆印"文学研究会丛书"。

全书 244 页,书末有鲁迅 1921 年 12 月 19 日写于北京的《后记》。此《后记》与"未名丛刊"中《一个青年的梦》的《后记》相同,其中说道:"我看这剧本,是由于《新青

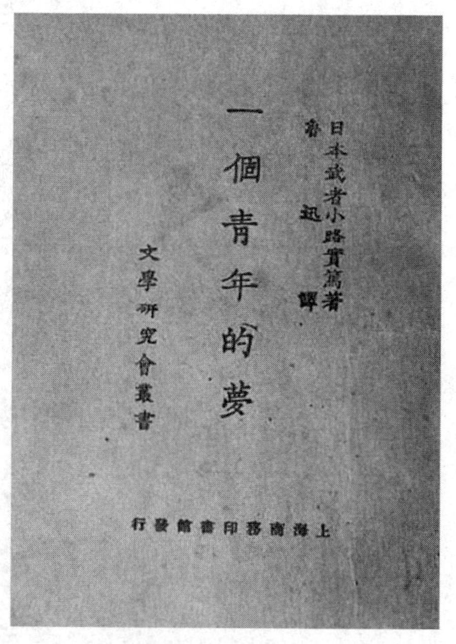

⊙《一个青年的梦》封面

年》上的介绍。我译这剧本的开手，是在一九一九年八月二日这一天，从此逐日登在北京《国民公报》上。到十月二十五日，《国民公报》忽被禁止出版了，我也便歇手不译，这正在第三幕第二场两个军使谈话的中途。同年十一月间，因为《新青年》记者的希望，我又将旧译校订一过，并译完第四幕，按月登在《新青年》上。从七卷二号起，一共分四期。但那第四号是人口问题，多被不知谁何没收了，所以大约也有许多人没有见。……"

1922年7月的商务初版，书前有武者小路实笃专为中国译本写的《与支那未知的友人》，周作人译，其中说道："我正访求着正直的人；有真心的人；忍耐力很强，意志很强，同情很深，肯为人类做事的人。在支那必要有这样的人存在。这人必然会觉醒过来。这人就是人类等着的人，或是能为他做事的人罢。恐怕这人不但是一个人，或者还是几万个人合成一个人的罢。不将手去染血，却流额上的汗；不借金钱的力，却委身于真理的人！"

后全书经译者根据作者寄来的勘误表重新修正，逐成完善。

北新书局1927年7月重印初版时，列入"未名丛刊"之一，封面为彩色花鸟画，颇有日本风味。

《爱罗先珂童话集》

"文学研究会丛书"，俄国爱罗先珂著，鲁迅等译述，商务印书馆印刷发行，所见两种不同封面不同版次的版本：第一种，1922 年 7 月初版，封面素面朝天，与版权页皆印"文学研究会丛书"。第二种，1933 年 10 月国难后第一版，封面与素面朝天截然不同，有老虎和城市图案，书名印左侧，封面、版权页皆印"文学研究会丛书"。

初版版权页印"译者鲁迅"，国难后第一版版权页印"译述者鲁迅等"。前者不是误印，就是不顾事实夸大其词；后者表述正确，因除鲁迅参与翻译，还有他人，这在鲁迅写于 1922 年 1 月 28 日的《序》中说得很明白："爱罗先珂先生的童话，现在辑成一集，显现于住在中国的读者的眼前了。这原是我的希望，所以很使我感谢而且喜欢。本集的十二篇文章中，《自叙传》和《为跌下而造的塔》是胡愈之先生译的，《虹之国》是馥泉先生译的，其余是我译的。就我所选译的而言，我最先得到他的第一本创作集《夜明前之歌》，所译的是前六篇，后来得到第二本创作集《最后之叹息》，所译的是《两个小小的死》，又从《现代》杂志里译了《为人类》，从原稿上译了《世界的火灾》。依我的主见选译的是《狭的笼》《池边》《雕的心》《春夜的梦》，此外便是照着作者的希望而译的了。因此，我觉得作者所要叫彻人间的是无所不爱，然而不得所爱的悲哀，

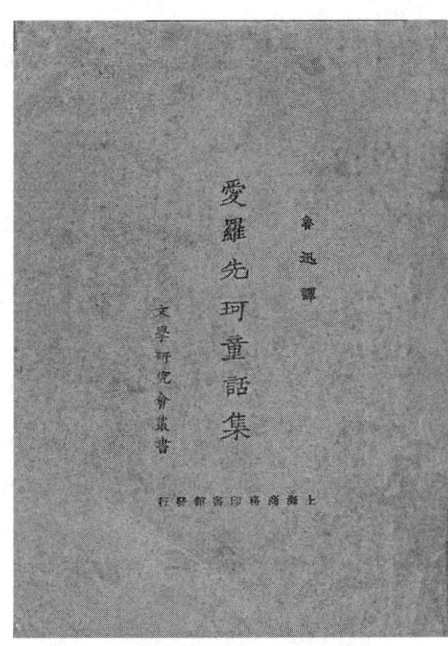

⊙《爱罗先珂童话集》1922年初版、1933年版封面

而我所展开他来的是童心的，美的，然而有真实性的梦。这梦，或者是作者的悲哀的面纱罢？那么，我也过于梦梦了，但是我愿意作者不要出离了这童心的美的梦，而且还要招呼人们进向这梦中，看定了真实的虹，我们不至于是梦游者(Somnambulist)。”

全书236页，收文：《狭的笼》《鱼的悲哀》《池边》《雕的心》《春夜的梦》《古怪的猫》《两个小小的死》《为人类》《世界火灾》(以上为鲁迅译)，《虹之国》(馥泉译)，《为跌下而造的塔》(愈之译)。

《桃色的云》

"新潮社文艺丛书"第二种，三幕童话剧，俄国爱罗先珂著，鲁迅译，北新书局 1923 年 7 月初版，1926 年再版，毛边本。扉页右侧印"文艺丛书"字样，是"新潮社文艺丛书"之缩写。

初版本封面橘黄色图案，这是鲁迅摹绘的石刻云纹，下端横印书名的作者名，扉页右侧印"文艺丛书""新潮社印""周作人编"；左侧印"桃色的云""俄国爱罗先珂作"

⊙《桃色的云》封面

“鲁迅译”等字样。1923年7月，北新书局以原纸型重印，扉页删“周作人编”和“新潮社印”，这是如今较易见到的一种版本。此后还有生活书店版，出过三个版次，三者的版本封面图案及书中内容均无变化。“新潮社”初版罕见，北新再版所见较多。

全书296页，书前有爱罗先珂的彩色画像，日本中村彝作。另有鲁迅1922年7月2日重校毕写的《桃色的云序》：“爱罗先珂君的创作集第二册是《最后的叹息》，去年十二月初由丛文阁在日本东京出版，内容是这一篇童话剧《桃色的云》，和两篇短的童话，一曰《海的王女和渔夫》，一曰《两个小小的死》。那第三篇，已经由我译出，于今年正月间绍介到中国。然而著者的意思却愿意我早译《桃色的云》：因为他自己也觉得这一篇更胜于先前的作品，而且想从速赠与中国的青年。但这在我是一件烦难事。日本语原是很能优婉的，而著者又善于捉住他的美点和特长，这就使我很失了传统的能力。可是延到四月，为要救自己的爽约的苦痛计，也终于定下开译的决心了。而又正如预料的一般，至少也毁损了原作的美妙的一半，成为一件失败的工作：所可以自解者，只是“聊胜于无”罢了。惟其内容，总该还在，这或者还能够稍慰读者的心罢。至于意义，大约是可以无须乎详说的。因为无论何人，在风雪的呼号中，花卉的议论中，虫鸟的歌舞中，谅必都能够更洪亮的听得自然母的言辞，更锋利的看见土拨鼠和春子的运命。世间本没有别的言说，能比诗人以语言文字画出自己的心和梦，更为明白晓畅的了。在翻译之前，承S.F.君借给我详细校过预备再版的底本，使我改正了许多旧印本中错误的地方；翻译的时候，SH君又时时指点我，使我懂得许多难解的地方；初稿印在《晨报副镌》上的时候，孙伏园君加以细心的校正；译到终结的时候，著者又加上四句白鸽的歌，使这本子最为完全；我都很感谢。我于动植物的名字译得很杂乱，别有一篇小记附在卷尾，是希望读者去参看的。”

序后还有秋田、雨雀写的《读了童话剧桃色的云》，是“写给爱罗先珂君”的信，其中说道：“我当此刻，正将你的戏曲摊在我的膝上，坐在那，曾经和你常常一同散步的公冢地的草场上，仰望着广阔的初秋的天空。不瞬的，不瞬的看着，便觉得自己的现在的心情，和出现于你的童话里的年青的人物的心情相会解，契合而为一了。你之所谓‘桃色的云’，决不是离开了我们的世界的那空想的世界。你所有的‘观念之火’，也在这童话剧里燃烧着。”

书末有鲁迅写的《记剧中人物的译名》，如对“土拨鼠”的解释：“我不知道是否中国古书上所谓‘饮河不过满腹’的鼹鼠，或谓就是北京尊为‘仓神’的田鼠，那可是不对的。总之，这是鼠属，身子扁而且肥，有淡红色的尖嘴和淡红色的脚，脚前小后大，拨着土前进，住在近于田圃的土中，吃蚯蚓，也害草木的根，一遇到太阳光，便看不见东西，不能动弹了。作者在《天明前之歌》的序文上，自说《桃色的云》的人物中最爱的是土拨鼠，足见这在本书中是一个重要脚色了。”解释得相当专业和有趣。

《现代新兴文学的诸问题》

此书属大江书铺“文艺理论小丛书”，出过三个版次：1929 年 4 月初版、1930 年 2 月再版和 1932 年 10 月三版。由日本文艺批评家片上伸著，原题《无产阶级文学的诸问题》，鲁迅于 1929 年 2 月译成，未发表。此书曾经有过两种书名：《最近新文学之诸问题》和《无产阶级文学的理论与实际》。书名的变化，让读者一头雾水。

⊙《现代新兴文学的诸问题》封面

书前有译者所写《小引》，其中说道：解释现今新文学“诸问题的性质和方向，以及和时代的交涉等，有一点裨益”。目的是想使外国的新兴文学在中国脱离“符咒”气味，而跟着的中国文学才有新兴的希望。

大江书铺的“文艺理论小丛书”，除了鲁迅译《现代新兴文学的诸问题》外，还有四种：《文学及艺术之技术革命》（平林初之辅著，陈望道译）、《艺术简论》（青野季吉著，陈望道译）、《文学底作者与读者》（片上伸著，汪馥泉译）和《文学之社会学的研究》（平林初之辅著，方光焘译）。在介绍这些小丛书的广告上称：“看！短小精悍的文艺理论小丛书，破天荒地在我国文坛上出现了！”

《艺术论》

大江书铺1929年6月初版，扉页印“艺术理论丛书1”、“卢那卡尔斯基著　鲁迅重译”。另外两个版次是：1930年2月再版和1930年8月三版，较常见的是三版。

书前有译者的《小序》，其中说道：“这一本小小的书，是从日本昇曙梦的译本重译出来的。……他是革命者，也是艺术家，批评家。著作之中，有《文学的影像》，《生活的反响》，《艺术与革命》等，最为世间所知，也有不

⊙《艺术论》封面

少的戏曲。……这《艺术论》，出版算是新的，然而也不过是新编。……其实，是要知道作者的主张，只要看《实证美学的基础》就很够的。但这个书名，恐怕就可以使现在的读者望而却步，所以我取了这一部。而终于力不从心，译不成较好的文字，只希望读者肯耐心一观，大概总可以知道大意，有所领会的罢。如所论艺术与产业之合一，理性与感情之合一，真善美之合一，战斗之必要，现实底的理想之必要，执着现实之必要，甚至于以郡主为贤于高蹈者，都是极为警辟的。”

大江书铺的“艺术理论丛书”，除鲁迅译的《艺术论》外，还有两种：《现代欧洲的艺术》（玛察著，冯雪峰译）和《苏俄文学理论》（冈泽秀虎著，陈雪帆译）。有介绍《艺术论》的广告词是：“本书是艺术理论的建设上一部不朽的名著，从它出来之后，我们方才看见了基地着实的新美学。它是科学的新美学的最初的尝试，也就是最初的成就。”

《竖琴》

“良友文学丛书”第一种，鲁迅编译，赵家璧编辑，良友图书印刷公司（上海北四川路）出版，所见两种不同封面的版本：第一种，1933 年 1 月初版，布面精装，有封套，封套印“良友文学丛书之一”，里封灰绿底，封面书脊书名等烫金，版权页贴鲁迅版权印花。第二种，1936 年 3 月四版，纸面平装，封面印“良友文学丛书”，未印第几种，版权页贴鲁迅版权印花。所见两种版本封面图案不同，初版选用麦绥莱勒的版画，四版为鲁迅头像，这幅头像是由马国亮画。

书前有鲁迅 1932 年 9 月 9 日写于上海的《前记》，其中说道：“俄国的文学，从尼古拉斯二世时候以来，就是‘为人生’的，无论它的主意是在深究，或在解决，或者坠入神秘，沦于颓唐，而其主流还是一个：为人生。这一种思想，在大约二十年前即与中国一部分的文艺绍介者合流。陀斯妥夫斯基，都介涅夫，契诃夫，托尔斯泰之名，渐渐出现于文字上，并且陆续翻译了他们的一些作品。那时组织的介绍被压迫民族文学的是上海的文学研究会，也将他们算作为被压迫者而呼号的作家的。凡这些，离无产文学本来还很远，所以凡所绍介的作品，自然大抵是叫唤，呻吟，困穷，酸辛，至多，也不过是一点挣扎。但已经使又一部分人很不高兴了，就招来了两标军马的围剿。

创造社竖起了‘为艺术的艺术’的大旗，喊着‘自我’的口号，要用波斯诗人的酒杯，‘黄书’文士的手杖，将这些‘庸俗’打平。还有一标那是受过了英国的小说在供绅士淑女的欣赏，美国的小说家在迎合读者的心思这些“阴阳家”的洗礼而回来的，一听到下层社会的叫唤和呻吟，就使他们眉头百结，扬起了带着白手套的纤手，挥斥道：这些下游都从‘艺术之宫’里滚出去！而且中国原来还有着一标布满全国的，旧式的军马，这就是以小说为‘闲书’的人们。小说，是供‘看官’们茶余酒后的消遣之用的，所以要优雅，超逸，万不可使阅者不欢，打断他消闲的雅兴。此说虽古，但却与英美时行的小说论合流，于是这三标新旧的大军，就不约而同的来痛剿了‘为人生的文学’——俄国文学。……我向来是想介绍东欧文学的一个人，也曾译过几篇‘同路人’作品，现在就合了十个人的短篇一集，其中的三篇，是别人的翻译，我相信为很可靠的。可惜的是限于篇幅，不能将有名的作家全都收罗在内，使这本书较为完善，但我相信曹靖华君的《烟袋》和《四十一》，是可以补这缺陷的。至于各个作者的略传，和各篇作品的翻译或重译的来源，都写在卷末的《后记》里，读者倘有兴致，自去翻检就是了。”

书末有编者写于1932年9月10日的《后记》，较为详细地介绍了作者和他的作品，其中有：札弥亚丁、淑雪兼珂、伦支、斐定、雅各武莱夫、左祝黎、拉甫列

⊙《竖琴》初版和四版封面

涅夫、英培尔、凯泰耶夫。全书 184 页，收译文 10 篇，鲁迅 7 篇，柔石 2 篇，曹靖华 1 篇：《洞窟》（札弥亚丁著，鲁迅译），《老耗子》（淑雪兼珂著，柔石译），《在沙漠上》（伦支著，鲁迅译），《果树园》（斐定著，鲁迅译），《穷苦的人们》（雅各武莱夫著，鲁迅译），《竖琴》（理定著，鲁迅译），《亚克与人性》（左祝梨著，鲁迅译），《星花》（拉甫列涅夫著，靖华译），《拉拉的利益》（英培尔著，鲁迅译），《“物事”》（凯泰耶夫著，柔石译）。柔石 2 篇，译自《俄国短篇小说杰作集》；曹靖华 1 篇，直接译自原文。

鲁迅原来拟总题为《新俄小说家二十人集》，分为两册，一为《竖琴》，二为《一天的工作》，各收短篇小说十篇。1932 年 9 月 13 日《鲁迅日记》载：“夜编阅《新俄小说家二十人集》上册讫，名之曰《竖琴》。”1936 年 7 月，经鲁迅同意，良友图书印刷公司出版“良友文学丛书特大本”，把上册《竖琴》和下册《一天的工作》合二为一，这便是《苏联作家二十人集》，书名把“新俄小说家”改为“苏联作家”。

良友版《竖琴》第三版，原有的《前记》因受到当局的压迫，被剪去 6 页，目录页仍保留“前记”字样。鲁迅在致赵家璧信中说：“中央怕《竖琴》前记，真是胆小如鼷，其实并无害，因此在别一面，也没有怎样的益，有无都无关紧要，只是以装门面而已。”此书出第四版时，《前记》补上，鲁迅在致夏传经的信中说：“《竖琴》近出第四版，以文网稍疏，书店已将序文补入。”不同版次版本内容有变化，如不见所有版次版本，眼前便会墨黑，开口一说便错。

《一天的工作》

“良友文学丛书”第四种，鲁迅编译，赵家璧编辑，良友图书印刷公司出版，所见两种版本：第一种，1936 年 3 月四版，版权页有鲁迅白文版权印花。第二种，1941 年 7 月普及本初版，封面未印丛书第几种。两种封面的木刻图相同。

据称，1933 年 1 月精装初版本封面是梵澄(徐诗荃)所刻的中年时代的鲁迅像。赵家璧曾在回忆文字中说到这件事：“经我两三请求，他答应另外给我一幅木刻半身像，刻的是中年时代的鲁迅，两眼炯炯有神，突出中式长袍衣领上的两颗盘香纽，刀法粗犷有力，颇有特色。当年我也未问作者是谁，缩小制锌版后，用在《一天的工作》的包封上作广告用，这些包封纸，读者和图书馆早已把它丢弃了。”从这段文字看，包封与封套还是有区别的。

书前有鲁迅写于 1932 年 9 月 18 日的《前记》，其中说道：“所谓‘同路人’的文学，是开拓了别一条路的。他们从文学走到生活去。他们从价值内在底的技巧出发。他们先将革命看作艺术底作品的题材，自说是对于一切倾向性的敌人，梦想着无关于倾向的作家的自由的共和国。然而这些‘纯粹的’文学主义者们——而且他们大抵是青年——终于也不能不被拉进全线沸腾着的战争里去了。他们参加了战争。于是从革命底实生活到达了文学

⊙《一天的工作》1936 年、1941 年版封面

的无产阶级作家们，和从文学到达了革命底实生活的‘同路人们’，就在最初的十年之终会面了。最初的十年的终末，组织了苏联作家的联盟。将在这联盟之下。互相提携，前进了。最初的十年的终末，由这样伟大的试练来作纪念，是毫不足怪的。由于可见在一九二七年顷，苏联的‘同路人’已因受了现实的熏陶，了解了革命，而革命者则由努力和教养，获得了文学。但仅仅这几年的洗练。其实是还不能消泯痕迹的。我们看起作品来，总觉得前者虽写革命或建设，时时总显出旁观的神情，而后者一落笔，就无一不自己就在里边，都是自己们的事。可惜我所见的无产者作家的短篇小说很有限，这十篇之中，首先的两篇，还是‘同路人’的，后八篇中的两篇，也是由商借而来的别人所译，然而是极可信赖的译本，而伟大的作者，遗漏的还很多，好在大抵别有长篇，可供阅读，所以现在也不再等待，收罗了。至于作者小传及译本所据的本子，也都写在《后记》里，和《竖琴》一样。”

书前原有一篇短序，范易嘉写于 1932 年 3 月 30 日。“范易嘉”，即瞿秋白笔名。后鲁迅把全文移入《后记》。编者的《后记》，较为详细介绍了作者：毕力涅克、绥甫林娜、略悉珂、聂维洛夫、玛拉式庚、绥拉菲摩维支孚尔玛诺夫、唆罗诃夫、班菲洛夫等，有简历与作品介绍。鲁迅的著译作品，大多很讲究这种“完整性”，提供的是一种“完整阅读”。全书 336 页，收文：《苦蓬》（毕力涅克著），《肥

⊙《一天的工作》1933 年版中的书目广告

料》(绥甫林娜著),《铁的静寂》(略悉珂著),《我要活》(聂维洛夫著),《工人》(玛拉式庚著),《一天的工作》(绥拉菲摩维支著),《岔道夫》(绥拉菲摩维支著),《革命的英雄们》(孚尔玛诺夫著),《父亲》(唆罗诃夫著),《枯煤,人们和耐火砖》(F. 班菲洛夫,V. 伊连珂夫著)。其中《一天的工作》和《岔道夫》由文尹译,其余的皆由鲁迅所译。

鲁迅所提“文尹”,即瞿秋白夫人杨之华的笔名,此处“文尹”,是瞿秋白借用夫人的笔名,实为瞿秋白。杨之华,浙江萧山人,生于 1900 年,曾用名杨芝华、杨其珊。笔名文尹、杨之华、杨之华女士等。据称,此书 1933 年 12 月第三版卷首贴有铅字印的纸条,其中说道:“查活跃的苏俄,一天的工作,母亲,文艺论集四书,尚无大碍,应暂缓执行禁令。”可惜,笔者从未见到过这种纸条。

《表》

生活书店 1935 年 7 月初版，属“译文丛书”插画本之一；1946 年 5 月版，属“少年文库”。苏联班台莱耶夫著，鲁迅译，译文社印，生活书店 1935 年 7 月初版，1939 年 1 月七版。在版权页左侧印有“中宣会图杂审委会审查证审字第二〇六二号”。

书前有鲁迅写的《译者的话》，其中说道：“现在所据

⊙《表》封面

的即是爱因斯坦(Maria Einstein)女士的德译本,一九三〇年在柏林出版的。卷末原有两页编辑者的后记,但因为不过是对德国孩子们说的话,在到了年纪的中国读者,是统统知道了的,而这译本的读者,恐怕倒是到了年纪的人居多,所以就不再译在后面了。……当翻译的时候,给了我极大的帮助的,是日本槙本楠郎的日译本:《金时针》。前年十二月,由东京乐浪书院印行。在那本书上,并没有说明他所据的是否原文;但看藤森成吉的话(见《文学评论》创刊号),则似乎也就是德译本的重译。这对于我是更加有利的:可以免得自己多费心机,又可以免得常翻字典。但两本也间有不同之处,这里是全照了德译本的……在开译以前,自己确曾抱了不小的野心。第一,是要将这样的崭新的童话,绍介一点进中国来,以供孩子们的父母,师长,以及教育家,童话作家来参考;第二,想不用什么难字,给十岁上下的孩子们也可以看。但是,一开译,可就立刻碰到了钉子了,孩子的话,我知道得太少,不够达出原文的意思来,因此仍然译得不三不四。现在只剩下半个野心了,然而也不知道究竟怎么样……插画二十二小幅,是从德译本复制下来的。作者孚克(Bruno Fuk),并不是怎样知名的画家,但在二三年前,却常常看见他为新的作品作画的,大约还是一个青年罢。"

全书仅 98 页,书中有插图多幅,插图作者,中文译名是:"勃鲁诺·孚克"。

《俄罗斯的童话》

“文化生活丛刊”第三种，巴金主编，高尔基著，鲁迅译，文化生活出版社(上海山西路慈丰里)发行，发行人吴文林，文化生活印刷所印刷，1935 年 8 月初版，1940 年 9 月 4 版。扉页前有巴弗尔·科林绘高尔基画像。

全书 154 页，收文 16 篇，无标题。书前有鲁迅 1935 年 8 月 8 日之夜手写署名的《小引》，其中说道：“这是我从去年秋天起，陆续译出，用了‘邓当世’的笔名，向《译

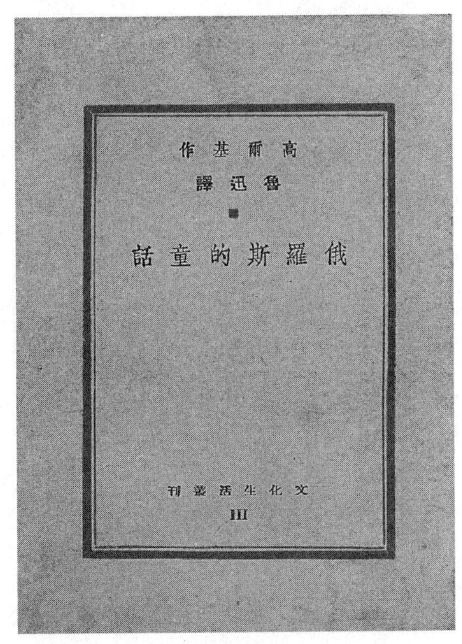

⊙《俄罗斯的童话》封面

文》投稿的。……我很不满于自己这回的重译，只因别无译本，所以姑且在空地里称雄。倘有人从原文译起来，一定会好得远远，那时我就欣然消灭。这并非客气话，是真心希望着的。”

关于此书，有些背景需交代：1934 年 9 月 14 日至 1935 年 4 月 17 日，鲁迅根据日本高桥晚成的译本译出，《鲁迅日记》记：“午译《俄罗斯童话》全部讫，共 16 篇。”前 9 篇曾以笔名“邓当世”陆续发表于《译文》月刊第 1 卷第 2 期至第 4 期，以及第 2 卷第 2 期。从第 10 篇开始被审查后定为“意识欠正确”而未能继续刊登。据称，此书实际出版时间是 1935 年 9 月，因书编成后要送审，直到当年 8 月 22 日才得“吴朗西信并《俄罗斯童话》校稿一帖，至夜校毕。”9 月 11 日“得吴朗西信并《俄罗斯童话》10 本。”得到样书的时间是 9 月，署名“鲁迅”。关于此书署名，鲁迅曾说：“俄罗斯童话要用我的旧笔名，自然可以的，因为我的改名，是为出版起见，和自己无关。出版者以用何名为便，都可以。”此书出版前，鲁迅还亲自写了广告词，他在给黄源的信中多数提及，如“广告稍暇再作”，“《童话》广告附呈”等。

《门外文谈》

“天马丛书”第五种，杂文集，尹庚主编，鲁迅著，天马书店（上海北江西路海宁路北368号）出版，发行者韩振业，1935年9月初版，封面印“天马丛书五”，版权页有天马书店的出版标记。

全书仅55页，收著者1935年参加大众语讨论时所发表的5篇文章：《论大众语》《门外文谈》《中国语的新生》《从“别字”说开去》和《关于新文字》。书末有“天马丛

⊙《门外文谈》封面

书”(语文学之部)5 种:《拉丁化概论》《拉丁化课本》《拉丁化检字》《手头字概论》和《门外文谈》。另有编者 1935 年 10 月 18 日写的《编校后记》:“这是大众语讨论以来一年中作者所发表的关于中国语文改造、别字、拉丁化等问题的五篇文章,现在依照了发表的先后在《门外文谈》这一集名之下收成了这一册小书。这五篇文章曾经在《社会月报》,《自由谈》,《新生周刊》,《芒种》,《新文字月刊》上发表过的。《门外文谈》在《自由谈》发表时有两处遗漏,这次蒙作者来信指示,得以补入:这是编者应该感谢的。”

鲁迅在给友人的信中提及此书:“《门外文谈》系几个青年得了我的同意之后,编印起来的。”天马书店再版时已是 1935 年 11 月,第 4 版已是 1936 年 8 月,书店迁至河南路永宁里,发行人也换为“郭徵”,那时鲁迅还活着。据说,光明书局也出过一种《门外文谈》,其内容和版式与天马版完全不同,除《门外文谈》的内容外,还加进了不少《花边文学》中的内容。

《死魂灵》

“译文丛书”，黄源主编，果戈理选集之五，鲁迅译，文化生活出版社（上海昆明路德里 20 号）刊行，开明书店特约经售，三一印刷公司（上海昆明路 797 号）印刷，1935 年 11 月初版，精装本。扉页、版权页均注明“黄源主编”。

书前有果戈理肖像，Tn. Moller 画。还有《序言》，其中说道：“果戈理的长篇小说《死魂灵》，在十九世纪俄国文学史上，是占着特殊的地位的。这是有艺术价值的

⊙《死魂灵》封面

第一部长篇小说，其中呈现着出于伟大的艺术家和现实主义者的画笔的，俄国社会的生活的巨大的而真实的图像。……由这意义说，《死魂灵》之在俄国文学史上，是成了开辟一个新时代的纪念碑的。”另见 1943 年 1 月土纸本，书末有鲁迅写的《〈死魂灵〉第二部残稿译后记》，其中说道：“一九三六年三月发表于译文月刊新一卷一号。果戈理（N. Gogol）的死魂灵第一部，中国已有译本，这里无需多说了。其实，只要第一部也就足够，以后的两部——炼狱和天堂已不是作者的力量所能达到了。果然，第二部完成后，他竟连自己也不相信了自己，在临终前烧掉，世上就只剩了残存的五章，描写出来的人物，积极者偏远逊于没落者：在讽刺作家果戈理，真是无可奈何的事。现在所用的底本，仍是德人 Otto Buek 译编的全部。一九三六年五月发表于译文月刊新二卷三期。死灵魂第二部的写作，开始于一八四〇年：然而并没有完成，初稿只有一章，就是现在的末一章。后二年，果戈理又在草稿上从新改定，誊成清本。这本子后来似残存了四章，就是现在的第一至第四章；而其间又有残缺和未完成之处。其实，这一部书，单是第一部就已经足够的，果戈理的运命所限，就在讽刺他本身所属的一流人物。所以他描写没落人物，依然栩栩如生，一到创造他之所谓好人，就没有生气。”

另有许广平写的《附记》：“提起死魂灵，又把我那沉重的铅块，从心底里吊将起来了。我真怕想起它，而又不愿不想起它，也就是想：得以多多记起鲁迅先生。……”此书为土纸本，纸张灰色，字迹模糊，费了不少力气，仍难以读通。1935 年版无上述附录文字。

《故事新编》

“文学丛刊”第一集第二种，历史短篇小说，巴金主编，鲁迅著，所见精装和平装两种版本：第一种，1936年1月精装初版。第二种1936年2月平装再版，两书皆为文化生活出版社刊行，三一印刷公司印刷，开明书店经售。版权页印“文学丛刊”第一集16种书目。

书中收鲁迅写于1922年至1935年的历史小说8篇：《补天》《奔月》《理水》《采薇》《铸剑》《出关》《非攻》和《起死》。

其中《补天》《奔月》《铸剑》3篇写于20世纪20年代，其余写于30年代。这些小说，既有对历史、传说题材的描摹，又插进很多现代生活的细节，尊重史实又不囿于史实，有着较强的现实针对性。《补天》(原名《不周山》，作于1922年，初收于《呐喊》)可以说是新文学史上最早的历史小说，具有开拓性的作用。鲁迅先生的这本《故事新编》对以后的历史小说创作，提供了不少有用的借鉴。

全书187页，书前有鲁迅写于1935年12月26日的《序言》，其中说道：“这一本很小的集子，从开手写起到编成，经过的日子却可以算得很长久了：足足有十三年……现在才总算编成了一本书。其中也还是速写居多，不足称为《文学概论》之所谓小说。叙事有时也有一点旧书上的根据，有时却不过信口开河。而且因为自己的对于古人，不及对于今人的诚敬，所以仍不免时有油滑之处。过了十三年，依然并无长进，看起来真也是‘无非不周山之流’，不过并没有将古人写得更死，却也许暂时还有存在的余地的罢。”

在这两段文字间，还有一大段是写和创造社创始人之一的成仿吾“论战”情况，其中有一句话是这样说的：“这时候我们的批评家成仿吾先生正在创造社门口的‘灵魂的冒险’的旗子底下抡板斧。他以‘庸俗’的罪名，几斧砍杀了《呐喊》，只推《不周山》为佳作，——自然也仍有不好的地方。”鲁迅先生有不少序言或小引，都留有当时文坛“论战”的痕迹，现实针对性极为强烈。

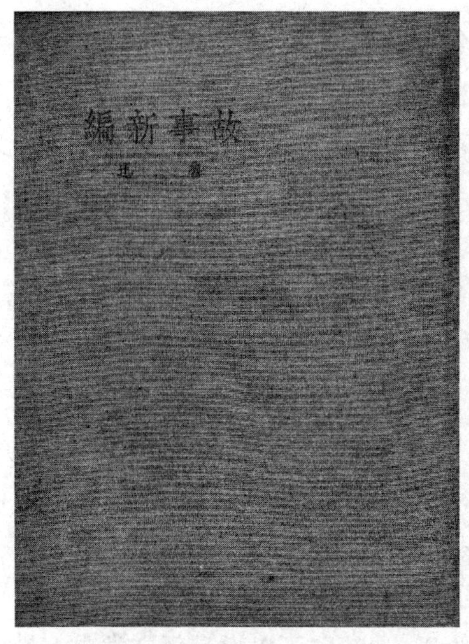

⊙《故事新编》初版精装和再版平装的封面

《鲁迅文选》

书名为《鲁迅文选》的版本，笔者见到过五种，分别叙述：

第一种，仿古书店1936年2月初版，属“现代名人创作丛书”。全书163页，分为论文、书信、小说三部分，每部分收若干文章，如论文部分收：《现今的新文学的概观》《无声的中国》《黑暗中国的文艺界的现状》《以夷制夷》和《病后余谈》。目录页前注明“现代文库　鲁迅近作精选”。丛书的归属，似乎有点混乱。

第二种，更新出版社版，不知出版年月，属“现代小说文库第一辑”，选编者何可人，校订者徐逸如。除了封面与仿古版不同外，其他内容与仿古版《鲁迅文选》相同。

第三种，正气书局1947年3月版，属“现代文库”。内页和版权页的书名却是《鲁迅近作精选》，相当混乱。

第四种，民声书店1934年出版，启智书局代售，研因选编。全书64页，书前有《序》，其中说道：“鲁迅先生，现代中国文坛的老宿，他与他的阿弟作人先生两人，差不多是一手造成过去十年中国文坛的基柱的。他的文同阿弟一样，都以小品为上。他是个文坛的先驱，散文界的先导；他的作品散杂见于呐喊及新青年刊物等书上，实在很多。我固然不懂得文学；但而这本书所选出这六篇，确是他的许多不朽文章中的好作品。”

⊙《鲁迅文选》封面二种

第五种，国学书店版，不知出版年月。收文：《阿 Q 正传》《理水》《铸剑》《无常》和《故乡》。

另外还有第六种，笔者至今未见：桂林草原出版社 1942 年 7 月初版。此书被国民党当局查扣。

以上第一至第三种，被编入各种文学丛书，第四至第五种，只是同名，并未编入文学丛书，这里作为相关的信息留存。

《鲁迅选集》

“现代创作文库”第1辑，鲁迅著，徐沉泗、叶忘忧编选，上海万象书屋1936年4月初版，中央书店(上海四马路)总经售。封面竖印文字，从右至左是文库名、书名和出版机构名。版权页左边印“现代文库二十辑”书目。如今见到的大多是平装本，精装本从未见过。

书前有《现代创作文库序》。另有编者的《题记》，其中说道：“新文学运动揭竿以后，第一个‘拿出货色来’的是鲁迅氏。而这至今未曾稍减其价值，且益获得国际的光荣的货色，便是鲁迅的《阿Q正传》。在《阿Q正传》前，鲁迅氏先在1918年发表了《狂人日记》，《孔乙己》，《药》，《明天》，《一件小事》等。对封建势力作猛力的反抗。至《阿Q正传》，他以最尖锐的讽刺方式描画出当时封建势力支配下的农村及农村中的一个个典型人物。为今日以前一部最成功的反封建作品。至今已有英法日俄诸国译本。此后迄1925年止又作《祝福》等篇，对封建势力仍作无情的攻击。1925年后除了《故事新编》外没有再写小说，便掉转他尖锐的笔锋，努力于散文的写作。但他的态度始终如一，这些散文中都有着深刻的讽刺力量。并不让于他的小说。”

全书188页，前有《我怎么做起小说来?》。另收小说：《出关》《示众》《祝福》《阿Q正传》《头发的故事》《药》

⊙《鲁迅选集》上海万象书屋版初版封面和封底

⊙ 中央书店 1949 年版“现代创作文库”中的《鲁迅选集》

《孔乙己》；收散文：《〈题未定〉草》《从帮忙到扯淡》《什么是“讽刺”》《扑空》《踢》《华德焚书异同论》《“吃白相饭”》《“抄靶子”》《推》《答杨邨人先生的公开信》《祝中俄文字之交》《“连环图画”辩护》《论“第三种人”》《我们不再受骗了》《“非所计也”》《阿 Q 正传的成因》；收诗：《题三义塔》《自嘲》《无题》《人与时》《桃花》《爱之神》《梦》。

《鲁迅选集》

《鲁迅选集》,“现代名家创作集丛”第一种,胡兰编辑,艺光书店出版发行,1947 年 4 月初版。丛书名“现代名家创作集丛”,与《鲁迅短篇集》相同,但书名不同,出版时间不同,出版机构名,一为“艺光出版社”,一为“艺光书店”,艺光出版社地址为“上海爱文义路

⊙《鲁迅选集》艺光书店版初版封面

104 号”，艺光书店地址为“上海城内金教坊”，但从所收篇目看，两者稍有不同。虽有多处不同，但笔者仍怀疑是同一家出版机构在不同时期出版的版本。

《鲁迅选集》

“现代文艺选辑”，陈磊编选，绿杨书屋出版经售，1947年5月初版。版权页印“文艺名著”。并印“现代文艺选辑书名索引”，即“现代文艺选辑”这套丛书的书目，十种：《鲁迅选集》《茅盾选集》《巴金选集》《丁玲选集》《老舍选集》《郁达夫选集》《沈从文选集》《郭沫若选集》《张天翼选集》《冰心选集》。至于为何只选了现代作家中

⊙《鲁迅选集》绿杨书屋版初版封面

这十位，不得而知。全书收小说和散文，小说收：《阿Q正传》《出关》《祝福》《非攻》《孔乙己》《在酒楼上》；散文收：《无常》《雪》《风筝》《马上日记》。至于为何选了这么些篇，又是一个未知数。

《鲁迅近作精选》

“现代文库”，上海文林书局1936年5月初版。版权页书名是《鲁迅近作精选》，与封面书名同，而原著者却印成“各大女文学家”，近乎莫名其妙……选辑者徐逸如，校对者许信谊，中央印书馆印刷，感觉这些人和机构也有点莫名其妙。在版权页上印有文林书局出版书目，其中有《汪精卫文选》《吴稚晖书信集》《吴稚晖文集》等，另有七

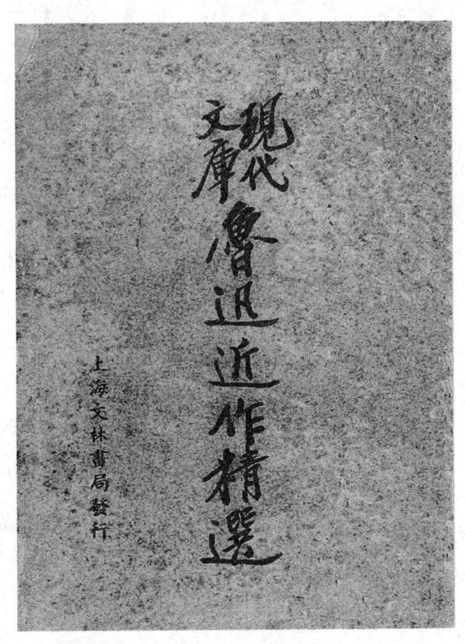

⊙《鲁迅近作精选》封面

位作家的“近作精选”：郭沫若、冰心、巴金、鲁迅、周作人、郁达夫和丁玲。

全书159页，无序跋。收鲁迅论文5篇，书信4通，小说15篇，但在小说中居然把杂文也选进，如《答杨邨人先生的公开信》《华德焚书异同论》等，感觉又是一种莫名其妙。

1938年10月，改由何可人编，上海更新出版社出版。内容、版式与文林书局版同。

《苏联作家二十人集》

“良友文学丛书特大本”第四种，鲁迅编译，赵家璧编辑，良友图书印刷公司出版，1936 年 7 月初版。书前有《前记》，其中有几段谈及“为人生的文学”，精彩。这段文字可参见本书《竖琴》篇。

全书 623 页，所收文章大多鲁迅译，少数他人所译：《洞窟》（札弥亚丁著），《老耗子》（淑雪兼珂著，柔石译），《在沙漠上》（伦支著），《果树园》（斐定著），《穷苦的人们》（雅各武莱夫著），《竖琴》（理定著），《亚克与人性》（左祝梨著），《星花》（拉甫列涅夫著，靖华译），《拉拉的利益》（英培尔著），《“物事”》（凯泰耶夫著，柔石译），《苦蓬》（毕力涅克著），《肥料》（绥甫林娜著），《铁的静寂》（略悉珂著），《我要活》（聂维洛夫著），《工人》（玛拉式庚著），《一天的工作》（绥拉菲摩维支著，文尹译），《岔道夫》（绥拉菲摩维支著，文尹译），《革命的英雄们》（孚尔玛诺夫著），《父亲》（唆罗诃夫著），《枯煤，人们和耐火砖》（F. 班菲洛夫，V. 伊连珂夫著）。

文尹，即瞿秋白的夫人杨之华。此书末有编者写于 1932 年 9 月 19 日的《后记》，分为（一）和（二），长达 24 页，介绍所收作者。在《后记》最后说道：“从描写内战时代的《父亲》，一跳就到了建设时代的《枯煤，人们和耐火砖》，这之间的间隔实在太大了。但目下也没有别的好法

⊙《苏联作家二十人集》的精装书脊和扉页

子。因为一者，我所收集的材料中，足以补这空虚的作品很有限；二者，是虽然还有几篇，却又是不能绍介，或不宜绍介的。幸而中国已经有了几种长篇或中篇的大作，可以稍稍弥缝这缺陷了。”

关于此书来历，赵家璧有过较为全面的回忆：“因为‘良友文学丛书’准备全部发表创作，每册字数平均十五万字上下，所以希望鲁迅能给一部文艺创作。而鲁迅手头正有一部即将编成的《新俄作家二十人集》。但把翻译作品列为丛书第一种，是否会破坏丛书的体例，虽有担忧，但再一想能组织到鲁迅的文稿实属不易，于是请求鲁迅顾全丛书的篇幅和售价，把书一分为二，各立书名。鲁迅同意了，并答应将来有适合给良友出版的创作文集，当优先考虑。于是便有了‘良友文学丛书’鲁迅打头阵的丛书第一种《竖琴》的出版。之后一分为二的另书《一天的工作》也以丛书第四种出版。1935 年下半年，良友计划出版‘良友文学丛书特大本’，用布面精装白报纸印，每种 700 页至 1 000 页，售价不同。这时想到《竖琴》和《一天的工作》原本就是一部书，于是在征得鲁迅同意后，把原名《新俄作家二十人集》改为《苏联作家二十人集》作为特大本出版。”

《鲁迅杰作选》

上海新象书店版，1946 年 10 月版，属“当代创作文选”（实为“当代创作文库”），这套文库除选有鲁迅外，还有另外 24 位，如巴金、叶绍钧、老舍、冰心、沈从文、林语堂、茅盾、郁达夫、徐志摩、郭沫若、郑振铎等。巴雷、朱绍之编选，出版时间在 1941 年 7 月至 1947 年 6 月间。收文：《鲁迅小传》《阿 Q 正传》《狂人日记》《在酒楼上》《祝

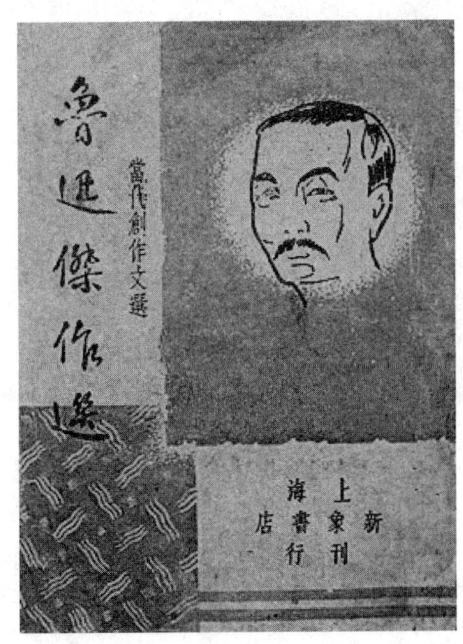

⊙《鲁迅杰作选》上海新象书店版封面

福》《药》《孔乙己》《出关》和《示众》。

另有大公书局版，属“现代文艺选辑”，框定在“中学生之课外优秀读物”，内容基本同新象版。另收《从帮忙到扯淡》和《阿Q正传的成因》等。

《鲁迅杰作选》

"现代文艺选辑",中学生课外优秀读物,大公书局版,无版权页,不知版权事项。

全书131页,无序跋。在卷端题名:《鲁迅文精选》(第一篇散文)。而在目录页上的题名却是:《优秀文艺鲁迅杰作选》,反正"一片混乱"。

此书虽无版权页,但在正文最末一页标明"1919年3

⊙《鲁迅杰作选》大公书局版封面

月”的出版时间。对这个出版时间，笔者一直怀疑可能是印错了，或许是把“1939年”印成了“1919年”，要证明这一错误，只要从此书所收文字的刊出时间来推断……

从一般逻辑推理，以上这些文字均应发表于“1919年3月”之前，可是情况却相反，只要随意核对一下其中散文与小说各一篇，便能看出此书所印出版年月是错的。如杂文《华德焚书异同论》，从笔者见到此文，是收在《准风月谈》中，书前鲁迅写有《前记》，最后所署时间与地点是：“一九三四年三月十日，于上海记。”其中还讲道：“去年的整半年中，随时写一点，居然在不知不觉中又成一本了。”《华》文写于1933年6月28日，署名“孺牛”。从这一时间看，与“1919年”相距“十万八千里”了。另一篇读者熟悉的《阿Q正传》，发表于“1921年12月”，也不可能在未写出之前就被印在了这本“1919年”版的《鲁迅杰作选》中。由此可以推断，大公版《鲁迅杰作选》，已是鲁迅逝世后的版本。

全书分为两篇，第一篇是散文，内收：《踢》《连环图画辩护》《吃白相饭》《从帮忙到扯淡》《扑空》《〈题未定〉草》《阿Q正传的成因》《答杨邨人先生的公开信》《华德焚书异同论》《抄靶子》《祝中俄文字之交》《论第三种人》《推》《非所计也》《我们不再受骗》和《什么是讽刺》。第二篇是小说，内收：《阿Q正传》《示众》《药》和《孔乙己》。

《夜记》

“文学丛刊”第四集第十种，巴金主编，鲁迅著，所见3种不同封面的版本：第一种，1937年4月精装初版；第二种，1937年4月平装再版，初版、再版皆由文化生活出版社发行，发行人吴文林，文化生活印刷所印刷。书后附巴金主编的《文学丛刊》1至4集书目；第三种，1940年3月6版；第四种，1942年7月渝版，两者皆为土纸本，纸张灰褐，质地差劣，文字模糊，手感很轻。精装本布面，绛红色，视觉效果可爱。

此书是鲁迅逝世后近一年由许广平所编，鲁迅虽无法看到，但他在《死》文中留下的“遗嘱”却十分有意思：“一，不得因为丧事，收受任何人的一文钱。——但老朋友的，不在此例。二，赶快收敛，埋掉拉倒。三，不要做任何关于纪念的事情。四，忘记我，管自己生活。——倘不，那就真是胡涂虫。五，孩子长大，倘无才能，可寻点小事情过活，万不可去做空头文学家或美术家。六，别人应许给你的事物，不可当真。七，损着别人的牙眼，却反对报复，主张宽容的人，万勿和他接近。”

现在，人们提及这份“遗嘱”，往往只拎出其中的第5条中的后半句，好像更有现实针对性。其实，这是一份研究鲁迅在生命最后时刻的宝贵资料，任何割裂，都将有损于鲁迅的本意。不过再看这7条，也许绝大多数都未按

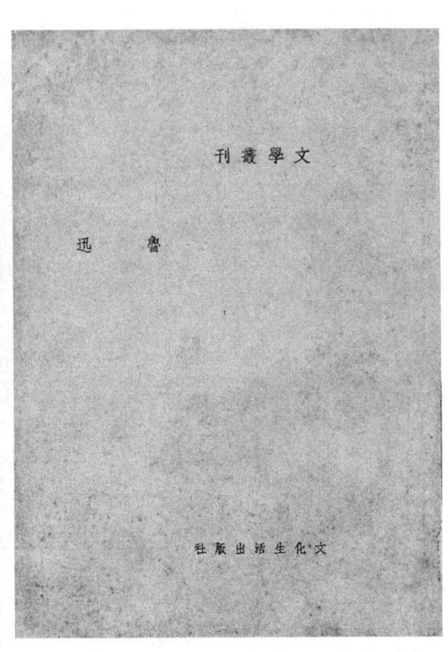

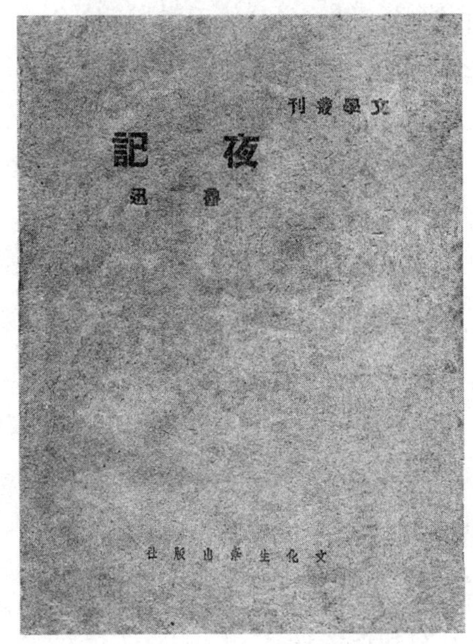

⊙《夜记》封面三种

鲁迅的本意去做……

全书 161 页，书后有许广平写于 1937 年 1 月 24 日的《后记》，离鲁迅逝世后 3 个月又 5 天，其中说道：“鲁迅先生的文章，倘若是他活着的时候，要我来编辑，我一定老早逃开了，因为这就好像要海婴来替我做件事情一样的感觉不合式。不过文化生活出版社的预告，早已登过一本《夜记》。现在离开预告好久了，不兑现的事情，是鲁迅先生所不大肯做的。——就在这个意义上，我才敢于编辑这一本书。我查那些遗稿，其中《半夏小集》，《这也是生活》，《死》，《女吊》四篇，是去年大病之后写的，另外放在一处。好像听他说过，预备做《夜记》的材料，不幸没有完成。我只好从一九三四年编好而未出版的《杂文集》里选两篇，三五年《杂文二集》里选四篇，三六年《杂文末编》里，除《夜记》四篇外，再加四篇，共十四篇。上面所选的文章，好多篇被贼取版权的书商偷印出来了。可是脱漏，讹误的地方非常之多，这是于读者有损的，所以仍有付印一下的必要。……鲁迅先生自己编文集是按年代的，他在遗著《杂文集》里说：'编年有利于明白时势，……知人论世，非看编年不可……况且现在是多么切迫的时候，作者的任务，是在对于有害的事物，立刻给以反响或抗争，是感应的神经，是攻守的手足。'而且大抵注明月日，所以这本子里也依作者原意。其中《半夏小集》未有注明，这是因为他在夏天大病之后，刚刚有点文思，但是还没有能够敷布成文，故成了匕首式的。这原稿用的是'抄更纸'，当时他曾感慨地说：'病后看见有格子的纸也写不方便了，必须要全白的。'所以我把这篇文章放在《夜记》之首。"

鲁迅逝世后，许广平决心完成鲁迅的未竟之业，《夜记》的出版便是这事业的第一步。之后又以三闲书屋名义自费出版《鲁迅书简》影印本和《且介亭杂文末编》。1937 年 11 月上海沦陷后，许广平为保护鲁迅遗稿等遗物，留守上海。1938 年 4 月编成《集外集拾遗》；8 月由胡愈之发起，许广平、郑振铎等组成"复社"，以"鲁迅纪念委员会"名义，编辑出版了 600 万字的《鲁迅全集》20 卷本。为后人留下了一批极其宝贵的精神财富，也可见许广平对鲁迅的挚爱深情。

《鲁迅代表作》

"现代作家选集"第一集，三通书局印行，1941 年 1 月初版。

书前有编者写于 1940 年 10 月 7 日的《序》，其中说道："现代中国最伟大的作家鲁迅先生已死了！这不仅是中国文艺家的损失，这是中国文化界的一个重大损失！……至于他底作品的估价，在中国文坛上，当然是至高无上的。可是他的精神，较之于他的作品，还要重要，还要伟大。他始终是一个勇敢的斗士，无论从他的作品里，或是从他的平时的谈吐的举动上，都能充分表现出他的那一种不折不挠的精神。从一九一八年起，直到临终，他这种精神始终不曾动摇过。现在鲁迅先生是已死了，但是他的更伟大的精神是永远不死的。尤其是他的至高无上的遗作，是永远不朽的。本书是鲁迅先生的代表作，所选的当然完全是他的最好的作品。从这里就可以看到他的足以代表他全部思想的典型的不朽的作品，同时也可以见到他的所谓伟大的伟大了。"

全书 263 页，分四辑：第一辑《自叙传》(5 篇)，第二辑《历史小说》(5 篇)，第三辑《创作小说》(5 篇)，第四辑《散文》(16 篇)，每辑收文若干篇，如第三辑收小说 5 篇：《阿 Q 正传》《孔乙己》《风波》《长明灯》和《药》。

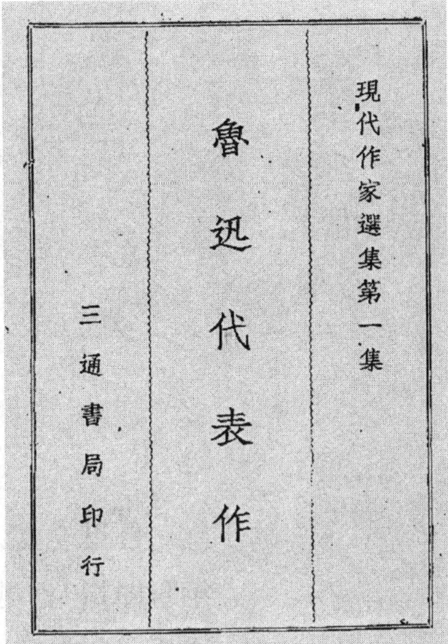

⊙《鲁迅代表作》封面及扉页

《鲁迅三十年集》

鲁迅全集出版社 1941 年 10 月初版。所谓“三十年”，即指“鲁迅先生从 1906 年起至 1936 年间的一切著述而言”，收录了 1938 年版《鲁迅全集》中的创作、论著、辑录和考证部分，29 种 30 册：1.《会稽郡故书杂集》、2.《坟》、3.《集外集拾遗》、4.《热风》、5.《嵇康集》、6. 7.《古小说钩沉》、8.《呐喊》、9.《中国小说史略》、10.《野草》、11.《华盖集》、12.《华盖集续编》、13.《彷徨》、14.《小说旧闻钞》、15.《故事新编》、16.《朝花夕拾》、17.《而已集》、18.《三闲集》、19.《唐宋传奇集》、20.《汉文学纲要》、21.《二心集》、22.《集外集》、23.《南腔北调集》、24.《伪自由书》、25.《准风月谈》、26.《两地书》、27.《花边文学》、28.《且介亭杂文》、29.《且介亭杂文二集》、30.《且介亭杂文末编》。

对于印行“三十年集”，鲁迅说过：“回忆《坟》的第一篇，是 1907 年作，到今年足足 30 年了，除翻译不算外，写作共有 200 万字，颇想集成一部(约 10 本)，印它几百部，以作纪念。”《三十年集》的书名，也是由鲁迅亲自拟定的。1938 年《鲁迅全集》出版后，受到读者的欢迎，但全集价格较贵，一般读者缺乏购买能力，《鲁迅三十年集》便是这样出版的，原价 60 元，预约价 42 元。此书由许广平编校，在纪念鲁迅逝世 5 周年时出版。第一册《会稽郡故书

⊙《鲁迅三十年集》中所收著作封面四幅

杂集》扉页后有蔡元培的《鲁迅先生全集·序》和《鲁迅三十年集部目录》。最后一册有许广平的《鲁迅三十年集·印行经过》。书外有硬纸板书盒，10 册 1 盒，分装 3 盒。书盒正面印“鲁迅三十年集”及所装 10 册的书名，深咖啡色字，庄重大方。

鲁迅全集出版社 1941 年 10 月初版之后，一些出版机构为满足读者的需要，还几次重版和改版，有些还没有出齐 30 册。主要有以下如今还能零星见到的 6 种：鲁迅全集出版社 1947 年 3 月再版，鲁迅全集出版社 1947 年 10 月版，鲁迅全集出版社 1946 年—1947 年光华书店大连第一版，鲁迅全集出版社 1947 年—1948 年大连初版，东北书店 1947 年 10 月版，鲁迅全集出版社光华书店 1947 年 11 月哈再版(实为东北书店版)。

《鲁迅短篇集》

“现代名家创作集丛之一”，王一平编，艺光出版社刊行，1944 年 4 月初版。

全书 149 页，收文 12 篇：《祝福》《离婚》《风波》《明天》《药》《孔乙己》《阿 Q 正传》《故乡》《社戏》《在酒楼上》《奔月》和《出关》。

这套丛书，除《鲁迅短篇集》外，还有 9 种：《周作人

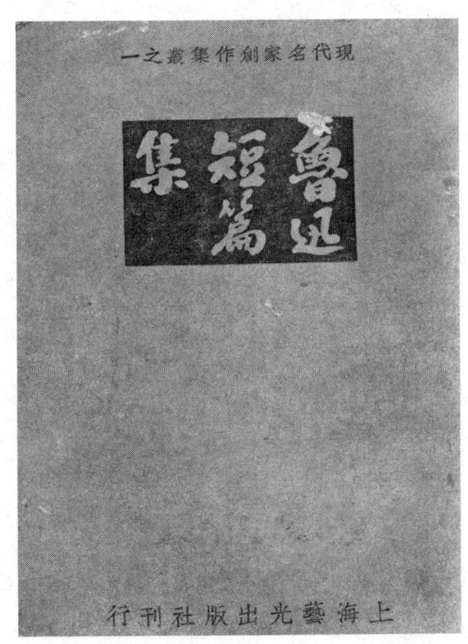

⊙《鲁迅短篇集》封面

散文集》《巴金散文集》《林语堂散文集》《王统照短篇集》《张天翼小说集》《沈从文小说集》《冰心短篇集》《郁达夫小说集》和《靳以小说集》。至于为何选择这些作家，无从查考。

《一件小事》

此书由延安十八集团军总政治部选编，延安印工合作社1944年10月初版，列为“文艺读物选刊”之一，土纸本。全书98页，内收鲁迅小说集《呐喊》中的《阿Q正传》《一件小事》《故乡》《孔乙己》和《彷徨》中的《祝福》等5篇。书前有总政治部写的《编辑缘起》，后有《编后记》。每篇作品前有简介，文末有注释。封面图案为木刻，麦穗

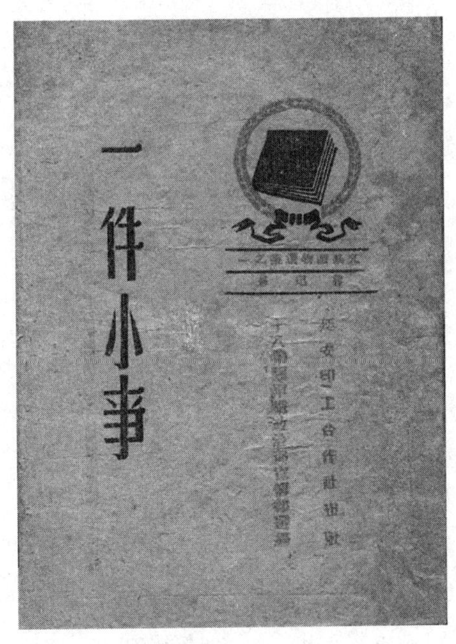

⊙《一件小事》封面

为花环，内有一书。之后，此书改名为《鲁迅小说集》，由东北书店 1947 年 4 月再版。在这一版本的《后记》中说道："鲁迅先生对于勤劳的人民是抱着极大的同情心，极大的敬仰心，和极大的希望的，这就是本书以《一件小事》为书名的意思。"

《鲁迅全集补遗》

“文艺复兴丛书”第一辑，鲁迅著，唐弢编，上海出版公司（四川中路迦陵大楼七〇一号）发行，1946年10月初版，1948年6月再版，1949年11月三版，时间跨越“民国”，体现了版本的“传承性”。

第一辑分精装本与平装本，价格分别为三十元和十七元。精装本红色，虽旧仍不褪色，平装本封面与“文艺复兴丛书”的其他版本封面相同，立柱穹门，如同舞台。

全书411页，以年份编排，从1912年始，至1934年止，收遗佚文字44篇，如1912年收《古小说钩沈序》，1934年收《做“杂文”也不易》、《势所必至，理所固然》等。最后收三文：《鲁迅先生笔名补遗》《读唐弢先生编全集补遗后》（景宋）和《编后记》（唐弢）。

景宋的《读唐弢先生编全集补遗后》，1946年12月写于上海，文章开头说道：“这本书从搜寻，抄录，编排，校对，以至出版，完全是唐弢先生独力经营，策划而成，我是很惭愧，在他校出清样之后才有拜读的机会，说不上参加意见的。而且又荣幸地被广告代登为‘景宋序’。我对于鲁迅先生的著作，自问虽是他的及门弟子，却还终以为受业上是‘未入于室’的程度，所以一向从未敢作序，这回当然照例推却。而唐先生却说报纸已经登出来了，做到既成事实的宣告，迫着不能不附骥说几句话了，这就引起

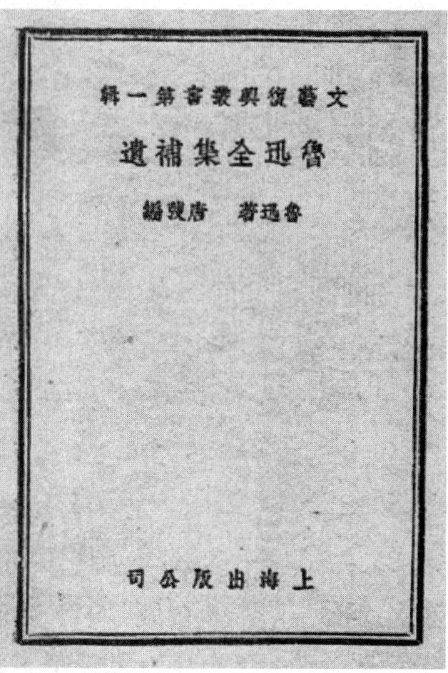

⊙《鲁迅全集补遗》封面及扉页

下文：鲁迅先生逝世十周年的今天，因为有一个十周年的关节所在，重又引出许多纪念文字，也许会很丰富的吧。然而千言万语，归根还是从他自己说过的话研究，比较有些边际。他的话，全集收容的虽有大部分，却因为当初出版时的意思是抢救文化事业，搜寻尽其可能，而时间又必求其迅速，在两相矛盾之下，必然会有些遗漏的。幸而不少有心人，陆续给我们意见，都很使我感动，自顾微力，何堪当此辑佚鲁迅先生全部著作的艰巨责任？倘有大心，毅然参与，谨当鸣谢不遑的。因为这一时代的巨匠，他耕耘过来了，留下来的土地，正赖大家起来继续担承，谁也不得而私，自然更不是家属几个人的专责了。当然，或有家属比较清楚时，责无旁贷，自应尽力。但或知而不能言，不肯言，不便言，则亦不能坐待其废弃，所以唐先生的编辑此书，终究是值得钦颂的。据我所知，就在日本投降之前，恐怖之极的时候，文化人陆续被捕受苦的真是家常便饭，毫不为奇。而柯灵先生等，谁都知道和唐先生在文化事业上是有不少合作的了。柯灵先生一再被捕，坐老虎凳，备受酷刑，难道唐先生不应作漏网想？于是弃家出走，丢下老母稚子而躲藏别处，就在这生死之际，仍不忘于文化事业的保存，日夕向图书馆奔走，查抄，以有今日的十数万字辑佚。这是用辛劳忘我的舍生精神博取来的收获，凡读到这书的，应当想到这一字一句，是和患难结合过的：来处不易。”

唐弢的《编后记》,1946年10月6日写于上海寓次,“时当暗夜无云,愁思百结”,其中说道:“全集出版不久,阿英先生就写信给景宋先生,说是据他所知,倘把漏收的文章结集起来,还可以订成厚厚的一册。阿英先生是藏书家,以他的博闻,这话是极其可信的。景宋先生的覆信是要让他看一看,鉴定一下。不知怎的这事情竟又搁下了。一九四一年十二月八日以后,上海的情形大变,越一周,景宋先生被捕,友朋云散,而我蛰居一角,偶有所闻,无非是烧书逮人的消息。长夜待旦,悲愤交集,有时也偶而想起这份辑佚的工作,然而‘饥来驱我去,不知竟何之,’终于又只得推开空想,落在现实的土地上,如轭下疲牛,为生活的磨子去打旋了。此后似乎也没有人再提起。战争使图书散佚,这是颇足以影响搜集的工作的,我费尽心思,历尽惊险,才保住几箱破书,只是没有去翻动。直到去年八月,受了‘胜利’的欺骗,重度笔墨生涯,而数月内战,破书的命运又岌岌可危,我还不甘心于以心爱之物,喂饫炮火,不以益世,却让那些‘勇敢的’将军们去做‘勋章’的资本。因此又想到《鲁迅全集》的补遗,翻检抄录,得遗文若干篇,按时编排,各缀出处。”

对唐弢的认识了解,是从接触他的“书话”开始的。其实,唐先生在写书话前是以杂文“入世”的,并由此进入对文学史料的收集与研究。这本“遗补”就是一种研究成果,甚至可看作如没有唐弢去做这事的话,也许很少有人会做,即便有人去做,也不大可能有时间完成。比如阿英,足此能力承担,但他却没有完成的整段时间。从此意义讲,唐先生所编此书,有着无比珍贵的价值,为后世做了件功德无量的好事。一想到此书,便想起唐先生的一首诗:“平生不羡黄金屋,灯下窗前长自足。购得清河一卷书,古人与我话衷曲。”

1952年3月,上海出版公司还出版了《鲁迅全集补遗续编》,上下册,印精装和平装,属“文艺复兴丛书第二辑”。其中有唐先生两文:《关于编校的一点说明》和《五版后记》。在《说明》中说道:“《鲁迅全集补遗续编》印成以后,发现错字极多,我又从头到尾看了一遍,觉得需要一点说明,……至于错字之多,真使我汗流浃背。造成这种错误的原因有两种:一、原来不错,《续编》发排时误植,这是我和校对同志都得负责的;二、原文发表在报刊上即有错误,抄录编订时未经校出,则是完全应该由编者的我来负责。早期印刷条件差,书刊错字极多,有些句子令人不解,但我不愿以个人的臆测或武断来妄改鲁迅先生的文字,因此,除了明显的,可以证明其确为错误的地方已再度加以改正外,凡词义可通,个人未能断定的，就保持着原来的样子，以待明识者进一步的推敲和研究。”在《五版后记》中说道：“鲁迅先生逝世以后，颇有人谬托知己，捏造故实，借此来抬高自己。例如荆有麟史天行辈，就都玩弄过这把戏。他们的技术是相当‘高明’的，把是非真伪掺杂在一起，以此混淆黑白，蒙蔽读者。从给景宋先生的那封所谓‘热心的’的信看来，倒很像是史天行这个文氓捣的鬼！……”

《鲁迅小说选集》

“新新创作丛书”，短篇小说集，鲁迅著，新新出版社发行，发行人贺尚华，1947 年 10 月）沪再版。封面、扉页和版权页皆印“新新创作丛书”，封底印新新出版社出版标记。

书前有编者写于 1942 年 4 月的《关于编印〈鲁迅小说选集〉的几点声明》：“（一）鲁迅先生，是现代中国最伟

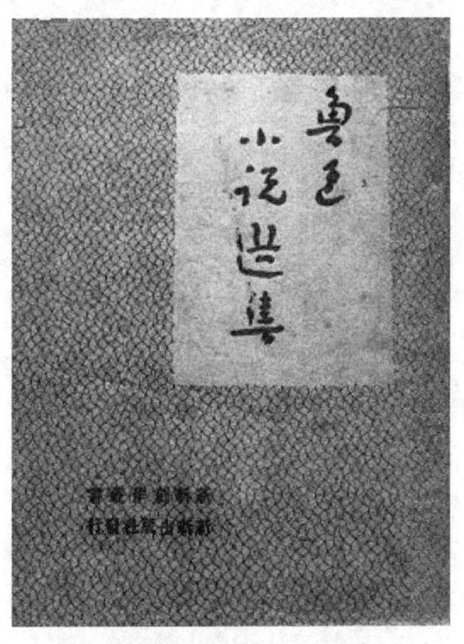

⊙《鲁迅小说选集》封面

大的思想家，在《全集》中，属于创作的部分比较不多；但就是比较不多的这些创作，对于我们，也‘可以得到很多有益的、宝贵的东西’。（二）鲁迅先生属于创作的作品，共计五种：《呐喊》《彷徨》《野草》《朝花夕拾》《故事新编》。而这中间属于小说的，就只有《呐喊》《彷徨》和《故事新编》三种，本集所选均出自这三种著作。至于用文言文写的部分，如《怀旧》《斯巴达之魂》，照例没有选入。（三）这回选的方法，用的标准，是并不严格一律的。比方，选《狂人日记》，就是比较着重它历史意义的成分多一些；选《一件小事》，是着重其表现了作者和无产者的关系这意义上的成分多一些；选《示众》，则是偏于技巧的成分上多一些的；‘诸如此类’。但是，在这些地方，总往往就正可以看出编者底有限的眼力；而这个却又是极少有办法的，只好在这里向读者们请求原谅和多提意见了。（四）末后，还选了先生自己的五篇文章，作为‘附录’，意思是用来帮助了解先生的写作态度，和选在本集里的某篇小说的。再选一篇先生的‘自传’做煞尾，这则是意在让读完了这些作品的人，有还不知道先生‘身世’的，能得到一个比较大体的了解。”

全书 459 页，以时间分类，1918 年，《狂人日记》；1919 年，《孔乙己》《药》；1920 年，《一件小事》；1921 年，《故乡》《阿 Q 正传》；1922 年，《社戏》；1924 年，《祝福》《在酒楼上》；1925 年，《示众》《孤独者》《伤逝》《离婚》；1926 年，《铸剑》《奔月》；1934 年，《非攻》；1935 年，《出关》；附录一，《〈呐喊〉自序》《自选集自序》《我怎么做起小说来》《阿 Q 正传的成因》《〈出关〉的“关”》；附录二，《自传》（选自《全集》第二十卷）。

《鲁迅杰作集》

“中学生优秀读物”，大中华书局印行，所见两种不同封面的版本，一为 1947 年 3 月版(左)，二为 1946 年 9 月版(右)。1946 年版的正文前和页眉上，均标明“鲁迅文精选”。第一篇收散文《踢》，最末一篇收诗歌《爱之神》。1947 年版所收内容大致与 1946 版相同，稍有不同。第一篇收《踢》，最末一篇收《头发的故事》。

⊙《鲁迅杰作集》1947 年版和 1946 年版封面

《鲁迅文集》

“现代作家文丛”第一集，鲁迅著，主辑者梅林，版权代表者中华全国文艺协会，春明书店有限公司（上海四马路中昼锦里口，长沙南阳街中市）发行，南京状元境世1号聚珍书局、广州光复中路228号东方书局特约发行，发行者春明书店代表人陈冠英。1948年1月初版。版权页盖“中华全国文艺协会总会”印章，刻制的水平不高，草率粗糙。1948年6月版除封面与之不同，其他皆同。

书前有《关于刊行现代作家文丛》，其中说道：“本文丛的编辑和刊行，其主要原因，不外为了街坊间盗印作家的著作过多，损害了作家的版权，影响了作家的版税。……现代作家文丛的刊行，算是本会作家与春明书店正式合作的开始。”全书163页，分为4辑，第一辑收：1919年《药》；1921年，《故乡》《阿Q正传》；1924年，《祝福》《在酒楼上》；1926年，《奔月》；1934年，《非攻》；1935年，《出关》。第二辑收：1918年，《随感录　25》《36》《37》《49》《57　现在的屠杀者》《59　“圣武”》《62　恨恨而死》《64　有无相通》；1922年《无题》；1927年，《文学新出汗》。第三辑演讲，从《而已集》中选2篇。第四辑收：1933年，《我怎么做起小说来》《沙》《上海的少女》《世故三昧》《关于妇女解放》《作文秘诀》《夜颂》《推》《二丑艺术》《谈蝙蝠》《豪语的折扣》《爬和撞》《各种捐班》《新秋杂

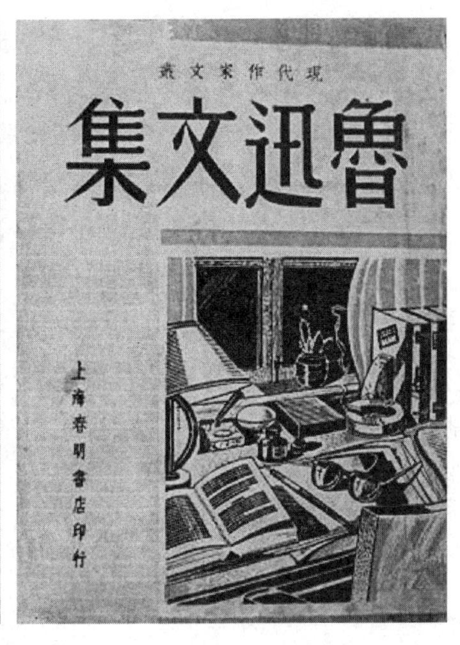

⊙《鲁迅文集》1948 年 1 月初版和 1948 年 6 月版封面

识》《看变戏法》;1933 年,《辩“文人无行”》;1934 年,《做“杂文”也不易》。

书末有许广平写于 1947 年 10 月的《鲁迅文集后记》:“这本集子共收三十七篇,分四辑:小说有《药》,《故乡》,《阿 Q 正传》,取自《呐喊》。《祝福》,《在酒楼上》,则采自《彷徨》,而《奔月》,《非攻》,《出关》,乃从《故事新编》所选。随感录有十篇,除末篇《文学和出汗》,原在《而已集》内,其余九篇都取自《热风》,演讲仅二篇,都是一九二七年的,也是从《而已集》选出来。杂文共十七篇,在这文集内占的分量比较多,那是无足为奇的,因为鲁迅先生写杂文实在不少,拿他的全部杂文比起来,反而觉得并不算多了。这里前六篇选自《南腔北调集》,后九篇取于《准风月谈》,末两篇则由《全集补遗》中选出。文集取材的标准,我不大明白,因为是从书局排好清样之后才看到的。照时代说,从一九一七年直至一九三四年,而对于鲁迅先生末年身临抗战前夜的暴风雨期前一九三五至三六年的文章如《花边文学》及《且介亭杂文》所载,这里却一篇都没有。据我的推测:或者因为要力求其平稳,周到,适合一般人的胃口,所以小说方面没有《狂人日记》及《伤逝》一类的透入骨髓的文章;而《故事新编》为鲁迅先生最卖力的得意之作《铸剑》宁可割爱,却选中了描写两位思想者墨子和老子的《非攻》与《出关》。虽然如此,就这薄薄一本中,从早期《热风》的随感录起,以及本书各篇的内容,还是不少适合于针砭时俗的那些杂文，更是丰富的罢了。所以还是不容易求其平稳，周到。这是什么缘故？我以为因为他毕生那分明的是非，包含在鲁迅整个的文章上，风格上，无法遮掩得住的。中国作家的出版权没有保障，由来已久。十年战争，交通梗塞，更造成猖獗而不可收拾。狡黠之徒，肆无忌惮，文坛诟病，疾首痛心久了。今年夏间，文协振臂而起，积极整顿，使出版事业纳于正轨，使文人书贾融洽于一堂，而春明书店独为之先，不愧有勇有立。倘能循此以往，文化前途光明，具无穷的希望！而这文集的出版，不过是一件事的开端试验耳。”

“现代作家文丛”第一辑，总共 12 册，除《鲁迅文集》外，还的郭沫若、茅盾、郁达夫、叶圣陶、巴金、老舍、丁玲、张天翼、雪峰、胡风和梅林的文集。

附录五

“鲁迅后”文学版本辑萃

小引

所谓“鲁迅后”，是指 1936 年 10 月 19 日鲁迅逝世之后；所谓“鲁迅后版本”，也就是鲁迅逝世后出版的与之有关联的版本，截止时间为 1949 年 10 月 1 日前。但也零星收入这两个时间节点前与后的版本，主要是为了说明版本前后客观存在的延续性。

在鲁迅逝世后至中华人民共和国成立之前，到底出版了多少种有关鲁迅的版本，至今尚未见到过一个准确的数字，大多是个约略数，但基本涵盖了相关版本的百分之八九十，有着一定的可靠性。而对于这些版本的收藏与研究，确实是一条不可忽略的途径，因为这能够在当年的氛围与语境之中窥探鲁迅以及鲁迅周围的一切，而这些正是版本收藏与研究的最基本核心。

以笔者所见所闻，这些版本约在六十种左右，是未知和已知中的一部分，只能算“辑萃”，这一大体以出版时间排序的书目值得留存：《鲁迅杂文集》《鲁迅的死》《鲁迅的盖棺论定》《鲁迅批判》《鲁迅最后遗著》《鲁迅先生语录》《鲁迅纪念集》《鲁迅访问记》《鲁迅散文集》《鲁迅文学讲话》《鲁迅先生轶事》《半夏小集》《鲁迅书简》《鲁迅研究》《鲁迅逝世周年纪念册》《鲁迅先生纪念集》《鲁迅与抗日战争》《鲁迅杂感集》《鲁迅新论》《回忆鲁迅先生》《论鲁迅的杂文》《鲁迅语录》《鲁迅论及其他》《人民文豪鲁迅》

《论鲁迅的思想》《鲁迅自选集》《鲁迅诗集》《鲁迅小说选集》《鲁迅短篇小说选集》《鲁迅的书》《鲁迅先生二三事》《鲁迅正传》《鲁迅小说选》《鲁迅回忆断片》《民元前的鲁迅先生》《鲁迅论文选集》《过去的时代——鲁迅论及其他》《鲁迅论》《鲁迅曰——鲁迅名言抄》《鲁迅杰作集》《鲁迅先生的一生》《鲁迅论文集》《鲁迅研究丛刊》《鲁迅手册》《鲁迅选集》《鲁迅传》《鲁迅事迹考》《鲁迅社会论文选》《鲁迅的道路》《鲁迅论美术》《鲁迅论中国语文改革》《鲁迅论语文改革》《鲁迅与语文运动》《鲁迅的一生》《鲁迅与新文学运动》《鲁迅与木刻》《鲁迅论俄罗斯文学》和《鲁迅文集》。

从所见版本看，大致可分六类：第一类，纪念性的，如《鲁迅逝世周年纪念册》《鲁迅先生纪念集》等；第二类，分门别类鲁迅的著作，如《鲁迅杂文集》《鲁迅散文集》《鲁迅选集》等；第三类，摘编鲁迅著作的文字，如《鲁迅语录》《鲁迅名言抄》《鲁迅手册》等；第四类，对鲁迅的论述，如《鲁迅新论》《鲁迅论及其他》《论鲁迅的思想》等；第五类，鲁迅自己的论述，如《鲁迅论美术》《鲁迅论语文改革》《鲁迅论俄罗斯文学》等；第六类，传记，如《鲁迅传》《鲁迅正传》《鲁迅回忆断片》《鲁迅先生二三事》等。虽然有分类，但往往不少版本的内容在类别上互为交叉，而且大多类同。也有一些版本，挂着"鲁迅"的名号，却并没有实质性的内容，如《鲁迅与抗日战争》，就是一种"拼凑"之作；还有个别版本，则是"牛头不对马嘴"，如《鲁迅访问记》，在笔者所见的版本中无一篇"访问"，而是其他人的著作。从这些问题也可看出，在出版与鲁迅有关的著作时，存在着良莠不齐、优劣并存的情况。一些缺乏规矩、名不见经传的机构，甚至是"皮包公司"，趁"鲁迅逝世"之机捞它一票，也就是所谓的"吃鲁迅饭"是也，这类版本大多错误百出。盗版书也不少，实在难分真伪。当然，大多数版本仍具严肃性，且有着一定的权威性，值得阅读与收藏。

以下是近六十种"鲁迅后"版本的介绍，因篇幅关系，只能"点到为止"，除文字外，还配以封面书影，原本在介绍版本时，版权页是不可或缺的一个重要版本因素，也因篇幅关系省略了，这无疑是一个遗憾。

在鲁迅与现代文学版本的书籍中插入这个附录，且占有一定篇幅，似乎不伦不类，其实这是误解。鲁迅活着的时候，他在文学艺术创作中所具有的冲击力无与伦比，然而在他离世后，人们继续在积累着这种冲击力，这从"鲁迅后"版本中可以清楚看出，这也说明了一个道理：即使鲁迅在时代的推进中，逐渐随时间规律或人为规律正在淡化，但他的冲击力将会以各种形式，或隐或现，或强或弱在各个时代显现出来！

《鲁迅杂文集》

鲁迅著，未名书屋（北平汉花园）发行，1936年10月初版。

全书353页，无序跋。收文33篇，如：《从帮忙到扯谈》《我要骗人》《我的第一个师父》《病后杂谈》《病后余谈》《三月的租界》《阿金》《写于深夜里》等。有些篇章分小节，如《门外文谈》收12小节，如：《字是什么人造的？》

⊙《鲁迅杂文集》封面

《不识字的作家》《大众不如读书人》等。此书收录的时间范围虽然明确标为“1935—1936”，可是其中有些篇章却写于1934年，这是有案可查的，如：《门外文谈》《阿金》《中国语文的新生》等。此书虽称为“杂文集”，然而却收有好几篇历史小说，如《理水》《出关》等。从这两个超越范围的编辑法看，编者水平属于不合格。但从版权页上看不出是何人，只印发行者：北平汉花园未名书屋，此书屋是虚名还是实有其屋，搞不明白。当时，要出版鲁迅的作品，并不是件轻松的事，弄不好是要被查禁的，因此虚名或托名出版也便成了一种“打一枪换一个地方”的策略。抗战期间，此书遭国民党当局查禁。

《鲁迅的死》

杜君谋编纂，千秋出版社发行，发行人陈富华，1936年11月初版。

全书74页，收文：《鲁迅生平》、《逝世一瞥》、《医治经过》、《弥留情形》、《讣告治丧》、《遗嘱内容》、《沉入甜睡》、《吊者盈门》、《日友哀悼》、《友邦唁电》、《挽联一斑》、《工人往登》、《家属谈话》、《宋庆龄谈话》、《关于章太炎》、《最后著述》、《鲁迅语录》、《鲁迅散文》、《鲁迅的谐谑》、《周作人的儿子与刘半农的女儿》、《鲁迅谈通俗文章》、《鲁迅先生殒落》（曹聚仁）、《瞻仰以后》（胡依凡）、《悼鲁迅先生》（寄萍）、《悼鲁迅》（许白雁）、《敬悼鲁迅先生》（沸）、《悼鲁迅先生》（李因非）、《鲁迅死了》（海源）、《鲁迅先生千古》（秣马）、《鲁迅先生》（屠龙）、《鲁迅著译书目》（忻）、《茅盾恸悼鲁迅翁》（旦华）、《鲁迅少年时代苦学的自传》（晓）、《周作人谈鲁迅》、《从哀悼鲁迅先生说起》（崔万秋）、《二次走进"万国殡仪馆"》（何家槐）、《中国小说史家的鲁迅先生》（赵景深）、《哀鲁迅先生》（周楞伽）等。另有郁达夫写于10月21日的题句："鲁迅虽死，精神当与中华民族永在"。

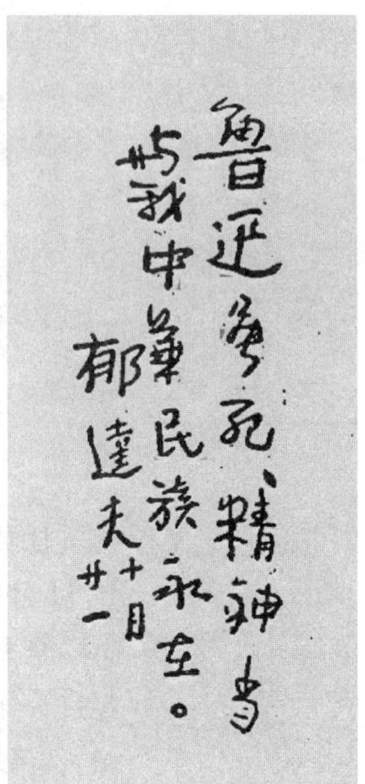

⊙《鲁迅的死》封面、郁达夫挽词手迹

《鲁迅的盖棺论定》

范诚编选，全球书店出版，所见两种版本：1936年11月初版和1937年4月再版，封面不同，内容相同。初版封面设计得相当随意，左侧竖印书名，右侧是鲁迅坐在沙发上，外有雕花的门栏。再版封面留白处，是“十字架型”图案，架下绘鲁迅头像，并围花圈。用此装饰，是取哀悼之意，但鲁迅并不信教，用此图案完全有悖鲁迅的想法。书中错别字相当多，这是赶时间出书的结果，好在主要内容无大错。此书有一定史料价值，是把当时报刊文章进行汇编，基本收全了当时情况。从保存史料角度言，有必要如实一录：

《鲁迅先生传略》(俞秋帆，选自《多样文艺》一卷六期)

《我们的斗士去了》(何德明，选自《多样文艺》一卷六期)

《悼鲁迅先生》(郑振铎，选自《生活星期刊》一卷二十二号)

《鲁迅先生的精神》(叶圣陶，选自《生活星期刊》二十一号)

《学习鲁迅先生》(茅盾，选自《中流》一卷五期)

《关于鲁迅先生》(胡行之，选自《多样文艺》一卷六期)

⊙《鲁迅的盖棺论定》初版、再版封面

《我们应该怎样纪念鲁迅先生》(章乃器,选自十月十三日《上海大晚报》)

《鲁迅先生死得太早了》(徐调孚,选自《生活星期刊》一卷二十二号)

《鲁迅先生》(曹聚仁,选自《申报周刊》一卷四十二期)

《我所认识的鲁迅先生》(董秋芳,选自《多样文艺》一卷六期)

《悼鲁迅先生》(邹韬奋,录自《生活星期刊"笔谈"一卷二十二号》

《知我罪我公已无言》(徐懋庸,选自《光明》一卷十号)

《不肯说假话的鲁迅先生》(赵家璧,选自《中流》一卷五期)

《鲁迅——民族革命的伟大斗士》(胡愈之,选自《生活星期刊》一卷二十一期)

《记鲁迅》(白危,选自《生活星期刊》一卷二十一期)

《怀鲁迅》(郁达夫,选自《文学》七卷五号)

《在对鲁迅先生的哀悼中》(许钦文,选自《中流》一卷五期)

《悼鲁迅先生》(傅东华,选自《文学》七卷五号)

《写于悲痛中》(茅盾,选自《文学》七卷五号)

《一点不能忘却的记忆》(巴金,选自《中流》一卷五期)

《鲁迅先生》(黄源,录自《文季月刊》一卷六期)

《关于鲁迅的死》(冯白鲁,选自《多样文艺》一卷六期)

《鲁迅先生死了》(狄福，选自《中学生》六十九期)

《鲁迅的性格》(曹聚仁，选自《新闻报茶话栏》)

《我们所以哀悼鲁迅先生》(陈子展，选自《中流》一卷五期)

《记鲁迅先生轶事》(蔡元培，选自《青年界》十卷四号)

《关于鲁迅》(周作人，选自《宇宙风》二十九期)

《民族的杰作》(郭沫若，选自《质文》二卷二期)

《永在的温情》(郑振铎，选自《文学》七卷五号)

⊙《鲁迅的一生》封面

《最后的会面》(郑伯奇，选自《文学》七卷五号)

《从鲁迅先生的死想起》(孟起，选自《申报周刊》四十三期)

《后死者的责任》(洪深，录自《光明》一卷十号)

《诀别之辞》(梅雨，选自《光明》一卷十号)

《难言的隐痛》(林淡秋，选自《光明》一卷十号)

《哀悼鲁迅先生》(张天翼，选自《中流》一卷五号)

《活在人类的心里》(鲁彦)

《鲁迅先生的演讲》(郑伯奇，选自《中流》一卷五期)

《鲁迅先生没有死》(左立，选自《多样文艺》一卷六期)

《悼鲁迅先生》(罗谛，选自《多样文艺》一卷六期)

《噩耗》(王统照，选自《光明》一卷十一号)

《鲁迅先生并不偏狭》(郑振铎，选自《中流》一卷五期)

《向鲁迅先生学习》(克孚，选自《通俗文化》四卷八号)

《纪念青年的导师鲁迅》(刘群，选自《通俗文化》四卷八号)

《鲁迅先生又有一比》(徐懋庸，选自《通俗文化》四卷八号)

《观感所及》(金秋，录自《通俗文化》四卷八号)

《鲁迅先生在中国现代史的地位》(天行,选自《生活星期刊》一卷二十二号)

《片断的记述》(景宋,选自《中流》一卷五期)

《鲁迅先生与新书业》(许钦文,选自《青年界》十卷四号)

《一个不倦的工作者》(黎烈文,选自《中流》一卷五期)

《悼鲁迅先生》(桐华,选自《质文》二卷二期)

《鲁迅先生》(杨晋豪,选自《青年界》十卷四号)鉴

《巴比塞·高尔基·鲁迅》(林焕平,选自《质文》二卷二期)

《鲁迅先生之死》(典则,选自《礼拜六周刊》六六四期)

《我们失掉了伟大的导师》(生活知识社同人,选自《生活知识》二卷十一期)

《悼鲁迅先生》(文季月刊社同人,选自《文季月刊》一卷六期)

《我们要纪念鲁迅先生》(文学大众社,选自《文学大众》第二期)

《悼一个伟大的死者》(焕明,选自《文学大众》第二期)

《仅仅把他当作一个文学家是不够的》(子泽,选自《文学大众》第二期)

《瞻仰遗容后》(白燕,选自《文学大众》第二期)

《坠落了一个巨星》(郭沫若,选自《现世界》一卷七期)

《纪念中的鲁迅先生》(征农,选自《大众论坛》创刊号)

《伟大的民众祭——鲁迅先生丧仪速写》(雁月,选自《通俗文化》四卷八期)

全书收 62 篇纪念文章,其中最令人关注的是郭沫若的《民族的杰作》和《坠落了一个巨星》。前者说道:“古人说,‘盖棺论定’,先生现在是达到了容许人们慎重地下出定论的阶段了。要论评先生,我自己怕是最不适当的一个人,但我现在敢于直率地对着一些谗谤者吐我的直觉的见解:鲁迅先生是我们中国民族近代的一个杰作。”后者说道:“想起鲁迅和我的关系,实在是不可思议的淡泊。尽管是生在同一国土,同一时代,并且长时间地从事于同性质,同倾向的工作,却一次也没有得到晤面的机会,甚至连没有一次的通讯。若是用旧式的语来形容,鲁迅和我始终是‘天南地北’的分处着。……罗曼罗兰有信给鲁迅,极力称赞阿 Q 正传,信是托创造社转交的,而被创造社的人们把它没收了。这种无根无蒂的飞簧,真正是更加不可思议的事。俗话说无风不起浪。使得有这样的谣言飞腾的。怕也终归是由我们的不德所致吧。我们对于鲁迅的礼让,怕一定还有充分。尤其是像我这样的人,在创造社同人里是最年长的,我的偶尔地闹孩子脾气和辩嘴,大约也是稍微过度了一点吧。这种事,假如我早一些觉悟,或是鲁迅先生能

再长一些时间，我是会负荆请罪的，如今呢，只有深深地自责而已。”——历史的真面目，往往要用时间之手层层剥去，直剥核心才能看清真面目。但有一点是可以肯定的：郭鲁之间存在的“时代偏见”，往往又是受着个人性格与脾气使然……

在此文“夹带”北方书局 1948 出版的《鲁迅的一生》，是因为书中所收文章，完全与《鲁迅的盖棺论定》相同，故不再赘言。此书封面书名前还有一个“肩题”：《青年导师》。至于，北方书局出版此书的情况如何，无法解读，但可以肯定源自《鲁迅的盖棺论定》。

《鲁迅批判》

李长之所著《鲁迅批判》，所见三种不同封面的版本，北新书局两种版本大体相同，仅封面鲁迅头像不同。其中一种出版于 1936 年 11 月，另一种失版权页，不知出版年月。而此书的初版则在鲁迅逝世之前的 1935 年 6 月。书前有作者写于 1935 年 3 月 11 日的《序》，其中说道："这篇文章之要写，已是去年春天的事了。当时中国的作家论还不盛行，书局或杂志的编辑也还没以这为轰动读者耳目的号召，我忽然打算就中国几个在青年的印象上顶深的作家，一一加以批评起来，其中当然有鲁迅。"书后还有一篇 1935 年 11 月 17 日写于北平清华园孤寂的小屋中的《后记》，其中说到鲁迅先生曾寄相片和好几封信，还说"他不像一般人所以为的猜忌刻薄，从他的文章就可以看出，他反而是并不世故，忠厚而近于呆子的地步"。《后记》中还透露了因赵景深的帮助，此书能在北新书局出版。

第三种是成都东方书社的三版，封面无头像，手写体书名的作者名。三版与前两种版本有个明显的区别是增加了一篇作者 1943 年 3 月写于"成都旅次"的《三版题记》，其中说道："本书的写成是在二十四年，初版是在二十五年。初版后不到一年，鲁迅先生就逝世了。鲁迅先生是看见过付印之前的稿样的，他很帮忙，曾经订正过其

⊙《鲁迅批判》北新书局版封面两种

中的著作时日，并曾寄赠过一张近照。那张照片的大小是像明信片样的，从背面看，见出是自一张硬纸上揭下的，我曾让书局照了原来的大小，印在书面上。现在计算完稿之时，已经七八年了，照理讲，应该有一些修订。而且，照'世故'的看法，在人的生前，是不容易作定论的，因为在人的生前，怕有所得罪，不免做作一些违心之论的恭维，在人死后，就比较地可以坦率了。然而在成都没有感觉这种必要。我在本书初版印的序上就说过：'我的用意是简单的，只在尽力之所能，写出我一点自信的负责的观察，像科学上的研究似的，报告一个求真的结果而已，我信这是批评者的唯一的态度。'这态度，我一直没有变，因为求真，我在任何时都没有顾忌，说好是真说好，说坏是真说坏，所以事

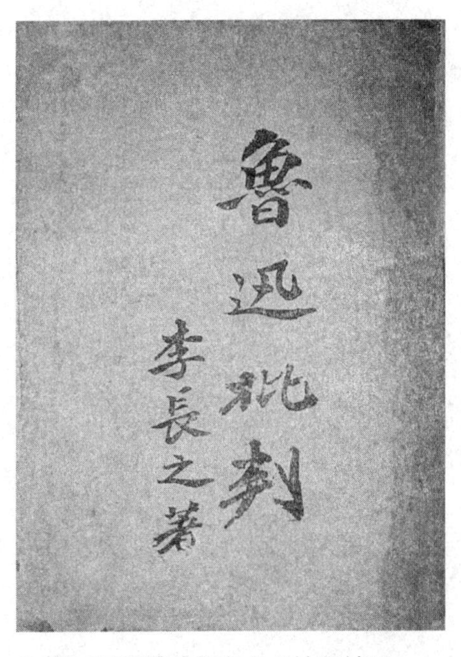

⊙《鲁迅批判》成都东方书社版封面

后既不会反悔，人死也不会让我的论断变更。我向来是最讨厌橡皮的，错就是错了，何必再擦掉？因此，这回的重印《鲁迅批判》，也仍然一字不改。我觉得惟一遗憾的，只是我在书中提到了鲁迅生命之将近结束，不幸成了谶语。……这书出版的次年，我经过香港，书店里摆着的已经是二版。这就是我现在所谓三版的根据。到了内地来，真实还在昆明和成都偶而看见几本，后来也转眼不见了，现在我根据了作为三版付印的，乃是我小弟弟在旧书摊上费了超出原书价几倍的价钱给买下的，书脊已经破烂了。……虽然经过了七八年的时光，但我对于系统的批评鲁迅的书的期待，却终于让我很失望。有些册子，都是纂辑别人的，有些册子，就似乎只像炒冷饭一样，只是一种排比鲁迅原文的工作，因此，我便更鼓了勇气，把这小书重排付印出来了。”

《鲁迅最后遗著》

此书名为《鲁迅最后遗著》，著作者也写有“鲁迅”，其实通观全书，这种说法并不准确，因此书并非全是鲁迅的作品，称为某某编选，也许较为准确。

此书由莽原书屋发行，全书 262 页，主体部分是鲁迅的遗著，共分 4 辑，每辑收有遗著 4 至 5 篇不等，如第一辑收文 4 篇：《死》《半夏小集》《女吊》《这也是生活》；第四辑收文 4 篇：《我的第一个师父》《阿金》《出关》《出关的关》。《附录》占到一半篇幅，内收：《自传》、《事略》、《鲁迅之逝世与安葬》、《鲁迅著译编目》、《鲁迅——民族革命的伟大斗士》（胡愈之）、《忆鲁迅》（白危）、《鲁迅先生不死》（唐弢）、《我对鲁迅先生的回忆与感想》（白薇）、《一二感想》（王叔任）、《一个够 POG 的男人》（欧阳山）、《哀鲁迅先生》（周楞伽）、《鲁迅先生给中国民众的遗产》（草明）、《悼鲁迅先生》（隅）、《鲁迅先生》（楚阳）、《悼鲁迅先生》（李因非）。在这些内容中，最为珍贵与有存史价值的是：《鲁迅先生逝世与安葬》《万国殡仪馆瞻仰鲁迅遗体》《鲁迅遗体之大殓》《鲁迅之安葬》。内收柯灵、汶和立报记者所写的 4 篇记录当时情况的“通讯”，忠实记录了鲁迅的逝世与葬礼、大殓和安葬。在这种时候，记者是最活跃的分子，用他们的笔记录着沉甸甸的历史。如果没有记者，也许就不会有很多具有闪光点的历史一刻。读了这些文章，仿佛身临其境，随着追悼的队伍缓缓而行，去追思，去怀念……书前还印有《鲁迅最后遗容》《治丧处大门》和《移灵出殡仪馆》等照片。

这本书最珍贵的就是这些历史，而且是在鲁迅先生逝世后 1 个月就出版的集子，字里行间还流露着当时人们的思念与悲痛之情，读后令人感慨万千：一个伟人的死，却在唤醒千百万民众的觉悟。

此书的封面设计沉稳庄重，左侧蓝底白字，写有书名。右上方是鲁迅的木刻像，右下方是鲁迅的手迹。有人曾统计过，鲁迅的木刻像存世达 50 多幅，大多是由鲁迅扶持与指导过的木刻青年所刻，最早刻像的要数徐诗荃(梵澄)。这些木刻像，如今已成为一份珍贵的艺术遗产，也成了爱好者争相购得的艺术品种。

⊙《鲁迅最后遗著》封面及内中摄影图片三幅

《鲁迅讽刺文集》

鲁迅著，文业书局出版部校阅，文业书局出版发行，1936年11月初版，全书378页，收文87篇，如：《什么是"讽刺"》《"文人相轻"》《赌咒》《曲的解放》《止哭文学》《推背图》《"以夷制夷"》《序的解放》《中国的奇想》《喝茶》《关于女人》《看萧和"看萧的人们"记》《关于妇女解放》《上海文坛之一瞥》《流氓的变迁》《在钟楼上》《马上支日记》《北

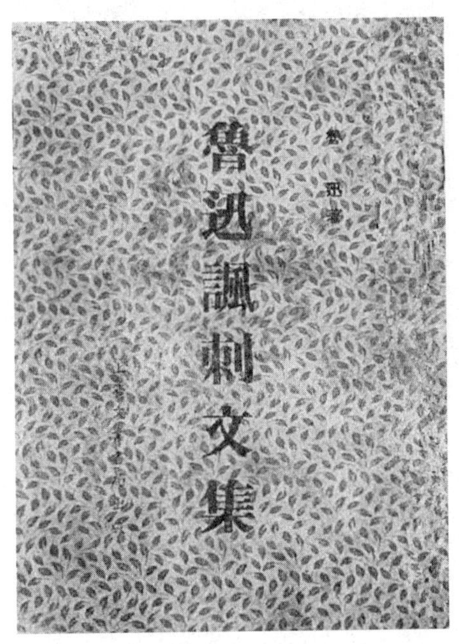

⊙《鲁迅讽刺文集》封面

京通信》《并非闲话》《论“他妈的!”》等。

此书还有永生书店发行,文业书局总经售,1936 年 10 月初版,未见。永生和文业的初版,封面相同,仅封面的出版机构名不同。

《鲁迅先生语录》

雷白文编，不知出版机构，1936 年 12 月初版，印 2 220 册，其中纪念本 20 册，精印本 200 册，为非卖品。普通本 2 000 册，每册实价 3 角。所见为普通本，平装。至于纪念本和精印本是否都是精装，因未见不知。

此版本极罕见，内收鲁迅自 1918 年至 1936 年的语录 190 多则，每则注明出处。书末有编者 1937 年 5 月 20 日写于东京的《再记》："这本书和读者见面，已距鲁迅先生逝世有半年多了，想不到这末一本小小的纪念性质的小书，也要经过那末长远的时日，真使我默然！好在纪念鲁迅先生决不是暂时的一时间的事情；当这书尚是校样的时候，就有一个朋友笑着说过：'你也吃鲁迅饭吗？'我听了真是哭笑不得！但仔细想想，却又坦然了，因为我并没有把鲁迅先生的'死尸'作为自己的'沽名获利之具'，而因为如此，连姓名都是另外加上的。在三月初，《海上述林》下卷已经出版，为诗歌，小说，戏剧合集；最近由景宋女士编集，文化生活出版社出版之《夜记》，鲁迅先生逝世前所写的杂感短评集之十一；为在译著书目中所无者，特此补录。"

书前有鲁迅画像、遗像以及逝世前十日的手迹等。另有附录，收文：《鲁迅先生传略》《译著书目》和《笔名表》。

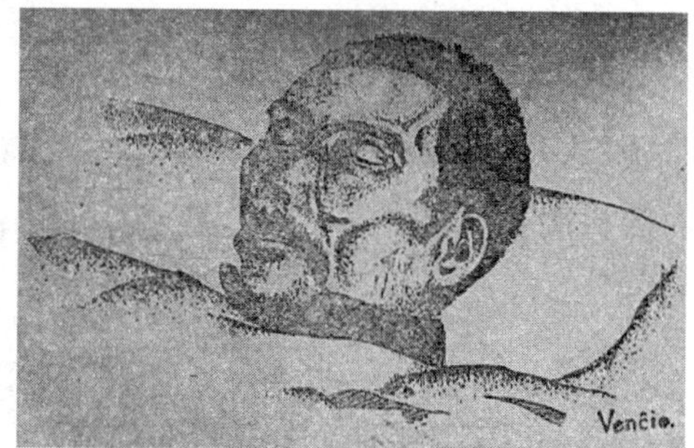

⊙《鲁迅先生语录》封面及遗像一幅

《鲁迅纪念集》

鲁迅纪念会编，北新书局发行，1936年12月初版。

全书306页，书前有鲁迅纪念集“执笔者”名单27人：胡愈之、田汉、韬奋、唐弢、黄源、徐懋庸、何家槐、章乃器、欧阳山、魏金枝、杨骚、艾芜、沙汀、另境、王统照、周木斋、陈子展、洪深、赵景深、荒煤、立波、白薇、夏衍、王任叔、曹聚仁、郑伯奇、草明等。其中把欧阳山的“欧”误印

⊙《鲁迅纪念集》封面

为“歌”；把杨骚的“杨”印为“扬”，把沙汀的“汀”印成“订”。在这类比较正式的场合下，只记名不记姓似不严肃，如邹韬奋为“韬奋”，孔另境为“另境”等，凡此各种，粗糙随意，或者说是为了“赶时间”，也便留下了遗憾。

全书分为五辑，每辑收文若干，第三辑收文最多，达 70 篇，有不少文章在当时出版的著作中反复出现，属一稿多用。第五辑收文 8 篇，作者有认识的，但大多不识，或用了笔名而无法识别，如叶紫的《哭鲁迅先生》、子修的《建塔者的死》、雪村的《伟大的葬仪》和李又仪的《夜过鲁迅墓》等。

《鲁迅访问记》

登太编，春流书店发行，长江书店经售，1937年4月再版(3月初版)。

全书288页，书名为“访问记”，实为当时一些作家的论文汇编集，如收入了胡风的《人民大众向文学要求什么?》、龙贡公的《抗日文学阵线》、聂绀弩的《创作口号和联合问题》、奚如的《文学的新要求》、龙乙的《急切的问题》、张天翼的《一点意见》、路丁的《现实形势和民族革命

⊙《鲁迅访问记》封面

战争的大众文学》、郭沫若的《国防，污地，炼狱》、茅盾的《关于“论现在我们的文学运动”》、周扬的《现阶段的文学》和徐懋庸的《人民大众向文学要求什么》等。同时收录鲁迅的两篇已发表的文章：《论现在我们的文学运动》和《答徐懋庸关于抗日统一战线问题》，合计 29 篇。以“访问记”冠名，实在是文不对题。弄不清是印错了，还是把文字排错了？书末刊登有“长江书店最近新书”书目，其中有登太编的两种：《鲁迅访问记》和《生活素描》。另外，还见到过一种大夏书店 1939 年 1 月初版的《鲁迅访问记》，封面印“茅盾等著”，内容同登太编的。有人说，此书中有登太一篇《鲁迅访问记》，但翻遍了全书，也没有找到这篇文章，奇怪至极。

《鲁迅散文集》

此书见到过三种版本，全球书店两种：1937 年 3 月初版和 1946 年 10 月三版（再版是 1940 年 5 月，四版是 1948 年），还有一种是香港启智书局 1945 年版。香港版的封面是从其他资料上移植过来的，书的内容不详。另有一种说法是：香港远东图书公司印行过《鲁迅散文集》，内容与全球书店相同，可惜未见。

全球书店两种版本的内容大体相同，收文 27 篇：

⊙《鲁迅散文集》香港启智书局版封面

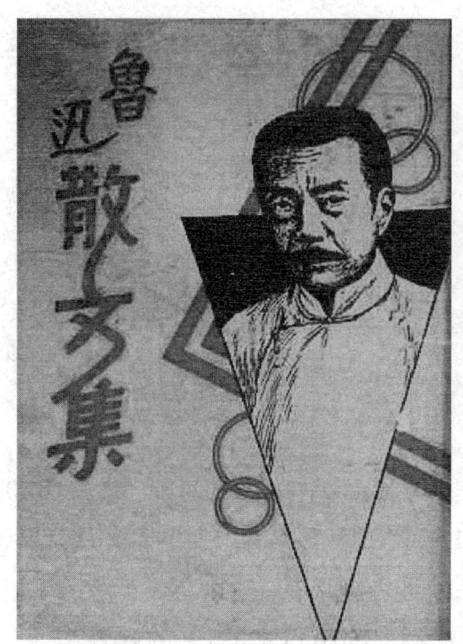

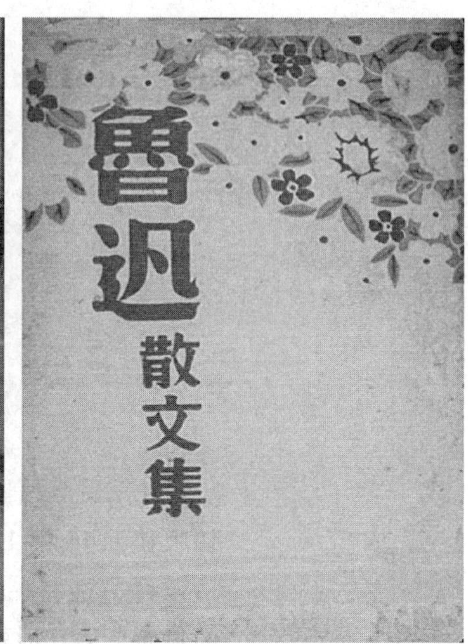

⊙《鲁迅散文集》全球书店版初版和三版封面

《病后杂谈》《三月的租界》《阿金》《写于深夜里》《陀斯妥夫斯基的事》《凯绥·珂勒惠支版画》《论大众语》《中国语文的新生》《从"别字"说开去》《门外文谈》《中国新文学大系小说二集导言》《译文复刊词》《丰收序》《死》《几个重要问题》《八月的乡村序》《生死场序言》《白莽遗诗序》《关于"白莽遗诗序"的声明》《故事新编序言》《"题未定"草》《理水》《采薇》《起死》《出关》《"……这也是生活"》和《死魂灵序》。

《鲁迅文学讲话》

钱浩编辑的《鲁迅文学讲话》，笔者见到过两种相同封面的版本，一种是当代书店 1936 年 7 月的初版，此时鲁迅还活在世上；另一种是文光书局 1937 年 6 月初版。另外还见到过一种青年书店 1937 年 3 月的同名版本，编辑者同一人。笔者猜测，还可能会有其他版本，只是未见到罢了。

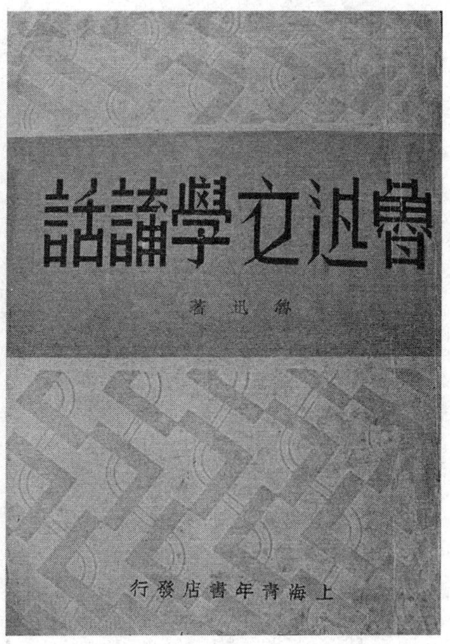

⊙《鲁迅文学讲话》当代书店版和文光书局版封面

文光书局版，全书收文：《鲁迅传》、《鲁迅新论》、《娜拉走后怎样》、《未有天才之前》、《记谈话》（培良）、《鲁迅先生的演说》（林霖记）、《老调子已经唱完》、《无声的中国》、《读书与革命》（林霖记）、《革命时代的文学》、《读书杂谈》、《魏晋风度及文学与药及酒之关系》、《文艺与政治的歧途》、《现今的新文学的概观》、《对于著作家（组合）的意见》和《上海文艺之一瞥》。

青年书店版，所收文章与当代版和文光版相同，可见这几种版本是用的同一种纸型。

《鲁迅先生轶事》

千秋出版社编辑部编纂，发行陈富华，1937 年 2 月初版，1937 年 4 月再版。“千秋”在上海卡德路邮局南 153 弄 4 号，卡德路，即现今的石门二路。

全书 164 页，无序跋。初版和再版收文相同：《鲁迅先生轶事》《鲁迅先生几件屑事》《顺便记几件他生前屑事》《算是向鲁迅先生行告别式》《鲁氏史略》《家庭状况》

⊙《鲁迅先生轶事》封面

《著译一般》《几件屑事》《与林语堂交恶》《陈源笔下的“叭儿狗”》《鲁迅先生笔名之多》《鲁迅斗气趣事》《鲁迅之病为了多惚海水浴》《鲁迅的短篇小说只有一篇》《鲁迅谈女人》《鲁迅谈鬼》《鲁迅的慷慨》《鲁迅的幽默》《鲁迅和孤桐总长》《鲁迅的装饰观》《鲁迅和红金龙》《鲁迅与北新之版税》《鲁迅的遗产交涉》《鲁迅两夫人互争遗作版税》《鲁迅夫人的牢骚》《鲁迅之德配与笔名》《关于鲁迅的“气量”“偏狭”之说的来源》《郭沫若推崇鲁迅》《徐懋庸挽鲁迅》《徐懋庸演讲鲁迅论》《鲁迅的早期作品》《鲁迅先生的“义父”问题》《鲁迅周作人喝茶的不同》《鲁迅贴一百元》《周作人斤斤于此而竟忘兄弟之情》《鲁迅与知堂老人异趣》《鲁迅先生一遗憾》《鲁迅眼中的社会日报》《鲁迅致曹聚仁信》《鲁迅遗书》《朱自清谈：我和鲁迅》《施蛰存谈鲁迅》《一个回忆》《抢编鲁迅遗集》《追忆鲁迅丧仪中的笑话》《鲁迅逝世一月》《鲁迅逝世后》《知堂老人并不预备到上海来》《鲁迅先生的死后哀荣》《鲁迅先生与文章》《活在青年心里》《我们应向鲁迅先生效法的》《死的相晤》《他将永远呐喊着》《鲁迅先生不死》《鲁迅二感想》《一个够 POG 的男人》《鲁迅先生给中国民众的遗产》《不哭鲁迅先生》《纪念鲁迅先生》。

如此详细、一字不漏记录所有篇目，是因为其中不少文章今天已很难看到，再说只要看这些名目，也会让人感到有一种阅读的快感。可以说，鲁迅的话题，是个永恒话题，只要有人存在，或者说只要有好人与坏人并存，那么鲁迅的话题永远是新鲜话题！

《半夏小集》

金城书局 1937 年 4 月初版，副标题：《鲁迅先生近作》，全书 270 页，分四辑并附录，精彩部分在附录，收：《自传》、《事略》、《鲁迅逝世与安葬》(《文坛巨星的殒落》《万国殡仪馆瞻仰鲁迅遗体》《鲁迅遗体之大殓》《鲁迅之安葬》)、《鲁迅著译作品编目》、《鲁迅——民族革命的伟大斗士》、《记鲁迅》、《鲁迅先生不死》、《我对鲁迅先生的

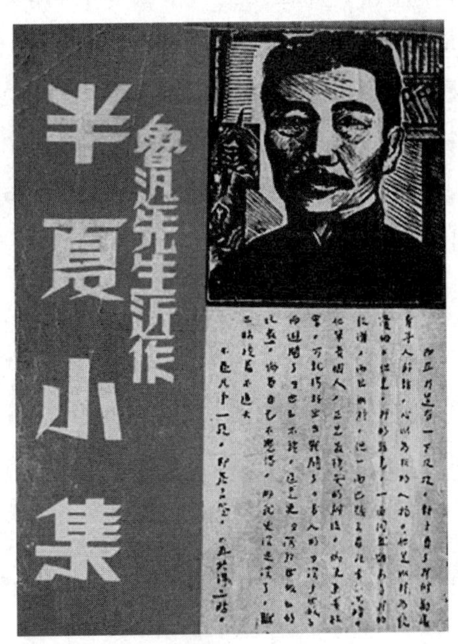

⊙《半夏小集》封面

回忆和感想》、《一二感想》、《一个够 POG 的男人》(欧阳山)、《哀鲁迅先生》(周楞伽)、《鲁迅先生给中国民众的遗产》、《悼鲁迅先生》等。

此书还有青年书店 1937 年 2 月的初版和 3 月再版,初再版仅隔 1 个月,印数接近万册。扉页印初版时间,版权页上却印的是再版时间。此书与先前所得《鲁迅最后遗著》的内容基本相同,封面也无大变动,唯颜色不一。把书名变幻,是出于何种考虑,不解。有人说这是盗印书,目的在于获利。

全书分四辑,另加附录：第一辑,《死》《半夏小集》《女吊》《这也是生活》;第二辑,《几个重要问题》《论现在我们的文学运动》《答托洛斯基派的信》《答徐懋庸并关于抗日统一战线问题》《〈题未定〉草》;第三辑,《病后杂谈》《病后余谈》《我要骗人》《写于深夜里》;第四辑,《我的第一个师父》《阿金》《出关》《出关的关》;附录,《自传》《事略》《鲁迅之逝世与安葬——文坛巨星的殒落》《万国殡仪馆瞻仰鲁迅遗体》《鲁迅遗体之大殓》《鲁迅之安葬》《鲁迅著译作品编目》以及胡愈之的《鲁迅——民族革命的伟大斗士》,白危的《记鲁迅》,唐弢的《鲁迅先生不死》,白薇的《我对鲁迅先生的回忆和感想》,王任叔的《一二感想》,欧阳山的《一个够 POG 的男人》,周楞伽的《哀鲁迅先生》,草明的《鲁迅先生给中国民众的遗产》,隅的《悼鲁迅先生》,楚阳的《鲁迅先生》,李因非的《悼鲁迅先生》。

此书最精彩的部分是《附录》,有着存史价值,即便过了五六十年,后世仍能从文章中感受到当时肃穆的氛围。这种“奇妙感”,只有新闻报道才能完成,真实的记录人物与事件,并在描写中渗透进作者与时人的感情。当时的新闻随着时间的推移,也便成了旧闻或历史,新闻与旧闻同属一脉,历史就是在此“脉”中得以延续,可见新闻记者功劳之大!

《鲁迅书简》

鲁迅信稿影印本，许广平编印，上海三闲书屋 1937 年 6 月初版，文化生活出版社总代售。

《鲁迅书简》分为甲乙丙三种装帧。丙种胶布书脊本，道林纸印刷。黄色硬封面，旧时已成灰黄。紫色胶布书脊，烫金字："鲁迅书简　许广平编印"，均为鲁迅字体。丙种与甲种的版式相同，封面压字凹印："许广平编　鲁迅书简　上海三闲书屋印造"。甲种本是皮脊本，铜版纸印刷，灰漆布硬封面，绿色皮脊。乙种本，函套线装本，宣纸精印。蓝纸封面，白丝线装订，包角。封面上方，在洒金纸上用鲁迅字体印"许广平编印　鲁迅书简　上海三闲书屋印造"字样。一种版本，用三种版式印刷，这在民国版本中较为少见。

此书简收有从 1923 年 9 月至 1936 年 10 月，鲁迅致 54 位亲友 69 通书信。这些亲友是：李庸倩、许季市、陶璇卿、台静农、韦素园、陈君涵、李霁野、王余杞、李秉中、王乔南、内山完造、许钦文、黎烈文、徐懋庸、胡今虚、曹亚丹、郑西谛、张小青、姚克、李雾城、杨霁云、王思远、楼炜春、唐弢、YZ、沈振黄、窦隐夫、吴勃、母亲、陈铁耕、金肇野、李桦、黄河清、颜黎民、曹聚仁、刘军、悄吟、罗清桢、赖少麒、唐英伟、××、蔡斐君、周剑英、郑汝珍、夏传经、许粤华、曹白、吴朗西、时玳、王治秋、沈明甫、汤咏兰、台

璇卿兄：

给我画的象，这几天才寄到，去取来了。我觉得画得很好，我很感谢。

那洋铁筒已经断作三段，因为外面有布，所以总算还相连，但都挤得很扁。现在在箱下压了几天，平直了，不过画面上略有磨擦的地方，线，黄白，如果用些想法，或者看不出来。

画面上有胶，嵌在玻璃框上，不知道汪南时要粘住否？应该如何装潢才好，便中请示知。

鲁迅 五月十六

⊙《鲁迅书简》三种版本封面和书信手迹

伯简。在受信者中，绝大部分是现今读者不熟悉者，或不知来历。还有不少是当时的木刻青年，如李雾城、吴勃、陈铁耕、金肇野、李桦、罗清桢、赖少麒、唐英伟、曹白等。在受信者中，得信最多者是徐懋庸，有四通；得三通者有杨霁云和曹白。

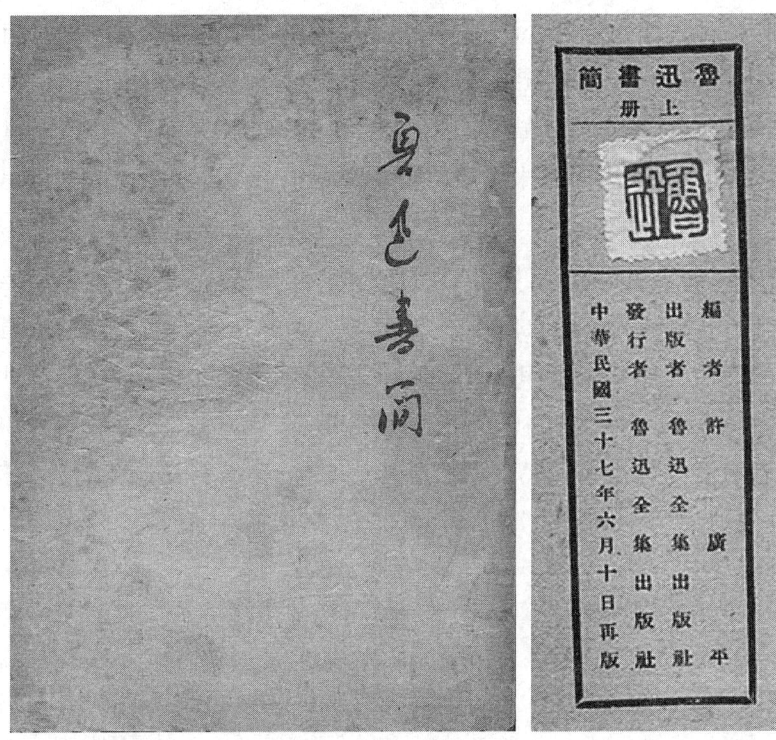

⊙ 鲁迅全集出版社版《鲁迅书简》封面和版权页

其余如韦素园、台静农、郑西谛、唐弢、颜黎民、刘军、曹聚仁、内山完造和鲁迅之母均得两通。余者都是一通。至于集中所收为何多寡，实在不知详情。此集中收得最多的年份是 1934 年，19 通；收得最少的是 1926 年、1927 年和 1931 年，均为 1 通。而更有意思的是，在受信者前加有“修饰词”，有四种情况：覆、寄、答、给。如此细分形态，值得研究。以笔者寡闻，“覆”与“答”基本属一种形态，那是在收得来信后的一种回复，从程度上讲，“覆”要比“答”更具礼仪，“答”则有点口语化，较为随便。而“寄”和“给”则有相同的意思，那是直接给对方写信，前提是并没有收到过对方的来信。而用“给”的，只有两人，一人是“母亲”，另一人是“内山完造”。给内山完造共两信，一信用“给”，另一信则用“答”，给一人信，用的是两种不同的表达方式。在书简中，鲁迅唯有一通写给曹亚丹的是横写，其余皆为竖写。这种格式，在鲁迅书信中较为少见。遗憾的是，不知当时写此信时为何要横写？这位“曹亚丹”即曹靖华。在此信中讲到了有关苏联木刻家的事，即鲁迅当时请曹在苏联就便收集木刻家原拓木刻版画作品，并以中国宣纸作交换。这些事皆由曹帮着做，且收到较好效果。

据周国伟编著的《鲁迅著译版本研究编目》称,《鲁迅书简》出版后,有人想汇编成铅印本出版,一人是刘珮卿,另一位是罗杨,都想编《鲁迅书简》,但向上呈报后均未通过,并批以“查该稿鼓吹偏激思想,恶意抨击本党及政府,应予禁印!”因此铅印本《鲁迅书简》当时并未出版,直到 1946 年 10 月,才由鲁迅全集出版社出版。这本书简收有从 1923 年至 1936 年 77 位亲友和文学青年的书信 855 通。卷首有鲁迅像和鲁迅手迹 2 件。从数量看大大超过三闲书屋版,但从文学、史料与收藏价值看,铅印的书简收信再多,也比不上由原信影印的书简有价值。更何况,影印的书信远比排版铅印本要准确得多,排版难免会出现手植与排版之误。鲁迅先生一生,总共写信约 6 000 多通,至今收到 1 300 多通。收有 1 381 通书信的《鲁迅书信集》,是由人民文学出版社于 1976 年 8 月出版的,是一部收得较齐全的书信集。

《鲁迅研究》

《鲁迅研究》，所见两种不同的同名版本：第一种，夏征农编，生活书店 1937 年 6 月初版版；第二种，茅盾、许景宋等著，克维编，嘉陵江出版社 1946 年 7 月初版。两书的编者、作者不同，出版时间与机构也不同，所收内容不同，封面更是不同。

夏征农编、生活书店版，全书 226 页，收照片 18 幅，

⊙ 夏征农编《鲁迅研究》封面

收文 11 篇：《我们从鲁迅先生学取些什么》（编者的代序）、《鲁迅的生活》（许寿裳）、《民族的思想上的战士——鲁迅先生》（艾思奇）、《鲁迅先生对于科学》（周建人）、《鲁迅先生的写作理论》（雪峰）、《鲁迅的杂文》（徐懋庸）、《鲁迅与中国民族解放运动》（汉夫）、《鲁迅与中国新文学运动》（梅雨）、《鲁迅与新文学运动》（胡绳）、《鲁迅先生和中国新兴的木刻》（曹白）、《鲁迅主义底永远的敌人》（欧阳山）。

茅盾、许景宋等著、嘉陵江出版社版，收文 9 篇：《最理想的人性》（茅盾）、《鲁迅魂》（鹿地亘）、《鲁迅的个性》（荆有麟）、《鲁迅先生的初期思想》（黄文俞）、《鲁迅先生的哲学思想》（杨荣国）、《阿 Q 的年代问题》（侯外庐）、《我对阿 Q 正传的分析》（欧阳凡海）、《鲁迅先生的〈野草〉》（杜子劲）和《遗产的几个问题》（许景宋）。

魯迅研究

編輯人 克維

發行者 嘉陵江出版社 長春·瀋陽

印刷者 嘉陵江出版社

定價：五十元

版權所有 翻印必究

(P) 1——5000

⊙ 茅盾、许景宋等著《鲁迅研究》封面及版权页

《鲁迅逝世周年纪念册》

汪馥泉编，抗战出版部出版，救亡日报社和五洲书报社经售，1937 年 10 月出版。封面书名由许广平题签，右侧有鲁迅遗容。全书收文 16 篇：《纪念鲁迅与抗日战争》（景宋）、《鲁迅先生小的时候》（周建人）、《鲁迅并没有死》（郭沫若）、《鲁迅先生的治学精神》（郑振铎）、《深的怀念》（巴金）、《忆鲁迅先生》（靳以）、《一种误会》（冯雪峰）、

⊙《鲁迅逝世周年纪念册》封面

《鲁迅先生逝世周年纪念》(邹韬奋)、《念鲁迅先生》(孟十还)、《纪念我们的老战士——鲁迅先生》(孔另境)、《抗战期中纪念鲁迅》(艾芜)、《纪念鲁迅先生》(唐弢)、《鲁迅书话》(阿英)、《鲁迅逝世周年纪念》(田汉)、《又一年了》(王统照)和《献在鲁迅先生坟前》(辛劳)。

编者汪馥泉,便是1928年与陈望道等在上海一起创办大江书铺的,在那时,鲁迅与之通信频繁。根据汪的经历,出版此书时在担任《救亡日报》编委,辗转于武汉、广州等地。

《鲁迅先生纪念集》

《鲁迅先生纪念集》由鲁迅纪念委员会编印，1937 年 10 月初版，文化生活出版社总经售。扉页书名旁印“评论与记载”字样。书前有绀弩写的献诗，开头几句写道：一个高大的背景倒下了，/在无花的蔷薇的路上——/那走在前头的，/那高擎着倔强的火把的，/那用最响亮的声音唱着歌的，/那比一切人都高大的背景倒了，/在暗夜，在风雨连天的暗夜！

全书 769 页，收文：《自传》、《年谱》、《译著书目》(附笔名)、《逝世经过略记》、《逝世消息摘要》、《悼文》(第一辑至第四辑)、《函电》、《挽联辞》、《通讯》(伯力、苏联、厦门、云南、天津、北平)、《附录》(一《签名统计》、二《刊载悼文的杂志细目》、三《载于日本各杂志报章的悼文细目》、四《刊载图画的各刊物》、五《收到的报章》、六《祭礼统计》)、《后记》。

《后记》写于 1937 年 10 月 14 日，其中说道：“‘治丧办事处’于丧事结束后，原拟把治丧的详细经过，作一个报告。后来‘治丧办事处’停止工作，改由‘治丧委员会’负责，并推定四人负责编辑。但随着时间的过去，搜集的材料愈来愈多，于是索性变更计划，扩大了范围，企图将先生逝世后各地——远至国外所起的反响，给描出一个轮廓。同时因工作繁重，就多请几位参加负责，以后的职

⊙《鲁迅先生纪念集》封面及内封

务是这样分配的：一、所有照片，墨迹，自传，译著目录等的搜集整理编制；挽联辞的选录及其他各项材料供给等，均由许景宋先生负责。二、杂志的收集以及其中大部'悼文'的选定，由黄源负责。一小部分及新闻纸中'悼文'的选定由田军负责。三、各种日文的报纸摘录及目录翻译等，由胡风负责。四、函电的选录，签名，丧仪等统计均由雨田负责。五、关于刊载'悼文'的杂志目录，由台静农制定。六、新闻纸的一部分的裁剪及改正，由萧红负责。七、'逝世消息摘要'的剪辑，选定，辑录及全部发稿，校对，分类，顺序的编定及'逝世经过略记'一文，均由田军负责。八、封面设计由钱君匋先生负责。九、付印以及出版等事，由黄源和吴冷西负责。一九三七年七月十七日，第一次在华安大厦开'鲁迅先生纪念委员会成立大会'时曾议决十月十九日先生逝世的周年以前，将这《纪念集》与另外一本侧重于研究性质的《纪念册》，一同出版。但到了八月十三日炮声一响，一切都陷于停顿。直到先生周年祭的一星期前，我们方克制了经济的难关，日夜赶工，在周年纪念日将这册子捧呈于纪念先生的各界人士之前。遗憾的是手迹，逝世及葬仪的种种照片，以及歌谱等，都因经济及时间关系，未能附入。好在纪念委员会，将另编印的一本精致的纪念册，全刊先生各时期的照像，不久也可出版。"

《鲁迅与抗日战争》

巴金、周建人等著，战时出版社出版，“战时小丛刊之三”。全书收文30篇，通观目次，仅一二篇与“抗战”有关，如景宋的《鲁迅与抗日战争》、艾芜的《抗战期中纪念鲁迅》。其他皆为回忆或纪念文字，如郭沫若的《鲁迅并没有死》、魏猛克的《纪念鲁迅》、辛劳的《如果鲁迅不死》、宋庆龄的《促鲁迅先生就医信》和金性尧的《鲁迅先生的被禁作品》等。

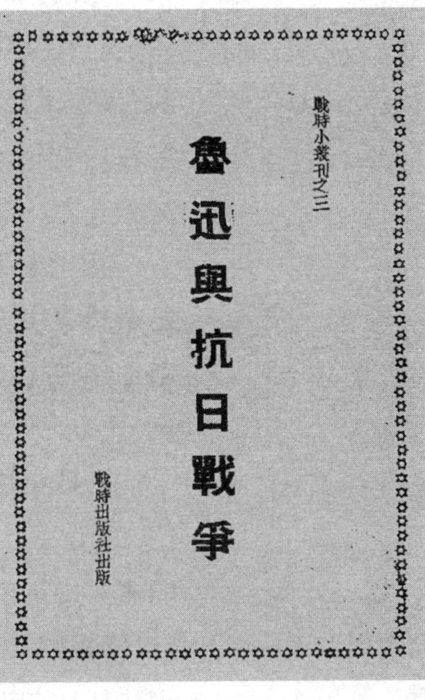

⊙《鲁迅与抗日战争》封面和扉页

《鲁迅杂感集》

本书所见四种不同封面的版本：时代文化社 1938 年版，新光出版社 1942 年 7 月初版，这两种的封面大致相同，唯鲁迅头像不一；新光出版社 1942 年 7 月初版和读者书店 1946 年 11 月三版封面相同，仅出版机构名称不同；另一种全球书店 1948 年 9 月初版，封面图案为松鼠葡萄，与全球书店出版的冠名“鲁迅”的版本封面风格大体相同，如《鲁迅杰作集》《鲁迅散文集》等。

时代文化社版，全书 452 页，收鲁迅杂文 113 篇，书前有《鲁迅先生传略》。目录页后印合众书店出版的新书广告，其中有《鲁迅杂感集》、《鲁迅代表作》和《鲁迅拾零集》。

新光出版社版，由沙洛编辑，全书 317 页，书前有《鲁迅杂感集序》，长达 27 页。全书以时间分类，从 1918 年新青年随感录之二十五《无题》起，至 1932 年《二心集》止。

全球书店版所收内容与新光版不同，收文 90 篇，如《我的第一个师父》《论“第三种人”》《什么是“讽刺”》《查旧账》《中国的奇想》《“中国文坛的悲观”》《为翻译辩护》《以脚报国》《新的女将》《二丑艺术》《序的解放》《诗和预言》《新秋杂识》《风马牛》《登龙术拾遗》《电影的教训》《看变戏法》《黄祸》等。

⊙《鲁迅杂感集》时代文化社与新光出版社版封面

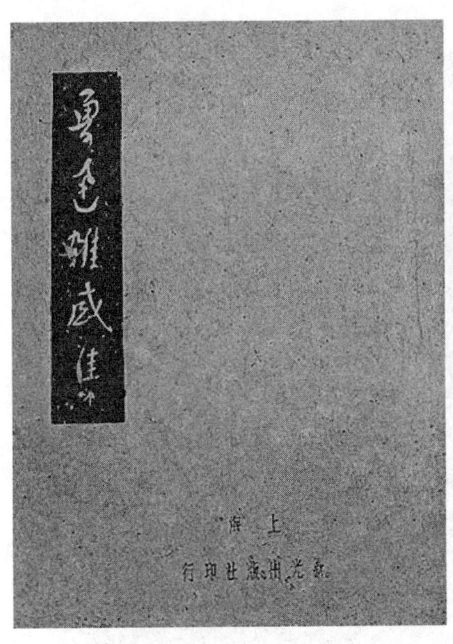

⊙《鲁迅杂感集》全球书店版封面

《鲁迅新论》

毛泽东等 9 人著，新文出版社 1938 年版，此书属“新文丛书”之一，封面印著者名单 9 人。全书 165 页，收文：《中国人民之重大损失》（王明）、《论鲁迅》（毛泽东）、《纪念鲁迅》（萧三）、《论鲁迅杂感》（瞿秋白）、《一种误会》（冯雪峰）、《我对于鲁迅之认识》（陈独秀）、《关于研究鲁迅先生的几个基本认识的商榷》（欧阳凡海）、《鲁迅先生计划而未成的著作》（O. V. ）和《关于鲁迅二章》（周作人）。

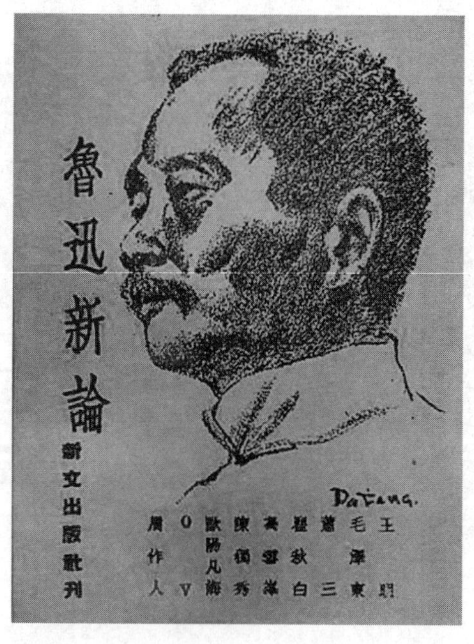

⊙《鲁迅新论》封面

《回忆鲁迅先生》

萧红著，生活书店发行，1940 年 7 月初版，1945 年 10 月胜利后第一版。书末有作者 1939 年 10 月 26 日写于重庆的《后记》：“右一章系记先师鲁迅先生日常生活的一面，其间关于治学之经略，接世之方法，或未涉及。将来如有机会，当能有所续记。附录二则，一为先生昔年海外窗友许寿裳先生为文，备详年谱，可为资考，系当面

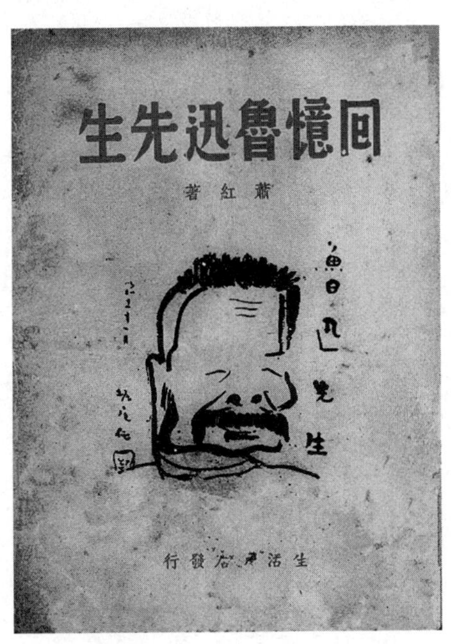

⊙《回忆鲁迅先生》封面

征得同意者。一为鲁迅夫人景宋先生之文，间以稍长，勉加省略，则系函中征得同意者。今谨一并附录如上，特此敬布谢忱。”

全书110页，收文：《回忆鲁迅一生》（萧红），附录一：《鲁迅的生活》（许寿裳），附录二：《鲁迅和青年们》（景宋）。选择其中两则：第一则：鲁迅先生的笑声是明朗的，是从心里的欢喜。若有人说了什么可笑的话，鲁迅先生笑得连烟卷都拿不住了，常常是笑得咳嗽起来。第二则：鲁迅先生走路很轻捷，尤其使人记得清楚的，是他刚抓起帽子来往头上一扣，同时左腿就伸出去了，仿佛不顾一切地走去。

此书封面图，是日本人画的鲁迅漫画像，聂绀弩主编的《热风》终刊号封面曾用过这一漫画像。据说，此画是鲁迅出了两元钱请堀尾画的。

《论鲁迅的杂文》

巴人著，远东书店出版发行，1940 年 10 月初版。全书 178 页，收文：《序说》《鲁迅思想的三个时期》《鲁迅杂文的形成与风格》《鲁迅杂文中所表现的思想方法》《战斗文学的提倡》。附录：《鲁迅先生的艺术观》《鲁迅的创作方法》。

书末有作者 1940 年 8 月 10 日写于“病后”的《后记》，其中说道：“写完了《论鲁迅的杂文》，又把过去所作

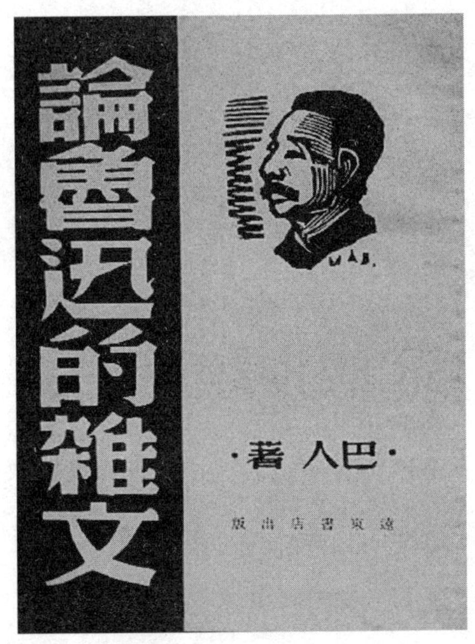

⊙《论鲁迅的杂文》封面

的两篇关于创作方法和艺术观的附上，这就编成了现在这样的一册东西，我黯然失笑了。职业大概最容易改变人的眼光。一切事物，在这眼光中照映出来，呈现各种不同的样态。以这样态诉之于读者，那也就显出作者的性格。我在这三篇文章里，猛然看到了自己。我毕竟是个'教书匠'。——曾经教过四五年书的'教书匠'。'教书匠'的本色，是看来什么都知道，而实际却什么都不知道，但还须装得什么都知道。教书匠的见解有时是独断的，而有时竟不能超出常识以上。他对事物大都取解释的态度，不能有深入的掘发和阐明。于青年也许有一点用处，因为他用教鞭指点着的是地理上的港湾，海口，通路，山脉；然而他很少能传达一种艺术作品的境界，所以对企望为一个艺术家的人，则又毫无用处。我讨厌这一项职业化的人和这一种无生气的作法。然而，我在文艺批评领域上，所扮演的正是这样一角色。我想，在这三篇小文章里，我所尽的这一角色的任务是最周到也没有了。我不能不黯然失笑。……我愿以这一册小册子献给对鲁迅比较生疏的青年。为的他是我们的里程碑。中国的青年是必须从这一条路上走去的。放下那对'革命与恋爱'的公式主义的书籍的'热恋'，多读一点鲁迅的作品，那该是中国的青年的幸福吧。但这又是'教书匠'的道德观了。"

《鲁迅语录》

所见文化供应社的《鲁迅语录》两种版本：1940年10月版和1940年12月再版。联益出版社1946年6月沪一版，这三种版本皆由宋云彬编辑。另一种《鲁迅语录》，由舒士心编、鲁迅出版社发行、激流书店1941年1月初版。所收内容与前三者不同。

宋云彬选辑，桂林文化供应社发行，1940年10月初版。书前有编辑者1940年9月写的《序》，其中说道："去年七八月间，因患脚疾，进广西省立医院疗治，在医院里做我的陪伴的，是一部《鲁迅全集》。将近二十天光景，差不多把全集里的创作，杂感文都看完了，随看随把里面的警辟的语句摘下来。忽然想起宋朝的理学家有语录，苏联的高尔基也有人替他辑语录，我何妨也来辑一册《鲁迅语录》。因此，出了医院，还是继续选辑。最初选得很谨严，只拣句子简短而意境隽永差不多可以当作格言的，才写下来；后来，觉得这办法不对，重新再选。可是问题来了：有几篇文章，简直语语警辟，句句精练，把它全篇录下来吗，那不成其语录了，中间摘几句吗，则往往首尾不全，使读者看了莫名其妙，取舍之间，颇觉为难。但终于增选出一百多则，连第一次所选的共计三百六十则。"在《序》后，选辑者还有两点声明：一，本书所选的只限于《鲁迅全集》，其他散见于报章，杂志的鲁迅先生的谈话及书简中的语句，都没有选入。二，本书交给文化供应社印行，编者所应得的版税，当以一部分移赠研究鲁迅的机关或团体。

全书分为上下编，每编分若干类，上编谈文艺、文言文、白话和古书等；下编谈历史、文化和人情世故等，基本把鲁迅的思想全貌反映了出来，不失为一本有价值的语录。书后还印有“篇名索引”。

据笔者所见，《鲁迅语录》在联益出第二版前，还曾出版过几种版本：1940 年 10 月文化供应社初版，1941 年香港星群书店重印出版，激流书店 1941 年 1 月初版，1942 年 3 月文化供应社再版，1946 年 6 月联益出版社沪第一版。到 1951 年 1 月，联益出版社还出版过沪三版。在联益二版扉页背面，曾印有《沪版启事》，其中说道：“本书前由桂林文化供应社出版，于三十三年湘桂战争时停版。现得选辑者同意交上海本社印行，其应得版税，由选辑者嘱咐，移赠研究鲁迅的机关或团体及其家属”。

另一种是舒士心编、鲁迅出版社 1941 年 1 月的初版，较为少见。全书收文：《鲁迅先生自传》、《鲁迅语录》(1.《道德・思想・文化》、2.《解放・改革・反抗》、3.《文学与艺术》、4.《给青年的话》、5.《其他》)。附录收：《鲁迅先生年谱》和《鲁迅先生译著书目》。激流书店于 1941 年 4 月又出初版，同年 5 月又出再版，版式

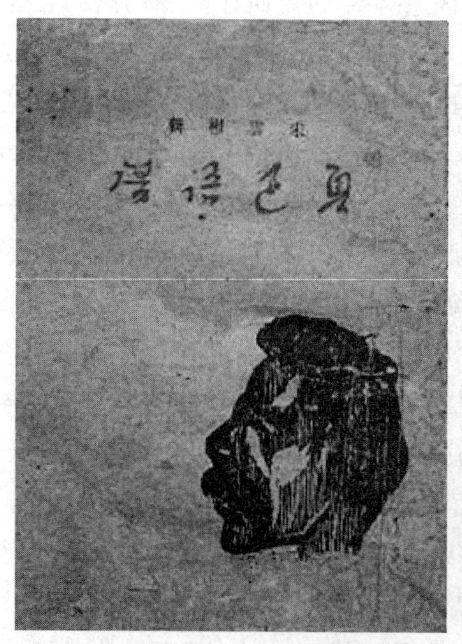

⊙《文化供应社》1940 年 10 月版和 12 月再版封面

⊙ 宋云彬选辑《鲁迅语录》封面

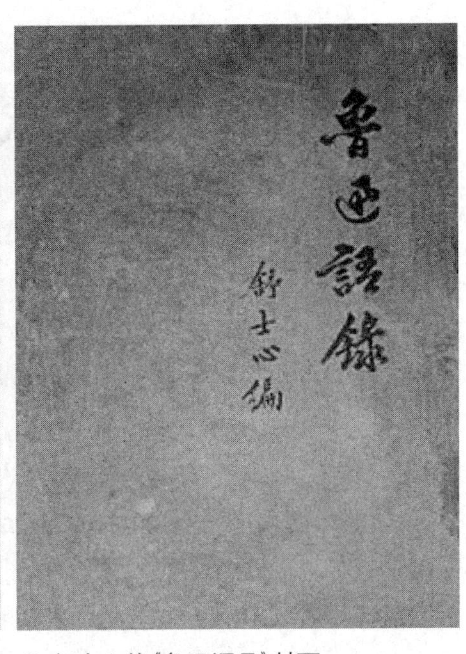

⊙ 舒士心编《鲁迅语录》封面

与内容相同。此书出版后，国民党当局以“立论偏激，触犯审查标准”予以查禁。

《鲁迅论及其他》和《过来的时代——鲁迅论及其他》

《过来的时代　鲁迅论及其他》，雪峰著，新知书店发行，1946 年 7 月沪初版，1948 年 6 月沪二版。书前有作者写于 1946 年 5 月 9 日的《序》，其中说道：“一九三八至四〇之间我在浙东，那时的金华和永安等地都有相当有影响的文化工作，也有文艺杂志，但我都没有参加。我不过为几个杂志写过极少数的几篇文章，也都是秉承一二个朋友的函约，即照他们所提的问题发表一点非常

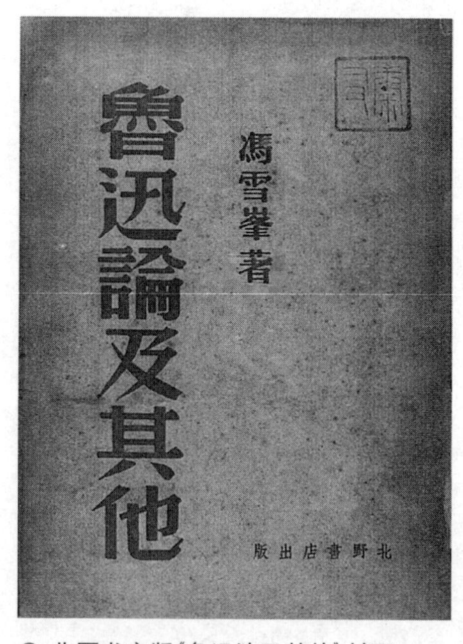

⊙ 北雁书店版《鲁迅论及其他》封面

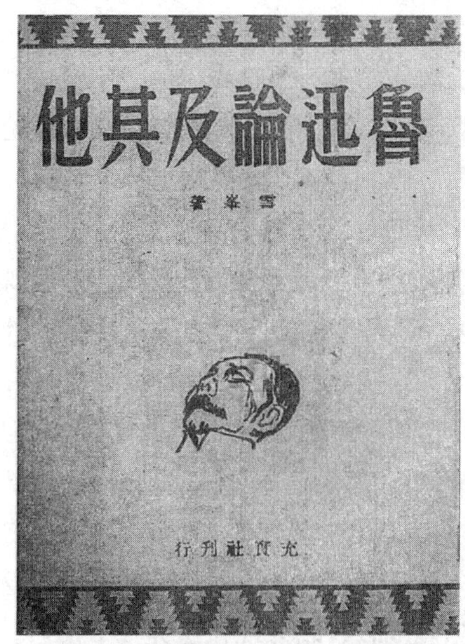

⊙ 其他几种《鲁迅论及其他》的封面和照片

一般的见解的东西。所以，所提及的问题，一方面是极原则的，一方面又为了适合当地情形将问题竭力缩小，只能对当时那些地方关心文艺的青年们讨论问题时，作为我们的根本态度的简略的解释，有一点作用。不过当时在金华的荃麟兄

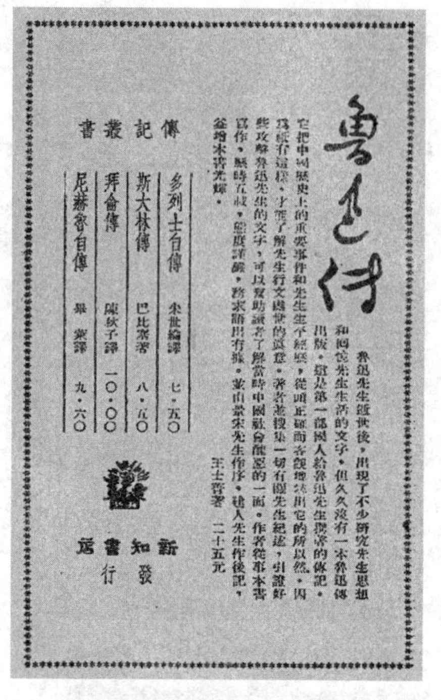

⊙ 新知书店“传记丛书”广告

却把它们收集起来，再加了一九三七年我在上海作的关于鲁迅先生的一个演讲和一篇短记，编成一个小册子，名为《鲁迅论及其他》，收到他编辑的‘充实丛书’里去了，是一九四〇年在桂林出版的。……其次，是现在因为出版者要在上海重印，我既无力赎回版权，就把这作为一本小书的性质改变了。我删去了一篇，原想把一九三六年以前所写的几篇论文都收了进去，但大部分都再找不到了，就只能把找到的部分中挑了三篇(一九三二年的一篇，一九三六年一篇及《关于鲁迅在文学上的地位》这一点陈迹)加入，改为现在这样一个书名。在这里也可说明一下的，是这样的书名分明夸大了书的内容，而我终于采用了的理由。”全书 147 页，收文：《鲁迅论》《鲁迅先生计划而未完成的著作》《关于鲁迅在文学上的地位》《关于“第三种人”的倾向与理论》《抗日统一战线与文学运动》《关于“艺术大众化”》《论典型的创造》《记形象》《文艺与政论》《形式问题杂谈》《民族性与民族形式》《过渡性与独创性》和《令人战栗的性格》。

另 3 种《鲁迅论及其他》，与《过来的时代——鲁迅论及其他》的内容基本相同，所见有新知书店总经售、金华充实社“充实丛书之三”的 1940 年 8 月初版；桂林充实社 1941 年 10 月版和北野书店 1941 年 11 月版。封面图案各异，基调朴素。

《论鲁迅的思想》

《论鲁迅的思想》,“长风文库”,平心著,长风书店1941年3月初版,光明书局、正风书店经售。书前有平心写的《自序》,其中说道:“当鲁迅活着的时候,和我们一同行进,一同战斗,在血肉相连中,大家甚至忘记了他的崇高和特异。在那时候,人们对于他的思想和艺术,是享受多于研究,欣赏多于学习。但是,突然间,我们失去

⊙《论鲁迅的思想》封面

了这个公众的导师，我们痛感到，他留下的空位是无法填补的，而他的伟大也就被更多的人和更深的心所记忆，所认识。在苦难中，大家想到了他；在战斗中，大家想到了他；在疲困中，大家又想到了他。从他离开我们以后，人们都说，他的死是不可补偿的巨大损失，但为什么不积极地说，他的不死是民族光明的伟大泉源？对于这泉源，我们还是满足于享受和欣赏呢？还是进一步去研究学习呢？……”

全书收三章：第一章，《战斗的现实主义者的鲁迅》；第二章，《启蒙主义者和民主主义者的鲁迅》；第三章，《民族主义者和国际主义者的鲁迅》。附录，《思想家鲁迅》。每个章节又分若干小节，如第二章有三节：《鲁迅在中国民主运动史上的地位》《鲁迅的启蒙主义思想》和《鲁迅的反封建的民主主义思想》。

《人民文豪鲁迅》

《论鲁迅的思想》与《人民文豪鲁迅》，两书名虽不同，实际是初版与再版关系。

《人民文豪鲁迅》，心声阁 1941 年 2 月初版，1947 年 5 月重刊（再版）。封面设计以花纹为框，书名等由马叙伦题签，总体感觉庄重。版权页在扉页之后，所列项目与一般的版权页事项不同，除著作者、出版者、总经售、初版、重刊时间外，另增有“页数、字数”。版权页后有鲁迅时年五十的相片——也是人们所熟悉的那张——是鲁迅一生拍得最有神采的照片。

全书除《重刊献辞》和《自序》外，还分有三章和附录，内容基本同《论鲁迅的思想》。初版序言写于 1941 年 6 月 1 日，1947 年写的《重刊献辞》更具针对性，也更为简洁和有逻辑性，其中说道：“我从没有亲近过鲁迅本人，只不过读过他许多并不合于‘正统’文士所谓‘温柔敦厚’的标准的著作。我好像感触到他的跳动的心脏，至今还依稀检得出留在他的书里的泪痕。我从不无条件地崇拜一个人，对于鲁迅也是一样。但我承认，我是承受了他的一部分遗产的。我珍爱这份遗产，正像我珍爱世界许多大思想家大文学家的遗产一样；因为它除了给我以不灭的智慧而外，还给我以无穷的勇气。当我蛰居孤岛秉烛待旦的长夜，由于四周空气的窒息与住所典籍的便利，我

⊙《人民文豪鲁迅》封面及作者像

读了许多佛经与古书;使我不致冻结前进热情蹈于空虚消沉的,除了抗战胜利的确信,欧美革命大师与民主先哲的文献和中外革命史知识而外,就要算鲁迅的遗产了。这其间,我断续写了有关鲁迅的论文约十数万字。结集在这里的,是研究鲁迅思想较有系统的专论。一九四一年曾由上海长风书店出版,书名是《论鲁迅的思想》。太平洋战争爆发后,全部书版遇毁,不复重刊。现在承蒙长风主人徐履堂先生慨允我将原书收回重印,感激与喜慰之情交融一片。书名改为《人民文豪鲁迅》,是用来纪念鲁迅逝世十周年的。我愿以这书献给不甘沦落追求光明的青年,跟我一同呼吸人民英雄的气息。"

平心的行文,有其独特风格,严谨,一丝不苟。这使人想起他曾为生活书店编过的《青年的修养与训练》《社会哲学概论》和《社会科学研究法》以及主编过的《读书与出版》。平心早在 20 多岁时就编过一部《现代语词典》(光明书局版),而最有影响的是为生活书店所编的《生活全国总书目》以及刊物《自修大学》。抗战时期,平心一直在孤岛上海,生活虽极其艰苦,但他潜心研读鲁迅著作,才写出了《人民文豪鲁迅》。

《鲁迅自选集》

所见两种不同出版机构、不同出版时间的版本。第一种是奉天振兴排印局康德八年(1941)七月初版的《鲁迅自选集》;第二种是东北中苏友好协会民国三十五年(1946)三月初版的《鲁迅自选集》。可能还有其他同名的著作,未见而无法细说。

奉天版收文十一篇:《离婚》《奔月》《孔乙己》《故乡》

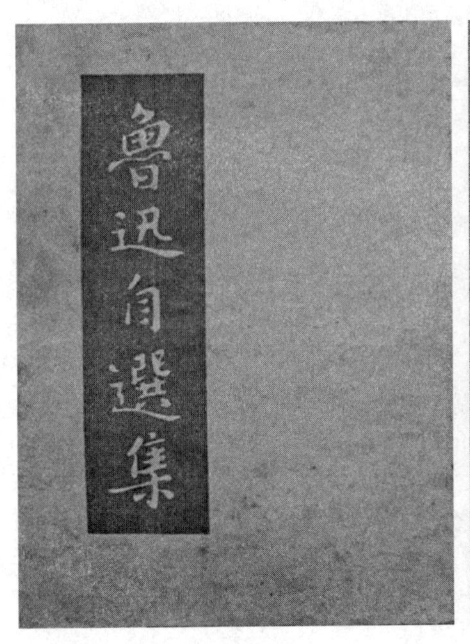

⊙《鲁迅自选集》封面两种

《鸭的喜剧》《在酒楼上》《肥皂》《示众》《伤逝》《影的告别》和《祝福》。书末附有《鲁迅略传》。

东北版书前除《序言》，还收文二十二篇：《影子的告别》《好的故事》《过客》《失掉的好地狱》《这样的战士》《聪明人和傻子和奴才》《淡淡的血痕中》《孔乙己》《一件小事》《故乡》《阿 Q 正传》《鸭的喜剧》《在酒楼上》《肥皂》《示众》《伤逝》《离婚》《奔月》《铸剑》《狗・猫・鼠》《无常》和《范爱农》。小说选自鲁迅的《野草》《呐喊》《彷徨》《故事新编》和《朝花夕拾》。

《鲁迅诗集》

奚名编著，白虹书店印刷发行，1941年8月初版。

全书169页，收鲁迅旧诗41题53首，其中把《王道诗话》中的诗和《好东西歌》、《公民科歌》和《“言词争执”歌》也列入旧诗；另收新诗7首，包括《而已集·题辞》；收译诗18首。书末有附录：《诗歌之敌》（鲁迅），《鲁迅先生的旧诗》（文载道）和《编余琐语》（奚名）。

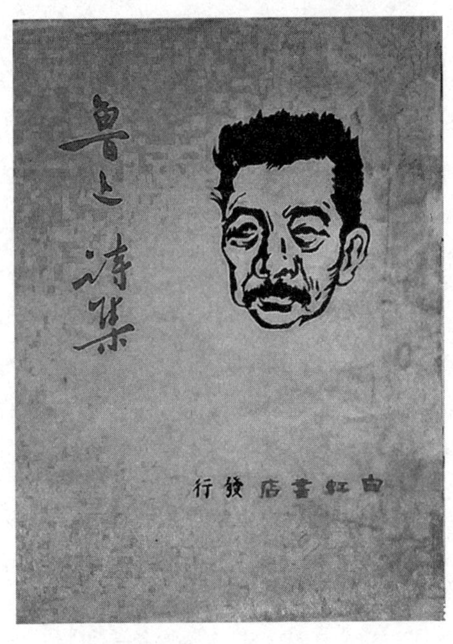

⊙《鲁迅诗集》封面

编著者在1941年3月写于“雨天”的《编余琐记》中说道：“这本诗集的编成和付印，容或会引起先生在天之灵的‘悲哀’吧！但，‘荷戟独彷徨’的小卒，却不敢以此沽名，以此获利，纵然为了‘生存’希图换取一些版税，这点，先生如健在，或将‘俯首甘为孺子牛’的默许吧？假使因为有这本书，能对于‘研究鲁迅’‘学习鲁迅’的人引起一点兴趣，作一点参考，那更是编者期望与喜悦了。在这‘风雨如磐’的今天，我相信，‘我以我血荐轩辕’的精神，当会使未死的人们，更加振奋，我只默默无言，把‘灵台无计逃神矢’的情绪，埋葬在心的深处，出卖了先生的心和梦……”

《鲁迅小说选集》

所见两种版本：第一种，延安解放社编，新华书店晋察冀分店 1946 年 1 月版（初版于 1940 年 10 月，未见）；第二种，桂林民苑出版社 1942 年 10 月初版。

解放社版《鲁迅小说选集》，与《鲁迅论文选集》是姊妹篇，都是由张闻天委托刘雪苇编辑出版的。内收 1918 年至 1926 年鲁迅短篇小说集《呐喊》《彷徨》《故事新编》中小说 17 篇。在书前的《关于编辑〈鲁迅小说选集〉的几点声明》中说道："选《狂人日记》就是比较着重它的历史意义的成分多一些，选《一件小事》是着重其表现了作者和无产者的关联这意义上的成分多一些，选《示众》，则是偏于技巧的成分多一些，诸如此类。"1941 年的初版，是为了纪念鲁迅先生逝世五周年，而 1946 年 1 月版是改版印行，内容与初版相同，但版式有所改变。

桂林民苑出版社版，由三户印刷社印刷，1942 年 10 月初版，土纸本。三户印刷厂系冯玉祥 1938 年创办于汉口，后迁桂林。1941 年春，生活书店沈钧儒、邹韬奋和冯玉祥商定合办。这本《鲁迅小说选集》就是这期间出版的。书前有编者写于 1942 年 4 月的《关于编印〈鲁迅小说选集〉的几点声明》，与解放社版相同。尽管所选篇目有限，但选者眼光高明且独特。书中还附录《〈呐喊〉自序》、《〈阿 Q 正传〉的成因》等 5 篇文章和一篇《自传》。

⊙《鲁迅小说选集》封面两种

编选者说:“末后,还选了先生自己的五篇文章,作为‘附录’,意思是用来帮助了解先生的写作态度,和选在本集里的某篇小说的。再选一篇先生的‘自传’做煞尾,这则是意在让读完了这些作品的人,有还不知先生‘身世’的,能得到一个比较大体的了解。”全书以时间分类选择作品 17 篇,如 1918 年选《狂人日记》,1919 年选《孔乙己》和《药》,1920 年选《一件小事》。其他还有《故乡》《阿 Q 正传》《祝福》《伤逝》《非攻》和《出关》等。

《鲁迅短篇小说选集》

朝花出版社 1942 年 10 月初版，三户印刷社印刷。

书前有《关于鲁迅创作的批评》，其中收了一些作家的评论，如茅盾说："我们要从鲁迅先生遗著中学习文学创作的方法。"，许钦文说："鲁迅先生的作品，虽然本国的文盲和思想盲还是很少受到影响，但早就许多外国的译文，无疑的，已为全世界的志士学习者所珍重，这是伟

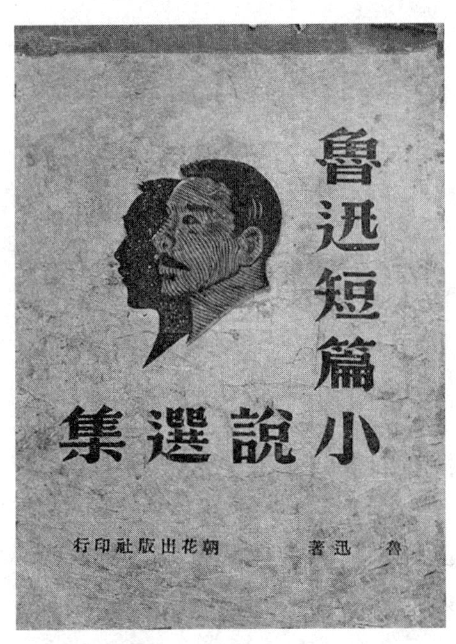

⊙《鲁迅短篇小说选集》封面

大战士的血汗的结晶体,这是我们民族的精华。”

全书收短篇小说:《幸福的家庭》《祝福》《长明灯》《孤独者》《高老夫子》《补天》《出关》《明天》《药》《风波》《白光》《端午节》等。封底印“广西省图书杂志审查处审查证处字第四八一号”。此书同名著作还有新新出版社版,属“新新创作丛书”。

《鲁迅的书》

《鲁迅的书》，欧阳凡海著，所见两种版本：文献出版社1942年5月初版，华美图书公司印行，1947年11月香港初版。两书的内容基本相同。

文献出版社，准确说应称"桂林文献出版社"，创办于1941年春天，发行人夏雪清，以出版文艺书刊为主。文献出版社结束使命，是在1944年日寇进犯桂林大疏散时，"存活期"仅三年多。欧阳凡海的《鲁迅的书》就是在"文献"成立后第二年出版的，用的是发黄的土纸，时代印痕明显。封面设计相当随意，上下两行图案，鲁迅头像也印得粗糙。

欧阳凡海，陌生。其实此人在那时是个"风云人物"，之后"消失"的原因，主要是长期生病。他的著作，除这部研究性专著外还有：《长年短辑》《没有鼻子的金菩萨》《抗战第一阶段》和《见习吹号手》等。

书前，有作者写的《自序》，其中说道："我这本书，是一九三六年的下半年开始写的。一九三六年鲁迅先生死后，上海的杂志《文学》好像是打算在十二月号出关于鲁迅的专号吧，茅盾先生写信来叫我写一篇关于鲁迅先生的文章……我就写了一篇《关于鲁迅先生的几个基本问题的商榷》寄出去……茅盾先生看了这篇文章之后，来信说我在这方面可以研究研究，而此后，别的许多杂志便也

⊙《鲁迅的书》封面二种

来约我写这方面的文章了，这些情形，促成了我研究鲁迅先生的动机。一九三六年底，我就开始系统地阅读鲁迅先生的书，并且做摘记，搜集有关鲁迅先生的其他各种著述……其间当然还经过了许多别的事情，而最主要的是我身体不好，我的女人要生孩子，住在金神父路的花园坊，生活糟杂，空气又不好，一九三七年初就搬到徐家汇去住了……'八一三'之后，便搬到霞飞路与辣斐德路之间和静安郵来躲避日本人的杀伐。从此我便好似一个带孕妇人似的带着几箱研究鲁迅先生的材料，行旅为艰了……这本书写到一九二七年初为止，以后还有十年关于鲁迅先生的生活，我本来打算作为下册写的，但现在客观环境不允许写下去。我写这本书的方法，还需要加以说明。我的工作，从开始到完成，计分十二个步骤：第一步将全体材料加以略读，画下记号，并研究鲁迅先生的思想发展的几个主要的时期与楔子；第二步，根据第一步的研究，草下计划大纲；第三步，依照大纲，部分部分的详细审阅材料；第四步，将部分审阅的结果，加以记录；第五步，再将该部分的材料加以略读；第六步，依照部分审阅的记录，将可用的材料抄出来；第七步，再将抄出来的东西加以整理，分出次序及细目；第八步，就根据这整理过的次序与细目，将部分的材料加以详细研究，考核可靠的程度；第九步就写；第十步，改；第十一步，抄；第十二步，一面校勘，一面再补充添改一些材料。”

从十二步的写作方法，可见欧阳凡海写作的认真程度。再细读，可看出这样的写作方法没白费，内容札实，文笔好，逻辑性也强，有可读性。这对一部类似评传的文字来说，做到这样是不容易的。

《鲁迅先生二三事》

孙伏园是与鲁迅交往较早的朋友。此书作家书屋(上海吕班路万宜坊八十四号)刊行,发行人是姚文元之父姚蓬子。

书前有作者写于1942年2月8日的《引言》,最后有一段话:“百二十分感谢姚蓬子先生,要不是他的鼓励和催促,我是决没有这个勇气的。”此书作者是当作将来要写的一部书的初稿,收文10篇:《哭鲁迅先生》《“药”》《“孔乙己”》《“腊叶”》《“杨贵妃”》《惜别》。附录有:《民元前的鲁迅先生》《往事》《鲁迅先生的少年时代》《鲁迅先生逝世五周年杂感两则》《鲁迅先生的几封信》。所收文章很有意思,特别是作者与鲁迅先生的深厚情谊,从学生到朋友,再到知己。孙鲁既是同乡,又是师生,还一起编过刊物,1927年还与鲁迅创办过广州北新书屋。但从往来书信看,鲁迅给孙的信只留存3封,估计已毁的不少。而在《鲁迅日记》中,记到孙的地方多达411处,从1917年5月始至1929年3月止,之后便无联系,1929年后孙伏园一直工作与生活在河北定县。

在版权页上,还有一段作家书屋的谨启:“本书屋诞生于抗战炮火之中,惨淡经营,四年以还,为支持大后方文化事业竭尽棉力。现抗战胜利,亟待和平建设,本书屋鉴于文化教育之发展,有关国家之近代化至巨且大,故虽

⊙《鲁迅先生二三事》封面及内封

明知收复区经济枯涸，邮运未畅，文化工业之展开尚非其时，但仍不辞艰困，自渝迁沪，继续出版工作。今后当一秉过去抗战时代之奋斗精神，为未来新文化之建设努力，盼国内同业读者多予指导爱护是幸。”

孙著《鲁迅先生二三事》，先见作家书屋初版本，后见 1944 年 2 月再版土纸本，内容基本相同，无任何增删。

《鲁迅正传》

郑学稼著，胜利出版社发行，1943 年 1 月初版，土纸印，较白，粗糙。发行者印南峰，总经售文信书局。

书前有作者 1941 年 2 月 16 日写于井潭草舍的《自序》，其中说道："我曾写了几本传记。依出版的次序，第一是《西园寺公望传》，当它和读者会见时，主人公尚是日本的元老，现在已入鬼籍。他应该是喜剧的角色，但我却

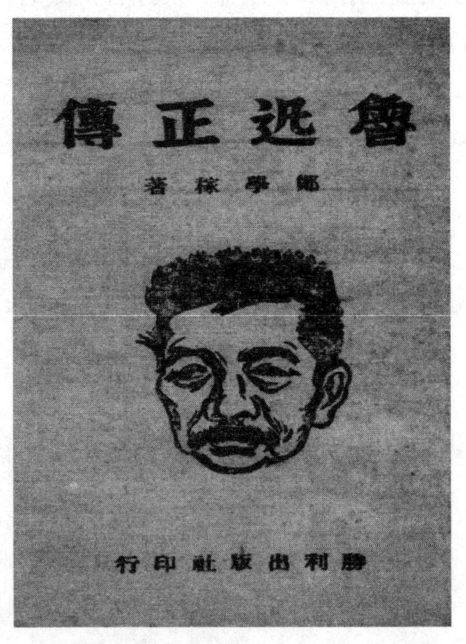

⊙《鲁迅正传》封面

连面容也没有画得像！第二本是《西乡隆盛传》。对这位日本'明治维新'的英雄，应该给与悲剧的角色，但我的文字的表现却不够生动！第三本是《加里波的传》，我应该给这位意大利的现代民族国家的创建者以一个喜剧式的描写，但似乎篇幅限制了我的笔锋！第四本是《毛泽东评传》（'先生'两字是后来出版者加入的），我本想给他以一个喜剧兼悲剧的主角，为着他是活活生生的人，使我在不愉快的限制中，不能尽吐我所欲言。本书是第五本，但由于它的主人公不配列入我的所写的传记中，所以，抄袭他的作风，给与'正'的名称。他的一生，既未曾演了喜剧，又未曾扮过悲剧，我为什么要写它呢？只一句话！'正传'的写作，本来是没有大意义的。……本来我尚计划写鲁迅先生的个性等等，但只写了一半便告结束。我这样做，是学鲁迅先生的《阿Q正传》的'大团圆'。我在想：我应做的事还多，不能够为只配写一本'正传'的人，花了更多的时间。也许若干鲁迅主义者因它会引起不平的回答，但这对我并不生什么反感。我只认为：我如能做到'凯撒的还凯撒'就够了。而况我写它的目的，本就是教青年怎样去认识鲁迅。"

全书110页，收文：《假洋鬼子》《十四年佥事》《呐喊》《阿Q正传》《不准革命》《浪子之王》《革文学的命》《传赞》，附录：《两个高尔基不愉快的会见》。

作者郑学稼，生于1906年，福建福州人，原名郑廷泰、郑家禾、郑永怀。笔名除郑学稼外，还有白术、家禾等。1929年毕业于国立中央大学农学院畜牧兽医系，曾在上海商品检验局当技术员。从1945年起在一些大学当教授。他学的是畜牧兽医，也学过经济学，但对政治、经济、历史和文学感兴趣，出版过不少著作。据说一生出版的著作有五六十部。他对人物传记颇有研究，曾写过多位名人的传记，《鲁迅正传》即其中之一。他最后写的一部传记是《陈独秀传》（上下卷，未定稿），1989年才在台北出版。

《鲁迅小说选》

《鲁迅小说选》的版本较多，在此选择三种，第一种东北书店 1946 年 9 月版；第二种由葛斯永、杨祥生编，新生图书文具公司 1943 年 1 月初版；第三种上海书报杂志联合发行所 1950 年 6 月版，时间虽已经走出“1949”，但仍有着版本出版的延续性，同时还考虑它的特殊性，仍旧收录。

⊙《鲁迅小说选》东北书店版封面

各种不同的出版机构出版的《鲁迅小说选》，所收小说不尽相同，自有选择角度或偏爱。但有些名篇是必选的。如新生图书文具公司版，全书 445 页，选小说 17 篇，如《狂人日记》《孔乙己》《故乡》《祝福》《社戏》《肥皂》《示众》《伤逝》《出关》等。附录收有文章 6 篇，如《鲁迅自传》《我怎样做起小说来》等。还有“评论一般”，收文 13 篇，如《鲁迅论》(茅盾)、《鲁迅的创作方法》(巴人)、《论〈阿 Q 正传〉》(张天翼)、《鲁迅与庄子》(郭沫若)、《追念鲁迅》(美国史沫特莱)、《鲁迅先生的〈呐喊〉和〈彷徨〉》(景宋)等。书前有编者的《序》，长达 17 页。

⊙《鲁迅小说选》新生公司版封面

上海书报杂志联合发行所版，全书

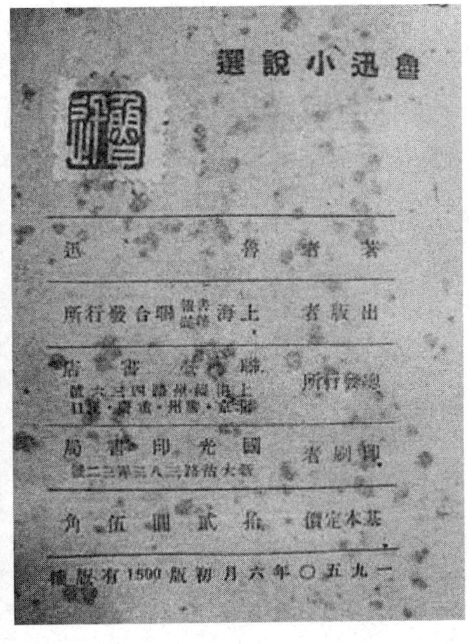
魯迅小說選

著者 魯迅

出版者 上海書報雜誌聯合發行所

總發行所 聯營書店 上海福州路四三六號

印刷者 國光印書局 新大沽路三八三弄三二號

基本定價 叁貳圓伍角

一九五〇年六月初版 1500 有版權

⊙《鲁迅小说选》上海书报杂志联合发行所版封面及版权页

325 页，分为四辑，第一辑收小说 8 篇；第二辑收回忆录 2 篇；第三辑收历史小说 4 篇；第四辑收民间文学改作 2 篇。封面印鲁迅像，虚实处理得当，书名集鲁迅手迹。尤其珍贵的是，版权页贴有一枚在建国前经常能见的“鲁迅”版权印花，这种现象较为少见，也可见版本元素也存有延续性。

《鲁迅回忆断片》

此书由上海杂志公司出版，所见两种有时间先后，封面不同。第一种1943年11月版，第二种是1949年3月版。作者荆有麟，发行人张静庐。

全书收文18篇，如《鲁迅的个性》《鲁迅与世界语》《鲁迅的严谨与认真》和《鲁迅论爱罗先珂》等。书前有作者1942年8月30日写于重庆郊外的《题记》，讲明了写此书的缘由，其中说道："民国十三年，在北京世界语专门学校，听先生讲：《苦闷的象征》的时候；有一天，我为劳动文艺研究会出版的《火球周刊》写了一篇文章，自己不大有面子敢于拿出去，便怀着虚心，初次拜访先生的寓所了。记得先生在听了我的来意后，不特接受了代为修改文章的请求，还鼓励着：'要多看书，多写作，慢慢就会进步的。'"……荆有麟写的文章，行文较为通畅，如果内容的确真实的话，其中不少有关鲁迅的史料还是初次见到，对鲁迅爱好者来说，很值得一读的。

对作者荆有麟，在收得此书时，并不很了解详情。此书的原藏者曾于1950年3月购进此书，在扉页写有关于荆有麟的一段话，那是从《鲁迅全集》三卷第455页的注15中抄来的："荆有麟，即鲁迅在《碰壁之后》《马上日记》中提到的织芳，是长期隐藏在文化界的一个特务，他曾在北京世界语专门学校听过鲁迅的课，以'文学青年'的面

⊙《鲁迅回忆断片》封面两种

貌在那时的文学和新闻界活动，后来投入国民党反动派，参加特务组织，进行反革命活动。”从这一段评介看，是在解放之后出版的《鲁迅全集》中出现的。其实，根据史料，1949 年 10 月 11 日的《大公报》曾登过一条有关荆有麟的消息，大标题是：“彻底扑灭特务匪徒！文化界大特务荆有麟宁人民政府决予严惩　他伪装进步人士混进民主阵营　解放后潜伏南京进行破坏工作”。

这消息是由南京新民报 10 月 9 日据新华社电讯稿编发的。消息称荆是“双料”特务，是伪军统南京组少将文化组组长，兼中统南京专员，是受毛人凤之命，潜伏在南京进行破坏工作，所得情报专报蒋介石。荆还跟踪过周恩来、董必武等人……在其住所搜出一些搞破坏工作的物证等……如果按这个时间推算，荆在出版此书时，已是国民党特务了，出版此书也许只是一种伪装。

《鲁迅论文选集》

此书所见两种版本：第一种，延安解放社编，1940 年 10 月初版；第二种，新华书店晋察冀分店印行，1946 年 4 月版。另外还有新华日报华北分馆 1941 年 10 月版和华北新华书店 1942 年 3 月版，后两种皆未见。

这本论文选集，是由张闻天委托刘雪苇，为纪念鲁迅逝世四周年，为了便于青年阅读鲁迅著作而编写的。内

⊙《鲁迅论文选集》封面两种

收鲁迅从 1918 年至 1936 年的杂文、演讲记录和书信等 83 篇。书前有《关于编辑〈鲁迅论文选集〉的几点说明》,实际是由张闻天所写,其中说道:“鲁迅是近代中国最伟大的文学家、思想家、革命家。现代中国的青年,从鲁迅先生的作品中可以得到很多有益的宝贵的东西。所以我们决计从他的 20 大本〈鲁迅全集〉中选出两本集子。一本是〈鲁迅小说选集〉,一本是〈鲁迅论文选集〉,作为青年所必需的读物。”

《民元前的鲁迅先生》

王冶秋著，峨眉出版社（重庆天主堂街）1944 年 4 月初版，土纸本，纸质可以说是土纸中最劣等的一种，发黄，印字模糊，正面能见背面透出的字；封面也拙劣，两边为土黄色，右侧土黄底上印有鲁迅侧面白色头像，显得"寒酸"。

全书收：《悼词》、《自传》、《许序》、《民元前的鲁迅先生》（第一章《故乡与童年》，第二章《由困顿走入歧途》，第

⊙《民元前的鲁迅先生》封面

三章《海外八年》，第四章《归来与出走》），附录内含《鲁迅先生年谱》（许寿裳撰）、《民元前的鲁迅先生》（景宋）以及作者写的《后记》。此书有三点令人感兴趣：其一《悼词》，收鲁迅 1903 年赠许寿裳自题小像诗，及许寿裳著诗和序语："身后万民同雪涕，生前孤剑独冲锋。丹心浩气终黄土，长夜凭谁叩晓钟？"鲁迅逝世后，许在北平，不及奔驰执绋，到了冬天，才去墓前凭吊，并以诗哭之。许寿裳（季茀）是鲁迅的老朋友，同在日本留学，又在北京共事，每当鲁迅在政治上遭难，他始终站在鲁迅一边，患难与共。鲁迅逝世后，著有《我所认识的鲁迅》、《亡友鲁迅印象记》，《鲁迅年谱》也由他编定。

《许序》是许寿裳为此书写的，称赞"王冶秋先生注意及此，特地搜罗民元前鲁迅的事绩，并且井井有条地编述这一本书，使我读了不禁回想起他的轶事来了。"这篇序可以看作鲁迅一段难得的史料，虽只是些"轶事"，但把鲁迅在民元前的那段历史连接了起来。许在《序》后写下了一段有意思的结论："鲁迅是革命的文艺家，是民族革命的战士，而且也是个科学家，这伟大天才的荣华，在民元前已经含苞待放了。"把鲁迅称作"科学家"，大概也只有许先生了。

此书写于 1941 年 12 月，1942 年改成，收 4 章 81 节，每节有小标题，用细线框起，很有意思，如《会稽乃报仇雪耻之乡》《辫子的故事》《银桃子与宣德炉》等。许寿裳所写《鲁迅先生年谱》，是鲁迅年谱最早的一个版本，记于 1937 年 5 月。此谱实际是"简谱"，言简意赅，但具权威性。许寿裳采此写法，主要考虑鲁迅从 1912 年 5 月抵京之日始即写日记，从无间断，均详载无遗。因此年谱只求简短，仅举荦荦大端而已。正因为鲁迅生前所记甚详，故给研究者和写传者提供了不少便利，同时也增加不少难度，想在深度上有所超越很困难。

许寿裳的文章后，有景宋（许广平）的《民元前的鲁迅先生》，那已是转述之作，缺少亲历感。最后是王冶秋的《后记》，讲到自己失业期间，得到鲁迅的"拯救"……写此书主要是为了纪念鲁迅，同时也表露对景宋与海婴的无尽怀念与忧思。

《鲁迅论》

第一辑，卢正义选辑，大连文协出版，1946 年 10 月初版。全书 95 页，分三部分，第一部分收：《保卫鲁迅》（卢正义），第二部分收：《鲁迅的生活》（许寿裳）、《回忆鲁迅先生》（萧红）、《鲁迅先生的日常生活》（景宋）、《从“有一分热发一分光”生长起来的》（胡风），第三部分收：《自传》（鲁迅）、《鲁迅先生年谱》（许寿裳）。

⊙《鲁迅论》封面

《鲁迅曰——鲁迅名言抄》

一名《鲁迅名言钞》，尤劲编，正气书局出版发行，1946 年 10 月初版，1949 年 4 月再版。书前有尤劲写于 1935 年 6 月的《序》，其中说道："长夏无事，日以鲁迅全集作伴。尤其是关于杂感文方面，看了一遍还要看，真是百读不厌。不但字字精练，句句警辟，而且是十多年前的作品，看起来还是针对着现在。我觉得鲁迅先生没有

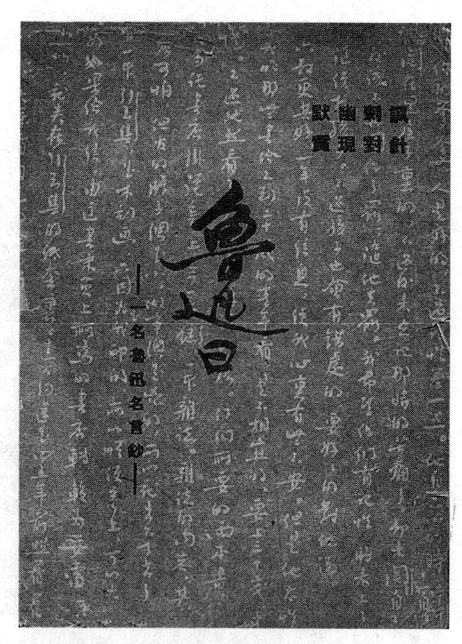

⊙《鲁迅曰——鲁迅名言抄》封面

死。……我为读者查阅的便利起见，粗粗分类。分类倒是一件不十分便当的事。因为所言，是无所不谈，所含，又无所不包。不比择材，本本皆是，篇篇都有。”

全书61页，分上下两栏排版，分15类，共收语录416则，分别归类：国家、社会、人民、青年、孩子、改革、文化、文学、文艺、文章、文字、文人、书、美术、杂谈。每类收若干名言，收得最多者是“社会”，共69则，最少者是“孩子”和“文章”皆11则。

封面印鲁迅手迹稿纸，右上印“讽刺幽默，针对现实”。

《鲁迅杰作集》

全球书店1946年12月版，全书174页，收小说、论文、杂文43篇，如《阿Q正传》《半夏小集》《死》《“京派”与“海派”》《读几本书》《玩具》《看书琐记》《阿金》《药》等。

笔者还见到过大中华书局的两种同名版本：1946年9月初版和1946年11月再版，封面不同，初版封面印

⊙《鲁迅杰作集》封面

“中学生课余读物”和广告语“幽默讽刺　篇篇珍贵”。全书177页，收文与全球书店的同名版本大同小异，页眉处印“鲁迅文精选”，开头两篇是：《药》和《连环图画的辩护》。

《鲁迅先生的一生》

小田岳夫原著，夜析编译，艺光出版社出版，大华印书馆印刷，万国书局经售，1946 年 12 月初版，属“艺光出版社文学丛书”之一。封面鲁迅头像，是由徐诗荃（梵澄）所作木刻。书前有《目次》，前一行文字是：“民族导师鲁迅先生的一生”。收文 8 章，每章收若干文章：《鲁迅先生名、号、笔名一览表》，一《鲁迅先生著译年表——鲁迅

⊙《鲁迅先生的一生》封面

先生语录》、二《少年时代——日本留学时代——回国的乡里生活》、三《在北京的沉默——执教——写作的生活》、四《从北京到厦门——广州的生活》、五《短兵相接的上海生活》、六《逝世后的殡殓情况——巴金的记叙——一代文豪鲁迅先生出殡记——许广平女士哀悼的谈话》、七《哀词——挽联——唁电》、八《哀悼与纪念的文章》。

《鲁迅论文集》

大连大众书店出版、印刷、发行，1946 年 5 月 5 日初版，仅 20 天便再版，黄土纸本。封面竖排书名和出版机构名，红字。

全书 122 页，收论文 38 篇，其中有：《林克多〈苏联闻见录〉序》《〈二心集〉序言》《我们不再受骗了》《〈守常全集〉题记》《又论“第三种人”》《〈论语〉一年》《答国际文学

⊙《鲁迅论文集》封面

社问》《中国文坛上的鬼魅》《再论文人相轻》《写于深夜里》《答托洛斯基派的信》《论现在我们的文学运动》和《半夏小集》等。文末有简注。

封面土黄纸，竖印红字书名和黑字出版机构名，醒目。

《鲁迅研究丛刊》

第一辑,鲁迅文化出版社 1947 年 1 月初版。

书前有萧军 1947 年 9 月 22 日写于哈尔滨临街楼上的《新版前记》,其中说道:“这丛刊当时在延安一共编了两辑:第一辑就是如今翻印的这本;第二辑名为《阿 Q 论集》,是搜集了各家关于《阿 Q 正传》的意见和评论。虽然据说纸型已经打好了,我也曾向当时负责这部门工作的同志催问过几次,总没得到回答,后来我也就不再问了。但是我还不能‘忘情’于它。后来我由延安到了张家口,遇到何干之和欧阳凡海几位同志,大家又把鲁迅学会成立起来。作为这学会工作之一的,就是要印几本于鲁迅先生有关或于革命文化运动有关的书。接着就印了:《鲁迅思想研究》(何干之著);《乱弹》(瞿秋白著)。我当时也曾托回延安的同志把《阿 Q 论集》纸型给带来,预备也印出,结果是没办到。当然到今天我也只好把这一愿望暂时放在一边,先把这丛刊第一辑翻印出来——在东北来说恐怕它也还是‘孤本’呢——接着预备编第二辑。但这就不会是《阿 Q 论集》了。为了存真,一切编排,字句照旧。附带说一声:《鲁迅思想研究》(何干之著)在今年春天已由鲁迅文化出版社校妥托东北书店代印了,想不久就会与读者相见罢。”

除《新版前记》,还有《前记》,收文:《鲁迅先生早期

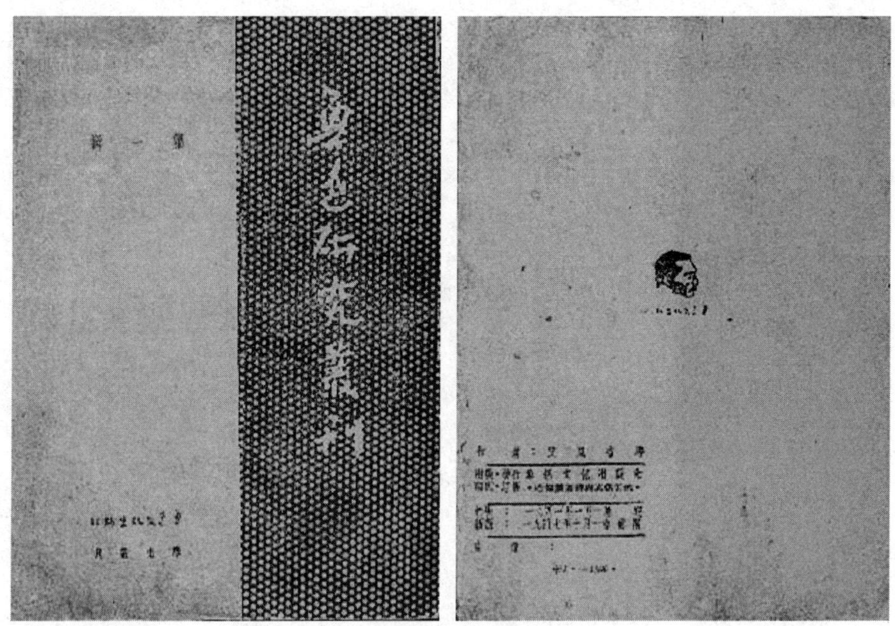

⊙《鲁迅研究丛刊》封面及版权页

对于哲学的供献》(艾思奇)、《中国和中国人的镜子》(何干之)、《鲁迅创作道路》(魏东明)、《辛亥的儿女——一九二五年的〈离婚〉》(须旅)和《一出悲壮剧——一九二五年的〈伤逝〉》(须旅)等。

《鲁迅手册》

此书群众杂志公司出版，博览书局发行，1946 年 10 月初版。封面印“曹聚仁编校”，扉页、版权页明明印“邓珂云编”，邓是曹的太太，在此只印先生名，其由可见以下文字。

书前有编者（曹聚仁）1946 年 10 月写的《劫后重版前记》，把来龙去脉说得很清楚：“二十六年夏天，我着手写述鲁迅先生评传，珂云替我整理史料。她那时编次中

⊙《鲁迅手册》封面

国文艺辞典初稿，对于搜集、整理、编排的工作，非常纯熟；鲁迅先生的史料，给她一整理，就很有头绪。恰巧书店要这部稿子，我们就商量定了《鲁迅手册》这样一个名词。书既发排，而八一三战事发生，市场一切都已停顿；印刷所却已把稿排了出来，珂云也把校样都弄齐全了。我却已上了战场，作随军记者的工作，已无暇顾及这些小事；而且我料想这部书的命运一定不会好，因此，答应写的前记都没动笔；连珂云所写的《一个小女孩眼中的鲁迅先生》，也放在行箧中，没仔细看过。战局突变，我军自淞沪引退，这部书本已不必出版了。我们离开上海以后，陷区情形，完全隔膜；书店方面，却依旧印了出来，而且用"曹聚仁编"的字样，这更加这部书的厄运；出版不久，敌方就来搜抄，全部存书，都被烧毁，流行在外面的，不过二百余本。后来，敌人倒下去了，这部书也从黑牢中解救出来了，所幸纸版犹在，随即重行出版。前记的最后一段是：'八年沧桑巨变，人畜之相全分，鲁迅先生生前站在路角上，剥露那些绅士们的外套，露出那长长的尾巴来，恨他早死十年，不及见这些绅士们的嘴脸了。'"

全书除《前记》外，还有：《自序传略》《叙记》《关于鲁迅》《创作经过》《社会观》《文艺观》《作品评论》《印象记》《哀思录》。其中最值得一看的有周作人的《关于鲁迅》和佐藤春天的《鲁迅传》，还有《印象记》和《哀思录》，特别是《哀思录》的文字很有现场感，仿佛有"穿越感"。全书 414 页，是本很有史料价值的书。查上海鲁迅纪念馆编的《鲁迅著译版本研究编目》，其中无此书，不知何故？

《鲁迅传》

此篇是综合性阐述文字，是把所见的有关《鲁迅传》版本汇集起来的介绍，其中主要是王士菁著《鲁迅传》的各种版本，还有范用翻译的《鲁迅传》以及其他相关版本。

第一，王士菁著，新知书店 1948 年 1 月初版，全书一厚册，518 页。

书前有许广平作《鲁迅传序》，署名“景宋”，其中说道：“胜利之后，有机会看到这本真正自国人写的鲁迅传。他把中国历史发生的重要事件和鲁迅生平经过，从头正确地，客观地寻找出它的所以然。惟其如此，才能了解鲁迅行文，处世的真意。这正是我多年心里所愿看到的，而希望竟在眼前实现，这一欢欣鼓舞，是不能言语形容的。……本书的小疵不是没有。据我看：有些地方略嫌引证过多，如鲁迅原著，几乎大家都容易看到，无需连篇引证的。至于别人攻击的文字，引证出来，可以丰富读者的另一观感，未为不可作研究的资料，但倘使对鲁迅批判得不甚确当，甚或含有若干主观，意气存在，反而无意中有使研究主题淆混之嫌了。大致说来，个人认为这本书总算值得一看，的确为中国人自己写出来的，到现在为止，比较客观的一本鲁迅传。”看来，许广平推崇王士菁的《鲁迅传》，主因是“中国人自己所写的第一部鲁迅的传记”。此前，有日本人小田狱夫的《鲁迅传》，但对鲁迅的

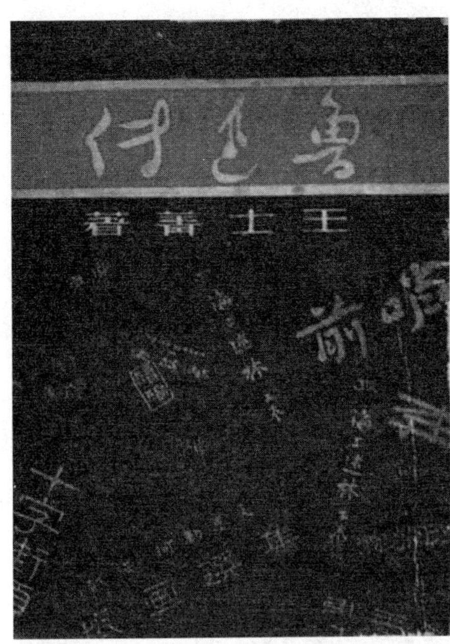

⊙ 王士菁著、生活·读书·新知上海联合发行所出版的《鲁迅传》封面

某些评价,并未得到许的首肯。

全书10章,从1岁写到56岁,分别是:《幼年时代》《从小康人家而坠入困顿》《走出了'狭的笼'》《在日本》《回到故乡》《沉默》《呐喊与彷徨》《厦门—广州—

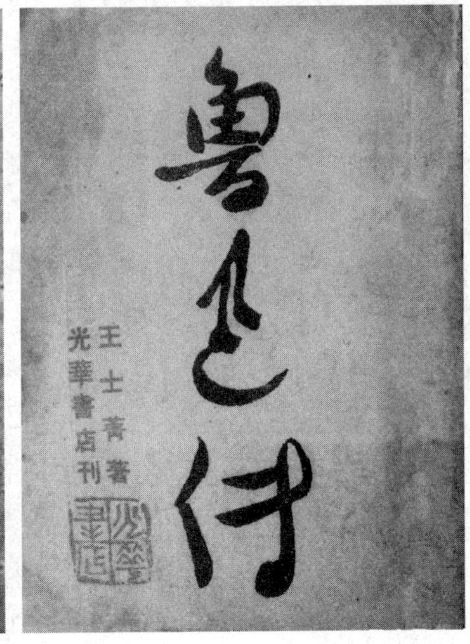

⊙ 王士菁著、光华书店出版的《鲁迅传》封面及扉页

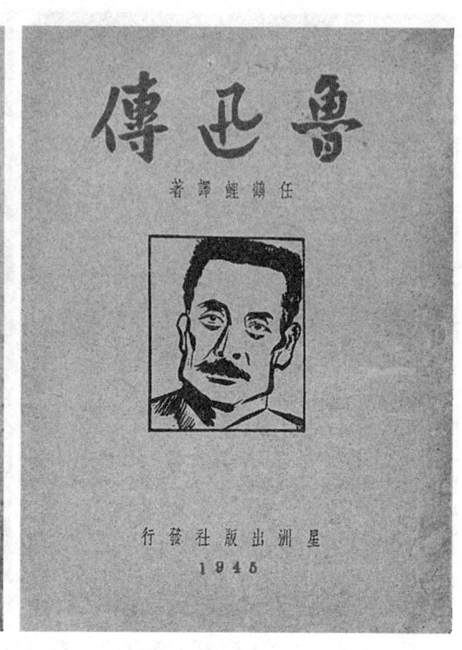

⊙《鲁迅传》开明书店版、星洲出版社版、艺文书房版封面

上海》《被围攻》《真理·光明·力量》。书中附有照片7幅与图页,较为珍贵的是鲁迅母亲的照片,印得清晰。书末有周建人的《后记》,其中说道:“当时稿子拿回来后,我也从头看了一遍,觉得作者写这部稿子,很用了许多力气与时光。他读过鲁迅的文章及有关的书固不必说,他更读过鲁迅去世后差不多所有在刊物上发表过的讲到他的文章。因此说到关于鲁迅的事情时都有所据,毫不意度或意造。”一本传记,由传主夫人和弟弟分别作《序》和《后记》,够郑重其事了,同时也提高了传记的可信度与权威性,这在相关文字中是“绝无仅有”的。

之后还见到过生活·读书·新知上海联合发行所发行的《鲁迅传》,以及光华书店的两种不同封面的《鲁迅传》版本。另外还有范用译日本小田狱夫的《鲁迅传》,

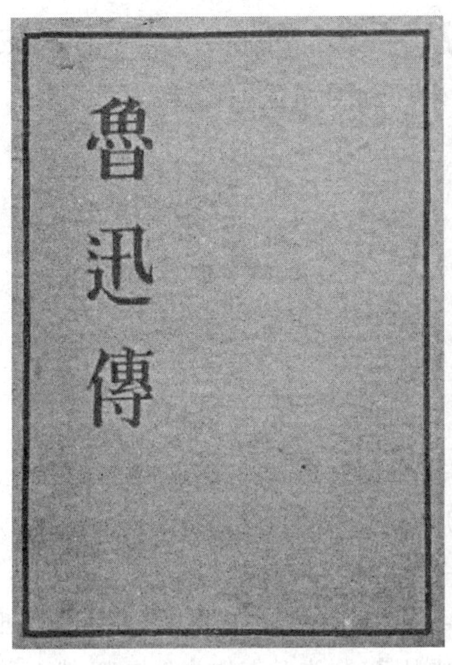

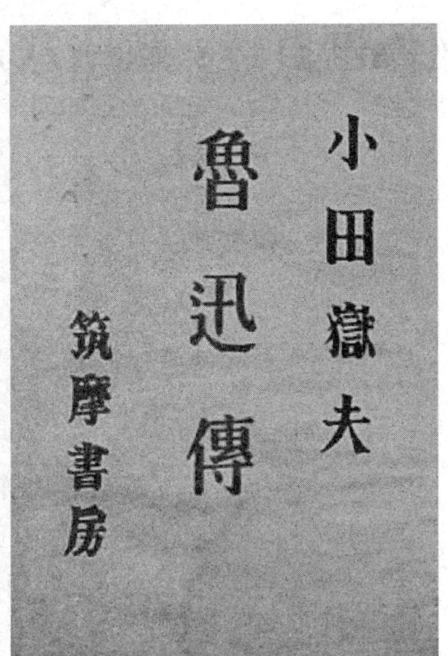

并附日文本原版书影、扉页和版权页；任鹤鲤译著、星洲出版社 1945 年版《鲁迅传》；单外文著、艺文书房 1942 年版的《鲁迅传》等。在此皆以书影等留存，以供玩赏。

除了众多冠名《鲁迅传》的版本外，还有不少与传记相类似的版本，如王志之著《鲁迅印象记》、孙伏园著《鲁迅先生二三事》、荆有麟著《鲁迅回忆断片》、许寿裳著《亡友鲁迅印象记》。

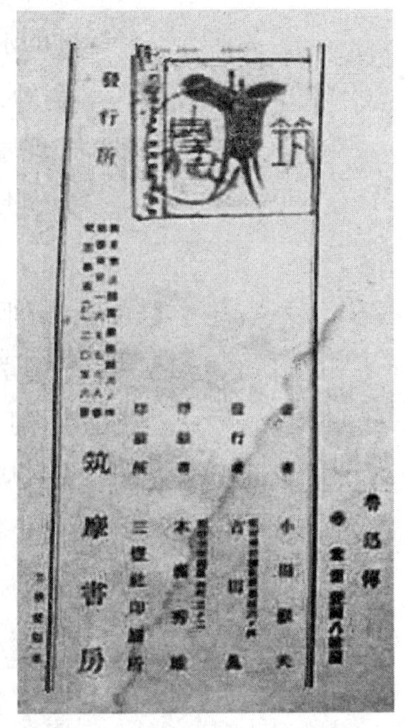

⊙《鲁迅传》筑摩书房版封面、扉页及版权页

《鲁迅自述：从一八八一年到一九三六年》

左群集录，东壁书屋发行，1936 年出版，封面书名《鲁迅：自述》，版权页书名《鲁迅自述》，实际书名《鲁迅自述：从一八八一年到一九三六年》。

全书 295 页，书前有《献词》："谨将本书主人公鲁迅先生自己的故事辑成廿章，作为我们的前驱作家，战士和导师的永久纪念"。另有《残句》："惟愿偏爱我的作品的读者/不过也将这当作一种纪念，/知道这小小的丘陇中，/无非埋着曾经活着的躯壳。　　待再经若干年后，/又当作为烟埃，/并纪念他将从人间消失，/而我的事也就完了。——从鲁迅旧稿分段恭录"。

收二十章，有章节标题：《母亲》《幼年和书塾》《无需学费的学校》《从南京到日本》《回国》《创作生活的回顾》《关于〈阿 Q 正传〉》《五卅时期及其他》《民国以来最黑暗的一天》《从厦门到广州》《"语丝"四年》《解剖别人尤其是解剖自己》《创作和我》《翻译和我》《革命文学的前线》《朋友们的死》《九一八以后》《在语文改革的浪潮中》《非常时期的谈话》和《病与死》。书末有代跋《生命的路》，以及鲁迅自编的《鲁迅译著书目》、佐藤春夫著《鲁迅传》和图画十幅。另有周作人的《关于鲁迅》，但在目录页中未标示，是漏印还是有意为之，不知。

其实，类似这样的版本还有一些，如孟津选编的《鲁迅

⊙《鲁迅自述：从一八八一到一九三六年》封面及扉页

⊙《鲁迅自传及其作品》封面　　⊙《鲁迅自述传》封面

自传及其作品》，是一种英汉对照本，光明书局 1947 年 3 月战后新一版，全书 80 页，收文：《序引》《鲁迅自述传略》《关于我的创作》《药》《示众》《影的告别》和《立论》。除此，还有英文学会刊行、孟津选编 1941 年出版的中英对照详注的同名版本。另外还见到过一种伪满时期出版的《鲁迅自述传》，单外文著、艺文书局康德九年(1941)初版。可见，此类版本在当年还不在少数。

《鲁迅事迹考》

林辰著，开明书店 1948 年 7 月初版，1949 年 1 月再版。

类似这样的“考证”书籍，特别是对鲁迅生前“事迹”的考证，应该说林辰的这本小册子是较早的一本。为此书作序的是孙伏园，他就是个典型的寻根究底的考证迷。他在 1946 年 7 月 28 日写于缙云山的《孙序》中，特别讲到了传记作者在处理材料上应注意的事项，以及在罗列材料的同时还要注意方法的说明。他的这些说法有道理，即使对非传记作者也会有一定的借鉴作用：“传记作者必须对于材料有广博的知识，有的是他要选取的，有的是他要做旁证的，有的是他必须知道但未必有选取价值的。这三类材料，在这拱卫传记的数十百篇论文中，必须尽量的罗列着。林辰先生这十篇论文里面，就包含了这三类材料。例如鲁迅先生历次的演讲，对于整个传记也许并不重要，传记作者可能不加选取，但是他必须有此知识：这便是第三类……罗列材料以外，便是方法的说明。传记工作的初步条件，只是方法的细密与谨严。等到传记写作的时候，不能再有方法的说明了。林辰先生这十篇论文，都代表了极细密谨严的方法。无论解决问题的方法，排列材料的方法，辨别材料真伪的方法，都是极细密谨严的……无论这传记作者是林辰先生自己也好，或是另一位也好，有了这

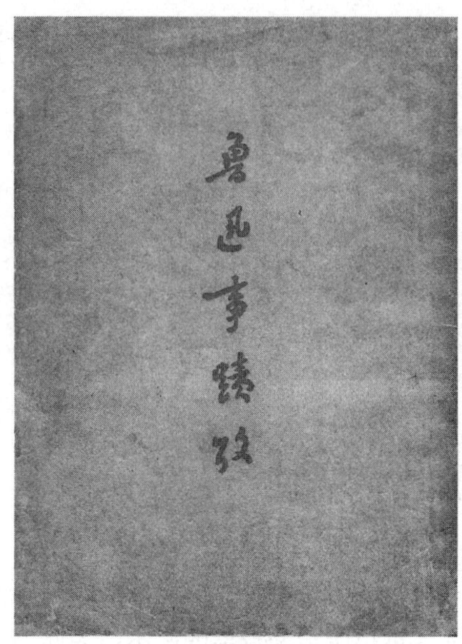

⊙《鲁迅事迹考》封面及书目广告

样细密谨严的方法，决不会再写出没有价值的传记的了。林辰先生如果能再继续写作这类考证论文若干篇，即使一时没有传记，我们读了这样细密谨严的论文，其快乐也不会下于阅读整本的传记，至少使以后的传记作者省却考证的工夫了。”

全书除《孙序》和《后记》外，还收论文十篇：《鲁迅曾入光复会之考证》《鲁迅与章太炎及其同门诸子》《鲁迅归国的年代问题》《鲁迅赴陕始末》《鲁迅北京避难考》《鲁迅与文艺会社》《鲁迅与狂飙社》《论〈红星佚史〉非鲁迅所译》《鲁迅的婚姻生活》《鲁迅演讲系年》。其中一些，在四十年后好像仍在谈论或“考证”。这说明，时间越久，需考证的也越多，难度也越大。其实，当年的举手之劳，能记录下来，也便可给后人很多方便。

《后记》由作者写，其中说道：“数年以来，我曾写过些关于鲁迅先生的文字，这里是较成片段的十篇的选集。其中也许曾接触一二研究鲁迅生平所不可忽略的重大事迹，但也有一向为人不大注意或不屑注意的小问题。不过在我却并无什么轩轾。只要认为对读者不无小小益处，便都勉力写下来。在一些问题上，我一面提出自己的主张，一面对时贤的同性质的著作，也提出商榷的意见。……书中各篇先后写于一九四二年至一九四五年之间，那正是对日抗战时代，差不多全是在流离困苦的生活中写成。一九四五年夏末，搜集成书，交给一个朋友办的书店出版；不久，这书店因‘胜利’而蚀本关门，我的稿子也就不知去向；但这却给了我一个修正增补的机会。现在时隔二年，而生活的困苦，心境的芜杂，较之战时，实有过无不及；写作之事，更不易言。这又令我想起了这些东西，于是又将底稿找出重抄一遍，汇齐付印。”

《鲁迅社会论文集》

吉林书店印行，1948 年 8 月初版。封面斜印两蓝线，书名斜印，红色。

书前空白页印毛泽东对鲁迅的评价：“鲁迅先生是中国文化革命的主将；他不仅是伟大的文学家，而且是伟大的思想家，伟大的革命家。鲁迅的方向，就是中华民族新文化的方向。”

⊙《鲁迅社会论文集》封面

全书收文：《文艺与革命》《现今的新文学的概观》《对于左翼作家联盟的意见》《中国无产阶级革命文学和前驱的血》《黑暗中国的文艺界的现状》《“友邦惊诧”论》《林克多〈苏联闻见录〉序》《〈二心集〉序言》《我们不再受骗了》《辱骂和恐吓决不是战斗》《为了忘却的纪念》《战略关系》《迎头经》《最艺术的国家》《“杀错了人”异议》《透底》《真假堂·吉诃德》《大观园的人才》《文章与题目》《天上地下》《〈守常全集〉题记》《又论“第三种人”》《华德焚书异同论》《踢》《〈论语〉一年》《帮闲法发隐》《〈解放了的董吉诃德〉后记》《答国际文学社问》和《一思而行》等。

《鲁迅的道路》

胡绳等著，文艺出版社出版，香港生活书店总经售，1948年9月出版。书前有大连市鲁迅公园照片4幅。全书128页，收文16篇，仅第一篇与鲁迅有关：《鲁迅思想发展的道路》（胡绳），其余的皆不“搭界”，如荃麟的《马恩的文艺批评》、同人的《敬悼朱自清先生》、力夫的《罗曼罗兰的“搏斗”》、赵树理的《催粮差》、邹荻帆的《致家乡》等。目录中标明有《编后》，但未见，不知是原来就无，还是被撕去。

⊙《鲁迅的道路》封面

《鲁迅论美术》

张望编，所见两种版本：第一种，大连大众书店 1948 年 4 月初版；第二种，东北书店 1948 年 10 月初版。

大众版全书 137 页，书前有鲁迅先生手迹，先生手画书面图案，鲁迅先生画活无常。收文 34 篇，如《当陶元庆君的绘画展览时》《〈看图识字〉》《新俄画选小引》《连环图画琐谈》《漫谈〈漫画〉》《论翻印木刻》《北平笺谱序》和《书简中论美术》等。附录收：《鲁迅先生与美术》（张望）。书末有《编后记》，其中说道："这里所收集的论文共三十三篇，书简二十四篇。其中有三篇论文中与美术无关的被省略了，书简则多半是摘录。在以上除依内容分类外，并按时间先后排列。文中必须注解的，虽然也做了一点，但离需要还很远，也许有的还有不妥当的地方，这是由于编者能力所不逮，加以材料缺乏，时间匆促，未能更多地注解，请读者原谅。据编者所知，除这里收集的以外，鲁迅先生还有一些关于美术的文献（例如《无名木刻集》序，和美术青年通讯等等）一时间难以更完整地收集。这一工作也盼望各方多予帮助，以备来日再版时补充。"

东北版全书 136 页，扉页印："封面插图说明，本书封面是鲁迅先生于一九三五年十月九日在上海参观全国木刻会对木刻青年谈话所摄。为时距先生逝世仅十天！"在这段说明中，把重要的"时间节点"：1936 年印成 1935

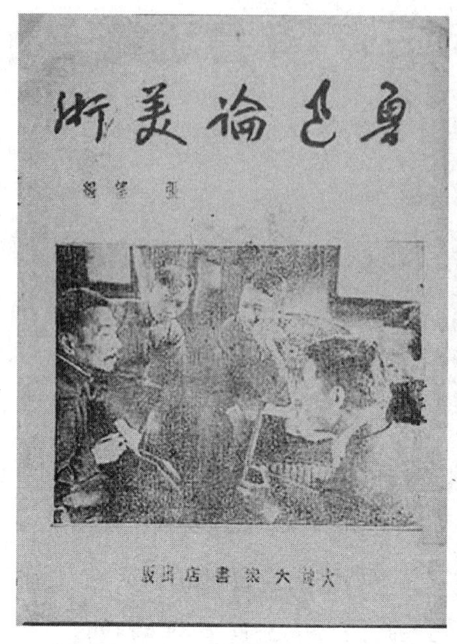

⊙《鲁迅论美术》封面两种

年，把鲁迅逝世日提前了一年。与大众版比照，附录增加一篇《鲁迅先生与中国新木刻》（大众版仅收《鲁迅先生与美术》）。《编后记》与大众版基本相同。

《鲁迅论中国语文改革》

华东新华书店总店出版，1948 年 12 月初版。

全书 60 页，收文 11 篇：《无声的中国》《文艺的大众化》《中国文与中国人》《门外文谈》《答曹聚仁先生信》《中国语文的新生》《关于新文字》《从“别字”说开去》《人生识字糊涂始》《汉字和拉丁化》和《论新文字》。书末有《编后记》，其中说道：“这里收集了十一篇鲁迅先生论中国语

⊙《鲁迅论中国语文改革》两种

文改革的文章。前三篇时间较早，还没有直接提倡推行新文字的主张，只是感觉方块汉字的艰深、难识，早已和中国的广大群众绝缘了。随着文艺大众化争论的展开，必然归结到语文的改革问题。因此，当《中国语书法之拉丁化》一被介绍进来，鲁迅先生就是最积极的支持者，认为只有这一条路才能把中国劳苦大众从汉字的‘灾难’里挽救出来，而产生真正的大众文艺。……”浙江新华书店 1949 年 9 月重印出版，内容与版式与华东新华书店同。

另见山东新华书店版封面，具体内容不详。附书影，以供比照。

《鲁迅论语文改革》

编辑者倪海曙，时代出版社（上海吴江路60号）1949年4月初版，印4 000册。

此书封面设计醒目，上和右有两块褐色的色块，一书作者名，旁有外文，书名美术体，白字，竖排。左面空白处印有浅橙色的外文字体和两朵向日葵。封面中的作者名与书名外文，不像英文，也不像俄文，有点像世界语。版权页上的外文，一眼便知是俄文，这种版权页的版式，与时代出版社出版的另一本《新木刻》相同。

全书112页，扉页后是幅鲁迅抽烟的素描画，水平不高。下有鲁迅的"语录"："我是自身受汉字痛苦很深的一个人，因此笔者坚决主张以新文字来替代这种障碍进步大众的汉字。"书末是编辑者的《编后记》，有不少有用信息："全书分三辑：第一辑是论文字的符号的改革，第二辑是论语言（口头语和笔头语）的改革，第三辑是论语文改革的反对派及其他。虽然份量不多，但是内容已经包括极广、鲁迅先生对于中国语文改革的各种意见了。他对于拉丁化中国字运动所提出的种种意见，都是很重要的，尤其是关于一方面发展方言，一方面建立普通话，在方言和普通话的矛盾中，去产生一种新的中国现代语文的见解，这见解是极其正确的，他所指出的这一个方向，一定将是中国民族语文发展的方向。他对于翻译的

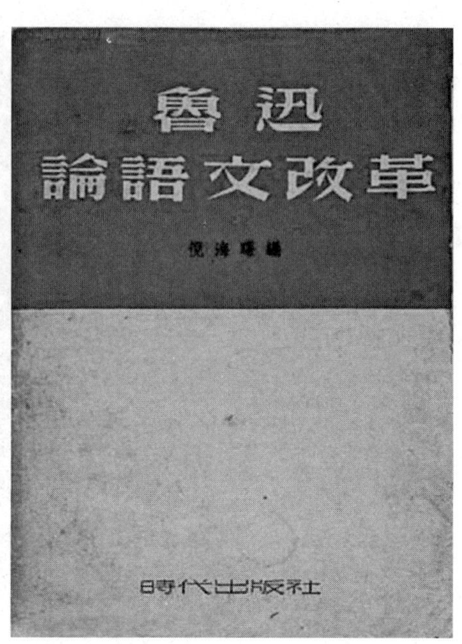

⊙《鲁迅论语文改革》封面两种

意见，的确也有偏激之处，但经过和瞿秋白讨论之后，有些意见就有所修改。而我们特别应该重视的，是他把翻译家的立场，和语文改革者的立场取得一致这一点，这样的翻译家，才是进步的，才是对新文化运动有贡献的。”

作者倪海曙，著名文字改革活动家，生于1918年，生前信奉：“一生一世拉丁化”。1935年入上海震旦大学医科，抗战后辍学从事抗战和文字改革工作。1938年任上海新文字研究会常务理事，经陈望道介绍进复旦大学中文系读书(1939年至1942年)，一边读书一边继续从事文字改革工作。建国后，一直担任文字改革的领导。一生主要著作有：《中国拼音文字运动史简编》《中国拼音文字概论》等，还著有杂文集《语文漫谈》《语文点滴》。这本《鲁迅论语文改革》就是文字改革方面的论文，除此还有《中国语文的新生》《清末文字改革论集》。倪生前留下的一部力作是《拉丁化新文字运动的始末和编年纪事》，按倪的说法，这部著作是“方便自己，也方便别人，方便后人”。而这“三方便”，正是研究者所要追求的最高境界。

《鲁迅与语文运动》

“语文丛刊”之一，香港中国新文字学会编辑，初步书店1948出版。书中印《本丛刊编辑旨趣》：“(1)研究文章口语化，文字拉丁化，方言书面化等问题。(2)辅导读者学习‘国语’和其他方言。(3)用新文字介绍现代的各科常识和方言文艺。(4)国内各民族的语言。(5)交换海内外语文工作者的意见。”并附有《征求稿子的启事》，其

⊙《鲁迅与语文运动》封面

中说道："本丛刊各种文字都欢迎投稿，特别欢迎拉丁化的短篇故事。本会征求拉丁化的课本，儿童读物，大众文艺，民间传说，和字典词典一类的工具书的稿件。"全书 49 页，刊登有香港新文字学会编辑的语文研究丛刊第一种《鲁迅先生与语文改革运动》，内收文 19 篇，如：《鲁迅先生与语文改革运动》（黄毅奋）、《学习朱自清先生写文章》（进之）、《关于汉字、方言、白话文的问题》（芽子）、《英语和美语》（大块）、《方言和新文字》（任重）和《许地山先生与新文字》（黄石）等。

《鲁迅文艺创作选》

鲁迅著，吉林书店刊行，1948 年 8 月初版。全书 180 页，收文：鲁迅著《我怎么做起小说来》，以及小说 20 篇，如：《狂人日记》《孔乙己》《一件小事》《故乡》《阿 Q 正传》《在酒楼上》《肥皂》《示众》《伤逝》和《秋夜》等。封面土黄色，竖印书名，横印汉画像图案。扉页从上至下横印书名、出版时间。居中红色五角星，有着象征意义。

⊙《鲁迅文艺创作选》封面

《鲁迅与新文学运动》

培英中学西关分校“白绿周报丛书”，胡俊彬、苏觉侪主编，叶德编著，培英中学西关分校员生工友供应社印行，1949 年 10 月初版。

书前有丛书的发刊旨趣文字，其中说道：“本校白绿周报，溯自一九四七年九月廿二日创刊以来，除例假外，尚能按期出版，迄今已历二载，未有脱期。所刊载文字，凡数百万言。其中文稿，虽有较为稚劣者，然亦不无可取之处，同人等爰从该报历期内容搜集若干材料，编纂成书，以作该报成绩之有系统的报告而已。本丛书文笔通俗，取材广博，内容包涵人文科学与自然科学。兹将鲁迅与新文学运动一书先行付梓，其他各书，将陆续出版。”

书前有叶德写于 1949 年 10 月 8 日的《序》，其中说道：“记得在抗战期间的一个暑假里，闲着无事，一口气的读完了鲁迅全集，觉得鲁迅的著作，除了文笔优美，刻划入微以外；他的思想的正确和启示的功能，简直无异是唤起了在睡梦中的中国人民觉醒的警钟。他的著作，委实使我太感动了！于是进而搜罗了很多有关的书籍，研究他的生平事略、创作态度、他的孕育文学思想的背景、和他的文学的造诣与影响，随读随作笔记，略事整理，就成了这本《鲁迅与新文学运动》的稿本。后来，在培英西关分校《白绿周报》上分期发表。”

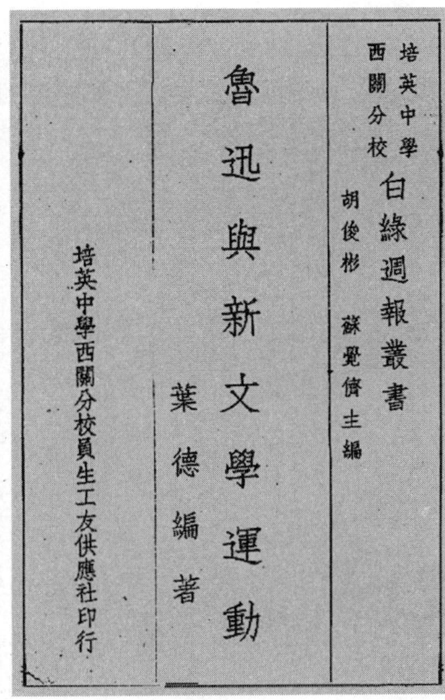
培英中學西關分校 白綠週報叢書
胡俊彬 蘇覺儕主編

魯迅與新文學運動

葉德編著

培英中學西關分校員生工友供應社印行

⊙《鲁迅与新文学运动》封面和扉页

全书 141 页，收五章：《诸言》《鲁迅评传》《鲁迅著译述评》《鲁迅与中国近代文学》和《结论》。每章分若干文章，如第五章收《鲁迅著译对于近代文学之影响》和《将来的眺望》。另收插图 4 幅。

《鲁迅与木刻》

陈烟桥著，开明书店1949年10月初版。

书前有景宋(许广平)写的《序》，称陈烟桥是从早就在履行这任务(指木刻)的辛勤不倦的工作者。全书收文三篇：《鲁迅与木刻》《鲁迅论木刻版画》《论木刻与绘画》。附录是作者写的《鲁迅精神与新美术家的任务》。最后是作者的《后记》，其中讲到这些文章是1939年完成的旧作，因一直在流离与逃难中，没有遗失已是很幸运

⊙《鲁迅与木刻》封面

了。抗战胜利后，仍为衣食住，故无条件出版此书，后由叶圣陶先生的大力支持，才印出此书。封面用的木刻是作者的旧作。虽然陈先生自称很幼稚，但还是颇有木刻味，带有浓厚的时代氛围。陈先生还说，此书只是抛砖引玉，希望有人能整理出一本更完备的集子。

在阅读与研究鲁迅生平与著译时发现，鲁迅的研究已相当透彻，所涉及领域也宽泛，但在鲁迅与木刻的研究中，虽有不少著述，但比较零碎，缺乏整体感。因此，笔者很想编著一本《鲁迅与新兴木刻》，陈烟桥的这本著作，对笔者很有帮助，起码提供了思路。最终，笔者的拙著《民国版画闻见录》出版，其中的主要论述是鲁迅与新兴木刻。由此想到：淘书除享受过程乐趣外，更能给予一种阅读的快感，更为重要的是通过阅读与研究，还能激发起编著的热情，使享受、阅读、利用连成一气，最终还能出成果。

《亡友鲁迅印象记》

许寿裳著，生活·读书·新知三联书店发行，1949年10月沪初版。在此之前，峨眉出版社1947年10月就出过同名的初版，内容和封面相同，仅封面标示的出版机构名不同。

书前有作者写的《小引》，其中说道："鲁迅逝世，转瞬快到十一周年了。那时候我在北平，当天上午便听到了噩音，不觉失声恸哭，这是我生平为朋友的第一副眼泪。鲁迅是我的畏友，有三十五年的交情，竟不幸而先殁，所谓'既痛逝者，行自念也'。因此陆续写了十多篇纪念的文字……都是'言之未尽，自视欿然'。近来，好几位朋友要我写这印象记，我也觉得还有些可以写的。只是碌碌少暇，未能握笔，最近景宋通信也说及此事，有'回忆之文，非师莫属'之语，我便立意随时写出，每章只标明目次，不很计其时间之先后。可惜现在身边没有《鲁迅全集》，有时想找点引证，多不可得，这是无可奈何的！"

全书140页，收文：《剪辫》《屈原和鲁迅》《杂谈名人》《"浙江潮"撰文》《仙台学医》《办杂志译小说》《从章先生学》《西片町住屋》《归国在杭州教书》《入京和北上》《提倡美术》《整理古籍和古碑》《看佛经》《笔名鲁迅》《杂谈著作》《杂谈翻译》《西三条胡同住屋》《女师大风潮》《三一八惨案》《广州同住》《上海生活——前五年(一九二一一九

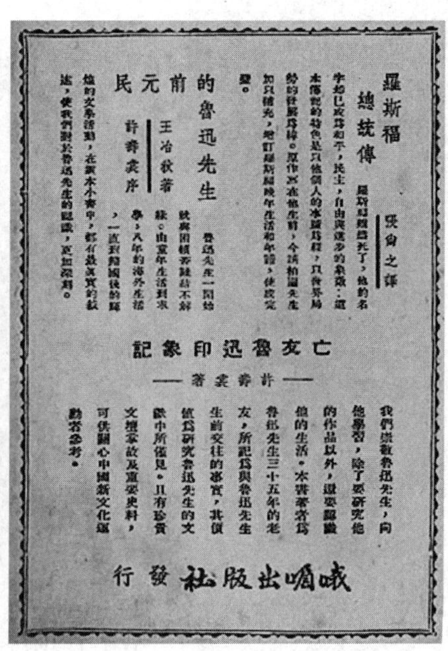

⊙《亡友鲁迅印象记》封面及书目广告

三一）》《上海生活——后五年（一九三二——一九三六）》《和我的交谊》《日常生活》和《病死》。

书末有许广平写的《读后记》，其中说道："许季茀先生是鲁迅先生的同乡，同学。而又从少年到老一直友好，更兼不时见面，长期同就职于教育部，同执教于各地，真可以算是知无不言，言无不尽的知己好友。在这种弥足珍贵的情谊之下，我敢于请求许先生写回忆，谅来不是冒昧的。……许先生来信，一定要嘱我写篇序。他是我的校长，是严师，我不敢也不配写序的。却又不能重违师命，为读后记。"

《鲁迅论俄罗斯文学》

苏联汉学家罗果夫编，时代出版社 1949 年 11 月初版。

全书 134 页，分三辑，第一、二辑为鲁迅关于俄罗斯与苏联文学的语录；第三辑《关于俄罗斯文学和中国》，收文 6 篇。书末有《附辑》，收文：《新俄画选小引》《记苏联版画展览会》和《苏联版画集·序》。书前的一幅木刻画是由陈烟桥所作，并配以鲁迅的文摘："苏联的存在和成功，使我确切的相信无阶级社会一定要实现。"另有《编者序》和冯雪峰写的《鲁迅和俄罗斯文学的关系》，以及书末的附文《鲁迅翻译和校阅的俄罗斯苏联文学作品的目录》。

⊙《鲁迅论俄罗斯文学》封面及版画一幅

《鲁迅文集》

此书出版于 1935 年 8 月，时鲁迅尚健在。在此收录，无非是想说明，在鲁迅活着的时候，已经有不少论及他的著作，这本《鲁迅文集》，只是个典型选择。

此书鲁迅著，苏菊芳编，中亚书店 1935 年 8 月 10 日初版。全书 351 页，收茅盾写的《鲁迅论》(代序)，以及《鲁迅自叙传略》和论文 6 篇，其中有论第三种人等文字。

⊙《鲁迅文集》封面

小说杂感 15 篇，小说选有《阿 Q 正传》《孔乙己》《风波》等。创作 6 篇，小品文 3 篇，翻译 7 篇，国画木刻 4 篇，诗歌 1 篇。另有回忆录 2 篇：《为了忘却的纪念》和《忆韦素园君》。

此书收入鲁迅自 1919 年至 1934 年的作品 44 篇。黄牛皮纸封面，右上印鲁迅头像，黑字书名印在左下侧，朴素庄重。其实，同年同月的二十日，中亚书店还出过一种封面白色，书名红色的版本，也属初版。“看不懂”同一家书店几乎在同一时间出了两种仅封面颜色不同的版本。

此书是在鲁迅逝世前一年出版的，不知他老人家看到没有？除这种，好像在鲁迅去世前还出过几种类似的文集，如他看到，作何感想？可惜在他的书信或日记里没有留下片言只语。

茅盾写的代序，分 6 部分叙述，长达 41 页，写长文是茅盾的一个特点，其中说道：近来看见一本《关于鲁迅这人及其著作》——这是去年出版的，可是我到今年才看得到。——方知世间对于鲁迅这人及其著作，有如此这般不同的论调。又从此书，知道鲁迅的著作，大都已有单行本，要窥全豹，亦非难事，这就刺戟我去买了他的已出版的全部著作来看。两月前，在一个山里养病，竟把他的著作全体看了一遍，颇有些感想，拉杂写下来，遂成此篇，如果题名《我所见于鲁迅者》，或是《关于鲁迅的我见》那自然更漂亮，不幸我不喜欢这等扭扭捏捏的长题目，便率直的套了从前做史论的老调子，名曰《鲁迅论》了。

自跋

先谈谈此书的结构。

全书分为正文与附录两大部分，正文以鲁迅编辑的七套现代文学丛书为阐述对象，分为七个章节，每章前有《小引》，提纲挈领介绍该丛书概貌。附录是正文的延伸，与鲁迅和鲁迅编辑的现代文学丛书有着内在关联。附录分为五部分，第一部分《鲁迅编选的"艺苑朝华"》。"艺苑朝华"虽属美术丛书，但它是鲁迅编辑出版的唯一一套介绍国外木刻与黑白画的丛书，而且与中国现代文学史有着密切关系，因此在介绍鲁迅编辑的现代文学丛书时是不该遗忘的。第二部分《鲁迅所编文学丛书作者小传》，第三部分《鲁迅所编文学丛书写的序跋》，这两部分与七套现代文学丛书有着直接关联，是一种有益补充。第四部分《编入文学丛书的鲁迅著译》，鲁迅除编辑七套文学丛书外，自己的著译作品也被多种现代文学丛书编入，能常见的约三四十种，除去九种已编入七套丛书中，余下的都在这部分作了介绍，估计会引起读者的兴趣。第五部分《"鲁迅后"文学版本辑萃》，这部分虽与文学丛书没有直接关联，但弥补了鲁迅逝世后出版的与之相关版本的情况，其中也有不少是属于现代文学丛书的，况且把版本"前后"紧密相连介绍，无疑是件很有意义的事情。

再想借此机会谈谈对现代文学丛书的认识。

2014年6月，上海远东出版社出版了拙著《巴金与现代文学丛书 1935—1949》，“比较全面”地介绍了一个著名作家兼出版家所主编或编辑的现代文学丛书，《文汇读书周报》《文汇报》和《新民晚报》相继作了介绍，从此拉开了介绍现代文学丛书“全貌”的序幕。

说“比较全面”，那是一种无奈而遗憾的表述，也就是说介绍的版本还不够全面完整。因为，对一个研究版本或爱好版本者而言，“全面完整”是“玩版本”的最高境界。如果对照这本书所介绍的文学丛书与实际出版的版本，可能遗漏了将近大半，因限于篇幅，不得不取此下策而有所割舍，割舍的恰恰又是“全面完整”，因此那本书只能说是概括，是一种开始介绍现代文学丛书的初步尝试。所幸者，总算体现了巴金编辑文学丛书的思路和架构。

巴金这本书的推出，正是尝试的第一步，也正是我和远东出版社的资深编辑黄政一先生梳理了我所掌握的现代文学丛书庞大的信息库后，几经捉摸、推敲和商定的一个计划。此计划得到了一些书友的支持，认为这是件有益于后世、功德无量的大事；我的北京好友、现代文学研究专家朱金顺先生还专门写信来鼓励：“老兄，动手吧，祝您成功！”

我必须动手，否则这些经过一二十年收集得来的信息将成泡影。这是我不甘心的，因此我必须在自己的手脑还能动弹之时去完成，生命似乎赋予了我一个崇高责任，这责任顿时化作动力，也便有了第二步，就是这本《鲁迅与现代文学丛书 1925—1936》的出版。这本书选取了七套文学丛书，版本数量接近六十种，数量不多，但较为完整地勾勒出鲁迅参与编辑现代文学丛书的全貌。应该这样说，接下来还有第三步，第四步，也希望能够达到无数步……

民国时期出版的文学丛书到底有多少种，说实话我的心里没有底，就连上海图书馆编辑的《中国近代现代丛书目录》也难以自圆其说，实际是心中无数。这本目录收有近现代丛书 5 549 种，包括了各门各类，而文学丛书在其中只占有一定比例，以我的推测，标之以“文学丛书”或类似于“文学丛书”的大概在 1 500 种之内，其中包括一些既收社会科学又收文学艺术的丛书。因此真正意义上的“纯文学丛书”的比例应该还要少，而那些由著名作家、著名文学团体或著名出版机构编辑出版的文学丛书就更其少了，如巴金的已经出版，之后还会有鲁迅、赵家璧、徐志摩、胡风、孔另境等编辑的；之后还会有文学研究会、创造社等出版的；之后还会有商务印书馆、中华书局、世界书局、开明书店、正中书局、北新书局、现代书局、良友图书印刷公司等的文学丛书，有些丛书一套多达版本几百种，有的却只有几种或只有一种，这就是我喜称的“独苗丛书”。总之，如一切顺利的话，这些文学丛书都会以各种类别比较全面完整地出现在爱好者面前。如以我的乐观估计，数量大概在500种之内，而我要集中精力去努力的，也就在这个数字内，因此我的口号是：为500种努力奋斗！

因此，我为之奋斗的也只是其中一种“选择”，是从1 500种中选择出的500种，无论从外观到内在，只会更加精彩精湛。

新闻出版博物馆非常关注我的这一探索，几经接触与沟通，愿意借助《新闻出版博物馆》杂志逐一地推出我的现代文学丛书介绍与研究成果，已经推出的是《赵家璧与现代文学丛书：良友、晨光》。这令人欣慰与感奋，倍增了我的信心与“胆气”，感激之情油然而生。

在《鲁迅与现代文学丛书1925—1936》出版之际，写上几句与现代文学丛书相关的话，作为自跋。

2016年3月12日于浦东犬圈斋